Integration durch religiöse Bildung

AF286791

Waxmann Verlag GmbH
Steinfurter Straße 555, 48159 Münster
info@waxmann.com

Glaube – Wertebildung – Interreligiosität
Berufsorientierte Religionspädagogik

herausgegeben von

Albert Biesinger
KIBOR – Katholisches Institut für
Berufsorientierte Religionspädagogik Tübingen

Michael Meyer-Blanck
bibor – Bonner evangelisches Institut für
berufsorientierte Religionspädagogik

Friedrich Schweitzer
EIBOR – Evangelisches Institut für
Berufsorientierte Religionspädagogik Tübingen

Band 1

Waxmann 2012
Münster / New York / München / Berlin

Albert Biesinger
Friedrich Schweitzer
Matthias Gronover
Joachim Ruopp
(Hrsg.)

Integration durch religiöse Bildung

Perspektiven zwischen beruflicher Bildung und Religionspädagogik

Waxmann 2012
Münster / New York / München / Berlin

Bibliografische Information der Deutschen Nationalbibliothek
Die Deutsche Nationalbibliothek verzeichnet diese Publikation
in der Deutschen Nationalbibliografie; detaillierte bibliografische
Daten sind im Internet über http://dnb.d-nb.de abrufbar.

Glaube – Wertebildung – Interreligiosität.
Berufsorientierte Religionspädagogik, Band 1

ISSN 2195-3023
ISBN 978-3-8309-2761-7

© 2012 Waxmann Verlag GmbH
Postfach 8603, 48046 Münster
Waxmann Publishing Co.
P.O. Box 1318, New York, NY 10028, USA

www.waxmann.com
info@waxmann.com

Umschlaggestaltung: Pleßmann Design, Ascheberg
Titelbild: ddpimages/AP/Michael Probst
Satz: Stoddart Satz- und Layoutservice, Münster

Gedruckt auf alterungsbeständigem Papier,
säurefrei gemäß ISO 9706

Inhalt

Vorwort

„Integration" gilt als ein Schlüsselthema der Gegenwart und als eine zentrale Herausforderung für Politik und Gesellschaft. Auch die Wissenschaft ist gefragt, was sie zur Bearbeitung von Integrationsproblemen beitragen kann. Angesichts der inzwischen nicht mehr umstrittenen Tatsache, dass Deutschland nicht nur zu einem Einwanderungsland geworden ist, sondern auch werden musste und in Zukunft noch mehr werden muss, da die Bevölkerungsentwicklung Einwanderung zwingend erforderlich macht, ist diese neue Aufmerksamkeit auf das Integrationsthema zu begrüßen. Zugleich – und hier beginnen die Kontroversen – wird dabei aber die Bedeutung von Religion noch immer weitgehend ausgeblendet. Dass die Menschen, die nach Deutschland kommen, beispielsweise nicht nur andere kulturelle Prägungen mitbringen als die autochthone Bevölkerung, sondern dass sie auch religiöse Überzeugungen und Bedürfnisse haben, wird vielfach nicht gesehen oder jedenfalls nicht zugegeben. Selbst dort, wo Integration mit der Forderung nach Anerkennung und Partizipation verbunden wird, wird nur selten deutlich gesagt, dass Menschen nicht nur *trotz*, sondern *mit* ihrer Religion anerkannt werden sollen.

Der vorliegende Band fragt deshalb nach dem Zusammenhang von Integration und Religion. Ihre Zuspitzung findet diese Frage im Folgenden durch die Konzentration auf religiöse Bildung. Es soll geprüft werden, was religiöse Bildung zur Integration beitragen kann. Diese noch immer allgemeine Frage wird sodann weiter zugespitzt durch den Bezug auf das berufliche Bildungswesen sowie auf den Religionsunterricht dort (BRU). So lässt sich die Grundfrage des vorliegenden Bandes auch so formulieren, dass geprüft werden soll, welchen Beitrag ein solcher Religionsunterricht im berufsbildenden Bereich zur Integration zu leisten vermag.

Um diese Frage zu klären, müssen weitere Herausforderungen aufgenommen werden. Im Bereich des BRU begegnen sich Religionspädagogik und Erziehungswissenschaft. Erforderlich ist deshalb eine interdisziplinäre Zusammenarbeit, um die sich verschiedene Beiträge in diesem Band bemühen. Dabei treten unterschiedliche Zugangsweisen und verschiedene Terminologien zu Tage, insbesondere in Gestalt der Konzepte Interkulturalität und Interreligiosität. In der Erziehungswissenschaft wird in der Regel von *interkultureller* Bildung gesprochen, in der Religionspädagogik hingegen von *interreligiöser* Bildung. Wir gehen davon aus, dass diese Zugangsweisen einander ergänzen und dass deshalb eine engere Zusammenarbeit zwischen Religionspädagogik und Erziehungswissenschaft an dieser Stelle sinnvoll wäre. Derzeit lässt sich dies freilich nur als Desiderat für die Zukunft formulieren. Interkulturelle Ansätze gehen in der Regel nicht auf Religion ein, und umgekehrt bleibt bei interreligiösen Ansätzen die interkulturelle Dimension unterbelichtet.

Integration ist jedoch nicht nur ein Thema der Wissenschaft, sondern immer zugleich auch der Politik. Deshalb müssen Fragen der Integrations- und

Bildungspolitik ebenfalls Berücksichtigung finden. Interkulturelle und interreligiöse Bildung sind kein rein akademisches Thema, sondern müssen im Blick auf ihre gesellschaftlichen und politischen Implikationen bedacht werden.

Dabei erweist sich bereits der Begriff der Integration als höchst klärungsbedürftig und zumindest teilweise auch als problematisch. Noch immer werden mit diesem Begriff vor allem Forderungen nach Anpassung und Assimilation assoziiert. Integration wird dann als ein unidirektionaler Prozess ausgelegt, bei dem sich die Gruppe der Migrantinnen und Migranten an die autochthone Gesellschaft anpassen soll. Ist diese Sicht schon aufgrund ihrer Einseitigkeit problematisch, so erweist sie sich besonders dann als fragwürdig, wenn sie sich mit Annahmen oder Forderungen nach Homogenität etwa in Gestalt einer (deutschen) Leitkultur verbindet. Wenn sich die Religionspädagogik mit der Integrationsfrage befasst, so kann sie deshalb von vornherein nicht von einem naiven Integrationsverständnis ausgehen.

Die Beiträge dieses Bandes gliedern sich in vier Themenbereiche: *Interkulturalität, Integration*, *Praxisbeispiele* sowie *Politik und Wissenschaft*.

Alfons Backes Haase geht in seinem Beitrag dem Verhältnis von beruflicher Bildung und Interkulturalität nach. Er möchte dabei Eduard Sprangers Reflexionen zum Verhältnis von Beruf und Kultur neuerlich fruchtbar machen. Der Autor macht deutlich, dass öffentliche Debatten zu Interkulturalität im Arbeitsleben häufig von Engführungen geprägt sind, etwa arbeitsmarktpolitischer Art, oder gar von kulturellen Ängsten überformt sind. Spranger ist aber keineswegs richtig verstanden, wenn man bei ihm die Stützung einer bestimmten, historischen Wertekultur entdeckt. Berufskultur ist nach Spranger vielmehr der Ort der Auseinandersetzung mit verschiedenen Sinnformen und individualisierender Gestaltung von neuen Kulturformen.

Philipp Gonons Beitrag setzt ein mit der Rolle von Religion in den berufsbildenden Systemen der Schweiz. In einem historischen Abriss zu Entwicklungen seit dem 19. Jahrhundert werden distanzierende Faktoren von Religion deutlich. Die Absenz eines Faches Religion sollte vor allem religiöse Irritationen vermeiden. Dennoch verschaffen sich heute religiöse und ethische Fragestellungen in einem plurikulturellen Horizont durchaus Raum, und sie werden in situationsabhängigen Ansätzen auch im Rahmen des Allgemeinbildenden Unterrichts an den Berufsfachschulen aufgenommen. Abschließende Thesen verdichten den Beitrag und betonen, dass elementare Problemstellungen religiös-kultureller Art gesellschaftlich nicht erledigt sind.

Rainer Reichhold setzt sich aus der Perspektive des Handwerks mit der Frage von kulturell-religiöser Pluralität und Integration auseinander. Er macht die Dringlichkeit der Frage gesellschaftlicher und ökonomischer Teilhabe vor dem Hintergrund des demografischen Wandels deutlich. Zudem bietet der Verfasser eine Bestandsaufnahme der Integration von Migrantinnen und Migranten in den Arbeitsmarkt, um zugleich weitere Maßnahmen, aber auch Erwartungen an die Politik wie etwa die Sicherstellung der Ausbildungsreife zu erläutern. Religiöse Bildung kann, so der Verfasser, einen Beitrag zur Integration darstellen, vor allem im Blick auf die Ethik wertorientierten Wirtschaftens.

Peter Sloane bestimmt in seinem Beitrag die Position von Ethik und Religion in der kaufmännischen Berufsausbildung. Er stellt fest, dass kaufmännische Ausbildung auf keiner ihrer Ebenen, von der praktischen Ausbildung bis zur Konstruktion des wissenschaftlichen Bezugsfaches, wertfrei ist und deshalb viele religiöse und ethische Fragestellungen enthält. Die Bildungskonstruktion kaufmännischer Tätigkeiten erläutert der Autor vor dem Hintergrund des Wandels der Berufsbilder und der handlungsorientierten Konzeption der Didaktik. Wenn etwa in der curricularen Fachkonstruktion Aspekte wie Nützlichkeit und Bedeutsamkeit von Inhalten berücksichtigt werden, sind die normativ-ethischen Implikationen offensichtlich. Ökonomische Theorien enthalten Menschenbilder! Allerdings gilt stets, dass die Berufspädagogik hier keine materiale Ethik entwickeln kann, sondern die Aufgabe hat, die Verfahrensethik im Sinne einer entsprechenden Expertise der Lehrenden mit zu bilden.

Einen Beitrag empirischer Forschung zum Unterricht in der Berufsschule bietet Martin Kenner. Er stellt eine Interventionsstudie aus dem Jahr 2002 dar, die im Jahr 2008 wiederholt wurde. Gegenstandsbereich sind die Vorurteile von Schülern gegenüber Menschen anderer nationaler und kultureller Herkunft. Das Treatment soll zu deren Abbau beitragen. Die Bilanz ist ambivalent: Es zeigt sich, dass eine Veränderung entsprechender Einstellungen durch den Unterricht, die man als eine Steigerung interkultureller Kompetenz verstehen kann, kaum bzw. nicht in nennenswerter Weise erreicht wurde.

Friedrich Schweitzer erarbeitet zunächst einen für die pädagogische und religionspädagogische Diskussion anschlussfähigen Begriff der Integration. Dabei geht es ihm weniger um Fragen der Integration in bestimmte Funktionssysteme oder soziale Gruppen als vielmehr um die Frage, welchen Beitrag religiöse Erziehung und Bildung in der Bundesrepublik Deutschland im Blick auf anstehende Integrationsaufgaben insgesamt leisten können. Schweitzer weist darauf hin, dass religiöse Erziehung und Bildung gerade auf den zwischenmenschlichen Bereich hin, der sich der Kontrolle durch den Staat entzieht, sensibel und handlungsfähig machen: Moralisches Handeln, ethisches Urteilen und religiöse Bekenntnisse beispielsweise lassen sich strukturell nicht für alle Menschen gleich normiert regulieren. Sie sind auf religiöse Erziehung angewiesen. Zudem stellt er heraus, dass die Frage nach der Integration aus der Perspektive der Religionspädagogik immer auch Fragen nach dem Recht auf Individualität und Eigenverantwortlichkeit aufwirft. Schweitzer schließt seinen Beitrag mit einer Reihe weiterreichender Thesen ab.

Dieter Hermann erhellt den Zusammenhang von gesellschaftlichen Normen und deren Verinnerlichung im Individuum. Anhand von empirischen Studien stellt er ein Modell vor, das die fundamentale Bedeutung christlich-religiöser Werte für die Akzeptanz gesellschaftlicher Normen erklärt. Religionspädagogisch ist dabei von besonderem Interesse, dass dieser Zusammenhang sich bei Kindern wie Erwachsenen als Kausalzusammenhang darstellt. Zugleich haben Eltern vor allem im religiösen Wertebereich den höchsten Einfluss auf die Kinder. Nach Hermann ist damit die Frage der gesellschaftlichen Integration auch eine Frage nach der Basis, auf welcher Werteerziehung durch Eltern geschieht. Vor dem Hintergrund der vorgestellten empirischen Ergebnisse leistet die christliche Religion einen wesentlichen Beitrag zur normativen Integration.

Moussa Al-Hassan Diaw konturiert zunächst die Rolle der Religion in der spätmodernen Gesellschaft, von ihm als säkulare Gesellschaft gekennzeichnet. Am Beispiel Frankreichs beschreibt er, wie mit Religion im laizistischen Staat umgegangen wird. Der Vergleich zu Deutschland zeigt dann, dass positive wie negative Religionsfreiheit neue Fragen der Integration aufwerfen. Vor dem Hintergrund von strukturell gleichberechtigten Religionen diskutiert Diaw, inwiefern der Islam als eher integrationsförderlich oder -hemmend wahrgenommen wird. Dabei wird deutlich, dass Migranten in der Aufnahmegesellschaft ihre religiöse Identität überarbeiten. Das religiöse Selbstverständnis wird reflexiv, was wiederum zu polarisierenden Entwicklungen zwischen Konformismus und Fundamentalismus führen kann.

Matthias Möhring-Hesse geht dem Begriff der Inklusion vor dem Hintergrund des politischen Systems in der Bundesrepublik Deutschland nach. Dazu grenzt er den Begriff Inklusion zunächst von dem der Integration ab, um in der differenzierten Gesellschaft Mechanismen identifizieren zu können, die inkludierende bzw. exkludierende Wirkungen aufweisen. Dabei stellt er heraus, dass gerade im politischen System diese Begriffe nicht wertneutral verwendet werden. Vielmehr sind mit ihrer Verwendung auch normative Setzungen verbunden. Möhring-Hesse nennt hier beispielsweise die Religionsfreiheit. Sie gilt ihm auch als ein Versprechen, das mit Blick auf den Islam noch nicht voll eingelöst ist.

Devaluation sieht Reinhold Boschki als Signatur unserer Zeit. Es handelt sich um einen sozialen Prozess, bei dem eine „In-Group" eine „Out-Group" abwertet und über diesen Abwertungsprozess Identität gewinnt. Devaluation lässt sich in Politik und Zivilgesellschaft sowie im Schulsystem finden. Diesem Befund müsse der BRU begegnen, indem er ein wechselseitig wertschätzendes Klima etabliere, in dem persönlichkeits-, berufs- und gesellschaftsorientiert gelernt wird. Integration in diesem Sinne wird dann nicht über Fertigkeiten und Fähigkeiten vermittelt, sondern bemisst sich am Maßstab gelingender Beziehungen.

Matthias Gronover führt aus, dass Integration immer eine Frage der Wahrnehmungsperspektive ist. Für den Religionsunterricht an berufsbildenden Schulen analysiert er die Integrationsfrage am Beispiel der religiösen Heterogenität von Lerngruppen. Diese Heterogenität stellt religionsdidaktisch eine große Herausforderung dar, weil das Gemeinsame der Religionen im Klassenzimmer nicht einfach vorausgesetzt werden kann. Vielmehr wird dieses Gemeinsame von Fall zu Fall neu herauszuarbeiten sein. Deswegen argumentiert Gronover vom religiösen Bekenntnis her und begründet so das Konfessionalitätsprinzip des Religionsunterrichts an beruflichen Schulen.

Wie Integration in der Berufsschule praktisch geleistet werden kann, führen Jörn Hauf und Andreas Obermann aus. Ihre Projektarbeit zeigt, dass dort, wo gemeinsames Handeln im Mittelpunkt der religiösen Bildungsarbeit der Berufsschule steht, Integration möglich wird. Das Projekt „Stärken stärken" zeigt eindrucksvoll, wie mit Schülerinnen und Schülern im Berufsvorbereitungsjahr bzw. Vorqualifizierungsjahr Arbeit/Beruf kompetenzorientiert gearbeitet werden kann und so die (religions-)didaktisch schwer zu bearbeitende Heterogenität in diesen Lerngruppen konstruktiv fruchtbar gemacht werden kann. Die religionspädagogische Reflexion dieser Arbeit, die Hauf mit Blick auf die von ihm begleiteten Lernprozesse in diesem Projekt vorführt, belegt nicht zuletzt die hohen Qualitätsmaßstäbe, die mit diesem Projekt verbunden sind, aber auch eine gelungene Verbindung von Theorie und Praxis.

Ein anderes Beispiel bietet Andreas Obermann. Sein stark handlungsorientierter Ansatz zum interreligiösen Lernen versteht sich wiederum vor den didaktischen Herausforderungen der Heterogenität. Durch gemeinsames Tun begegnen sich Schülerinnen und Schüler in der Berufsschule auf Augenhöhe und nehmen ihre Unterschiedlichkeit im Horizont des gemeinsamen Interesses, etwas zu erschaffen (Kunst) bzw. zu erarbeiten (Inhalte), als wechselseitig integratives Verhalten wahr.

Um die Frage der Integration nicht auf nur die akademisch-wissenschaftliche Ebene zu beschränken, sondern das vielschichtige Phänomen des schulischen Lernens auch auf der bildungspolitischen Ebene abzubilden, wurden die Beiträge von Annette Schavan, Margret Ruep und Klaus Lorenz im letzten Kapitel aufgenommen. Annette Schavan eröffnete das Zentrum für Islamische Theologie in Tübingen. Margret Ruep beleuchtet die Frage der Integration aus ihrer Perspektive als Ministerialdirektorin im Kultusministerium Baden-Württembergs. Klaus Lorenz gibt ein differenziertes Bild zur Frage der demografischen Entwicklung und den Entwicklungen, die auf die Berufsschule und den Religionsunterricht zukommen. Zwei weitere einschlägige Beiträge, die bereits andernorts veröffentlicht wurden, zugleich aber einen wichtigen Hintergrund für den vorliegenden Band darstellen bzw. weitere Informationen bieten, ein wissenschaftspolitischer des Wissenschaftsrats und ein integrationspolitischer der Deutschen Islam-Konferenz, schließen diesen Teil des Bandes ab.

Einige Beiträge des vorliegenden Bandes verdanken sich Veranstaltungen, die die beiden Institute für berufsorientierte Religionspädagogik an der Universität Tübingen (EIBOR und KIBOR) gemeinsam ausgerichtet haben. Das Symposium „Integration-Religion-berufliche Bildung" im Oktober 2011 an der Universität Tübingen verfolgte das Ziel, mit der Berufspädagogik als wesentlicher Bezugsdisziplin für das berufliche Schulwesen über die im vorliegenden Band verhandelten Fragen ins Gespräch zu kommen. Die Themen, Anschlussmöglichkeiten, Überschneidungen, aber auch Perspektivendifferenzen zwischen berufsorientierter Religionspädagogik und allgemeiner Berufspädagogik konnten dabei auch im Gespräch mit Verantwortlichen aus Schul- und Kultusverwaltung intensiv diskutiert werden. Zudem entstammen einige weitere Beiträge einer Tagung an der Evangelischen Akademie Bad Boll, die die Akademie, vertreten durch die Studienleiter Gerald Büchsel und Dr. Dieter Heidtmann, dankenswerterweise gemeinsam mit den

Tübinger Instituten für berufsorientierte Religionspädagogik und weiteren Kooperationspartnern ausgerichtet hat. Die Tagung im Dezember 2011 hatte den Titel: „Integration durch religiöse Bildung. Interreligiöses Lernen in Beruflicher Bildung und Arbeitswelt" und verfolgte das Ziel, auch mit Vertreterinnen aus der Wirtschaft und aus den Kammern für Industrie und Handwerk über Chancen und Möglichkeiten für zukünftige berufliche Bildung zu diskutieren, insbesondere vor dem Horizont interreligiösen Lernens.

Weitere, auch religionspädagogische Beiträge, die eigens für diesen Band eingeworben worden sind, vertiefen die Diskussion, ebenso wie aktuelle wissenschaftspolitische Verlautbarungen und Dokumente im letzten Teil des Bandes.

Das Thema des vorliegenden Bandes konnte bei den genannten Veranstaltungen diskutiert und weiter geklärt werden. Das vorliegende Buch selbst stellt aber keine Dokumentation dar, sondern einen eigens konzipierten Band.

Dank gebührt den Mitarbeiterinnen und Mitarbeitern in den Sekretariaten und den wissenschaftlichen Hilfskräften Sarah Behling, Jessica Sellami, Annemarie Stinka, Sabine Rumpel, Lena Wolking, Markus Held, Philipp Ehrle, Anna Ernst und Conrad Krannich, die diesen Band umsichtig mit betreut haben. Ohne personelle und finanzielle Unterstützung wären die genannten Symposien und Tagungen nicht möglich gewesen. Wir danken hier der Deutschen Bischofskonferenz, der Diözese Rottenburg-Stuttgart, der Evangelischen Landeskirche Württemberg und der Evangelischen Landeskirche in Baden, den Ministerien für Kultus, Jugend und Sport sowie für Wissenschaft, Forschung und Kunst in Baden-Württemberg und nicht zuletzt der Evangelischen Akademie Bad Boll.

Albert Biesinger
Friedrich Schweitzer
Matthias Gronover
Joachim Ruopp

Alfons Backes-Haase

Beruf und Kultur – zur berufspädagogischen Reflexion interkulturellen Lernens

1. Problemstellung

Der gesellschaftliche Diskurs zum Verhältnis von beruflichem Lernen und Inter-kulturalität teilt sich in zwei *Diskursstränge* (nach Jäger, 1999). Diese unterschei-den sich hinsichtlich Problemzugang, Wertorientierung und Konsequenzen deutlich; gemeinsam ist beiden Strängen aber, dass sie die Probleme im Verhältnis von beruf-lichem Lernen und Interkulturalität, wenn auch auf unterschiedliche Weise, allzu häufig *einseitig* wahrnehmen. Der *erste*, der *sozialwissenschaftlich-empirische* oder *arbeitsmarktpolitische* Diskursstrang beobachtet das Verhältnis von beruflichem Ler-nen und Interkulturalität mit *quantitativen* Mitteln. Politisches Ziel ist die *Integra-tion* – möglichst zahlreicher – Migranten in den deutschen Arbeitsmarkt. Das Errei-chen dieses Ziels bemisst sich an quantitativen Größen wie Niveau des Schulab-schlusses, Zahl der eingegangenen Ausbildungsverhältnisse, Zahl und Niveau der Übergänge ins Arbeitsleben (vgl. z.B. Riesen, 2009). Die positive Entwicklung die-ser *Kennzahlen* symbolisiert politischen Erfolg. Allein: Viele Kennzahlen orientie-ren sich allzu oft *einseitig* am ökonomischen Bedarf der Aufnahmegesellschaft, der dann von der Politik wiederum in Gestalt entsprechender Kennzahlen operationali-siert wird. Die mögliche konstruktive Relevanz eines differenten kulturellen Hinter-grundes und daraus resultierender spezifischer Ansprüche und Potentiale der betrof-fenen Migranten findet kaum einmal explizit Beachtung. Ein Beispiel ist die wich-tigste Kennzahl für *Integration*: das Maß der Aneignung der deutschen Sprache. Zweifellos hat diese für beruflichen Erfolg und gesellschaftliche Integration eine Schlüsselfunktion. Inwiefern aber unter explizitem Bezug auf die Ansprüche und Potentiale von Migranten – wie aber auch der Entwicklung hin zur Weltgesellschaft – z.B. *ergänzend* eine, qualitativ anspruchsvolle, Bi- oder Multilingualität das Ziel sprachlicher Bildung sein könnte resp. sollte, die dann wiederum das monokultu-relle Selbstverständnis der Aufnahmegesellschaft fruchtbar irritieren könnte, wird nur höchst selten von politischer Seite in Erwägung gezogen.

   Der *zweite* Diskursstrang steht im Zeichen *qualitativer* Betrachtungen von Aspekten der kulturellen Diversifizierung der Gesellschaft. Dieser Strang teilt sich wiederum in zwei Unterstränge. Der erste geht von der Annahme aus, kultu-relle Diversität stelle eine gesellschaftliche oder ökonomische *Bereicherung* einer Gesellschaft dar. Diese Sichtweise leidet allerdings allzu häufig an einer tenden-ziell euphemistischen Übergeneralisierung des Zusammenhangs von beruflichem Lernen und Kultur. Die Übergeneralisierung kann zwei Quellen haben: die inter-nationale *Multikulturalismus-Debatte* (vgl. Taylor, 1993) oder eine ökonomistische

Diskussion, die kulturelle Diversität als positive Ressource identifiziert (vgl. Watrinet, 2007). Im anderen, weit problematischeren Unterstrang gilt kulturelle Pluralität prinzipiell als gesellschaftliche *Gefahr*. Ihre Vertreter instrumentalisieren historische und aktuelle Vorurteilslagen sowie kulturelle Dominanzvorstellungen. Im Zentrum des oft mit schrillen Obertönen durchsetzten diskriminierenden Diskurses steht häufig ein spezifisches Konstrukt *deutscher Berufskultur*, reduziert auf die bekannten *Sekundärtugenden* oder *deutschen Tugenden* Ordnung, Fleiß, Genauigkeit etc. Dieser Diskursstrang, der nicht zuletzt in immer neuen Wellen die deutsche Medienöffentlichkeit fasziniert, zielt offen auf kulturelle Assimilation, die keinen legitimen Ort für kulturelle Differenz kennt.

Das Verhältnis von beruflichem Lernen und Interkulturalität wird in den skizzierten zwei resp. drei Diskurssträngen, so eine erste Zwischenbilanz, durchaus divergent, aber in allen Fällen *nicht* mit dem gebotenen Blick für differenzierte Konditionalverknüpfungen oder prozessuale Verschränkungen betrachtet. Reduziert der *quantitative* Strang die Beziehungen zwischen beiden Seiten auf meist arbeitsmarktbezogene Kennzahlen und bemüht sich allenfalls darum, unter dieser Perspektive (*problematische*) Teilgruppenaggregate zu identifizieren, operieren die beiden *qualitativen* Stränge häufig mit impliziten Vorstellungen zu Verknüpfungen zwischen beruflichem Lernen und Interkulturalität, die diese – *a priori* positiv oder negativ bewerten – entweder zu einseitig positiv *stilisieren* oder aber *dämonisieren*.

Diese zwei resp. drei Diskursstränge, die, so ließe sich zusammenfassend sagen, *Beruf und Kultur* entweder im Verhältnis der *In*dependenz – quantitativer Strang – oder der *strikten Koppelung* – qualitative Stränge – verharren sehen, werden im Folgenden mit *berufspädagogischen Theorieausschnitten* konfrontiert, die sich ebenfalls auf den Zusammenhang zwischen *Beruf und Kultur* beziehen. Dabei – und das ist die These des vorliegenden Beitrags – rücken die berufspädagogischen Ansätze stärker Fragen der *Inter*dependenz und der Dynamik zwischen den beiden Seiten, *Beruf und Kultur,* ins Zentrum, was ermöglicht, wechselseitige Bedingungsverhältnisse und prozessuale Verläufe kritischer zu fokussieren. Diese Sicht kann zudem auch für praxisbezogene Analysen und Reflexionen interkultureller Fragen beruflichen Lernens fruchtbar gemacht werden. Dies wird abschließend an ausgewählten curricularen Ausschnitten interkulturellen Lernens in kaufmännischen Schulen, unter besonderer Berücksichtigung der Lernfeldorientierung, noch beispielhaft demonstriert.

2.   Kulturpädagogische Reflexion des Verhältnisses von *Beruf und Kultur*

Die theoriegeleitete Bearbeitung des Verhältnisses von *Beruf und Kultur* steht im Zentrum der *kulturpädagogischen Begründung* der Berufs- und Wirtschaftspädagogik durch den Philosophen und Pädagogen Eduard Spranger (1882–1963), der in Berlin, Leipzig und Tübingen wirkte. In seinen frühen Berliner und Leipziger

Jahren zielte Spranger unter Weiterentwicklung der klassischen neuhumanistischen Bildungstheorie Wilhelm von Humboldts auf eine kulturpädagogische Fundierung der Bildung des Menschen durch den Beruf (vgl. Backes-Haase, 2007; Kutscha, 2003; Ofenbach, 2002). Diese verhalf der Berufs- und Wirtschaftspädagogik zu Beginn des 20. Jahrhunderts unter dem Titel *Berufsbildungstheorie* zu einer ersten, jedoch bald schon scharf kritisierten Absicherung im Wissenschaftssystem (vgl. Backes-Haase, 2001; König & Zedler, 1989 und jetzt kritisch aus wissenschaftsgeschichtlicher Sicht Kersting, 2009).

Ausgangspunkt Sprangers – wie ähnlich auch des Münchener Schulmannes Georg Kerschensteiner (vgl. Gonon, 1992, 2011) – ist eine Analyse resp. Diagnose der gesellschaftlichen Lage der Zeit zwischen 1900 und der Mitte der 1920er Jahre. Spranger trifft diese aus kulturphilosophischer Perspektive (vgl. Uhle, 1996), jedoch, im Gefolge der Kulturkritik der Jahrhundertwende vom 19. zum 20. Jahrhundert, mit deutlich skeptischem Einschlag (vgl. Olbrich, 2001). Er interpretiert Erscheinungen des gesellschaftlichen Wandels, die sich aus Bevölkerungswachstum, Landflucht, Industrialisierung und der Entwicklung hin zu Massen-, Konsum- und Mediengesellschaft ergeben und die sich besonders in neuen, als abweichend wahrgenommenen *Lebenspraxen* zahlreicher Jugendlicher, speziell im neuen Arbeitermilieu, niederschlagen, explizit als *Kulturproblem*. Das entspricht der Sicht der von Fritz Ringer so titulierten *deutschen Mandarine* in der Zeit von Wilhelminismus und Weimarer Republik (Ringer, 1969; Tenorth, 2002, S. 217). Diese gesellschaftlichen Meinungsführer, mit im Einzelnen durchaus unterschiedlichen Orientierungen, beklagten relativ *unisono* eine zunehmende Entfremdung vieler Jugendlicher von tradierten Lebens- und Arbeitsstrukturen, womit die Meinungsführer die Vernachlässigung von Werten durch die Jugendlichen gleichsetzten, die sie als gesellschaftlich unverzichtbar erachteten. Spranger nahm diese Entwicklung zugespitzt als *Verhängnis* wahr und deutete sie als kulturellen Verfall; sie führe, so Spranger, letztlich dazu, dass die „Menschen ‚den Sinn ihrer Kulturidee nicht mehr verstehen‘" könnten (Spranger, zitiert nach Uhle, 1996).

Diese skeptische Diagnose zum Verhältnis von *Beruf und Kultur* auf kulturphilosophischer Grundlage lässt die Frage nach dem ihr zugrunde liegenden *Kulturverständnis* aufkommen. Spranger vertritt ein *normatives*, werttheoretisch begründetes Verständnis von Kultur. Es speist sich, so Hein Retter, aus verschiedenen Quellen. Neben dem Neuhumanismus waren dafür die neukantianische Werttheorie (Rudolf Heinrich Lotze, Heinrich Rickert), der Neuidealismus (Rudolf Eucken) sowie die Theologie Albrecht Ritschls bedeutend (vgl. Retter, 2000). Nach Spranger manifestiert sich Kultur anknüpfend an vier *Geistesrichtungen* des Menschen, nämlich Sittlichkeit, Technik, Recht und Erziehung, in vier *objektiven Kulturgebieten*. *Objektiv* meint hier ein dem Menschen gegenüber stehendes Kulturelles, das von Werten durchdrungen ist. Aufgabe von Erziehung ist es, „die ‚objektiven Werte in subjektives seelisches Leben und Erleben zurück zu verwandeln‘" (Spranger, zitiert nach Helmer, 2004, S. 541; vgl. Büser, 1999). In diesem Sinne versteht Spranger Erziehung als *Wesensformung* des Menschen im kulturellen

Zusammenhang, dies jedoch mit dem Ziel, ihn zur *aktiven* Mitgestaltung hinzu-
führen: „Erziehung ist diejenige Kulturtätigkeit, die auf persönliche Wesensformung sich entwickelnder Subjekte gerichtet ist. Sie erfolgt an den echt wertvollen
Gehalten des gegebenen objektiven Geistes, hat aber zum letzten Ziel die Entbin-
dung des autonomen normativen Geistes (eines sittlichen Kulturwillens) im Subjekt" (Spranger, 1921, S. 382). Jürgen Oelkers spricht von *Initiation in die Kultur*;
dieser Vorgang ziele bei Spranger auf die Entwicklung von „Wissen und Können
oder auf Bildung und Brauchbarkeit, ohne noch das eine auf das andere reduzieren
zu können" (Oelkers, 1983, S. 15). Zudem ist, so Oelkers weiter, diese Initiation
nicht mit einem passiven Oktroyieren von Werten gleichzusetzen, Ziel sei es vielmehr, den Menschen zur Ausprägung einer individuellen sittlich und ggf. religiös
rückversicherten Werttotalität in den für ihn relevanten Lebensbereichen anzuleiten.

An dieser Stelle tritt für Spranger der Beruf in sein Recht. Als Berufsbildungs-
theoretiker fasst er *Beruf als kulturelles Sinnschema*, das es dem Menschen erlaubt,
seine gesellschaftliche als kulturelle, d.h. wertbestimmt-sinnhafte Aufgabe zu
begreifen. *Beruf wird zur Sinnform der Mitgestaltung des Menschen an der Kultur.* In dieser sittlich bestimmten Sinnform *harmonieren*, aus berufsbildungstheoretischer Sicht, persönliche Sinn*erwartung* (*innerer Beruf*) und gesellschaftliche
Sinn*zumutung* (äußerer Beruf), eine Vorstellung, die die Idee einer *prästabilierten
Harmonie von Welt und Mensch* im Sinne von Leibniz aufnimmt, ohne allerdings,
dies sei einschränkend bemerkt, dem historischen und mentalen Wandel seit dem
17. Jahrhundert in ausreichendem Maße Rechnung zu tragen (vgl. Kutscha, 2008;
vgl. Zabeck, 1968; vgl. zur Wirkung von Leibniz auf den Neuhumanismus Menze,
1980). *Beruf und Kultur* miteinander verschränkend kann Spranger dann formulieren: „Wird so der Beruf als eine Kulturaufgabe aufgefaßt, als ein Dienst am Ganzen, so erscheint er zugleich als das geeignete Mittel zur persönlichen Selbstvoll-
endung" (Spranger, 1920/1975, S. 47). *Beruf – Kultur –* und: *Bildung* treten unter
dieser kulturpädagogischen Perspektive in einen Sinnzusammenhang wechselseitiger Implikation (vgl. Backes-Haase, 2002), getragen von *objektiven* Wertgehalten,
die von der Intention auf Sittlichkeit durchdrungen sind.

Sprangers kulturpädagogischer Ansatz hat, wie gesagt, vielfältige *Kritik* erfahren, auf die hier nicht im Einzelnen eingegangen werden kann. Auch die in den
70er/80er Jahren entstehende interkulturelle Pädagogik stufte so Sprangers kulturpädagogischen Ansatz explizit als *ausgrenzend* ein. Sie monierte, Sprangers Kulturverständnis unterstütze eine *Entgegensetzung* von *kulturell Eigenem* und *kulturell Fremdem*. Dickopp schrieb: „Hier [d.h. bei Spranger] ist der Mensch nicht nur
Mitmensch und Partner aller Menschen, sondern vorrangig nur derjenigen, die sich
mit ihm in einer Kulturgemeinschaft befinden" (Dickopp, 1986; vgl. Yildiz, 2009).

Eine solche Kritik unterstellt resp. unterschiebt Sprangers Ansatz jedoch spezifische Annahmen, wobei fraglich ist, ob man damit einem authentischen Verständnis
seines kulturpädagogischen Ansatzes tatsächlich nahe kommt. Die Kritiker unter-
stellen, Sprangers Verständnis von beruflichem Lernen im kulturellen Kontext sei
weder transkulturell anschlussfähig, noch ziele es auf Wandel in diesem Prozess,

noch betone es die individuelle Dimension ausreichend und genügend explizit. Dem soll hier mit drei Hinweisen zur *interkulturellen Relevanz von Sprangers Kulturverständnis* entgegen getreten werden.

Eingestandenermaßen enthält das Konzept überindividueller, *objektiver* Werte eine *Tendenz* zur Hypostasierung des Wertmäßigen und seiner Anbindung an eine – auch latent exklusiv zu denkende – kulturelle Gemeinschaft. Jedoch ist die Frage, ob nicht schon Spranger selbst durch die Gesamtkonzeption seines Ansatzes genau einer solchen Sichtweise entgegen arbeiten wollte: Bei ihm treten nämlich Wertphilosophie und Wertpsychologie unmittelbar in Beziehung zueinander. Erziehung markiert dann die Schnittstelle von (gesellschaftlicher) Überlieferung und (individueller) Neukonstitution. *Die* Wertkultur erscheint bei ihm von daher betrachtet auch stärker als Wechselgeschehen zwischen, auf der einen Seite, Werten, die sich sozial in gesellschaftlichen Teilbereichen entwickeln, und, auf der anderen Seite, Individuen, die Fähigkeiten entwickeln, sich zunächst auf die wertmäßigen Manifestationen des objektiven Geistes zu beziehen *und* diese dann selbst zu transformieren. Eine solche Konzeption ist keineswegs *notwendig monokulturell* auf die Stützung von Werten *einer hervorgehobenen* Wertkultur ausgerichtet und vollzieht sich auch nicht weitgehend unabhängig von Individuen und ihren Beiträgen. Sie lässt sich ebenso gut auf andere Kulturen übertragen und enthält damit allgemeine Aussagen zum Zusammenhang von relativ objektiven (kulturellen) Wertgebäuden, ihrer zeitlichen Transformation und eben auch der Beteiligung von Individuen. Extrahiert man aus dieser Konzeption dann jedoch das Element einer *relativen Objektivität kultureller Wertgefüge*, so kann dieses auch und speziell im transkulturellen Zusammenhang verständlich machen, mit welcher Nachhaltigkeit Menschen Bindungen an solche Wertgefüge entwickeln. Vielleicht besteht ein Hauptproblem für Missverständnisse im interkulturellen Zusammenleben in den Schulen wie in der Gesellschaft genau darin, dies *nicht* anerkennen zu wollen resp. zu können – ein Problem, das aus dem je spezifischen *blinden Fleck* eines jeden Kulturangehörigen für die Kulturbedingtheit seiner eigenen Einstellungen resultiert.

Dies führt zum zweiten Hinweis: Spranger betont, wie schon gesagt, das *prozessuale* Moment des Aufbaus einer individuellen Wertautonomie mehr als den Aufbau eines statisch-homogenen Wertbezuges. Dieses prozessuale Moment ist bei Spranger darüber hinaus aber auch schon stark im Paradigma der *Aneignung* gedacht (vgl. Kade, 1997). Mitgestaltung von wertbestimmter Kultur bedeutet *aktive* Auseinandersetzung mit kulturell-werthaft durchdrungenen Gegebenheiten. Dieses Verständnis des prozessualen Moments leistet, in Verbindung mit dem Gedanken der Objektivität der Wertkultur, einen wichtigen Beitrag zum Verständnis auch von interkulturellem Lernen: Wird ein Individuum mit mehreren, in ihrer Objektivität für das Individuum nur schwer hintergehbaren Wertkulturen konfrontiert und sieht es sich zugleich im Paradigma der Aneignung zur individuellen Konstruktion einer eigenen Orientierung gebenden Wertsphäre veranlasst (ja, genötigt), ist zu erwarten, dass dies zu sehr unterschiedlichen Figurationen des Wertmäßigen im Horizont von Individuen führt, was bei eher oberflächlicher Betrachtung

solcher individueller Wertgebäude in der sozialdeskriptiven Literatur zur Benen-
nung *Patchwork* führt, tatsächlich aber durch die Konfrontation vieler Migranten in
Deutschland mit einer eher traditionalen Wertkultur auf der einen und einer stark
(post-)modernen Wertkultur auf der anderen Seite (und damit einer *Nötigung* zur
individuellen Konstruktion eines Wertgefüges) zu komplexen neuartigen Verschränkungen von Wertgebäuden führt – auf deren pädagogische Betreuung sich Lehrerinnen und Lehrer mit einem monokulturellen Hintergrund zweifellos nicht einfach
einstellen können.

Legt man in diesem Sinne Sprangers kulturpädagogisches Konzept eher im
Spannungsverhältnis von Objektivität und Konstruktivität aus (vgl. Wallisch-
Langlotz, 2000, S. 61), so lässt sich auch seine Bestimmung des Verhältnisses von
Beruf und Kultur im Blick auf interkulturelles Lernen im beruflichen Zusammenhang begreifen. *Berufskultur* ist, so betrachtet, dann ebenfalls ein Ort sowohl der
Konfrontation wie der aktiven Auseinandersetzung *mit* und Gestaltung *von* Sinnformen. Auch hier ist eine monokulturelle Betrachtung *nicht* die einzig legitime
in Sprangers Horizont. Kulturell unterschiedliche Erwartungen von Lernenden,
Verschränkungen der Berufsausübung im transkulturellen Zusammenhang, explizit interkulturelles Lernen im Beruf stellen sämtlich Gestaltungsformen sich aktuell entwickelnder Berufskulturen dar. Aber auch hier gilt: Die Aufmerksamkeit ist
auf das *Spannungsverhältnis* von Objektivität und Konstruktivität zu richten, wenn
nicht die Auseinandersetzung mit Beruf als (inter-)kulturelle Sinnform scheitern
soll. Rückt man nun ein solches Verständnis eines kulturpädagogisch begründeten
Verhältnisses von beruflichem Lernen und Kultur noch einmal in Zusammenhang
mit der eingangs getroffenen Unterscheidung von aktuellen Diskurssträngen, so ist
zu erkennen, dass dieses auf der *qualitativen Seite* wohl den Aspekt einer gewissen *Objektivität* etwa berufskultureller Momente hervorhebt, von diesen – im Sinne
von *Inter*dependenz – aber zugleich betont, dass sie *notwendig* den Weg über die
individuelle Aneignung durchlaufen müssen, wobei es zugleich zu inter- oder, vielleicht eher im Sinne Sprangers: transkulturellen Verschränkungen kommt, denen
dann wiederum die erforderliche (berufs-)pädagogische Aufmerksamkeit zuge-
wandt werden muss.

3. Berufliche Qualifikation und berufliche Identität

Die Vorstellung von Beruf als kultur- und damit wertbestimmter Sinnform erfuhr
in der Berufspädagogik speziell durch den *qualifikationstheoretisch begründeten Ansatz* scharfe Kritik (vgl. Backes-Haase, 2002). Die vorgebliche Sinnförmig-
keit, ja Sinnhaltigkeit beruflicher Strukturen wurde von hier aus als spekulativ,
ja als *Leerformel* (Zabeck, 1968) diskreditiert; ihr fehle jede empirische Grundlage. Dies erweise sich nicht zuletzt an der mangelnden Passung einer *ganzheit-
lichen*, d.h. speziell handwerklichen Berufsaneignung zu den Formen beruflicher
Arbeit im industriellen und postindustriellen Zeitalter, die schon zu Sprangers Zeit

das Arbeitsleben geprägt hätten, sich aber gerade der Erwartung der Sinnhaftigkeit radikal entzögen (Zabeck, 1992).

An die Stelle der Definition von Beruf über wertmäßig bestimmte Sinnzuschreibung trat das Konzept der *Qualifikation für Arbeitsanforderungen*. Qualifikation wurde jetzt *empirisch* aus der Sicht der modernen Arbeitsgesellschaft verstanden. Der Darmstädter Berufspädagoge Heinrich Abel (1908–1965) löste sich vom klassischen Berufsverständnis, indem er die Frage nach dem *Berufsproblem* im Spannungsfeld von *Berufstreue* und *Berufswechsel* aufwarf. Schon in den 1950er Jahren konstatierte er für große Teile des Arbeitsmarktes eine *Auflösung berufsförmiger Arbeit* und postulierte, berufliche Bildung könne sich nur noch an einem *reduzierten Beruf* orientieren (Abel, 1963). In der berufspädagogischen Schlüsseldebatte mit dem Münsteraner Erziehungswissenschaftler Herwig Blankertz (1927–1983) im Kontext der Arbeit des Deutschen Bildungsrates griff er frontal dessen emanzipatorische Neubegründung der Berufsbildungstheorie, die eine wichtige Funktion in der Begründung des Kollegschulversuchs Nordrhein-Westfalen hatte, mit der Formulierung an, dass auch eine politisch-kritische Ausrichtung beruflicher Bildung „kein Zaubermittel zur ‚Rettung des Menschen‘" (Abel, S. 196) vor den konkreten Zumutungen durch die moderne Arbeitsgesellschaft mehr darstelle – allenfalls eine trügerische Schimäre. Diese Form rein funktionaler Qualifikationsorientierung korrespondiert mit dem einseitig-quantitativen Diskursstrang aus der Einleitung.

Die Abelsche Zuspitzung der Berufsbildungsfrage zum Berufsproblem blieb in der Berufs- und Wirtschaftspädagogik nicht das letzte Wort des qualifikationstheoretischen Ansatzes (vgl. Backes-Haase, 2002). Mit den 60er Jahren unternahm es der Mannheimer Wirtschaftspädagoge Jürgen Zabeck (geb. 1931), diesen zu einer *antizipatorischen Berufspädagogik* weiter zu entwickeln. Sie steht auf zwei Säulen: *Eine* Säule bildet weiterhin ein empirischer Arbeitsmarktbezug, jedoch mit Fokus auf die Ermittlung mutmaßlich für die Auszubildenden relevanter *zukünftiger* Anforderungen. Zabeck formuliert dies in einer, an Kant gemahnenden, *Maxime*: „[Bilde] einen Menschen so aus, dass seine Funktionsfähigkeit während seiner *prospektiven* [Hervorhebung v. A.B.-H.] Berufstätigkeit gewahrt bleibt" (Zabeck, 1992, S. 97).

Die *zweite* Säule ist eine ergänzende Sinnkomponente. Ebenfalls zum Ausdruck gebracht in einer praktischen *Maxime* postuliert Zabeck, „die Umsetzung gesellschaftlicher Ansprüche an das Subsystem Erziehung so in Lernziele[n] und Lernverfahren [...zu treffen], dass es dem einzelnen gelingt, die Idee seiner Individualität zu fassen und sich von ihr her zu strukturieren" (Zabeck, 1992, S. 96). Die Maxime greift einen Grundgedanken Humboldts auf, der die Idee der Individualität als die in jedem Menschen angelegte *Leitvorstellung* begriff, die diesem im Prozess der (Selbst-)Bildung zu entwickeln aufgegeben sei (Menze, 1976, S. 154; vgl. auch Zabeck, 2009). Von der kulturpädagogischen Begründung des Verhältnisses von *Beruf und Kultur* unterscheidet sich Zabecks Sinnbestimmung insofern, als er die Aufgabe des *Subsystems Erziehung* darin sieht, Bildungsstrukturen zu offerieren, die dem Menschen erlauben, sich von der Idee seiner Individualität her zu strukturieren, dies allerdings in Auseinandersetzung *mit konkreten Ansprüchen aus Beruf und Gesellschaft*. Auch wenn Zabeck jüngst selbst Zweifel angemeldet hat, ob die mit diesem Ansatz verbundene Ambition „im Zeichen von Globalisierung und shareholder value" (Zabeck, 2004), also den aktuellen zivilisatorisch-kulturellen Sinnbestimmungen resp. *Sinnentleerungen*, noch einzulösen ist, hält er doch an der Grundintention fest, aus empirischer Sicht die Entwicklung von *beruflicher Identität* unter den referierten Maßgaben nachzuvollziehen (Zabeck, 2004; vgl. auch Unger, 2007). Im Unterschied zum kulturpädagogischen Ansatz einer *harmonischen Zusammenstimmung von Ich und Welt* geht das Identitätskonzept Zabecks von *Spannungsverhältnissen*, ja explizit von *Zumutungen* mit mutmaßlich *restriktiver* Wirkung auf das Individuum aus, die speziell auch mit Berufskulturen verbunden sind.

Auf die Unterscheidung unterschiedlicher Diskursstränge zum Verhältnis von beruflichem Lernen und Kultur in der Einleitung zurückblickend wird deutlich, dass Zabecks Ansatz wie der Abels ebenfalls der *quantitativen* Seite zuzuordnen ist. Über Abels rein qualifikatorische Sicht hinaus bietet er jedoch ergänzend eine Sinn- bzw. Identitätskomponente, die auch mit Bezug auf Interkulturalität ausgedeutet werden kann. Zwar hebt Zabeck stärker auf kulturelle Momente im Rahmen des ökonomischen Systems ab, Stichwort: Globalisierung, die zu Zumutungen in der Entwicklung einer (beruflichen) Identität führen (können). Doch fügt sich hier ebenso die Aufgabe der *Entwicklung einer individuell bestimmten Identität im berufskulturellen Zusammenhang unter Bedingungen der Interkulturalität* ein. Im Sinne Zabecks kann dann davon ausgegangen werden, dass die Auseinandersetzung mit kulturell unterschiedlichen Formen der Auffassung und Interpretation sowie von Sinnzuschreibung zu beruflichen Anforderungen und zu Beruf als sozialer Handlungsform zur Ausbildung individuell differenter Pfade beruflicher Identitätsentwicklung im transkulturellen Zusammenhang führt – wobei allerdings Zabecks Skepsis mit in Rechnung zu stellen wäre, die sich darauf richtet, dass *Globalisierung* einen Dominanzpfad hin zu einer internationalen ökonomistisch *akzentuierten* (beruflichen wie privaten) *Monokultur* fördert.

4. Interkulturelles Lernen im Medium des Berufs

Für den berufsbezogenen Unterricht in der Berufsschule haben die Kultusministerkonferenz und in der Folge die zuständigen Länderkultusministerien mit der Lernfeldorientierung erstmals vor 15 Jahren eine neue curriculare Grundlage geschaffen. Diese schärft einerseits durch die Integration der berufsbezogenen Fächer unter *Lernfeldern* die Profilbildung der Ausbildung in der Berufsschule entlang der *Sinnform des Berufes*. Andererseits verknüpft sie mit dem berufsbezogenen Unterricht die Orientierung an übergreifenden Zielsetzungen beruflichen Lernens, zu denen neben ethischen, ökologischen, kommunikativen u.a. auch Zielsetzungen im Bereich der *interkulturellen* Bildung zählen (vgl. Loiselle, 1999). Speziell im kaufmännischen Bereich eröffnet der neue curriculare Rahmen, wenn er in angemessener Weise ausgestaltet wird (vgl. Kremer & Sloane, 1999), m.E. Wege zu einer Integration interkultureller Lerngelegenheiten. Diese müssen sich aber *in Anspruch und Differenzierung an den berufspädagogischen Reflexionsvorgaben orientieren*, wie sie hier umrissen wurden, soll es nicht zu einseitigen Unterrichtspraxen im Sinne der in der Einleitung angesprochenen Verkürzungen kommen. Um die praxisbezogene Relevanz der vorgestellten Reflexionsgrundlagen anzudeuten, wird hier von zwei problematischen Varianten eines auf interkulturelle Bildung gerichteten berufsbezogenen Lernens ausgegangen, die als *Schisma interkultureller Bildung im beruflichen Lernzusammenhang* gelten müssen.

Eine Seite dieses Schismas korrespondiert tendenziell mit dem *quantitativen* Diskursstrang. Konkret umgesetzt findet man sie zumeist in beruflichen Lernzusammenhängen, die, z.B. in einem Ausbildungsberuf wie dem des Groß- und Außenhandelskaufmanns, für konkrete Kommunikation oder Verhandlungsführung im Kontakt mit einem ausländischen Umfeld vorbereiten. Hier steht häufig eine qualifikatorisch-funktionalistische Sicht im Vordergrund: Fachvokabular, Redensarten, stereotypisierte Verhaltensmuster werden unter einer ökonomischen Optimierungsperspektive *vermittelt*. Die andere Seite des Schismas bildet der berufsbezogene Unterricht in weniger anspruchsvollen Klassen, z.B. Lageristen, die von einem hohen Migrantenanteil geprägt sind. Hier dominiert – häufig mehr implizit als tatsächlich ausgesprochen und didaktisiert – ein Anpassungsdruck (und dadurch hervorgerufener Gegendruck), der im Sinne des zweiten *qualitativen* Teildiskurses auf assimilatorische Sozialisierung entlang fix gedachter Berufstugenden gerichtet ist. Zu beiden Seiten des Schismas lassen sich weiterführende Hinweise zu einer professionellen Reflexion (vgl. Backes-Haase, 2002) interkulturellen Lernens im beruflichen Zusammenhang geben.

Zunächst zur Reflexion der eher qualifikationsorientierten Praxis. Hier besteht das Defizit einerseits in einer zugespitzten *Objektivierung* in Gestalt stereotypisierter Handlungs- oder z.B. Gesprächsformen bei gleichzeitiger inhaltlicher Entleerung der fremdkulturellen Werte und andererseits in der fehlenden individuell bestimmten Aneignung geeigneter Formen. Zieht man die Überlegungen aus der aktuellen Auslegung Sprangers zum Verhältnis von Objektivität und Konstruktivität kultureller Werte zu Rate, so wäre es die Aufgabe, in einem entsprechenden Unterricht besonders die konstruktive Seite der (kollektiven) Gestaltetheit und (individuellen) Gestaltbarkeit der fremdkulturellen Werte zu stärken. Als Beispiel soll hier das kulturell bestimmte Feld von Kollegialität dienen. Bei dieser Thematik sollte der Schwerpunkt nicht ausschließlich auf strikten Regeln für kollegiales Verhalten in der fremden Kultur im Sinne von *Verhaltensvorschriften* liegen; vielmehr müsste es zusätzlich das Ziel sein, die Regeln aus der Perspektive kultureller Sinnzuschreibungen von Mitgliedern der entsprechenden Kultur kennenzulernen, damit Einsicht in die Relevanz von Kollegialität und der mit ihr verbundenen Regeln gewonnen werden können. So ließe sich eine allzu statische Perspektive vermeiden und stattdessen ermöglichen, über reine Stereotypisierungen hinaus eigene vertiefte Sinnzuschreibungen zu entwickeln. Ergänzend kann auf das Identitätskonzept Zabecks

Bezug genommen werden. In dessen Sinn können Aspekte von Herausforderungen und Zumutungen herausgearbeitet werden, die sich im Zusammenhang mit Kollegialität – z.B. in stark kollektivistisch ausgeprägten Formen asiatischer Prägung oder individualistischen Formen angloamerikanischer Prägung – stellen und die zu Spannungen in der Entwicklung angemessener Pfade einer beruflichen Identität im kollegialen Zusammenhang, unter besonderer Berücksichtigung der Einflüsse durch Globalisierung, führen (können).

Anders stellt sich die Reflexionsaufgabe bei den *Lageristen* bzw. beim Assimilationsparadigma in den berufsbildenden Schulen. Man wird kaum in Abrede stellen können, dass es hier tatsächlich zunächst um die erfolgreiche *Kommunikation* der objektiven Relevanz bestimmter berufskultureller Werte geht – womit durchaus auch ausgewählte beruflich relevante der eingangs benannten Sekundärtugenden gemeint sein können. Doch ist auch hier aus Sicht der neueren Spranger-Diskussion vor Einseitigkeit zu warnen. Tatsächlich müssen objektive Werte aus einer individuellen wie interkulturellen Relevanzperspektive verständlich gemacht werden. Der übliche Weg, hier einseitig auf die qualifikatorische resp. Arbeitsmarktrelevanz solcher *Tugenden* zu verweisen, ja zu *pochen*, kann nur zu einer quasi äußerlichen Lösung, wenn nicht zur Blockade bzw. zu *abweichendem Verhalten* führen. Von zentraler Bedeutung sind hier (sowohl aus Sprangerscher wie aus Zabeckscher Sicht) die interkulturelle Überlagerung, die ausdrückliche Unterstützung der Entwicklung individuell mehrkulturell verankerter Sinnstrukturen, wobei Widersprüche und Differenzen durchaus zu thematisieren sind, dies jedoch nicht notwendig mit der Perspektive, sie aus der Sicht von Wertorientierungen *einer dominanten* Kultur aufzuheben. Es muss als legitim gelten und auch dezidiert unterstützt werden, eine berufliche Identität in Gestalt eines mehrkulturell verankerten Orientierungszusammenhangs herauszubilden, in dem etwa Begründungen für bestimmte Handlungsformen, aus der Sicht der kulturellen Gegebenheiten der Aufnahmegesellschaft betrachtet, durchaus *Sprünge* oder *Differenzen* aufweisen (können). Didaktische Arrangements im lernfeldorientierten Unterricht müssen hier Felder für die Thematisierung entsprechender Wertverknüpfungen und individuell entwickelter Orientierungsmuster schaffen.

Das Verhältnis von *Beruf und Kultur* gilt – im berufspädagogischen Kontext angesichts der zeitweilig scharfen Kritik an der Kulturpädagogik – als antiquierter Gegenstand wissenschaftlicher Betrachtung. Angesichts der neuen Relevanz, die die kulturelle Dimension des Berufes angesichts von gesteigerten Wert- und Orientierungsproblemen ebenso wie der interkulturellen Frage erhält, scheint es jedoch, als wenn dieser Gegenstand durchaus einer neuerlichen Beschäftigung würdig wäre. Die vorliegende Darstellung wollte darauf hindeuten, dass die entsprechenden berufspädagogischen Angebote zu einer differenzierenden Reflexion interkultureller Probleme im Kontext beruflichen Lernens jenseits der einleitend aufgewiesenen einseitigen Diskursstränge anleiten können und – *theoriestrategisch* betrachtet – die Berufspädagogik auch im Hinblick auf interkulturelle Fragen im beruflichen Lernzusammenhang nicht ausschließlich auf *Theorieimporte* angewiesen ist.

Literatur

Abel, H. (1963). *Das Berufsproblem im gewerblichen Ausbildungs- und Schulwesen Deutschlands (BRD)*. Braunschweig: Westermann.

Backes-Haase, A. (2007). Eduard Spranger – Aspekte der Neuaneignung eines wirtschaftspädagogischen Klassikers. In D. Münk, J. van Buer, K. Breuer & T. Dreißinger (Hrsg.), *Hundert Jahre kaufmännische Ausbildung in Berlin* (S. 252–264). Opladen, Farmington Hills: Budrich.

Backes-Haase, A. (2002). *Orientierungsangebote für Berufs- und Wirtschaftspädagogen. Profession zwischen Lernfeldkonzept und beruflichem Bildungsanspruch?* Hamburg: Kovač.

Backes-Haase, A. (2001). Berufsbildungstheorie – Entwicklung und Diskussionsstand. In H. Schanz (Hrsg.), *Berufs- und wirtschaftspädagogische Grundprobleme* (S. 22–38). Baltmannsweiler: Schneider-Verlag Hohengehren.

Büser, T. (1999). *Wirtschaftspädagogik und Unternehmenskultur auf der Grundlage eines interaktionistischen Theorieansatzes*. Markt Schwaben: Eusl.

Dickopp, K.-H. (1986). Begründungen und Ziele einer Interkulturellen Erziehung – Zur Konzeption einer transkulturellen Pädagogik. In M. Borelli (Hrsg.), *Interkulturelle Pädagogik* (S. 37–48). Baltmannsweiler: Schneider-Verlag Hohengehren.

Gonon, P. (2011). Zur Legitimität beruflicher Bildung – Pestalozzi und Kerschensteiner als pädagogische Vordenker arbeitsbezogener Lern- und Integrationsprozesse. In B. Siecke & D. Heisler (Hrsg.), *Berufliche Bildung zwischen politischem Reformdruck und pädagogischem Diskurs* (S. 354–367). Paderborn: Eusl.

Gonon, P. (1992). *Arbeitsschule und Qualifikation. Arbeit und Schule im 19. Jahrhundert, Kerschensteiner und die heutigen Debatten zur beruflichen Qualifikation*. Bern: Lang.

Helmer, K. (2004). Kultur. In D. Benner & J. Oelkers (Hrsg.), *Historisches Wörterbuch der Pädagogik* (S. 529–547). Weinheim: Beltz.

Jäger, S. (1999). *Kritische Diskursanalyse. Eine Einführung* (2. Aufl.). Duisburg: DISS.

Kade, J. (1997). Vermittelbar/nicht-vermittelbar: Vermitteln: Aneignen. Im Prozeß der Systembildung des Pädagogischen. In D. Lenzen & N. Luhmann (Hrsg.), *Bildung und Weiterbildung im Erziehungssystem* (S. 30–70). Frankfurt a. M.: Suhrkamp.

Kersting, C. (2009). *Pädagogik im Nachkriegsdeutschland. Wissenschaftspolitik und Disziplinentwicklung 1945–1955*. Bad Heilbrunn: Klinkhardt.

König, E. & Zedler, P. (Hrsg.) (1989) *Rekonstruktionen pädagogischer Wissenschaftsgeschichte*. Weinheim: Deutscher Studienverlag.

Kremer, H.-H. & Sloane, P.F.E. (1999). Lernfelder – Motor didaktischer Innovationen. *Kölner Zeitschrift für Wirtschaft und Pädagogik, 26*, 37–60.

Kutscha, G. (2008). Beruflichkeit als regulatives Prinzip flexibler Kompetenzentwicklung – Thesen aus berufsbildungstheoretischer Sicht. *bwp@, 14*. http://www.bwpat.de [08.06.2012].

Kutscha, G. (2003). Zum Verhältnis von allgemeiner und beruflicher Bildung im Kontext bildungstheoretischer Reformkonzepte – Rückblick und Perspektiven. *Zeitschrift für Berufs- und Wirtschaftspädagogik, 99*, 328–349.

Loiselle, J. (1999). Interkulturelle Handlungskompetenz. In R. Huisinga, I. Lisop & H.-D. Speier (Hrsg.), *Lernfeldorientierung. Konstruktion und Unterrichtspraxis* (S. 424–440). Frankfurt a. M.: Gesellschaft zur Förderung Arbeitsorientierter Forschung und Bildung.

Menze, C. (1980). *Leibniz und die neuhumanistische Theorie der Bildung des Menschen*. Opladen: Westdeutscher Verlag.

Menze, C. (1976). Die Individualität als Ausgangs- und Endpunkt des Humboldtschen Denkens. In K. Hammacher (Hrsg.), *Universalismus und Wissenschaft im Werk und Wirken der Brüder Humboldt* (S. 145–171). Frankfurt a. M.: Klostermann.

Oelkers, J. (1983). Lebensformen und Wissensformen. Sprangers Strukturpsychologie im Vergleich. In W. Meyer & H.J. Röhrs (Hrsg.), *Maßstäbe. Perspektiven des Denkens von Eduard Spranger* (S. 253–268). Düsseldorf: Pädagogischer Verlag Schwann.

Ofenbach, B. (2002). *Eduard Spranger, Kultur und Erziehung*. Darmstadt: Wissenschaftliche Buchgesellschaft.

Olbrich, J. (2001). *Geschichte der Erwachsenenbildung in Deutschland*. Opladen: Leske + Budrich.

Retter, H. (2000). Eduard Spranger und Wilhelm Dilthey. Aspekte eines umstrittenen Schüler-Lehrer-Verhältnisses. In R. Golz, R.W. Keck & W. Mayrhofer (Hrsg.), *Humanisierung der Bildung. Jahrbuch 2000 der Internationalen Akademie zur Humanisierung der Bildung (IAHB) Frankfurt a. M.* (S. 228–244). Baltmannsweiler: Schneider-Verlag Hohengehren.

Riesen, I. (2009). Der IW-Integrationsmonitor. IW-Trends. *Vierteljahresschrift zur empirischen Wirtschaftsforschung, 36 (1)*, 99–114.

Ringer, F.K. (1983; engl. 1969). *Die Gelehrten. Der Niedergang der deutschen Mandarine 1890–1933*. Stuttgart: Klett-Cotta.

Spranger, E. (1921). *Lebensformen. Geisteswissenschaftliche Psychologie und Ethik der Persönlichkeit*. Halle: Niemeyer.

Spranger, E. (1920/1975). Allgemeinbildung und Berufsschule (1920). In K. Stratmann & W. Bartel (Hrsg.), *Berufspädagogik. Ansätze zu ihrer Grundlegung u. Differenzierung* (S. 42–57). Köln: Kiepenheuer und Witsch.

Stratmann, K. (1988). Zur Sozialgeschichte der Berufsbildungstheorie. *Zeitschrift für Berufs- und Wirtschaftspädagogik, 84*, 579–598.

Taylor, C. (1993). *Multikulturalismus und die Politik der Anerkennung*. Frankfurt a. M: Suhrkamp.

Tenorth, H.-E. (2002). Pädagogik für Krieg und Frieden. Eduard Spranger und die Erziehungswissenschaft an der Universität Berlin 1913–1933. In K.P. Horn & H. Kemnitz (Hrsg.), *Pädagogik Unter den Linden. Von der Gründung der Berliner Universität im Jahre 1810 bis zum Ende des 20. Jahrhunderts* (S. 191–226). Stuttgart: Steiner.

Uhle, R. (1996). Eduard Sprangers Kulturpädagogik im Lichte aktueller Diskussionen. In J.S. Hohmann (Hrsg.), *Beiträge zur Philosophie Eduard Sprangers* (S. 325–349). Berlin: Duncker und Humboldt.

Unger, T. (2007). *Bildungsidee und Bildungsverständnis. Eine grundlagentheoretische Analyse und empirische Fallstudie über das Bildungsverständnis von Lehrenden an Berufsschulen*. Münster: Waxmann.

Wallisch-Langlotz, U. (2000). *Globale Bildung durch lokale, regionale, nationale und transnationale Erziehung*. München: Utz.

Watrinet, C. (2007). *Indikatoren einer diversity-gerechten Unternehmenskultur*. Karlsruhe: Universitätsverlag Karlsruhe.

Yildiz, S. (2009). *Interkulturelle Erziehung und Pädagogik. Subjektivierung und Macht in den Ordnungen des nationalen Diskurses*. Wiesbaden: Verlag für Sozialwissenschaften.

Zabeck, J. (2009). *Geschichte der Berufserziehung und ihrer Theorie*. Paderborn: Eusl.

Zabeck, J. (2004). *Berufserziehung im Zeichen der Globalisierung und des Shareholder Value*. Paderborn: Eusl.

Zabeck, J. (1992). *Die Berufs- und Wirtschaftspädagogik als erziehungswissenschaftliche Teildisziplin*. Baltmannsweiler: Schneider-Verlag Hohengehren.

Zabeck, J. (1968). Zur Grundlegung und Konzeption einer Didaktik der kaufmännischen Berufserziehung. In Dr.-Kurt-Herberts-Stiftung zur Förderung von Forschung und Lehre der Wirtschafts- und Sozialpädagogik e.V. Köln (Hrsg.), *Jahrbuch für Wirtschafts- und Sozialpädagogik* (S. 87–141). Freiburg i. Br.: Lambertus-Verlag.

Philipp Gonon

Gesellschaftliche und religiöse Pluralität – Überlegungen ausgehend von der Berufsbildung und den Berufsfachschulen in der Schweiz

Religion als Fach und als Thema spielt auf den ersten Blick kaum eine Rolle in der Berufsbildung in der Schweiz. Diese Behauptung wird im Folgenden näher erläutert, indem die Bildungshistorie als Hintergrund skizziert wird. Anschließend soll ein Blick in den heutigen Lehrplan an Berufsschulen verdeutlichen, dass ethische und plurikulturelle Aspekte durchaus Raum beanspruchen könnten im Unterricht. Globalisierung bringt auch religiöse Fragestellungen wieder verstärkt in die Berufsbildung hinein.

Das Berufsbildungssystem in der Schweiz ist entstanden vorwiegend aus einer wirtschaftspolitischen Interventionsoptik. Es ging darum, durch berufliche Bildung dem Gewerbe und der inländischen Industrie auf die Sprünge zu helfen. Diese mittelständisch ausgerichtete Politik ergänzte die Bemühungen um das Fabrikgesetz, das 1877 Kinderarbeit (in der Schweiz übrigens als erstem Land in Europa) in der größeren Industrie eingrenzte.

Beide Komponenten – Wirtschafts- oder genauer Gewerbeförderungspolitik und Sozialpolitik – waren Antworten auf drängende Probleme Ende des 19. Jahrhunderts, einerseits auf die „soziale Frage", andererseits auf diejenige des wirtschaftlichen Prosperierens, d.h. wie im Umfeld der ökonomischen Liberalisierung ein wirtschaftliches Überleben und ein Aufschwung möglich sei. Dafür waren bis in die zweite Hälfte des 19. Jahrhunderts keine wirklichen „Gefäße" vorgesehen, weder Gesetzgebungen noch entsprechend institutionalisierte Verfahren.

Wirtschaftspolitik mit dem Schwerpunkt ‚Gewerbe, Sozialpolitik vornehmlich als Jugendschutz' prägten dann auch den ersten Berufsbildungsbeschluss 1884 von Bundesseite, der v.a. Einrichtungen förderte und finanziell subventionierte, die der beruflichen Bildung dienten. In einem traditionell föderal geprägten Staatenwesen war dies gar keine Selbstverständlichkeit.

Unter solchen Vorzeichen hatte eine religiöse Bildung wenig Platz in der Berufsbildung, denn diese war im Anschluss an die Volksschule in erster Linie der beruflichen Qualifizierung vorbehalten.

Erst mit dem Berufsbildungsgesetz im Jahre 1930 war dann auch der Besuch einer Berufsschule in Ergänzung zur betrieblichen Ausbildung Pflicht. In der Schule sollte das allernotwendigste Wissen, das die Führung eines Geschäftes erleichtert, sowie Fachkunde vermittelt werden, um auch in einer Werkstatt die notwendigen Kenntnisse und Fertigkeiten für die betriebliche Zusammenarbeit zu erwerben, all dies basierend auch auf einer Wiederholung und Vertiefung des in der Volksschule Erlernten. Die Berufsschule war neben der fachlichen Ergänzung, der

Wiederholung und Vertiefung des Volksschulstoffes auch auf die politische bzw. staatsbürgerliche Erziehung hin ausgerichtet (vgl. Gonon, 2008).

Kanton Zürich: Gründung der Universität und Lehrerbildung

Bevor sich ein solches berufliches Bildungswesen entwickelte, entstand schon weit früher ein Bildungswesen, das auf einer Professionalisierung der Lehrerbildung und der Neugründung von höheren Schulen beruhte. Grundlage war eine Bildungspolitik, die wesentlich getragen war von der liberalen Bewegung des 19. Jahrhunderts. Sie führte außerdem auch zur Gründung einer kantonalen Universität; aus dieser Strömung entstammte ebenso die Idee einer Nationaluniversität, die schließlich als Polytechnikum bzw. später umbenannt in Eidgenössische Technische Hochschule (ETH) sich noch in der ersten Hälfte des 19. Jahrhunderts entwickelte. Das zentrale Konzept bestand darin, den Eliten des Landes eine Schule auf höchstem technischem Niveau zu eröffnen und sie darüber hinaus umfassend auch mit geisteswissenschaftlichen Fächern zu bilden. Religiöse Bildung war aber auch in diesem Rahmen nicht vorgesehen.

Bildungspolitik im Spannungsfeld von Religion und Liberalismus

Sehr bedeutsam war allerdings die Neuschaffung der Volksschulen im Geiste der liberalen Bewegung. Ignaz Thomas Scherr, ein eingewanderter Katholik aus Baden-Württemberg, war der erste Erziehungsdirektor des Kantons Zürich, der – ursprünglich Lehrer der zürcherischen Blindenschule – schnell einen Aufstieg machte, dank seinen umfassenden Fähigkeiten als Organisator der Lehrerbildung, welche die Voraussetzung für ein wohl etabliertes elementares Bildungssystem schuf. Er verstand es, die Interessen eines Ausbaus der Volksschule wirkungsvoll zu vertreten, was zunächst vor allem auch die umfassende Beschulung aller und im Besonderen die obligatorische Schulpflicht für alle Kinder bedeutete. Die erfolgreiche Einführung fand jenseits des Kantons, ja über die Landesgrenzen hinaus, weit herum Beachtung. Er qualifizierte und organisierte vornehmlich die Lehrerschaft und bescherte dem Lehrer neben dem Pfarrer eine auch bezüglich des Lohns bedeutsame Stellung.

Mit der ebenfalls unter der Ägide Scherrs erfolgten Gründung der Zürcher Universität im Jahre 1831 wurde dann allerdings ein Politikum geschaffen, das sich in dem Moment als explosive Mischung entlud, als der Hegelianer David Friedrich Strauss, Verfasser des „Lebens Jesu", an die neu gegründete Zürcher Universität berufen wurde. In der Landbevölkerung, die bereits mit der allgemeinen Schulpflicht ihre Mühen hatte, wurde dieser Vorgang als weiterer Akt der Zurückdrängung des Einflusses der Religion, ja als Ausbreitung von Atheismus kodiert, mit gravierenden Konsequenzen. Es erfolgte ein regelrechter Volksaufstand, der so genannte „Züri Putsch". Das Wort Putsch, das wir bis heute brauchen, entstammt genau diesem Anlass. Es fielen wenige Schüsse und es gab einige Tote zu beklagen. Im Ergebnis musste sich die Zürcher Regierung reorganisieren und personelle Entscheide fällen. Der junge knapp über 30-jährige Theologe Strauss wurde in Frühpension geschickt, aber auch der Erziehungsdirektor wurde seines Postens enthoben: Scherr musste in den Kanton Thurgau übersiedeln.

Kulturkampf und Bildungsreform – die eidgenössische „Schulvogt"-Debatte

Das Ringen um Inhalt und Form der Volksschule währte im Kanton Zürich noch länger, und in der gesamten Eidgenossenschaft ergab sich eine Vielzahl an Konflikten entlang dieser skizzierten Linie „liberale Schulreform versus Erhalt des religiös geprägten Status quo", sei es katholischer oder reformierter Prägung.

Im gesamtschweizerischen Umfeld wiederum stand eine konservativ-katholische Innerschweiz einer reformiert-calvinistischen Mehrheit gegenüber. Auch diese Konstellation barg im Zusammenhang mit dem Bildungswesen Zündstoff. Im Besonderen die Auseinandersetzungen im Rahmen des spezifisch schweizerisch geprägten Kulturkampfes in der zweiten Hälfte des 19. Jahrhunderts verliefen im Wesentlichen entlang dieser konfessionellen Grenzen. In der „Schulvogtdebatte", die ausgelöst wurde durch den Plan, ein eidgenössisches Schulsekretariat zu schaffen, wurde nicht ganz zu Unrecht eine zaghafte Zentralisierungsbemühung gesehen, ganz im Dienste des damals dominierenden Freisinns. Die katholisch-konservative Innerschweiz sah sich einer liberal-protestantischen Schweiz, die im Besonderen auch die wirtschaftlich führenden Kantone bzw. Städte wie Basel, Zürich, St. Gallen, Bern und Genf einschloss, gegenüber. Allerdings verlief diese Auseinandersetzung nicht einfach trennscharf entlang der Konfessionen, denn auch die Westschweiz sah ihre föderalen Interessen gefährdet. Gegen die Allgegenwärtigkeit des Freisinns, der quasi als politische Monopolpartei bis Ende des 19 Jahrhunderts agierte, waren jedoch insgesamt auch die konfessionellen Gegensätze von besonderer Bedeutung. Mit dem Einzug des ersten katholischen Bundesrates Josef Zemp aus der Innerschweiz im Jahre 1891 entspannte sich diese Auseinandersetzung dann wesentlich.

Die „Schulvogt"-Debatte und vorgängig der „Züri-Putsch" sind also Ausdruck einer „konfessionellen Irritation", die sich auf die Politik und die Entwicklung der Schule auswirkte. Diese Ausgangslage führte auch dazu, dass man einen so genannten „konfessionslosen" Religionsunterricht entwickelte, der zwar die Grundlagen des christlichen Glaubens vermittelte, aber sowohl im Lehrplan wie im Schulunterricht durch die Lehrpersonen, die dieses Fach vermittelten, „Neutralität" verlangte (vgl. Gonon, 1997).

Theologen als liberale Schulreformer und Vertreter von Berufsbildungsreformen

Die bisherige Darstellung unterstellt, dass es zwischen Religion und Bildungspolitik einen tiefen Graben gab. Dies stimmt jedoch nur zum Teil.

Bei der Schaffung der beruflich orientierten Fortbildungsschulen, wie auch in der gesamten liberalen Bewegung, spielten Pfarrer und Theologen beiderlei Konfessionen eine Rolle. So bereisten etwa im Jahre 1879 der Theologe Johann Christinger und andere Vertreter Baden und Württemberg, um im Auftrag der Schweizerischen Gemeinnützigen Gesellschaft Reformvorschläge für die Schweiz zu entwickeln. Im gesamten 19. Jahrhundert engagierten sich eine Vielzahl von Pfarrern in sozialreformerischer Absicht für Arbeitsschulen oder den Einbezug von berufsbildendem Unterricht in der Schule, so etwa Rudolf Hanhart in Basel oder aber der in Konstanz domizilierte Ignaz Heinrich von Wessenberg. Diese Beiträger waren alle direkt oder indirekt auch mit der Schweizerischen Gemeinnützigen Gesellschaft (SGG) verbunden, einer Vereinigung, die sich bereits seit Beginn des 19. Jahrhunderts für sozial- und gesellschaftspolitische Anliegen einsetzte. Beispielhaft hierfür sind auch der Werdegang und die Aktivitäten von Otto Hunziker (1841–1909), der als ehemaliger Pfarrer die Tradition von Johann Heinrich Pestalozzi fortzusetzen gedachte, eine Geschichte der Gemeinnützigen Gesellschaft verfasste, als Privatdozent und außerordentlicher Professor für Pädagogik an der ETH und der Universität Zürich wirkte und im Besonderen auch die Zeitschrift „Die gewerbliche Fortbildungsschule – Blätter zur Förderung der Interessen derselben in der Schweiz" mitherausgab. Die Zeitschrift wurde getragen von den Lehrpersonen an solchen beruflich orientierten Bildungsanstalten und vertrat mit Vehemenz ein stärkeres Engagement des Bundes für die Anliegen der beruflichen Bildung.

Dennoch, sowohl in dieser Zeitschrift wie auch in der öffentlichen Debatte, ist es auffällig, dass regelrecht von einer Absenz konfessioneller Fragen und einer Nichtthematisierung religiöser Bildung im Rahmen der Berufsbildung auszugehen ist.

Konfessionsloser Unterricht und die Vermeidung religiöser Irritation

Offenbar wurde Religion seit dem 19. Jahrhundert vornehmlich als Angelegenheit der Volksschule und Volksschulbildung betrachtet. Darüber hinaus geht es auch um die Absicht der Vermeidung religiöser Irritation, wie sie sich an verschiedenen Anlässen entzündete.

Der Religionsunterricht in der Volksschule ist, so etwa im Kanton Zürich, „konfessionslos", d.h. in der Regel wird heute die Pluralität der Religionen vermittelt, und zwar in den Räumen der Schule und nicht in Kirchen oder in religiösen Stätten. So wird das auch im gymnasialen Unterricht in der Unterstufe thematisiert und gehandhabt, darüber hinaus wird in diesem Fach oft ein Schwerpunkt auf ethische Fragen gelegt.

Diese Form des Religionsunterrichts ist großmehrheitlich akzeptiert. Sie ist nicht unbestritten bei anti-religiösen oder aber bei spezifisch religiösen Gemeinschaften, die mit einer Änderung des Status quo liebäugeln. Während die einen diese Form des Religionsunterrichts als ungebührliche Einmischung in eine persönliche oder aber familiär-private Angelegenheit betrachten, sehen andere im staatlichen Unterricht selbst eine Gefährdung der Religiosität.

Wir können also diese heute uns nun – vielleicht im Lichte neuerer Entwicklungen überraschende – beschäftigende Absenz der religiösen Frage in der Berufsbildung gut aus der Geschichte der Bildung und der Berufsbildung erklären. Nun wissen wir aber auch, dass – so auch verschiedene prominente Theoretiker – die Religiosität nicht einfach verschwindet, allen so genannten Säkularisierungen zum Trotz.

Die Gymnasien und Berufsfachschulen heute und ihr Bezug zum Fach Religion

An dieser Grundkonstellation eines konfessionell distanzierten volksschulbasierten Religionsunterrichts hat sich bis heute nichts geändert. Schauen wir uns den Lehrplan der heutigen Berufsschulen oder – wie sie seit dem neuen Berufsbildungsgesetz 2004 heißen – „Berufsfachschulen" an, so sehen wir, dass ein Fach Religion im Unterschied zu den Gymnasien, die in ihrer Unterstufe ein solches oft als Freifach anbieten, fehlt. Es ist, wie auch eine kantonübergreifende vergleichende Studie ergeben hat, vor allem die Angelegenheit des 7.–9. Schuljahrs, in welcher Religionsunterricht von staatlicher Seite angeboten und in der Schule vermittelt wird.

Religion, Allgemeinbildung („ABU") und Berufsfachschulen

Um die prekäre Präsenz der Religion in der Berufsbildung heute zu verstehen, ist es notwendig, die Berufsfachschulen, wie die Berufsschulen in der Schweiz heißen, genauer in den Blick zu nehmen. In der schulischen Gestaltung der Berufsfachschulen spielen der Rahmenlehrplan, bzw. der daraus hervorgehende Schullehrplan, sowie die „Handlungsorientierung" eine bedeutsame Rolle.

Wie auch in Deutschland ist der Regelfall der beruflichen Bildung eine Mixtur von betrieblichem und schulischem Lernen, oft darüber hinaus ergänzt durch weitere Lernorte. Der eigentliche Berufsschulunterricht findet je nach Beruf an ein, eineinhalb bis zwei Tagen statt. Alle Fächer, die keine fachliche oder berufskundliche Ebene oder Sport einschließen, sind hierbei in der Sphäre der „Allgemeinbildung" bzw. „allgemeinbildender Unterricht" („ABU") zu verorten.

Das Konzept „ABU" als ein integrales Fach in der schweizerischen Berufsbildung von heute entwickelte sich aus einem gefächerten Unterricht heraus, der bis 1996 Bestand hatte. Vorgängig setzte er sich aus den jeweils eigenständigen

Fächern Deutsch bzw. Muttersprache, Staatskunde und Geschäfts- und Wirtschaftskunde zusammen. Der 2006 und 2011 revidierte Rahmenlehrplan, erlassen vom Bundesamt für Berufsbildung und Technologie (BBT), verfestigte dieses seit den 1990er Jahren nun integrale Fach und veränderte kaum etwas an dieser Struktur.

Religion taucht in diesem Lehrplan nicht auf. Aufgeführt als Bildungsziel für die Berufsschullehrerschaft wird neben sechs anderen Bildungszielen (wie „den Umgang mit Lernenden als Interaktionsprozess" gestalten, „Unterrichtseinheiten situationsgerecht und mit Bezug auf die Berufspraxis der Lernenden planen, durchführen und überprüfen" oder „die eigene Arbeit reflektieren und sich im Kollegium kooperativ einbringen") hingegen beim Bildungsziel 4, in dem es um die Erfassung des rechtlichen, beraterischen und betrieblichen Umfelds geht, die „Multikulturalität". Die Lehrperson soll gemäß Standard 4.2 „die Probleme der Lernenden, die im Zusammenhang mit Adoleszenz, Geschlechterrolle, der Ausbildung im Betrieb, dem Freundeskreis, der Ablösung vom Elternhaus, Herkunft, Schulmüdigkeit, Stellensuche usw. entstehen", thematisieren und dabei auch über Kenntnis von Beratungsangeboten verfügen (Eidgenössisches Volkswirtschaftsdepartement & Bundesamt für Berufsbildung und Technologie [EVD/BBT], 2011, S. 10).

Ethik als Bestandteil und „Aspekt" des allgemeinbildenden Unterrichts in der Berufsfachschule

Diese weitgehende Absenz der Religion im Curriculum der Berufsschulen ist jedoch nicht zwingend identisch mit einem völligen Fehlen eines solchen Fragebereichs im Unterricht. Ethische Aspekte der Lebensführung, aber auch die Plurikulturalität in der Zusammensetzung der Schülerschaft lassen durchaus Raum für weiterführende Fragestellungen, die auch Religion einschließen können.

Beim Thema Persönlichkeit und Lehrbeginn wird als Inhalt vorgegeben, dass man die Auseinandersetzung mit seiner eigenen Identität, aber auch das Beurteilen eigener und fremder Verhaltensweisen und ihre Auswirkungen auf das Zusammenleben im Unterricht zur Sprache bringen sollte.

Im Rahmenlehrplan sind neben dem pädagogisch-didaktischen Konzept und dem Konzept des allgemeinbildenden Unterrichts die beiden Lernbereiche der Allgemeinbildung „Gesellschaft" und „Sprache und Kommunikation" festgelegt.

Der Lernbereich „Gesellschaft" umfasst acht Themengebiete, „Aspekte" genannt. Folgende Aspekte gehören zum Lernbereich Gesellschaft: Ethik, Identität und Sozialisation, Kultur, Ökologie, Politik, Recht, Technologie und Wirtschaft.

Jeder Aspekt enthält Leitgedanken, die seine Funktion und Bedeutung für den „Lernenden" (d.h. den Auszubildenden) beschreiben. Er enthält Bildungsziele, welche die zu erwerbenden Kompetenzen der Lernenden definieren. Die verschiedenen Aspekte können sich bei der Behandlung eines Themas ergänzen und einen interdisziplinären Zugang ermöglichen. Dabei sind zusätzliche Blickwinkel wie Genderfragen, Geschichte oder Nachhaltigkeit und weitere möglich.

Im Mittelpunkt der Bildungsziele von „Sprache und Kommunikation" stehen kommunikative Sprachkompetenzen, wie sie im alltäglichen Kontext der Lernenden zu finden sind. Dabei kann schwerpunktmäßig Rücksicht auf die verschiedenen Berufe und Grundbildungen genommen werden.

Der allgemeinbildende Unterricht ist demgemäß themen- und handlungsorientiert aufgebaut. Die Inhalte des Unterrichts sind in Form von Themen organisiert, die sich nicht an einer disziplinären Fachlogik orientieren. Die Themen nehmen Bezug auf das ganze Spektrum der Alltagswirklichkeiten der Lernenden. Der allgemeinbildende Unterricht stellt durch die Handlungsorientierung sicher, dass die Lernenden Verantwortung für ihr Lernen übernehmen und ihre Kompetenzen produkt- und handlungsorientiert weiterentwickeln.

Einen Kern des allgemeinbildenden Unterrichts stellt – neben dem Aufbau anhand von Themen handlungsorientiert entwickelter Sachkompetenzen – die Förderung der Sprach-, Selbst-, Sozial- und Methodenkompetenz dar. Die Entwicklung und Förderung übergreifender Fähigkeiten und Fertigkeiten sollen den Lernenden helfen, komplexe berufliche und persönliche Situationen zu bewältigen. Im allgemeinbildenden Unterricht können diese Kompetenzen mit handlungsorientierten und projektartigen Lernformen gefördert und mit prozessorientierten Qualifikationsformen und Vertiefungsarbeiten überprüft werden.

In den Berufsfachschulen gestalten die Lehrpersonen mit der Schulleitung zusammen einen gemeinsamen Schullehrplan für den allgemeinbildenden Unterricht. Die Schule kann auf der Grundlage der verbindlichen Lernziele des Rahmenlehrplans Unterrichtsthemen für den allgemeinbildenden Unterricht festlegen, hierbei die aktuellen, berufsspezifischen, regionalen und historischen Bedürfnisse jeweils berücksichtigend.

Kurzum: Bei einer solchen Rahmung ist die Frage, inwieweit inhaltliche und thematische Vertiefungen für religiöse Fragen wie auch von multikulturellen Perspektiven im allgemeinbildenden Unterricht Eingang finden, stark von der Initiative der Lehrpersonen abhängig.

Inwieweit diese Fragestellungen innerhalb der Ethik bzw. wie umfangreich Ethik überhaupt thematisiert wird und wie sie solche Aspekte in ihren Unterricht einbauen, all dies bleibt den in der Schweiz recht autonom agierenden Lehrpersonen überlassen. An den Berufsschulen können Lehrpersonen auch die Lehrmittel einsetzen, die sie selbst für richtig erachten; auch in diesen ist Religion, Ethik und Plurikulturalität nur ansatzweise vertreten.

Zufriedenheit mit dem Status quo

Auch wenn Fragen der Religion in der Schweiz fallweise öffentlich eine bedeutende Rolle spielen können, wie sich etwa aus der auch international beachteten „Minarett-Initiative" ergab, so wenig wird hierbei auf allfällige Defizite im bestehenden Unterricht verwiesen. Die Unzufriedenheit mit der Verfasstheit des allgemeinbildenden Unterrichts an Berufsfachschulen hält sich in engen Grenzen. Es sind allerdings eher die Politik und Teile der Berufsschullehrerschaft, die im Zusammenhang mit dem Abstimmungsverhalten der Schülerschaft oder ehemaligen Schülerschaft bezüglich der oben erwähnten Initiative eine vertiefende Diskussion wünschten. Diese Debatte hat sich jedoch bis anhin nicht auf eine grundlegende Neuorientierung oder gar Infragestellung des Curriculums der Berufsfachschule gerichtet.

Religiosität und „Ausländerfrage"

Bei den jungen Erwachsenen in der Schweiz steht heute die „Ausländerfrage" zu oberst auf ihrer Sorgenliste, laut Jugendbarometer (vgl. Golder et al. (GfS), 2011). Auf dem zweiten Platz figuriert die Angst vor Arbeitslosigkeit, danach die ungesicherte Altersvorsorge und Umweltthemen. Fast die Hälfte (45%) sehen jedoch in der Migration und Integration der Migranten in der Schweiz das Hauptproblem. Gleichzeitig finden 88% die Ausländer in ihrem Umfeld nett, 74% anerkennen, dass die Schweiz vom Zuzug qualifizierter Arbeitskräfte profitiert habe und 29% sind für ein Ausländerstimmrecht.

Bezüglich Religion bezeichnen sich immerhin 56% der Jugendlichen als überzeugt religiös oder tendenziell gläubig. 73% gehören einer christlichen Glaubensgemeinschaft an, davon fühlen sich jedoch lediglich 22% mit ihrer Kirche verbunden. Gemäß einer kürzlich in der Schweiz abgeschlossenen Nationalfondstudie (Nationales Forschungsprogramm [NFP] 58, 2011) mit Jugendlichen zwischen 13–17 Jahren verstehen sich 88,5% der muslimischen Jugendlichen als hoch religiös oder religiös, lediglich 11% als nicht-religiös. Bei katholischen Jugendlichen liegen diese Werte bei 65%, nicht religiös sehen sich 34%; bei den Reformierten bezeichnen sich als hoch religiös und religiös lediglich knapp 53%, während der Anteil der Nicht-Religiösen bei 47% liegt. Bei den „Freikirchen" (evangelikale Gemeinschaften) hingegen ist der Anteil der Religiosität bei 95%. Generell zeichnen sich Jugendliche durch ein individualisiertes und privates Verhältnis zur Religion recht unabhängig von der herkömmlichen Konfession aus.

Traditionelle Grenzziehungen verwischen bzw. konstituieren sich neu: Religion wird auch oder vermehrt wahrgenommen als Sicherheitsproblem, als Integrationsbarriere und als (geschlechtliche) Unterdrückungsinstanz: Insbesondere Muslime und Kosovaren gelten hierbei als „Outgroups".

Diese knapp skizzierten Fragestellungen richten sich jedoch primär an die Gesellschaft im allgemeinen, und sie werden auch an die Kirchen adressiert. Erstaunlicherweise wird bis anhin diese Aufgabe weniger als eine der Berufsschule gefasst.

Abschließende Thesen

Die bisherigen Ausführungen sollen nun abschließend in einigen Thesen verdichtet werden.

These 1

Der Eingang von Religion als Fach und Thema in der Berufsschule ist historisch kontingent, das heißt besondere Umstände haben dies ermöglicht bzw. verhindert.

Im Falle der Schweiz gilt der Religionsunterricht wesentlich als Bestandteil der Volksschule. An Gymnasien wird das Fach in der Unterstufe als Freifach weitergeführt. In der beruflichen Bildung findet dieser als eigenständiges Fach keinen Platz; stattdessen wird neben der fachlichen Qualifikation auf Allgemeinbildung mit einem Schwerpunkt auf politische Bildung gesetzt.

These 2

Im subcurricularen Umfeld sind durchaus religionsaffine und plurikulturelle Thematiken präsent, insbesondere im Teilbereich der Ethik, die das Zusammenleben in den Vordergrund stellen.

In der Berufsfachschule sind demgemäß auch religiöse Aspekte thematisierbar. Dies hängt weitgehend von den Lehrpersonen ab, die sich auf ihre jeweiligen Schullehrpläne beziehen.

These 3

Sinnfragen und Lebensstile werden in der Regel auf eine altersgemäße Art auch im Schulunterricht thematisiert. Inwieweit diese genügend Raum erhalten, hängt weitgehend von der Art des Unterrichts und den Interessen der einzelnen Lehrperson ab.

Der Status und die aktuelle Situation der Lernenden bzw. der Auszubildenden werden in verschiedener Hinsicht integral in den Unterricht einbezogen. Unter der Perspektive der sozialen Kompetenzen spielen auch das Zusammenleben, die Achtung vor Anderen und der Respekt für Fremdes eine Rolle.

These 4

Durch die Frage der Plurikulturalität und das Zusammenleben mit immigrierten Jugendlichen, gerade aus entfernten Kulturkreisen, wird auch – vermittelt – die „religiöse" Frage virulent, ebenso die sozialkulturellen, geschlechtlichen und gesellschaftlichen Hierarchisierungen.

Die jüngsten Abstimmungen in der Schweiz zeigen, dass beispielsweise religiöse und kulturelle Toleranz eine Fragestellung im Rahmen der Berufsschulen bleibt bzw. neues Gewicht erhält.

These 5

Säkularisierung heißt nicht, dass die elementaren Problemstellungen, die auch durch religiöse Praxis behandelt werden, verschwinden, sondern sich in anderen Gefäßen artikulieren. So gesehen rückt die Globalisierung neben Kultur auch die religiösen Fragen wiederum stärker in das Blickfeld.

Künftig wird die Berufsschule wohl mit mehr gesellschaftlicher und kultureller Unsicherheit leben müssen, d.h. in einer plurikulturellen Umgebung wird sie sich auch auf mehr gesellschaftliche und religiöse Pluralität als Thema einzustellen haben. So gesehen rückt also die Globalisierung über die Kultur auch religiöse Fragestellungen wieder in das Blickfeld.

Literatur

Eidgenössisches Volkswirtschaftsdepartement. Bundesamt für Berufsbildung und Technologie (EVD/BBT). (2011). *Rahmenlehrpläne Berufsbildungsverantwortliche.* Bern.

Golder, L., Longchamp, C., Imfeld, M., Kocher, J.P., Tschöpe, S., Ratelband-Pally, S. & Schempp, D., GfS. (2011). *Ein Grillfest mit Freunden in der Natur. Credit Suisse Jugendbarometer 2011 – Schlussbericht Schweiz.* Bern.

Gonon, Ph. (1997). Schule im Spannungsfeld zwischen Arbeit, elementarer Bildung und Beruf. In H. Badertscher & H. Grunder, *Geschichte der Erziehung und Schule in der Schweiz im 19. und 20. Jahrhundert* (S. 57–88). Bern: Haupt.

Gonon, Ph. (2008). Berufsbildung von heute als Alternative zur gewerblichen Berufslehre. In T. Bauder & F. Osterwalder, *75 Jahre eidgenössisches Berufsbildungsgesetz – Politische, pädagogische, ökonomische Perspektiven* (S. 69–89). Bern: Hep.

Nationales Forschungsprogramm 'Religionsgemeinschaften, Staat und Gesellschaft' (NFP 58). (2011). *Religion in der Schule, Religiosität von Jugendlichen und Grenzziehungsprozesse in einer religiös pluralen Schweiz. Forschungsresultate aus ausgewählten Projekten des Nationalen Forschungsprogramms 'Religionsgemeinschaften, Staat und Gesellschaft'* (NFP 58). Belp: Jordi AG.

Rainer Reichhold

Integration heißt Teilhabe:
Perspektiven für Arbeitswelt und Wirtschaft

Die Integration in den Arbeitsmarkt ist die Grundlage für eine gesellschaftliche und ökonomische Teilhabe. Das gilt für Menschen mit Migrationshintergrund ebenso wie für Menschen ohne Migrationshintergrund. Die Sicherung des Lebensunterhalts geht dabei einher mit der Partizipation an gesellschaftlich relevanten Prozessen und gesellschaftlicher Anerkennung. Schulische und berufliche Bildung öffnen das Tor zur Integration in die Arbeitswelt. Diese Aspekte bilden den Schwerpunkt meines Beitrags. Ich werde im Folgenden eingehen auf den demografischen Wandel, dann eine Bestandsaufnahme zum Thema Integration aus der Sicht des Handwerks vornehmen, bei der ich auch unsere Aufgaben für die Zukunft festhalte. Weiter werde ich Erwartungen des Handwerks an die Politik formulieren und schließlich die mir gestellte Frage beantworten: Unterstützt religiöse Bildung die Integration?

Demografischer Wandel

Deutschland muss mittelfristig mit einem erheblichen Rückgang an Menschen im erwerbsfähigen Alter rechnen. Kamen im Jahr 1991 noch 830.000 Kinder zu Welt, wurden 2010 nur noch 680.000 geboren. Der Anteil der Kinder und Jugendlichen mit Migrationshintergrund dagegen wächst. Besonders stark ist diese Tendenz in Ballungsräumen. Zugewanderte sind seltener kinderlos als Menschen ohne Migrationshintergrund und sie haben durchschnittlich mehr als ein Kind.

Nach Berechnungen des Instituts für Arbeitsmarkt- und Berufsforschung (IAB) wird das Erwerbspersonenpotenzial bis zum Jahr 2050 im Zuge der demografischen Entwicklung um 9 bis 18 Mio. Menschen sinken. Am Ausbildungsmarkt sind die Folgen des Geburtenrückgangs bereits angekommen. Im Jahr 2008 überstieg die Zahl der offenen Ausbildungsplätze erstmals die Zahl der Bewerber (Bundesinstitut für Berufsbildung, 2009, S. 29).

Wir werden uns einem Mangel an qualifizierten und hoch qualifizierten Arbeitskräften gegenüber sehen. Für unsere wirtschaftliche Wettbewerbsfähigkeit und die Stabilität sozialer Sicherungssysteme ist das verhängnisvoll.

Ebenso wie die reine Anzahl der Erwerbspersonen eine Rolle spielt, ist die Qualifikationsstruktur der Beschäftigten entscheidend für unseren Wohlstand. Denn der strukturelle Wandel unserer Wirtschaft mit seiner Zunahme von wissensintensiven Tätigkeiten bringt es mit sich, dass wir immer weniger Bedarf an Geringqualifizierten haben. Die Anforderungen in vielen Ausbildungsberufen sind hoch und werden sich weiter erhöhen. Auch im Handwerk als einem Wirtschaftsbereich, der traditionell einen Großteil schwächerer Schulabgänger aufnimmt, sind die Zeiten reiner Hilfstätigkeiten längst vorbei.

Der hohe Fachkräftebedarf in Deutschland, der strukturelle Wandel zur Wissens- und Dienstleistungsgesellschaft und die zunehmende Globalisierung der Arbeits- und Absatzmärkte machen die umfassende Einbeziehung von Menschen mit Migrationshintergrund in die Arbeitswelt zu einer wirtschaftlichen Notwendigkeit. Dasselbe gilt für die Integration bzw. Inklusion von Benachteiligten, Menschen mit Behinderung oder Langzeitarbeitslosen.

Integration durch Teilhabe am wirtschaftlichen Leben

Die Situation, in der wir uns durch den demografischen Wandel befinden, ist ernst. Trotz vieler Beispiele gelungener Integration zeigt der Blick auf die Bildungs- und Erwerbsbeteiligung von Migranten, dass viele Potenziale brach liegen.

Bevölkerung mit Migrationshintergrund

Nach Angaben des Mikrozensus 2010 leben in Deutschland 15,7 Millionen Menschen mit Migrationshintergrund (Statistisches Bundesamt [StBA], 2011, S. 32). Damit stellen sie 19% der Bevölkerung. Die Tendenz ist deutlich steigend: In der Altersgruppe bis 25 Jahre sind es bereits 29%, bei den Kindern bis 5 Jahren ist es bundesweit mit 35% sogar mehr als jedes dritte Kind (StBA, S. 33). Der Löwenanteil von gut 96% der Migranten lebt auf dem Gebiet der alten Bundesrepublik und dort vorzugsweise in den wirtschaftlich starken Ballungsräumen (StBA, S. 36–37, 40–41). In Baden-Württemberg waren im Jahr 2010 rund 2,8 Mio. Menschen mit Migrationshintergrund heimisch (StBA, S. 36–37). Damit liegt der Anteil der Bevölkerung mit Migrationshintergrund in Baden-Württemberg bei gut 26% und damit deutlich über dem bundesweiten Migrantenanteil. Die in Baden-Württemberg lebenden Menschen mit Migrationshintergrund stammen vor allem aus der Türkei, der Russischen Föderation, den Staaten des ehemaligen Jugoslawiens, aus Italien sowie aus Asien, Australien und Ozeanien (StBA, S. 108).

Bildungsbeteiligung

Ein Blick auf die formalen Bildungsgänge von jungen Menschen mit Migrationshintergrund zeigt: Kinder mit Migrationshintergrund besuchen doppelt so häufig Hauptschulen wie Kinder ohne Migrationshintergrund. Laut Bildungsbericht der Kultusministerkonferenz und des Bundesbildungsministeriums 2010 besuchen 36% der ausländischen, aber nur ca. 16% der deutschen Jugendlichen eine Hauptschule (Autorengruppe Bildungsberichterstattung, 2010, S. 65). Kinder zugewanderter

Eltern weisen eine niedrigere Lesekompetenz auf, und das bei vergleichbarem sozioökonomischen Status (Bildungsberichterstattung, S. 87f). 15% der Menschen mit Migrationshintergrund bleiben ohne Schulabschluss, während es bei Menschen ohne Migrationshintergrund nur 1,5% sind (Bildungsberichterstattung, S. 38).

Besondere Probleme ergeben sich beim Übergang in eine berufliche Ausbildung. Der Bildungsbericht stellt fest, dass die Situation für Jugendliche mit Hauptschulabschluss weiterhin prekär ist, für ausländische Jugendliche noch mehr als für deutsche. Während 43% der deutschen Bewerber mit Hauptschulabschluss einen Ausbildungsplatz erreichen, liegt die Einmündungswahrscheinlichkeit für Hauptschüler ohne deutsche Staatsangehörigkeit lediglich bei 28% (Bildungsberichterstattung, S. 99)[1]. Von den deutschen Ausbildungsinteressenten ohne Hauptschulabschluss mündeten 2008 drei Viertel ins Übergangssystem ein; bei den ausländischen Jugendlichen sind es sogar 88% (Bildungsberichterstattung, S. 99)[2].

Die Schwierigkeiten und geringeren Chancen von Menschen mit Migrationshintergrund bei der Einmündung in eine vollqualifizierende Ausbildung haben zur Folge, dass sie längerfristig gesehen überproportional ohne Ausbildung bleiben: Der Anteil der Bevölkerung, der gar keinen berufsqualifizierenden Abschluss hat, liegt bei 19% (StBA, 2010, S. 40–41, 178–179). Davon sind Personen mit Migrationshintergrund überproportional betroffen: 32% von ihnen verfügen nicht über einen Berufsabschluss, bei den Menschen ohne Migrationshintergrund sind es nur 16% (StBA, S. 40–41).

Die im Durchschnitt geringere berufliche Qualifikation hat einen unmittelbaren Einfluss auf Erwerbsbeteiligung und Arbeitsmarktchancen von Menschen mit Migrationshintergrund.

Erwerbsbeteiligung

Während knapp 35% der 25- bis unter 65-Jährigen ohne beruflichen Abschluss nicht erwerbstätig sind, ist dieser Anteil bei Personen mit Lehr- und Anlernausbildung nur knapp halb so hoch. Personen ohne beruflichen Abschluss sind also doppelt so oft nicht erwerbstätig wie Personen mit Ausbildung (Bildungsberichterstattung, 2010, S. 197).

Im Wandel zur Wissens- und Dienstleistungsgesellschaft sinkt das Beschäftigungsangebot im gering qualifizierten Bereich kontinuierlich. Im internationalen Vergleich zeigt sich für Deutschland eine hohe Abhängigkeit des Erwerbslosigkeitsrisikos vom erreichten Bildungsniveau, insbesondere vom beruflichen Abschluss. Entsprechend hoch war 2010 die Arbeitslosenquote unter den Menschen

---

1   Vgl. auch die in der Druck- und pdf-Version nicht abgedruckten Tabellen zum Bildungsbericht (2010) E1-5web und E1-6web, verfügbar nur unter http://www.bildungsbericht.de/zeigen.html?seite=8407

2   Die Statistik unterscheidet nicht nach Migrationshintergrund, sondern nach Staatsangehörigkeit. Vgl. dazu die Tabellen E1-5web und E1-6web, verfügbar unter http://www.bildungsbericht.de/zeigen.html?seite=8407

mit Migrationshintergrund (11,7% gegenüber 6%). Von den Baden-Württembergern ohne Migrationshintergrund waren gut 3% ohne Arbeit, bei den Migranten lag die Erwerbslosenquote mit rund 7% hingegen mehr als doppelt so hoch.[3]

Die geringeren Arbeitsmarktchancen von Migranten ziehen ein höheres Armutsrisiko nach sich.

Eine hohe Armutsgefährdung geht mit hohen Transferzahlungen einher. Nach den Ergebnissen des Mikrozensus im Jahr 2010 waren in Deutschland 26% der Menschen mit Migrationshintergrund armutsgefährdet (StBA, 2011, S. 244f). Damit war ihr Armutsrisiko mehr als doppelt so hoch wie das der Bevölkerung ohne Migrationshintergrund (12%). In Baden-Württemberg gaben etwa 7% der Migranten an, ihren Lebensunterhalt überwiegend aus Arbeitslosengeld, Hartz IV und ähnlichen Transferleistungen zu bestreiten. Der entsprechende Anteil bei den Personen ohne Migrationshintergrund lag dagegen bei lediglich gut 3%.[4]

Eine Studie der Bertelsmann-Stiftung beziffert die gesamtwirtschaftlichen Kosten auf jährlich bis zu 16 Milliarden Euro. Aufgrund von Arbeitslosigkeit bzw. gering qualifizierter Beschäftigung beziehen schlecht integrierte Migranten häufiger Transferleistungen, verdienen als Erwerbstätige im Schnitt 7.500 Euro weniger als gut Integrierte, zahlen durchschnittlich bis zu 1.900 Euro weniger Einkommensteuer und bis zu 1.200 Euro weniger Sozialbeiträge (vgl. Fritsch & Jann, 2008, S. 30, 31, 34).

Handwerk bietet Chancen – Vielfalt als Erfolgsfaktor

Das Handwerk kennt die alte Tradition der Wanderjahre. Der freigesprochene Geselle, der „auf die Walz geht", soll sein Können in der Fremde vervollkommnen. Vor diesem historischen Hintergrund hat das Handwerk Vielfalt und damit auch Migration stets als Bereicherung verstanden. Der Austausch mit Menschen anderer Länder und Kulturen war immer ein Impuls für Weiterentwicklung, Qualifizierung und Innovation.

Jeder 5. Mitarbeiter im Handwerk hat einen Migrationshintergrund. Als beschäftigungs- und wissensintensiver Wirtschaftsbereich ist das Handwerk auf alle Erwerbsfähigen angewiesen. Migranten sind nicht nur geschätzte Mitarbeiter im Handwerk. Ihre interkulturellen Fähigkeiten leisten auch einen Beitrag zur Kreativität und Innovationsfähigkeit der Betriebe sowie zur Erschließung neuer Kundenkreise im In- und Ausland. Vielfalt als Chance zu nutzen ist ein elementares

---

3 Vgl. dazu Mikrozensus regional (2008) (StBA, 2010, S. 314–315): 237.000 Erwerbslose von 5.610.000 Erwerbspersonen in ganz BW (4,2%); 136.000 Erwerbslose von 4.238.000 Erwerbspersonen ohne Migrationshintergrund (3,2%); 101.000 Erwerbslose von 1.371.000 Erwerbspersonen mit Migrationshintergrund (7,36%).

4 Vgl. Mikrozensus regional (2008) (StBA, 2010, S. 282–283): 6,79% mit Migrationshintergrund; 3,12% ohne Migrationshintergrund.

wirtschaftliches Anliegen des Handwerks. Als solches wird es derzeit auch in unserer bundesweiten Imagekampagne thematisiert.[5]

In den kleinen Betrieben des Handwerks sind die Mitarbeiter eng in die Entscheidungs- und Lösungsprozesse eingebunden. Die Erfüllung individueller Kundenwünsche ist das Markenzeichen des Handwerks. Das gelingt umso besser, je sensibler sich die Beschäftigten auf die immer pluralistischer werdende Kundschaft einstellen können. Mitarbeiter unterschiedlichster Kulturkreise kennen die Wünsche dieser Kundschaft, geben Impulse für die Entwicklung neuer Produkte und Dienstleistungen und erweitern damit die Angebotspalette des Handwerks. Nach Schätzungen (vgl. Lab One, 2002) verfügen allein die 2,5 Millionen in Deutschland lebenden Türken über eine Kaufkraft von 17 Milliarden Euro. Diese Kundenkreise muss sich das Handwerk erschließen. Persönliche Netzwerke und die Zweisprachigkeit von Migranten öffnen dazu die Tür. Laut einer Sonderumfrage des DHKT unterhält heute bereits etwa jeder fünfte Handwerksbetrieb Wirtschaftskontakte mit dem Ausland (vgl. Zentralverband des Deutschen Handwerks [ZDH], 2009, S. 15f). Beschäftigte mit Migrationshintergrund kennen Gepflogenheiten und Geschäftsgebaren in anderen Ländern, sind ein Bindeglied zu ausländischen Kooperationspartnern und können vor Ort Dienstleistungen erbringen. Der zusammenwachsende europäische Binnenmarkt bietet hier erhebliche Entwicklungsmöglichkeiten für das Handwerk.

Auszubildende mit Migrationshintergrund

Die Zahl ausländischer Auszubildender im Handwerk geht zurück. Absolvierten im Jahr 1994 noch mehr als 57.000 ausländische Jugendliche (9,8% der Auszubildenden) eine Lehre im Handwerk, so war die Zahl bis zum Jahr 2010 um mehr als die Hälfte auf knapp 26.000 zusammengeschmolzen. In der Region Stuttgart machen derzeit 11.500 Jugendliche eine Lehre im Handwerk. Ausländische Azubis stellen dabei einen Anteil von 21%. Wir schätzen allerdings die Gesamtzahl der Azubis mit Migrationshintergrund im weiteren Sinne auf etwa 40%. Damit liegen wir weit über dem Bundes- und dem Landesdurchschnitt.[6]

Ca. 50% der Auszubildenden im Handwerk haben einen Hauptschulabschluss. Das Handwerk rekrutiert also den Großteil seines Nachwuchses aus den Schulabgängern mit niedriger bis mittlerer Qualifikation und gibt dadurch den Jugendlichen mit Migrationshintergrund eine größere Chance, als sie sie in anderen Wirtschaftsbereichen haben.

Ein großes Problem ist das Auseinanderdriften der Ausbildungsreife der Jugendlichen und der steigenden Ansprüche einer Handwerkslehre. Junge Migranten

---

5   Patrick Owomoyela: „Bei uns zählt nicht, wo man herkommt. Sondern wo man hinwill [sic!]." Handwerkskammer Dortmund. (2012). *Das Handwerk. Die Wirtschaftsmacht von neben.* http://www.hwk-do.de/index.php?id=1012 [03.07.2012].

6   Vgl. dazu Statistik der Handwerkskammer Region Stuttgart, Daten unveröffentlicht. Die Statistik erfasst nur das Merkmal Staatsangehörigkeit, keinen Migrationshintergrund.

sind in der Gruppe der Jugendlichen mit unzureichender Ausbildungsreife überproportional vertreten. Eingeschränkt werden die Chancen auf dem Ausbildungsmarkt außerdem durch einen engen Berufswahlhorizont der Jugendlichen: Knapp
50% der ausländischen Auszubildenden finden sich in nur vier Berufen wieder: Bei
den Männern sind es Kfz-Mechatroniker, Maler und Lackierer, Anlagenmechani-
ker Sanitär-Heizung-Klima und Elektroniker. Noch enger ist der Horizont bei den
weiblichen Auszubildenden: Hier dominieren Friseurinnen und Fachverkäuferinnen
im Nahrungsmittelhandwerk.

Beschäftigte ausländischer Herkunft

Ausländer haben wesentlichen Anteil am wirtschaftlichen Erfolg der handwerklichen Betriebe. Zuverlässigkeit, Arbeitsqualität, soziale Kompetenzen und eine aus-
geprägte Dienstleistungsmentalität machen sie zu geschätzten Mitarbeitern des
Handwerks. 400.000 bis 450.000 oder 8 bis 9% aller Mitarbeiter im Handwerk
haben einen ausländischen Pass[7] – damit liegt der Anteil deutlich über dem Auslän-
deranteil in der Gesamtwirtschaft (7,1%).

Ausländische Unternehmer

Circa 60.000 handwerkliche Betriebe werden von ausländischen Unternehmerin-
nen und Unternehmern geführt. Das entspricht einem bundesweiten Anteil von 6%.
Eine rasante Zunahme ausländischer Unternehmen ist seit dem Jahr 2004 zu ver-
zeichnen. Im Zuge der EU-Ost-Erweiterung in Verbindung mit der Novellierung
der Handwerksordnung hat eine große Zahl von Personen aus Mittel- und Osteuropa einen Betrieb im Handwerk angemeldet. Sie haben sich fast ausschließlich
im alten Bundesgebiet angesiedelt, konzentrieren sich auf die einkommensstar-
ken Metropolen und gehören fast ausnahmslos zu den zulassungsfreien Handwer-
ken und dem handwerksähnlichen Gewerbe. Dort dominieren Fliesen, Platten- und
Mosaikleger. Sie machen fast die Hälfte der Betriebe aus Mittel- und Osteuropa
aus. Knapp 20% arbeiten als Gebäudereiniger. In der Regel handelt es sich bei diesen Betrieben um Ein-Mann-Betriebe von relativ geringer Bestandsfestigkeit. Darauf deutet die Entwicklung der Geschäftsaufgaben hin. Für die Region Stuttgart
schätzen wir den Anteil von Gründern mit Migrationshintergrund auf 25%.[8]

---

7   Vgl. Müller, 2004, S. 30. Wieder ist hier nur das Merkmal Staatsangehörigkeit erfasst.
8   Vgl. Statistik der Handwerkskammer Region Stuttgart sowie des Zentralverbands des Deut-
    schen Handwerks, Daten unveröffentlicht.

Maßnahmen des Handwerks

Das Handwerk engagiert sich bereits umfangreich für die Integration von Migranten in Ausbildung und Arbeit.[9] Die (1) „Charta der Vielfalt", die Initiative (2) „Aktiv für Ausbildungsplätze", die (3) „Aktion Zusammen Wachsen", die (4) „Internationalen Wochen gegen Rassismus" oder die (5) Mitarbeit an der Erstellung des Nationalen Integrationsplanes sind nur einige Beispiele.[10] Handwerksorganisationen und Betriebe vor Ort machen sich mit vielfältigen Projekten und Maßnahmen für die Integration in Ausbildung und Arbeitsmarkt stark.

Interkulturelle Öffnung vorantreiben

Um Handwerksbetriebe noch stärker interkulturell zu öffnen, veranstalten die Handwerksorganisationen interkulturelle Schulungen und stellen Berater mit Migrationshintergrund ein. Verstärkt werden Migranten für das Ehrenamt geworben, Betriebsinhaber mit Migrationshintergrund gezielt angesprochen und die Zusammenarbeit mit Migrantenorganisationen verstetigt.[11]

Ausbildungsbeteiligung erhöhen

Eine Stellschraube für eine bessere Integration ist die Erhöhung der Ausbildungsbeteiligung von Migranten. Zentrales Instrument ist die frühzeitige Berufsorientierung durch Informationsveranstaltungen für Eltern, Jugendliche und Lehrer, durch Vermittlung von Partner-Betrieben für die Schulen, durch Einblicke in den betrieblichen Alltag oder Praxistage in den Bildungszentren.

Der Zielgruppe der Migranten fehlen vielfach familiäre Vorbilder, die eine Ausbildung in Deutschland durchlaufen haben. Sie müssen gezielter über das Duale System, die Vielfalt handwerklicher Berufe und die möglichen Karrierechancen beraten werden. Zur Überwindung der Übergangsschwelle zwischen Schule und Ausbildung bieten die Handwerksorganisationen Bewerbungstrainings, gezielte Vermittlungsaktivitäten sowie Beratungen für Jugendliche und deren Eltern an. Es braucht andere Formen der Kommunikation, um Familien mit

---

9 Eine detaillierte Auflistung der Aktivitäten von Handwerkskammern bundesweit kann nachgelesen werden in ZDH, 2009, S. 29ff.

10 Siehe (1) http://charta-der-vielfalt.de/ (2) http://www.bundesregierung.de/Content/DE/Artikel/MS-Bildungsrepublik/2010-03-23-aktiv-fuer-ausbildungsplaetze.html (3) http://www.aktion-zu-sammen-wachsen.de/ (4) http://www.internationale-wochen-gegen-rassismus.de/ (5) http://www.bundesregierung.de/Content/DE/StatischeSeiten/Breg/IB/2006-10-27-ib-nationaler-integrationsplan.html [05.04.2012].

11 In der Region Stuttgart sind das in erster Linie der Türkische Unternehmerverband und das Italienische Konsulat.

Migrationshintergrund zu erreichen. Berater mit Zuwanderungsgeschichte sind an dieser Stelle ein Schlüsselfaktor.

Im Rahmen der betrieblichen Berufsvorbereitung engagieren sich Betriebe durch betriebs- und praxisnahe Qualifizierungsangebote insbesondere für leistungsschwächere Jugendliche, um sie fit für die Ausbildung zu machen. Ein Integrationsmotor ist das Instrument der betrieblichen Einstiegsqualifizierung, das vielen Jugendlichen einen erfolgreichen Einstieg in die Ausbildung vermittelt. Weitere Maßnahmen betreffen die passgenaue Besetzung von Ausbildungsplätzen und die Absicherung des Ausbildungserfolgs beispielsweise durch die Beratung und Begleitung durch Mitarbeiter, auch ehrenamtliche, der Handwerksorganisationen. Viel Potenzial haben wir noch bei unseren Weiterbildungsangeboten, insbesondere was den Anteil der Migranten an der Meisterausbildung betrifft oder das Angebot an migrantenspezifischen Nach- und Anpassungsqualifizierungen.

Arbeitsmarktintegration verbessern

Eine große Hürde für die Arbeitsmarktintegration von Zuwanderern war bisher die fehlende Anerkennung von im Ausland erworbenen Berufsqualifikationen. Durch das Anerkennungsgesetz, das ab Frühjahr 2012 gilt, können Fachkräfte nun viel besser eingebunden werden.

Migranten sind gründungsfreudig. Ein Großteil der Gründungen erfolgt allerdings aus der Arbeitslosigkeit heraus in zulassungsfreien Berufen. Dabei haben Migranten besondere Hürden sprachlicher, bürokratischer, betriebswirtschaftlicher oder fachlicher Natur zu überwinden. Die Existenzgründungsberatung der Kammern wird diese Herausforderungen künftig stärker berücksichtigen und durch geeignete Qualifizierungs- und Dienstleistungsangebote unterstützen. Potenzial sehen wir außerdem darin, Betriebsinhaber mit Migrationshintergrund stärker als Ausbilder für das Handwerk zu gewinnen.

Es gibt zahlreiche erfolgreiche Ansätze, die jedoch verstetigt und systematisiert werden müssen. Problematisch ist in diesem Zusammenhang die begrenzte Laufzeit vieler Projektförderungen. Hier ist die Politik gefordert, für mehr Nachhaltigkeit zu sorgen.

Erwartungen an die Politik

Bildung und Qualifikation sind die Voraussetzung dafür, dass das Handwerk seine hohe integrative Kraft entfalten kann. Von der Politik erwartet das Handwerk daher, dass sie zügig die Bildungssituation von jugendlichen Migranten verbessert. Dazu gehört eine aufsuchende Familienpolitik, die Familien dort abholt, wo sie mit Erziehungs-, Sprach- und Integrationsproblemen konfrontiert sind. Dazu gehört auch der quantitative und qualitative Ausbau der Kinderbetreuung einschließlich der Sprachförderung, und dazu gehört die Sicherstellung der Ausbildungsreife durch mehr individuelle Förderung und frühzeitige Berufsorientierung sowie insbesondere der Ausbau von Ganztagsschulen. Ganztagsschulen ermöglichen ganzheitliche Persönlichkeitsförderung und das Einüben des Zusammenlebens von Jugendlichen mit und ohne Migrationshintergrund.

Ausbildungsreife sicherstellen

Ausbildungsreife ist die Voraussetzung für eine erfolgreiche berufliche Bildung. Mehr individuelle Förderung muss frühzeitig Potenziale erkennen, Chancen eröffnen und Talente wecken. Dabei sollten die Stärken von Migrantenkindern und -jugendlichen Ausgangspunkt der Förderung sein, wie z.B. ihre Mehrsprachigkeit und die interkulturelle Kompetenz. Ziel muss es sein, dass alle Schüler am Ende ihrer Schullaufbahn einheitliche Leistungsstandards erreichen, die Schule mit einem Abschluss verlassen und ein zuverlässiges Bild ihrer Stärken und Schwächen erwerben.

Frühzeitige Berufsorientierung

Berufsorientierung muss im Lehrplan verankert werden, denn sie erleichtert den Übergang in die Ausbildung – je früher, desto besser. Sie muss schulformübergreifend verankert und Bestandteil der Lehreraus- und -fortbildung werden. Zu einer erfolgreichen Berufsorientierung gehört, frühzeitig und systematisch Kompetenzprofile mit den Schülern zu entwickeln (die auch interkulturelle Fähigkeiten berücksichtigen), umfassende Berufsinformationen zu vermitteln und dafür Kooperationen mit der Wirtschaft und ihren Organisationen zu nutzen. Eltern und Jugendliche mit Migrationshintergrund müssen gezielt angesprochen werden. Dafür ist die enge Zusammenarbeit mit Migrantenorganisationen, Elternvereinen und Bildungspaten auszubauen.

Unterstützung kleinerer Betriebe

Viele Jugendliche mit Migrationshintergrund haben aufgrund der oben beschriebenen Bildungssituation Schwierigkeiten, direkten Zugang zu einer betrieblichen Ausbildung zu finden. Sie bleiben häufiger und länger im sogenannten Übergangssystem oder absolvieren einen vollzeitschulischen Bildungsgang. Damit sind oft schlechtere Beschäftigungschancen verbunden. Bund und Länder sind daher aufgerufen, bei der Berufsvorbereitung noch stärker auf betriebliche oder betriebsnahe Angebote zu setzen, etwa die erfolgreichen Einstiegsqualifikationen. Der Bund muss sein Engagement zur Unterstützung kleinerer Betriebe bei der Ausbildung

aufrechterhalten. Dazu gehören ausbildungsbegleitende Hilfen, sozialpädagogi-
sche Betreuung und externes Ausbildungsmanagement gerade auch für ausländische Ausbildungsbetriebe.

Potenziale beruflichen Aufstiegs

Integration beruht auf Gegenseitigkeit. Bildungs- und Teilhabechancen müssen
nicht nur angeboten, sondern auch wahrgenommen werden. Dazu zählen insbesondere der Spracherwerb und die berufliche Qualifizierung. Eltern mit Migrationshintergrund müssen die Bildungslaufbahn ihrer Kinder aktiv gestalten und unterstützen. Der Kindergartenbesuch, die Teilnahme an schulischen Veranstaltungen
und Beratungen, das Wahrnehmen von Informationsangeboten zur Berufsorientierung und die Unterstützung bei der Berufswahl sind unverzichtbar. Für den Aus-
bildungserfolg in Wirtschaft und Handwerk ist die Motivation der Erfolgsfak-
tor schlechthin. Der Leistungswille und die Begeisterung für einen Beruf machen
schulische Schwächen wett. Immer wieder gibt es Beispiele für Jugendliche, die
ihre Stärken erst in der Ausbildung entdecken und vom Hauptschulabschluss über
eine gute Gesellenprüfung bis zum Handwerksmeister und Unternehmer aufstei-
gen oder sogar die neue Chance zum Studium mit Meisterbrief nutzen. Sie sind
der beste Beweis für die Aufstiegsmöglichkeiten, die die berufliche Bildung bietet
– unabhängig von der Herkunft. Migrantenorganisationen haben dabei eine wichtige Mittlerfunktion. Sie müssen über ihre Kommunikationskanäle intensiv die Bil-
dungsorientierung der Familien stärken, Informationen über das deutsche Bildungssystem kommunizieren, für die Notwendigkeit beruflicher Qualifizierung offensiv
eintreten und ausländische Unternehmer für die Ausbildung gewinnen. Die vieler-
orts praktizierten Kooperationen mit Bildungseinrichtungen und Selbstverwaltungs-
organisationen der Wirtschaft sollten in diesem Sinne weiter ausgebaut werden.

Unterstützt religiöse Bildung die Integration?

Erleichtert Religion eine Integration oder ist sie eher ein Hemmnis? Ist Religion
überhaupt relevant für Integrationsprozesse?

Religiöse Bildung kann hilfreich sein, wenn sie dem Einzelnen eine klare Werteorientierung gibt, die die Wertschätzung der anderen wie auch der eigenen Person zur Folge hat. Denn so wird Selbstbewusstsein, Mitmenschlichkeit und Toleranz gleichermaßen im Menschen verankert.

Unsere monotheistischen Religionen, das Judentum, das Christentum und der
Islam, müssen den Wert jedes Menschen als einzigartiges Exemplar der Schöpfung
deutlich herausstellen – das ist eine ihrer ethischen Kernaufgaben. Der achtsame
und liebevolle Umgang mit dem anderen, welcher Religion, welchen Geschlechts,
welcher Hautfarbe er nun auch sei, ist für jeden Gläubigen ein klarer Auftrag.

Lessings „Nathan der Weise" sollte auch heute noch bzw. wieder unser Leitbild sein.

Ein Hemmschuh wird Religiosität aber dann, wenn Menschen in ihren Gemeinschaften auf einen Alleinvertretungsanspruch der eigenen Religion bzw. einer ihrer Untergruppierungen beharren oder zu Fanatismus tendieren. Wer in radikal-fundamentalistische Haltungen abdriftet, wird in unserer christlich-abendländischen Kultur kaum integrierbar sein. Es ist eine globale Herausforderung, Brücken zu bauen, die diese Menschen abholen.

Aus Sicht der Wirtschaft ist aber Religion sicher nicht der entscheidende Faktor bei der Integration von Menschen mit Migrationshintergrund. Ausschlaggebend ist die Teilhabe am wirtschaftlichen und gesellschaftlichen Leben. Bildung, gerade auch religiöse Bildung als Wertebildung, kann hierbei sicher helfen.

Das Handwerk ist ein Wirtschafts- und Gesellschaftsbereich, der – wie kaum ein anderer – Menschen aus allen Teilen der Welt durch Arbeit und Ausbildung in die Gesellschaft integriert. Darin kommt eine ethische Maxime zum Tragen, die viele Handwerker verinnerlicht haben: wertorientiertes Wirtschaften. Wertorientiertes Wirtschaften umfasst Prinzipien wie die Eigenverantwortung der Unternehmer, Nachhaltigkeit und die Verantwortung für das regionale Umfeld. Ein weiteres zentrales Prinzip ist die Orientierung am Gemeinwohl. Engagement in Ausbildung und Integration dient dem Gemeinwohl, denn durch Arbeit wird gesellschaftliche Stabilität und sozialer Friede auf Dauer gewährleistet. Handwerksunternehmen sind die Ausbilder der Nation. Die Ausbildungsquote ist im Handwerk so hoch wie in keinem anderen Wirtschaftsbereich. Die Betriebe bieten die Grundlage für die Integration junger Menschen – egal ob theoretisch oder eher praktisch begabt, egal ob leistungsstark oder benachteiligt, egal ob mit oder ohne Migrationshintergrund. Ein Handwerksberuf bietet allen jungen Menschen Lebenserwerb, Selbstverwirklichung und dauerhafte Integration in unsere Gesellschaft, verbunden mit der Chance auf sozialen Aufstieg. Wir sagen: „Komm ins Handwerk! Bei uns zählt nicht, wo Du her kommst, sondern wo Du hin willst!" Dass die Werte des deutschen Handwerks religiös verankert sind, zeigt der auch heute noch häufig verwendete Satz: „Gott schütze ein ehrbar' Handwerk."

Literatur

Autorengruppe Bildungsberichterstattung (Hrsg.) (2010). *Bildung in Deutschland 2010. Ein indikatorengestützter Bericht mit einer Analyse. Perspektiven des Bildungswesens im demografischen Wandel.* Bielefeld: Bertelsmann. http://www.bildungsbericht.de/zeigen.html?seite=8400 [28.06.2012].

Bundesinstitut für Berufsbildung (Hrsg.) (2009). *Berufsbildungsbericht 2009. Datenreport zum Berufsbildungsbericht 2009. Informationen und Analysen zu Entwicklung der beruflichen Bildung.* Bonn: Bertelsmann Verlag.

Fritschi, T. & Jann, B. (2008). *Gesellschaftliche Kosten unzureichender Integration von Zuwanderinnen und Zuwanderern in Deutschland. Welche gesellschaftlichen Kosten entstehen, wenn Integration nicht gelingt?* Gütersloh: Bertelsmann-Stiftung. http://

www.bertelsmann-stiftung.de/bst/de/media/xcms_bst_dms_23656_23671_2.pdf [28.06.2011].

Lab One, Berliner Agentur für Medien und Kommunikation & Gesellschaft für Innovative Marktforschung (GIM) (Hrsg.) (2002). *Lebenswelten Deutschtürken*. Berlin.

Müller, K. (2004). *Die Bedeutung von Ausländern für das Handwerk*. Duderstadt: Mecke.

Statistisches Bundesamt (Hrsg.) (2010). *Bevölkerung nach Migrationsstatus regional – Ergebnisse des Mikrozensus 2008*. Wiesbaden: Hessisches Statistisches Landesamt. https://www.destatis.de/DE/Publikationen/Thematisch/Bevoelkerung/MigrationInte gration/BevoelkerungMigrationsstatus5125203087004.pdf?__blob=publicationFile [03.07.2012].

Statistisches Bundesamt (Hrsg.) (2011). *Bevölkerung und Erwerbstätigkeit. Bevölkerung mit Migrationshintergrund – Ergebnisse des Mikrozensus 2010* (Fachserie 1, Reihe 2.2). Wiesbaden: Hessisches Statistisches Landesamt. https://www.destatis.de/DE/ Publikationen/Thematisch/Bevoelkerung/MigrationIntegration/Migrationshinter grund2010220107004.pdf?__blob=publicationFile [28.06.2012].

Zentralverband des Deutschen Handwerks (2009). *Migration und Integration – Chancen der Vielfalt nutzen! Politisches Positionspapier des Deutschen Handwerks* (Schriftenreihe Nr. 69). Berlin. http://www.techfiles.de/presse/pressemappen/IT-Fitness-Lernplattform/ ZDH-Broschuere_zu_Migration-Integration.pdf [03.07.2012].

Peter F. E. Sloane

Wirtschaft, Ethik und Religion in der kaufmännischen Berufsausbildung. Eine Positionsbestimmung

1. Vorbemerkung: zur Vielschichtigkeit der Fragestellung

Welche Bedeutung haben Wirtschaft, Ethik und Religion in der kaufmännischen Berufsausbildung? – Man kann diese implizite Frage, die der Überschrift dieses Beitrags innewohnt, aus unterschiedlichen Perspektiven betrachten:

Aus der Sicht der kaufmännischen *Ausbildungspraxis* geht es um die vermeintlich richtigen Inhalte einer Ausbildung beispielsweise von Einzelhandelskaufleuten. Fächer wie Religion oder Ethik werden dabei oft als Anliegen des schulischen Lernortes betrachtet und zuweilen als überflüssig angesehen. Es wird dabei reklamiert, dass es besser wäre, die Auszubildenden lernen etwas, was sie im beruflichen Alltag benötigen.

Was wiederum benötigt wird, hängt davon ab, wie man die Anforderungen des Alltags definiert und was man als geeignet ansieht, um diese zu bewältigen. Lokalisiert man beispielsweise ethische Fragestellungen etwa im Berufsfeld des Einzelhändlers (z.B. Aspekte des Fair Trades, der Verantwortung für das, was man verkauft usw.), dann werden Ethik und Religion durchaus als relevant erkannt, dabei aber wiederum in einen funktionalen Zusammenhang im Hinblick auf die kaufmännische Praxis gesetzt. Die Perspektive, die man nunmehr einnimmt, bezieht sich auf die *curriculare Konstruktion* der jeweiligen Fächer Ethik und Religion. Zugleich stellt sich die Frage, wer genau über diese spezifische fachliche Interpretation entscheidet und wie die jeweiligen Curricula strukturiert und in einem Gesamtkonzept des Bildungsganges – in diesem Fall des Einzelhandelskaufmanns – eingebunden sein sollen, ob es beispielsweise fachübergreifende und fachverbindende Bezüge geben soll.

Damit wird wiederum immer auch eine *bildungstheoretische Perspektive* eingenommen, denn es geht nunmehr um die Frage, wie man die Ausbildung zum Einzelhandelskaufmann unter der Fragestellung eines Bildungsangebots und nicht funktional verkürzt als Qualifikationsangebot konzipieren will. Modern gewendet: Eine umfassende Handlungskompetenz soll gefördert werden. Es soll eine Ausbildung entwickelt werden, die nicht fachlich verkürzt auf die Bewältigung von funktional zugeschnittenen Handlungsanforderungen bezogen ist, sondern darauf abzielt, den Menschen, das Erziehungssubjekt, umfassend zu fördern und ihn zu unterstützen, seine kognitiven, sprachlichen, sozialen, ästhetischen und auch moralischen Fähigkeiten zu entfalten.

Eine curriculare Analyse von Fächern eines Bildungsgangs gerade unter dem Primat der Bildungsidee wiederum führt zu einer *fachwissenschaftlichen*

Perspektive, bei der sich die Frage stellt, wie Fächer überhaupt konstruiert sind. So wird bei einer entsprechenden Analyse der Referenzfächer Wirtschaftswissenschaft/ Betriebswirtschaft, Religion/Theologie, Ethik/Philosophie – schon die genaue Fach-definition bereitet Probleme – immer sehr schnell sichtbar, dass die Konstruktion eines fachwissenschaftlichen Denkgebäudes basale ethische und je nach Betrach-tungsweise auch religiöse Prinzipien, Fragestellungen usw. sichtbar werden lässt.

Was heißt dies wiederum für die Unterrichtspraxis? – Wenn man eine kaufmän-nische Berufsausbildung konkret betreiben will, z.B. den Berufsschulunterricht in einer Ausbildung von Einzelhandelskaufleuten anbieten will, so kann man die ethi-sche und religiöse Fragestellung faktisch nicht ausblenden. Sie findet sich auf ver-schiedenen Ebenen:

- auf der Handlungsebene der angehenden Einzelhandelskaufleute in Form von realen Anforderungen in praktischen Arbeitsbezügen,
- auf der Ebene des kaufmännischen Unterrichts in Fachvorgaben, aber auch in der Konstruktion von lebenspraktisch relevanten Aufgaben,
- auf der Ebene der Bildungsgangkonstruktion in Form einer bildungstheoretisch notwendigen Interpretation des Faches,
- auf der Ebene der Konstruktion von Curricula, und zwar sowohl in fachlichen als auch in lernfeldorientierten Lehrplänen,
- auf der Ebene der Konstruktion von (wissenschaftlichen) Fächern, konkret als methodologische Frage der Konzeption z.B. eines sozialwissenschaftlichen Faches.

Vor diesem Hintergrund werde ich bei der Bearbeitung der Themenstellung von der Handlungsfähigkeit als Gegenstand und Ziel kaufmännischer Berufsausbildung ausgehen und eher grundsätzlich die Frage erörtern, was genau eine Handlung und dabei dann eine kaufmännische Tätigkeit ist. Der Argumentationsgang ist dabei fol-gendermaßen aufgebaut:

In einem *ersten* Abschnitt wird eine nominaldefinitorische Präzisierung von ‚Religion‘ und ‚Ethik‘ vorgenommen werden, um die bisher eher offene Begriffs-verwendung zu präzisieren und so eine nachvollziehbare Argumentation zu ermög-lichen. Als *zweites* wird daher der Zusammenhang von kaufmännischen Tätigkei-ten und der kaufmännischen Berufsausbildung kurz skizziert und darauf aufbauend der allgemeine Zusammenhang von kaufmännischer Tätigkeit und Berufsausbil-dung, wie er in der Berufspädagogik thematisiert wird, skizziert. Hierbei geht es darum, unterschiedliche Rollenvorstellungen – es geht um den Kaufmann auf der einen und den Kaufmannsgehilfen auf der anderen Seite – aufzuzeigen und darzu-legen, welche bildungstheoretischen und didaktischen Argumentationsmuster hier entstanden sind. Hierauf bezogen ist es dann *drittens* möglich, die didaktischen Umsetzungen im Rahmen einer so genannten Bildungsgangdidaktik aufzuzeigen, in der Aspekte wie die Bildungsgangkonzeption, die curricularen Konstruktionen, die Modellierung von Lerngegenständen usw. thematisiert werden. Hier wird sichtbar, wie Ethik und Religion konzeptionell in Bildungsgänge Eingang finden. Im *vierten* und letzten Abschnitt werden die Ausführungen mit einigen Überlegungen zu den Konsequenzen dieser Analyse für die Tätigkeit von Lehrkräften abgerundet.

2. Nominaldefinitorische Annäherung an ‚Religion‘ und ‚Ethik‘

Die Nichtübergehbarkeit religiöser und ethischer Fragestellung in der kaufmännischen Ausbildung liegt in der damit verbundenen Wertorientierung begründet. Letztlich geht es, wie noch zu zeigen sein wird, um die normative Basis von Handeln und die jeweilige Begründung dieser Normen. Daher ist es nötig, eine nominaldefinitorische Setzung vorzunehmen. Bei ‚Ethik‘ und ‚Religion‘ soll es sich im Folgenden um Normensysteme resp. -kataloge handeln.

Solche Normen regulieren das Handeln von Menschen. Institutionentheoretisch gewendet geht es daher um Handlungsregulative, die das Handeln von Menschen normieren (vgl. Picot, Dietl & Franck, 1999, S. 11; North, 1990, S. 4). Institutionen entwickeln sich in Gesellschaften und werden in unterschiedlicher Form kodifiziert, etwa als Gesetze, implizite Regeln usw. und werden zugleich tradiert. So gesehen beziehen sich ‚Ethik‘ und ‚Religion‘ auf im Lebensalltag vorkommende und in der Gesellschaft unterschiedlich kodifizierte Handlungsregulative als Wertmuster, die zugleich tradiert werden und tradierend wirken.

Ethische und religiöse Wertmuster können dabei aus dem Handeln erschlossen werden. Es sind letztlich latente Sinnmuster, die ein Handeln als jeweils rational, eben i.S. des Wertmusters ausdeuten. Kognitiv zugänglich werden Sinnkonstrukte dabei über (Selbst-)Reflexionsprozesse. Expliziert man handlungsleitende Werte, so entstehen kognitiv vermittelbare sprachliche Muster (Normsysteme). Auf diese Weise werden Religion und Ethik kodifiziert.

Ethik und Religion sind Bereiche, die insbesondere dann einen Einfluss auf kaufmännische Tätigkeiten und eine kaufmännische Berufsausbildung nehmen, wenn man versucht, Handlungen zu begründen. Hiermit sind dann Sinnfragen verbunden, die zugleich weitere transzendentale Fragestellungen eröffnen. Denn die Frage nach dem Sinn des Handelns führt sehr schnell zur Frage nach der Art und Weise, wie man die Sinnfrage stellen kann und danach, was warum erlaubt und nicht erlaubt ist. Für die folgenden Überlegungen wird eine einfache und sicherlich auch wieder (durchaus hinterfragbare) Unterscheidung getroffen:

Demnach soll ‚Religion‘ jenes Argumentationsmuster sein, bei dem Fragen nach dem Handlungssinn und dem Erlaubtsein von bestimmtem Handeln, was das Nichterlaubtsein anderer Handlungen einschließt, über spirituelle Erfahrungen begründet werden. ‚Transzendieren‘ bedeutet hierbei, nach einer äußeren Instanz zu suchen, von der aus sich das jeweilige Handeln begründet und von dem aus es sinnvoll erscheint. Eine interessante, aber hier aus forschungsökonomischen Gründen auszublendende Frage bezieht sich darauf, ob die spirituelle Erfahrung jeweils selbst gemacht werden kann, oder ob man sich auf spirituelle Erfahrungen anderer beruft, deren so gewonnene Einsicht auch für andere leitend sein soll. Hier ist sicherlich die Unterscheidung zwischen ‚Religion' und ‚Kirche' relevant. Die Institutionalisierung von spirituell gewonnenen und tradierten Erfahrungen führt zu einem gesellschaftlich relevanten Katalog von Normen, die innerhalb der Kirchengemeinschaft durchgesetzt werden. Institutionentheoretisch gilt: Es entstehen kulturelle Praktiken, die umso stabiler sind, je höher der Institutionalisierungsgrad in der Gesellschaft ist (vgl. Zucker, 1977, S. 726).

‚Ethik' hingegen bezieht sich im Folgenden auf eine gesellschaftliche Vereinbarung über tragende Werte. Es handelt sich um die Normen der Zivilgesellschaft. Es wird eine kontraktualistische Annahme gemacht, bei der entscheidend ist, dass die Normenbegründung nicht von einer äußeren Instanz her begründet wird, sondern als Konsens der Gesellschaftsmitglieder anzusehen ist; Werte sind daher letztlich selbst auferlegt und nicht vorgegeben.

Klassische angelsächsische kontraktualistische Entwürfe (Hobbes, Hume, Locke) begründen dabei einen Gesellschaftsvertrag als notwendigen Ausweg aus dem vorzivilisatorischen Naturzustand, den Hobbes im Leviathan als „Krieg eines jeden gegen jeden" (1651/2011, S. 122) beschreibt: Der Staatsvertrag dient der Befriedung prinzipiell zum Konflikt bereiter Menschen: *homo homini lupus* (Hobbes, 2011, S. 121ff). Demgegenüber betont Locke (1690/2007, S. 13), dass Menschen im Naturzustand Verantwortung für die eigene Art haben. Es zeigt sich an diesen beiden kurzen Hinweisen, dass eine Wertposition bereits vor der Konstituierung einer *zivilen* oder, wie es bei Locke (1690/2007) heißt, *political society* besteht, und dass Menschenbildannahmen wirksam sind, die durchaus religiös und etwa im Fall von Hobbes christlich geprägt sind.[1] Ohne hier weiter auf die spezifischen Positionen und Variationen eingehen zu können, ist es aber im Hinblick auf die Problemstellung relevant, festzustellen, dass die Zivilgesellschaft einen Gemeinwohlansatz verfolgt, der für die Regulierung individuellen Handelns einen ethischen Rahmen darstellt. Aus kontraktualistischer Sicht wird dies m.E. in Rousseaus (1762/2010) *Contrat Social* am weitgehendsten formuliert. Danach ist das Gemeinwohl – die *volonté générale* – die Basis der Zivilgesellschaft, der sich der Einzelne unter Aufgabe seiner extensiven Freiheit im Naturzustand unterwirft. Institutionentheoretisch gewendet: Man folgt der selbst auferlegten Norm des Gemeinwohls, was im Übrigen nicht dem Interesse der Mehrheit – der *volonté de tous* – entsprechen muss. Dieses Verhalten ist i.S. von Kant (1797/1986) als rational anzusehen, da Menschen, die der Vernunft folgen, sich zueinander vernünftig, d.h. rechtmäßig verhalten.

---

1   Bei der Etablierung der Zivilgesellschaft mit ihren ethischen Kategorien, worauf es hier im Grundsatz für die Argumentation ankommt, handelt es sich nicht um eine „empirische Wirklichkeit" oder um ein „frühgeschichtliches vorstaatliches Stadium menschlicher Vergesellschaftlichung". Vielmehr ist es ein hypothetisches Konstrukt zur Rekonstruktion (vgl. Geismann, 2012, S. 2, FN 4).

3. Kaufmännische Tätigkeiten als Gegenstand beruflicher Bildung

3.1 Von der Arbeit von Kaufleuten und Kaufmannsgehilfen: einige kurze Anmerkungen zu berufspädagogischen Vorstellungen über kaufmännische Tätigkeiten

Wenn von kaufmännischer Tätigkeit gesprochen wird, so ist dies eine denkbar ungenaue Zuschreibung. Umgangssprachlich meint man wohl mit Kaufmann all diejenigen, die kaufmännisch und verwaltend tätig sind. Genau genommen sind jedoch Kaufleute nur diejenigen, die im eigenen Namen handeln; rechtlich gewendet geht es um den Selbstständigen, um denjenigen, der ein Handelsgewerbe betreibt. Die gesellschaftliche Stellung des Kaufmanns entstand in einem historischen Prozess im Rahmen der Ausdifferenzierung des Wirtschaftssystems, begründet sich utilitaristisch, zielt auf erwerbswirtschaftlichen Erfolg und ist durch Autonomie gegenüber dem Staat gekennzeichnet. Gemeint ist der selbstständige Kaufmann.

Demgegenüber geht es in der kaufmännischen Berufsausbildung um die Kaufmannsgehilfen, die im Auftrag des Kaufmanns für diesen tätig werden (Handelsgesetzbuch [HGB], S. 59ff) So gesehen kennzeichnet die kaufmännische Tätigkeit eine gewisse Widersprüchlichkeit zwischen der rechtlichen Normierung durch das HGB und der Festlegung auf eine Kaufmannsgehilfentätigkeit auf der einen und einer gleichsam überhöhenden Betrachtung des Kaufmännischen auf der anderen Seite, welche sich auf die gesellschaftliche Erwartung eines selbstständigen und risikotragenden Kaufmanns bezieht (vgl. z.B. Bruchhäuser, 1989, 1992) und sich in Normkonzepten wie dem ‚königlichen Kaufmann‘ (vgl. Mollat, 1991) niederschlägt. Man kann hier in der berufspädagogischen Ideengeschichte durchaus einen gewissen Bogen erkennen:

Die Wirtschaftspädagogik hat in ihren kulturpädagogischen Anfängen eine zum Teil naive Rekonstruktion ökonomischen Handelns und in ihr inkorporierter Rationalitäten vorgenommen. Dabei lässt sich eine Orientierung an Leitbildern des guten Kaufmanns (vgl. Horlebein, 1996) ausmachen.

In den gesellschaftskritischen Entwürfen der 60er und frühen 70er wurde ein sehr radikaler Perspektivenwechsel vorgenommen. Die Blankertz-Schule, v.a. Adolf Kell und Günter Kutscha, betonen die Perspektive des abhängig Beschäftigten. Ausbildung und Schule haben eine unterstützende Funktion für den späteren Facharbeiter, Gesellen und Sachbearbeiter.

In den letzten fünf bis zehn Jahren lässt sich ein neuer Paradigmenwechsel aufzeigen. Historisch betrachtet handelt es sich auf den ersten Blick um eine Renaissance des Leitbildes vom Unternehmertum. Unternehmerische Selbstständigkeit, die Fähigkeit zur Gründung und Aufrechterhaltung einer ökonomischen Selbstständigkeit gewinnt politisch und ökonomisch an Bedeutung. Im Rahmen der Berufs- und Wirtschaftpädagogik wird dies zum Teil aufgegriffen, etwa im Konzept des

Intrapreneurship[2] bzw. der Kultur unternehmerischer Selbstständigkeit als Teil der Berufsausbildung (vgl. Braukmann, 2002, S. 66ff; Bader, 2004, S. 40).

In allen drei Phasen verschiebt sich die spezifische Wertorientierung und werden unterschiedliche Rollenerwartungen formuliert, die jeweilige Zieldimension der Ausbildung verschiebt sich. So ist es ein Unterschied, ob man entsprechend der gesellschaftskritischen Position in der Berufsschule die Rechte und Pflichten eines Werktätigen thematisiert oder ob man i.S. einer ‚modernen‘ Position von unternehmerischen Entscheidungen ausgeht, die behandelt werden sollen.

Tab. 1: Zu vermittelnde Fertigkeiten und Kenntnisse im Ausbildungsberuf Verkäufer bzw. Kauffrau im Einzelhandel (nach EzHdlAusbV)

Zu vermittelnde Fertigkeiten und Kenntnisse		
‚typische‘ kaufmännische Fertigkeiten und Kenntnisse	kaufmännische Fertigkeiten und Kenntnisse mit berufsfachlichem Anteil	Fertigkeiten und Kenntnisse des berufsfachlichen Kerns
1. Ausbildungsjahr		
• Organisation des Ausbildungsbetriebes • Berufsbildung, Personalwirtschaft, arbeits- und sozialrechtliche Vorschriften • Informations- und Kommunikationssysteme • Umweltschutz • Rechenvorgänge in der Praxis • Sicherheit und Gesundheitsschutz bei der Arbeit	• Bedeutung und Struktur der Ausbildungsbranche • Stellung des Ausbildungsbetriebes am Markt • kunden- und dienstleistungsorientiertes Verhalten • Kommunikation mit Kunden • Werbemaßnahmen	• Grundlagen der Warenwirtschaft • Warenpräsentation • Kassieren • Kassenabrechnung
2. Ausbildungsjahr		
• Bestandskontrolle, Inventur • Kalkulation	• Beschwerde und Reklamation • Kundenservice • Preisbildung • Wareneingang, Warenlagerung • Marketingmaßnahmen	• Beratung und Verkauf • Kasse
3. Ausbildungsjahr		
• kaufmännische Steuerung und Kontrolle (W) • IT-Anwendungen (W) • Personal (W) • Grundlagen unternehmerischer Selbstständigkeit (W)	• beschaffungsorientierte Warenwirtschaft (W) • warenwirtschaftliche Analyse (W) • Marketing (W)	• Einzelhandelsprozesse • Beratung, Ware, Verkauf (W)
W = Wahlqualifikationseinheiten, von denen drei zu wählen sind		

2 Hiermit ist eine unternehmerische Haltung des Mitarbeiters (Kaufmannsgehilfen) gemeint, der, obwohl er abhängig beschäftigt ist, wie ein ‚selbstständiger Kaufmann‘ denkt und handelt. Das Wort ‚Intrapreneur‘ setzt sich aus den beiden Begriffen ‚intracorporate‘ und ‚entrepreneurship‘ zusammen (vgl. Pinchot, 1985).

Zu klären bleibt aber weiterhin: Was sind kaufmännische Tätigkeiten, die von Kaufmannsgehilfen wahrgenommen werden?

Greift man exemplarisch den ausbildungsstärksten Beruf, den des Einzelhandelskaufmanns, heraus, so werden für die Berufsausbildung in Schule und Betrieb folgende Tätigkeiten festgelegt (s. Tab. 1).

3.2 Handlungs- bzw. Tätigkeitsorientierung: die didaktische Perspektive auf den Gegenstand

Die Handlungsorientierung steht seit nahezu 30 Jahren im „Vordergrund wirtschaftsdidaktischer Überlegungen" (Rebmann, 1998, S. 133; siehe auch Zabeck, 2006). Die Auflistung in Tabelle 1 zeigt an, worum es dabei konkret geht, nämlich um spezielle Anforderungen in Arbeitssituationen. Die Besonderheit der beruflichen Ausbildung in Deutschland ist dabei dann aber, dass die Bewältigung von Handlungsanforderungen nicht nur als zu vergütende Arbeitsleistung angesehen wird, sondern dass damit zugleich auch ein Bildungsanspruch verbunden ist, der sich darin zeigt, dass weitergehende Fähigkeiten – modern gewendet: Kompetenzen – entfaltet werden.

Bereits in den 60er Jahren hat Martin Schmiel (1967) darauf verwiesen, dass Bildung sich im Handeln bekundet und konkret darin zeigt, ob ein Mensch sachlich richtig und sittlich verantwortungsbewusst handelt. Diese bildungstheoretische Interpretation steht in der Tradition wirtschafts-, berufs-, arbeits- und betriebspädagogischer Konzepte seit dem 19. Jahrhundert, deren Anliegen es durchgängig war, einen Dualismus von Erwerbstätigkeit und Bildungswirksamkeit von Tätigkeiten herauszuarbeiten. Dies gilt für das Konzept des Berufs, aber auch für das Konzept der Arbeit. In der Summe geht es darum, den neo-humanistischen Vorstellungen einer kanonisierten Allgemeinbildung das Modell einer Bildung zur Seite zu stellen, bei der die speziellen positiven Prägungen sichtbar werden, die durch Berufstätigkeit und Arbeit entstehen.

Dies führte anfänglich zu einer Diskussion berufs- und wirtschaftspädagogischer Ziele (vgl. Schmiel, 1967; in jüngerer Vergangenheit: Bader, 2004), verdichtete sich aber zusehends zu einer umfassenden Diskussion einer handlungsorientierten Didaktik (vgl. u.a. Reetz, 1984; Achtenhagen, 1985; Stratenwerth, 1991), bei der es insgesamt um den strukturellen Zusammenhang von Denken und Handeln geht (vgl. u.a. Czycholl & Ebner, 1995; Döring, 1994), angelehnt an sowohl kognitionstheoretische als auch konstruktivistische Theoriekonzepte. Lernen und Arbeiten werden als strukturidentische Prozesse aufgefasst, die in einem handlungstheoretischen Konzept erörtert werden können (vgl. Sloane, 2001, S. 171).

‚Handeln' wird dabei als ein Prozess definiert, der auf einen Gegenstand bezogen ist. Diesen Prozess des Handelns kann man selbst wieder zum Gegenstand weiterer Reflexionsprozesse machen. Lernen wird gleichfalls als eine Form des Handelns angesehen. Wolfgang Stratenwerth (1988, S. 127) spricht in dem

Zusammenhang von Lerntätigkeit als einer Handlung, die gleichfalls gegenstands-gerichtet sei. Lerngegenstände als Kristallisationspunkt der internen Auseinander-setzung eines Subjekts können wahrgenommene Objekte, Bewusstseinsinhalte, aber auch das eigene Handeln sein. Die Auseinandersetzung mit diesen Gegenständen führt zum Aufbau interner Wissens- und Handlungsmodelle.

Ein Handlungsprozess kann daher ein Aneignungsprozess sein, dies muss er aber nicht. Es gilt: Jeder Aneignungsprozess ist ein Handlungsprozess, jedoch nicht jeder Handlungsprozess ist ein Aneignungsprozess. Ist nun der Lerngegenstand die eigene Handlung, so entstehen letztlich zwei Zielebenen: Zum einen geht es um ein Arbeitsziel und zum anderen um ein Bildungsziel. Das Arbeitsziel bezieht sich auf das Arbeitsergebnis einer Handlung, während das Bildungsziel die durch die Handlung verbundene Höherführung meint. So kann beispielsweise ein Arbeitsauf-trag, wie die Erstellung einer Kundendatei, das offensichtliche Arbeitsziel verfol-gen, eine Dokumentation der Kundenstruktur zu gewinnen. Dies wäre die Arbeits-ebene der Handlung. Zugleich kann aber diese Tätigkeit erarbeitet und geübt wer-den, um bestimmte methodische Fähigkeiten wie die Systematisierung von Daten usw. zu fördern. Dies wäre ein Bildungsziel. Reinhard Czycholl (1996, S. 121) spricht hier von Exteriorisierung (Arbeitsebene) und Interiorisierung (Bildungs-ebene). Im Hintergrund steht hier eine handlungstheoretische Grundposition, die kurz erörtert werden soll.

3.3 Handlungstheoretische Konzeption

Bei Max Weber (1960, S. 5) heißt es: „,Handeln' soll ein menschliches Verhalten (einerlei ob äußeres oder innerliches Tun, Unterlassen oder Dulden) heißen, wenn und insofern als der oder die Handelnden mit ihm einen subjektiven *Sinn* verbin-den." (Weber, 1960, S. 5)

Nach Alfred Schütz (1974) ist ‚Handeln' eine „auf Zukünftiges gerichtete spon-tane Aktivität" (Schütz, S. 75), die auf „subjektiv sinnvollen Erlebnissen" (S. 242f) basiert, sich jedoch erst durch den reflexiven Vorgang des Erkennens bzw. Bewusstmachens der Zielsetzung konstituiert: „[D]er Mensch der handelt, weiß, dass er handelt" (Schütz &Luckmann, 1984b, S. 18).

‚Handeln' vollzieht sich in der Lebenswelt, die als „Inbegriff einer Wirklich-keit" anzusehen ist, „die erlebt, erfahren und erlitten wird" (Schütz & Luckmann, 1984b, S. 2). Genau genommen wird die Welt – das Leben in phänomenologischer Sicht – über das Handeln erfahrbar; indem Menschen ihr Handeln reflektieren, sammeln sie Erfahrungen über ihre Lebenswelt. Dies wiederum ist der Zugang zu den leitenden Wertsystemen ‚Ethik' und ‚Religion', die im vorausgehenden Absatz thematisiert wurden.

Die gemeinsame Lebenswelt bzw. der gemeinsame Alltag aller Menschen ist daher die Grundlage zur Re-Konstruktion von Handeln.

Man könnte in diesem Zusammenhang auch von einer Kontextualität des Handelns sprechen, was von manchen Autoren als Situationsgebundenheit bezeichnet wird (vgl. etwa aus philosophischer Perspektive Lenk, 1979, S. 299). Handeln und Kontext, Handeln und Situation sind – so die Konsequenz – letztlich nicht trennbar.

Häufig wird Verhalten als Oberbegriff und Handeln als Unterbegriff verwandt: Handeln ist dabei ein zielgerichtetes bzw. intentionales Verhalten. Im Handeln fokussiert der Mensch sein Verhalten auf ein Ziel hin (vgl. Davidson, 1985, S. 77); psychologisch gewendet geht es darum, dass Handeln objektbezogen – also auf einen Handlungsgegenstand bezogen – ist. Dies kann auch das eigene Handeln sein, was wiederum auf Reflexivität verweist. Hier wird zuweilen auch gesagt, dass Handeln Planhaftigkeit (vgl. Toulmin, 1969, S. 86ff) impliziert.

Verhalten ist eine notwendige Größe, um Handeln als Dritter zu erkennen. Es zeigt sich in Veränderungen in der Lebenswelt und kann von Außenstehenden letztlich nur über solche Veränderungen erschlossen werden und zeigt sich als „Wirken" (äußere Veränderung) und als „Denken" (innere Veränderung) (vgl. Schütz & Luckmann, 1984b, S. 22): Handeln kann Denken, Reden, Schreiben, Malen, Reflektieren, Kommentieren usw. sein. Es sind jeweils Tätigkeiten.

Fasst man dies alles zusammen, so kann man davon ausgehen, dass Handeln
- prozessual ist,
- in Situationen – in der Lebenswelt – stattfindet,
- ziel- bzw. gegenstandsbezogen ist,
- auf Zukünftiges gerichtet ist,
- reflexiv ist,
- im Modus des Verhaltens für Außenstehende beobachtbar sein kann,
- einen Entwurfs- und einen Ausführungsanteil aufweist,
- sich als Denken und Wirken zeigt.

Handlungen als konkrete Ausführungen des Handelns sind komplexe Prozesse, in denen Reflexions- und Ausführungsanteile zusammenwirken. Häufig wird eine sequenzielle Betrachtung einer sogenannten vollständigen Handlung in Form von Planung, Umsetzung, Kontrolle angenommen. Tatsächlich handelt es sich um eine Parallelisierung von Reflexions- und Ausführungsschritten:

Peter F. E. Sloane

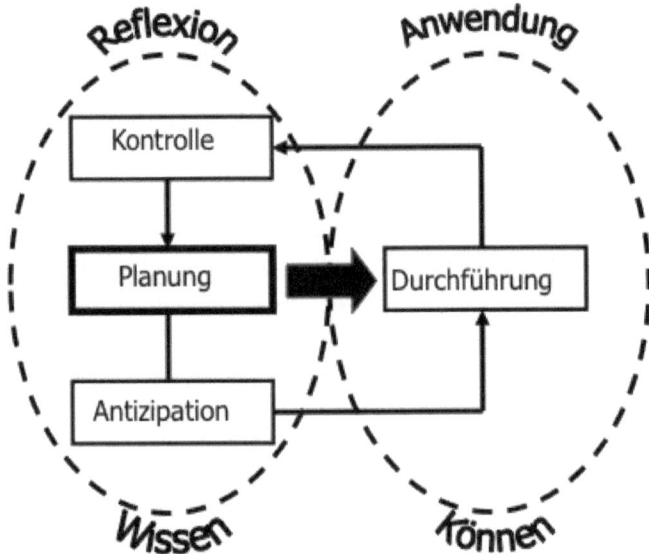

Abb. 1:   Vollständige Handlung als Wechselwirkung zwischen Wissen (Reflexion) und
          Anwendung (Agention)

Handlungsprozesse und Handlungssituationen sind nicht trennbar. Die oben unter-
schiedenen Handlungsphasen, Reflexion und Agention, bedeuten daher einerseits
eine Partizipation am Geschehen und andererseits eine Reflexion des Geschehens,
wobei im Prozess selbst eine Gleichzeitigkeit von Reflexion und Agention (Applikation) im Geschehen vorliegt.

4.   Didaktische Umsetzung: Bildungsgangdidaktik

Bei der ‚Bildungsgangarbeit‘ geht es um die didaktisch-organisatorische Gestaltung
von Bildungsgängen. Dies ist eine umfassende Vorstellung von Bildungsplanung,
die über die Betrachtung von kleinen didaktischen Einheiten wie eine Unterrichts-
stunde oder eine Unterweisungseinheit hinausgeht und dabei folgende Teilprozesse
integriert:
• die curriculare Analyse,
• die didaktische Jahresplanung,
• die Entwicklung und Umsetzung von Lerngegenständen,
• die Entwicklung und Umsetzung von Lehr-/Lernarrangements,
• die Sequenzierung von Lerngegenständen in Unterrichtsreihen und
• die Evaluation von durchgeführten Maßnahmen,
wobei diese didaktischen Kernaufgaben in einem größeren Zusammenhang eingebunden immer auch begleitet werden müssen von

- Organisationsentwicklungsmaßnahmen (z.B. pädagogische Schulentwicklung, Qualitätsmanagement) und
- Personalentwicklungsmaßnahmen (Lehrerweiterbildung, kollegiale Fallberatung usw.)

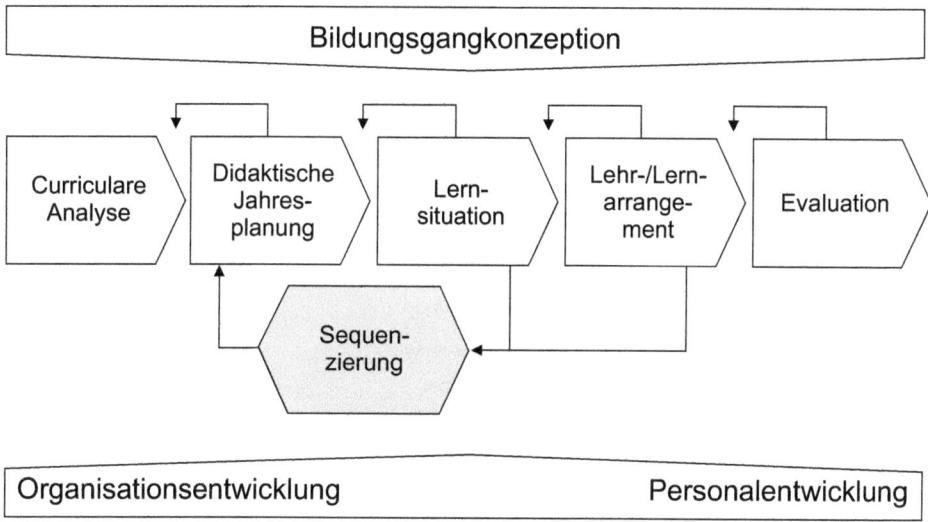

Abb. 2:   Prozesskette

Aus Darstellungsgründen kann dieses Modell nicht umfassend erörtert werden. Es sollen daher an dieser Stelle nur ausgewählte Aspekte im Hinblick auf ethische und religiöse Implikationen thematisiert werden. Im Einzelnen wird im Folgenden Bezug genommen auf die normativ-konzeptionelle Basis von Bildungsgängen (4.1), auf die curriculare Analyse (4.2) und auf die Modellierung von Lerngegenständen (4.3).

4.1 Normativ-konzeptionelle Basis von Bildungsgängen

Die in Abschnitt 3 subsumierten handlungstheoretischen Überlegungen sind genau genommen Bestandteil einer didaktischen Konzeptualisierung von Bildungsgängen. Berufliche Bildung in dieser Weise zu denken bedeutet immer, dass man eine handlungsorientierte Didaktik als Grundposition entwirft und dabei sehr genau das Verhältnis von Bildungsziel, Fachstrukturen und Anwendungssituationen herausarbeitet.

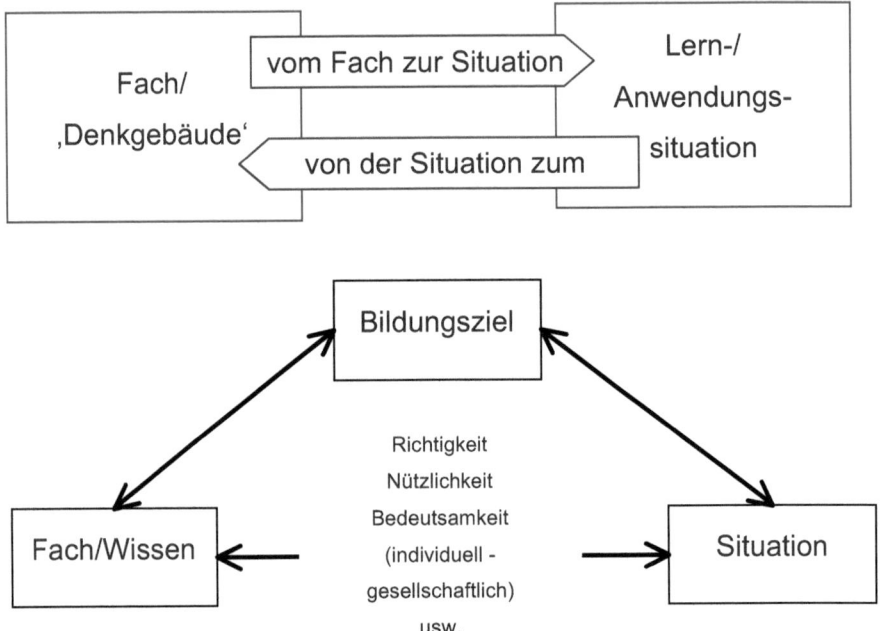

Abb. 3:   Bildungsgänge konzipieren

Man kann das in Abbildung 3 visualisierte Dreieck auch als curriculares Auswahl-prinzip Grundschritt[3] deuten; demnach geht es um Wissenschaftlichkeit (Wissen-schaftsprinzip), Anwendbarkeit und Umsetzbarkeit (Situationsprinzip) und um den Bildungsanspruch (Persönlichkeitsprinzip). Mit den jeweiligen Prinzipien sind immer auch unterschiedliche Relevanzkriterien verbunden, z.B. Richtigkeit und Wahrheit (Wissenschaft), Nützlichkeit (Anwendung), Bedeutsamkeit (Bildung). Hiermit wären in der Tat dann normative Grundpositionen verbunden.

Schließlich wäre es m.E. erforderlich, das Leitziel einer Bildungsmaßnahme zu formulieren bzw. sich hierüber Klarheit zu verschaffen, was immer auch im Rück-griff auf die Ordnungsunterlagen geschehen muss:

So differenziert man in der KMK-Vorgabe für Ausbildungsberufe mit Lernfeld-curricula zwischen Fach-, Human- und Sozialkompetenz (vgl. Bader, 2000). Man kann diese Vorgabe kategorial ausdeuten. Dabei werden die materialen Gegen-stände (Objektseite) der Kompetenzentwicklung – die Domäne (das Fach), die Per-son und die Gruppe – in Beziehung zu formalen Modi (Subjektseite) der Kompe-tenzentwicklung wie die Methode und das Lernen, die Sprache und Textbeherr-schung, die Ethik usw. gesetzt.

Man kann die materiale bzw. Objektseite (Fach – Person – Gruppe) mit unter-schiedlichen formalen Ansprüchen, konkret mit der Methoden- und Lernkompetenz,

---

3   Ich beziehe mich hier und im Folgenden auf die curricularen Auswahlprinzipien, wie sie von Lothar Reetz (1984) in die wirtschaftspädagogische Diskussion eingeführt worden sind.

Sprach- und Textkompetenz sowie ethischen Kompetenz Grundschritt[4] in Form einer Matrix mit neun Kompetenzbeschreibungen zusammenführen (vgl. Sloane, 2004, S. 576). Hierbei handelt es sich nicht um ein analytisches Modell, sondern um ein Perspektivenmodell.

	Fach (Domäne)	Person	Gruppe
Sprach- und Text-kompetenz	Umgang mit fachlichen Texten Fachkommunikation usw.	Kommunikation über und Verschriftlichung eigener Leistungen usw.	Gruppenprozesse besprechen Arbeitsergebnisse der Gruppe dokumentieren usw.
Methoden- und Lernkompetenz	Entdecken fachlicher Probleme Entwicklung von fach-bezogenen Problemlö-sungen usw.	Thematisierung eige-ner Lern- und Arbeits-leistungen usw.	Planung und Durch-führung von Gruppen-prozessen Umgang mit Problemen in der Gruppe usw.
Ethische Kompe-tenz	Fachliche Verantwor-tung Einhalten von rechtli-chen Vorschriften und anderen Normen usw.	Verantwortung für die eigene Arbeit und für das eigene Leben usw.	Verantwortung für die Gruppe Solidarität usw.

Abb. 4:   Entwicklung von Regulativen für den Unterricht aus dem Konstrukt der beruflichen Handlungskompetenz (kategoriales Kompetenzmodell)

4.2 Curriculare Analyse

In der curricularen Analyse werden die Überlegungen zu der Bildungsgangkonzep-tion vertieft. Die Grenze zwischen Konzeption und curricularer Analyse ist flie-ßend, generell stehen die einzelnen Phasen der Bildungsgangplanung in einem Implikationszusammenhang und es sind jeweils Wechselwirkungen zu beachten. So ist die konzeptionelle Betrachtung von Fachlichkeit, Anwendbarkeit und Bildsam-keit – wie schon angedeutet – letztlich ein genuines curriculares Analyseraster.

Bei der curricularen Analyse muss berücksichtigt werden, dass es unterschiedli-che Lehrplantypen gibt, u.a. kommen zurzeit Fachlehrpläne und Lernfeldcurricula zur Anwendung; gleichzeitig gibt es eine Diskussion um sogenannte kompetenzba-sierte Lehrpläne. Ohne hier eine vertiefte curriculumtheoretische Diskussion vor-nehmen zu können, wird von zwei curricularen Ausgangspunkten ausgegangen, die im jeweiligen Curriculumtyp leitend sind: dem Fach und der Anwendungssituation. Abbildung 3 greift diese Unterscheidung schon auf und verdeutlicht, dass Lehrende

---

4   … wobei die hier vorgenommene Einführung einer ethisch-moralischen Dimension eine Erwei-terung gegenüber dem Modell der KMK darstellt.

bei Fachcurricula Anwendungssituationen entwickeln müssen, während bei Lernfeldcurricula fachliche Zuordnungen getroffen werden müssen.

So gesehen stellen sich bei jedem Curriculumtyp immer zwei Aufgaben, wobei
der jeweilige Gestaltungsrahmen durch den Lehrplan unterschiedlich normiert ist:
Zum einen muss eine Fachanalyse vorgenommen werden und zum anderen eine
Analyse von Anwendungssituationen. In beiden Fällen gibt es ethische und religiöse Fragestellungen:

Fachstrukturen in kaufmännischen Bezugswissenschaften (Betriebswirtschaft,
Rechnungswesen, Volkswirtschaft, Recht, Mathematik usw.) sind nicht objektiv
gültige und ‚richtige‘ Aussagensysteme, auf die man Bezug nehmen kann. Vielmehr sind es soziale Konstrukte, Wissensgenerierungen, die in Forschergruppen
entwickelt werden und immer auch inkorporierte Annahmen über den Menschen
und die Gesellschaft haben. Alfons Dörschel (1975) verweist daher zu Recht darauf, dass die ökonomische Theorie implizite Menschenbildannahmen hat. Die Verwendung ökonomischer Theorien im Unterricht führt letztlich zu einer Übertragung
solcher normativen Implikationen in den Alltag.

Auch Anwendungssituationen sind – hier erwartet man es i.d.R. auch – normativ präjudiziert. Historisch zeigt sich zudem eine Ontologisierung von wissenschaftlichen Konzepten, d.h. fachwissenschaftliche Modelle werden zusehends
Bestandteil der kaufmännischen Lebenswelt. Diese Verwissenschaftlichung der
Gesellschaft führt zur irrigen Annahme, dass bestimmte konstruierte Wissenskon-
zepte gleichsam gültig sind, weil es sie nachweisbar in der betrieblichen Praxis
gibt. Hier besteht zumindest die Gefahr eines naturalistischen Fehlschlusses, insbesondere dann, wenn man das Vorhandensein eines erwerbswirtschaftlichen Prinzips
sowohl in der Theorie als auch in der Praxis als Beleg für die objektive Gültigkeit dieses Prinzips annimmt. Ähnlich verhält es sich mit Menschenbildannahmen,
z.B. dem homo oeconomicus. Dieses Konzept hat forschungslogisch die Funktion,
eine modellbedingte Fokussierung zu ermöglichen. Es ist eine Vereinfachung. Die
Ontologisierung ökonomischer Theorie impliziert aber vielfach, dass ein Mensch
als homo oeconomicus handeln muss, damit das ökonomische Modell ‚anwendbar‘ wird. Hier besteht die Gefahr eines logischen Fehlschlusses. An diesen Beispielen wird deutlich, dass es einen ethischen wie religiösen Interpretationsbedarf
gibt, um ökonomische Theorie sinnvoll anwendbar und ökonomische Praxis vernünftig gestaltbar zu machen. Die Kategorien ‚sinnvoll‘ und ‚vernünftig‘ können
m.E. nur über Wertkonzepte geklärt werden und sind nicht allein aus dem ökonomischen oder kaufmännischen Kontext heraus bestimmbar. Argumentiert man nur
aus diesen Kontexten, so reduziert man den Handlungs- und Lebensraum derjenigen, die man ausbildet.

Aus komplexen Lebenssituationen sind ethische Fragen und auch religiöse
nicht herausnehmbar. Die Reduzierung auf das vermeintlich ‚nur‘ Kaufmännische – hierauf wurde schon in Abschnitt 3 eingegangen – bedeutet immer auch,
dass bestimmte Wertpositionen, etwa in Bezug auf Nützlichkeit, Gewinnstre-
ben etc., übernommen werden. Eine falsche oder idealisierende Beschreibung von

Anwendungsfällen – etwa in der Spannung von Kaufmann und Kaufmannsgehilfe – führt zugleich zu fast manipulativ anmutenden Wertorientierungen.

Hier ist es letztlich unumgänglich, das Personalprinzip und somit den Bildungsauftrag in der curricularen Analyse zu betonen, was wiederum auf die in Abschnitt 3 kurz beschriebene Frage nach dem Rollenverständnis von ‚Kaufmann' oder ‚Kaufmannsgehilfe' verweist und aus der Sicht der curricularen Analyse dazu führt, dass man explizit die Frage stellt, welche Anwendungssituationen man in welcher Form modellieren möchte.

Damit werden zwei weitere Phasen der Bildungsgangdidaktik angesprochen: Die Entwicklung einer didaktischen Jahresplanung, die u.a. zum Entwurf eines konkreten schulischen oder betrieblichen Lehrplans führen muss und die Modellierung von Lerngegenständen. Aus forschungsökonomischen Gründen kann nur auf den zweiten Bereich eingegangen werden.

4.3 Modellierung von Lerngegenständen

Die Modellierung von Lerngegenständen soll abschließend an einem konkreten Beispiel aus dem Ausbildungsberuf Automobilkaufmann gezeigt werden (vgl. zu diesem Beispiel und den nachfolgenden Ausführungen Sloane, 2009). Lernfeld 12 lautet: *Finanzdienstleistungen und betriebsspezifische Leistungen vermitteln!*

Die konkrete Zielsetzung dieses Lernfeldes lautet:
Die Schülerinnen und Schüler unterbreiten Finanzierungsvorschläge, Leasing- und Versicherungsangebote und bieten erwerbbare Garantien sowie weitere betriebsspezifische Leistungen kundengerecht an. Sie bearbeiten Anträge und Verträge unter Beachtung der Allg. Geschäftsbedingungen und nutzen branchenspezifische Informations- und Kommunikationstechnologien. Die Schülerinnen und Schüler entwickeln Finanzierungsvorschläge für betriebliche Investitionen.

Inhaltliche Bezugspunkte sind:
Darlehensverträge, Leasingverträge, Kreditfähigkeit und Kreditwürdigkeitsprüfung, Haftpflicht-, Insassenunfall- und Rechtsschutzversicherung, Zins- und Zinseszinsrechnung, Vergleich: Leasing – Kreditfinanzierung, erwerbbare Garantieleistungen.

Hier zeigt sich eine konkrete Verbindung zwischen Fach und Anwendungssituation. Die Zielbeschreibung ist eine Rekonstruktion einer kaufmännischen Tätigkeit. Die Lehrenden müssen diese Tätigkeiten mit fachlichen Inhalten unterlegen, wobei es hier nicht um Fachwissen, sondern um fachwissenschaftliche Modelle, Prinzipien und Leitideen usw. geht.

Tab. 2:   Feinanalyse eines Lernfeldes (entnommen aus: Sloane 2009)

Recht		Analyse der fachlichen Strukturen				
		BWL	Mathematik	Kommunikation	…	
Analyse der Aufgaben resp. Arbeits- und Geschäftsprozesse	Finanzierungsvorschläge, Leasing und Finanzierungsangebote unterbreiten					
	Betriebsspezifische Leistungen kundengerecht anbieten					
	Anträge und Verträge … bearbeiten					
	IuK-Technologien nutzen					
	Finanzierungsvorschläge entwickeln					
	Betriebliche Innovationen unterstützen					
	…					

Tabelle 2 zeigt deutlich, dass sowohl auf der fachlichen als auch auf der anwendungsorientierten Seite jeweils normative Implikationen, konkret ethische und religiöse Anknüpfungspunkte gegeben sind. So sind sowohl die Fachkonzepte (Spalten) als auch die Anwendungskontexte (Zeilen) hinsichtlich ihrer Setzungen und Normen zu analysieren. Man könnte fragen: Von welchen ökonomischen und moralischen Prinzipien ausgehend werden Finanzierungsvorschläge gemacht? Lassen sich betriebswirtschaftliche Finanzierungsmodelle immer auf die Arbeitssituation beziehen? So kann man ein Finanzierungsbeispiel, was in Form eines Datensatzes und weiterer Informationen ausgearbeitet wird, einerseits mit einem betriebswirtschaftlichen Modell bearbeiten (lassen), welches einer ökonomischen Rationalitätsvorstellung folgend eine Argumentation aus betrieblicher Sicht wäre. Man kann dieses Beispiel aber andererseits durchaus auch aus Kunden- und Gesellschaftssicht thematisieren und so ggf. ergänzend eine zusätzliche Analyse vornehmen, die auf Fragen der Verschuldung von bestimmten Zielgruppen oder der sich ergebenden privaten Belastungen eines Menschen ausgerichtet sein könnte.

Diese ethischen Anknüpfungspunkte treten noch deutlicher zutage, wenn man eine weitere Präzisierung und Ausgestaltung vornimmt und diese z.B. an folgenden Kriterien entlang entwickelt (vgl. auch Sloane, 2009): (1) Prozessorientierung, (2) Zielorientierung, (3) situative Adäquatheit und narrative Einbindung, (4) wissenschaftliche Adäquatheit und Applikation, (5) Reduktion und Transformation, (6) Lern- und Arbeitstechniken und (7) Generalisierung.

Es ergeben sich zusammengefasst Leitfragen (entnommen aus Sloane, 2009), die immer auch auf normative Implikationen verweisen:

Tab. 3:   Gestaltungshinweise für Lerngegenstände (Quelle: Sloane, 2009, hier ohne Fußnoten)

Argument: Gestaltungskriterium	Beschreibung	Mögliche Leitfragen
Prozessorientierung	In der Lernsituation soll eine im Lernfeld beschriebene Tätigkeit exemplarisch rekonstruiert werden. Beispiel: „Betreuung eines Kunden beim PKW-Kauf und Entwicklung eines Finanzierungsangebots, einschließlich Bonitätsprüfung."	Welche Tätigkeit wird ausgewählt? Wird diese Tätigkeit in einen vollständigen Handlungszusammenhang gestellt? Ist dieser Prozess adäquat in seiner Komplexität abbildbar in einer Lernsituation? → ggf. Querverweis zu anderen Lernsituationen Ist der Prozess subjektiv ‚problematisch'? Mit anderen Worten: Hat die Tätigkeit Problempotenzial für den Lerner, das über bereits vorhandene Arbeitsroutinen hinausweist? → ggf. Bezug zu Kriterium ‚narrative Einbindung' Ist die rekonstruierte Tätigkeit realitätsnah? → Bezug zu Kriterium ‚situative Adäquatheit' In welcher Beziehung steht die ausgewählte Tätigkeit zu anderen Prozessen, die auch im Lernfeld resp. in anderen Lernfeldern thematisiert werden? → Bezug zur Jahresplanung (Sequenzierung)
Ziel- und Bildungsorientierung	Lernsituationen können nicht auf Arbeitsprozesse reduziert werden. Vielmehr zielen sie immer auch auf eine Höherführung der individuellen Persönlichkeit i.S. des Bildungsanspruchs (Förderung der beruflichen Handlungskompetenz). Beispiel: In der Lernsituation „Betreuung eines Kunden ..." werden nicht nur berufliche Arbeitsroutinen entwickelt, sondern es sollen analytische Verfahren (z.B. mathematische Modulierung, Vergleich von Handlungsalternativen) entwickelt werden.	Welche Kompetenzbereiche sollen gefördert werden? Welche Anforderungen stellt die rekonstruierte Praxis hinsichtlich Fach-, Human- und Sozialkompetenz. Ist eine Höherführung i.S. eines Bildungsanspruchs möglich? → Bezug zum Leitziel des Bildungsgangs, z.B. Förderung von Methodenkompetenz, Sprachkompetenz etc.

Situative Adäquat-heit und narrative Einbindung	Die Lernsituation muss die *objektiven* ökonomischen und technologischen Bedingungen der Praxis widerspiegeln. Daneben muss die Lernsituation *subjektiv* adäquat sein, d.h. sie muss dem Lebensraum der Schüler aus deren Sicht entsprechen. Ein Lerner muss sein Vorwissen idealerweise in die Lernsituation einbringen können. Die Lernsituation wird dabei sprachlich in einen dramaturgischen Kontext gestellt, der den Lebensraum der Schüler adäquat wiedergibt. Beispiel: In der Lernsituation „Betreuung eines Kunden ..." werden Datenkränze und Fallstrukturen aus der Praxis verwandt, und zwar solche, die dem Lebensraum der Schüler entsprechen. Die Produktbeschreibung, die Beschreibung des Kunden etc. entsprechen den ‚Bildern', die die Lernenden über ihren Alltag haben.	Motiviert die Lernsituation die Lerner? Korrespondiert der rekonstruierte Arbeitsprozess mit den Lebensraumerfahrungen der Lerner? Hat die rekonstruierte Tätigkeit eine persönliche Bedeutsamkeit für den Lerner? Findet der Lerner Anknüpfungspunkte für sein Vorwissen in der Lernsituation? Ist dieses Wissen hinsichtlich eines möglichen kognitiven Konflikts (z.B. Widerspruch zwischen Erfahrung und Theorie) förderlich oder hinderlich? Kann ein solcher Konflikt überwunden werden? → Bezug zu den Gestaltungskriterien ‚Lern- und Arbeitsstrategien' und ‚Verallgemeinerung' Entsprechen die eingesetzten Materialien, Personalisierungen und verbalisierten bzw. vertextlichten Merkmale der Lernsituation den Vorstellungen der Lerngruppe?
Wissenschaftliche Adäquatheit und Applikation des Wissens	Der Prozessbezug betont die Tätigkeitsaufforderung der Lernsituation. Lernsituationen sind daneben immer auch Anwendungsfälle von Fachwissen (Theorie). Daher ist es erforderlich, dass dieses Wissen in den Lernsituationen fachlich korrekt zur Anwendung gebracht (situiert) wird. Hiermit sind nicht Fachbegriffe gemeint, vielmehr geht es um die richtige Anwendung von wissenschaftlichen Konzepten und Modellen, die ggf. als Technologien zur Umsetzung gelangen. Beispiel: In der Lernsituation „Betreuung eines Kunden ..." werden u.a. juristische und mathematische Modelle zur Anwendung gebracht, etwa das Abstraktionsprinzip (Unterscheidung von Verpflichtungs- und Verfügungsgeschäft), finanzmathematische Modelle usw.	Können wissenschaftliche Konzepte und Modelle in der Lernsituation situiert werden? Welches Fachwissen ist heranzuziehen? Welches Fachwissen wird neben dem Theoriewissen zur Anwendung gebracht (Professionswissen, Berufswissen, Arbeitsprozesswissen etc.)? Sind in der Lernsituation Erkenntnisse, Konzepte, Modelle eingebunden (situiert), die sich ein Lerner im Prozess erarbeiten kann? → Bezug zu den Gestaltungskriterien ‚Lern- und Arbeitsstrategien' und ‚Verallgemeinerung'

Reduktion und Transformation	Reduktion und Transformation sind ein Sonderfall des Kriteriums ‚wissenschaftliche Adäquatheit'. Es geht um die richtige Reduzierung eines Sachverhalts, ohne dessen Gültigkeit durch die Vereinfachung einzuschränken, sowie um die Transformation einer Aussage in andere Darstellungsformen, z.B. von einer verbalen in eine symbolische, von einer textlichen in eine mathematische etc. <u>Beispiel:</u> Mathematische Formeln werden an Beispielen verbalisiert und in Handlungsabläufe eingebaut.	In welchen sprachlichen, einschließlich textlichen Formen, kann die Tätigkeit dokumentiert werden? Mit welchen Darstellungsmodalitäten (Mathematik, Visualisierungen, Texte) stellt der Lernende Sachverhalte im Lernprozess dar? Welche Vereinfachungen sind in der Lernsituation möglich? Werden individuelle Lernvoraussetzungen und Vorkenntnisse durch unterschiedliche Darstellungsformen in der Lernsituation berücksichtigt? Sind unterschiedliche Zugangs- und Darstellungsformen in der Lernsituation vorgesehen?
Lern- und Arbeitsstrategien	In Lernsituationen wenden Lerner einerseits Lern- und Arbeitsstrategien an, andererseits sollen diese Strategien aber zugleich auch gefördert, d.h. aufgebaut, stabilisiert und vertieft werden. Solche Strategien beziehen sich auf den Umgang mit Wissen, auf die Bearbeitung von Texten, auf die Selbststeuerung des Lernprozesses usw. <u>Beispiel:</u> In der Lernsituation „Betreuung eines Kunden …" arbeiten die Lerner mit verschiedenen Textsorten, z.B. mit Textbausteinen zu Haftungsbedingungen oder zu Finanzierungsmodellen. Diese Texte müssen sie lesen und für die speziellen Aufgabenstellungen auswerten.	Welche Voraussetzungen werden an die Lern- und Arbeitsstrategien der Lernenden in der Lernsituation gestellt? Sind in der Lernsituation Möglichkeiten verankert worden, damit die Lern- und Arbeitsstrategien gefördert werden können? Auf welche Lern- und Arbeitsstrategien kann aus vorausgehenden Lernsituationen zurückgegriffen werden? Sind diese zu vertiefen und/oder zu stabilisieren? Wird der Lerner angeregt, über seinen Arbeits- und Lernprozess nachzudenken? Wird der Lerner zu meta-kognitiven und meta-kommunikativen Prozessen aufgefordert? → Bezug zu dem Gestaltungskriterium ‚Generalisierung'.
Generalisierung	Generalisierung als Gestaltungsprinzip korrespondiert mit dem Prinzip der Anwendung. In Lernsituationen sollen meta-kognitive und meta-kommunikative Prozesse initiiert werden. Es geht um die Verallgemeinerung der in der Lernsituation gemachten tätigkeitsbezogenen Erfahrungen. <u>Beispiel:</u> In der Lernsituation „Betreuung eines Kunden …" werden juristische Grundmuster angewandt. Diese müssen dekontextualisiert, d.h. verallgemeinert und – etwa in einer späteren Lernsituation – auf eine neue, ggf. modifizierte Aufgabenstellung neu angewandt werden (neue Kontextualisierung des Gelernten).	Kann der Lerner Wissen dekontextualisieren (verallgemeinern)? Welches Wissen soll verallgemeinert werden? Was sind die grundlegenden Argumentations- und Denkmodelle, auf die einzelne Lernerfahrungen der Schülerinnen zurückzuführen sind?

5. Schlussbemerkung: Anforderungen an Lehrkräfte

Die Analyse zeigt m.E., dass Lehrkräfte und Ausbilder einerseits auf eine durch Werte und Normen geformte berufliche Wirklichkeit vorbereiten und dass alle Konzepte zur Gestaltung dieser Wirklichkeit (Fachwissen, Kompetenzen) selbst auch wertgebunden sind. Es gibt letztlich keinen neutralen allgemeinverbindlichen archimedischen Punkt, von dem aus sich eine gleichsam gültige und wertfreie pädagogische Arbeit begründen lässt. Zum Erziehungsauftrag der Lehrenden gehört es daher immer auch, die Schüler und Auszubildenden über diesen grundlegenden Sachverhalt aufzuklären und deutlich zu machen, an welchen Stellen sie als Lerner und als Kaufmannsgehilfen, aber auch als Bürger in der Gesellschaft von religiösen und ethischen Fragestellungen betroffen sind.

Abschließend muss festgehalten werden, dass ethische und religiöse Fragestellungen in diesem Beitrag an keiner Stelle substantiell expliziert wurden. Es werden keine materialen oder inhaltlichen Aussagen dahingehend getroffen, welches ethische oder religiöse Konzept in der Ausbildung berücksichtigt werden soll. Auch im Hinblick auf die Formulierung des konkreten ethischen und/oder religiösen Problems wurde sehr zurückhaltend formuliert.

Dies geschah mit Absicht! – Es wird hier ein diskursives Konzept vertreten. Es ist m.E. nicht die Aufgabe einer reflexiven wissenschaftlichen Analyse, hier inhaltliche Positionen anzubieten. Das Aufdecken normativer Implikationen sollte nicht durch die Formulierung neuer Normen für die Praxis beantwortet werden. Eine normative Position ist für mich eine normenkritische Position, die Normen nicht ablehnt, sondern gleichsam als Norm die Vorstellung formuliert, dass Lehrende normative Implikationen erkennen und mit ihnen umgehen müssen.

Der Diskurs ist dabei m.E. die Auseinandersetzung in der professionellen Gruppe, also zwischen den Lehrkräften eines Bildungsgangs, die unter Zuhilfenahme vorhandener Dokumente (Ordnungsunterlagen, Fachliteratur) und mit Hilfe eigener Expertise jeweils im Hinblick auf die erkannten normativen Implikationen Positionen und Lösungsansätze entwickeln, umsetzen und evaluieren.

Letztlich geht es um eine Verfahrensethik der Lehrkräfte und nicht um eine materiale Ethik. So gesehen zeigt sich die ethische und religiöse Position der Lehrkräfte darin, wie sie miteinander kommunizieren und wie sie ethische und religiöse Problemstellungen, die sie aufdecken, als Pädagogen behandeln. Es zeigt sich eben – und damit schließt sich der Kreis als ein berufspädagogisches Anliegen – im Handeln der Lehrenden.

Literatur

Achtenhagen, F. (1985). *Didaktik des Wirtschaftslehreunterrichts*. Opladen: Leske + Budrich.
Bader, R. (2004). Didaktische Rahmenkonzeption zur Entwicklung von Lehr-Lern-Arrangements. In R. Bader, J. Baier, H.-P. Beek, F.-W. Horst, G. Kaiser & R. Schulz (Hrsg.), *Kultur unternehmerischer Selbständigkeit in der Berufsausbildung* (S. 36–48). Bielefeld: Bertelsmann.

Bader, R. & Sloane, P. F. E. (Hrsg.) (2000). *Lernen in Lernfeldern. Theoretische Analysen und Gestaltungsansätze zum Lernfeldkonzept.* Markt Schwaben: Eusl.

Braukmann, U. (2002). Entrepreneurship Education an Hochschulen: Der Wuppertaler Ansatz einer wirtschaftspädagogisch fundierten Förderung der Unternehmensgründung aus Hochschulen. In B. Weber (Hrsg.), *Eine Kultur der Selbständigkeit in der Lehrerausbildung* (S. 47–98). Bergisch-Gladbach: Hobein.

Bruchhäuser, H.-P. (1989). *Kaufmannsbildung im Mittelalter – Determinanten des Curriculums deutscher Kaufleute im Spiegel der Formalisierung von Qualifizierungsprozessen.* Köln, Wien: Böhlau.

Bruchhäuser, H.-P. (1992). *Quellen und Dokumente zur Berufsbildung deutscher Kaufleute im Mittelalter und der frühen Neuzeit.* Köln, Weimar, Wien: Böhlau.

Bundesministerium der Justiz (Hrsg.). (2009). *Verordnung über die Erprobung abweichender Ausbildungs- und Prüfungsbestimmungen in der Berufsausbildung im Einzelhandel in dem Ausbildungsberuf Kaufmann im Einzelhandel/Kauffrau im Einzelhandel vom 24. März 2009* [EzHdlAusbErprV] (BGBl. I, S. 671), zuletzt geändert durch Artikel 1 V. v. 25. Mai 2009 (BGBl. I, S. 1166). http://www.gesetze-im-internet.de/ezhdlausberprv_2009/index.html [17.07.2012].

Bundesministerium der Justiz (Hrsg.). (2004). *Verordnung über die Berufsausbildung im Einzelhandel in den Ausbildungsberufen Verkäufer/Verkäuferin und Kaufmann im Einzelhandel/Kauffrau im Einzelhandel vom 16. Juli 2004* [EzHdlAusbV] (BGBl. I, S. 1806; 2007 I, S. 2203), zuletzt geändert durch die Verordnung vom 22. März 2005 (BGBl. I, S. 895). http://www.gesetze-im-internet.de/ezhdlausbv/index.html [17.07.2012].

Czycholl, R. (1996). Handlungsorientierung in der beruflichen Bildung. In B. Bonz (Hrsg.), *Didaktik der Berufsbildung* (S. 113–131). Stuttgart: Holland und Josenhans.

Czycholl, R. & Ebner, H. G. (1995). Handlungsorientierung in der Berufsbildung. In R. Arnold & A. Lipsmeier (Hrsg.), *Handbuch der Berufsbildung* (S. 39–49). Opladen: Leske + Budrich.

Davidson, D. (1985). *Handlung und Ereignis.* Frankfurt a. M.: Suhrkamp.

Döring, R. (1994). *Das Konzept der Schlüsselqualifikationen. Ansätze, Kritik und konstruktivistische Neuorientierung auf der Basis der Erkenntnisse der Wissenspsychologie.* Dissertation der Wirtschafts-, Rechts und Sozialwissenschaften, Hochschule St. Gallen.

Dörschel, A. (1975). *Einführung in die Wirtschaftspädagogik* (4., überarb. u. erw. Aufl.). München: Vahlen.

Geismann, G. (2012). *Kant als Vollender von Hobbes und Rousseau* [Elektronische Ressource]. http://sammelpunkt.philo.at:8080/357/1/9065.0.Vollende.pdf [14.02.2012].

Hobbes, T. (1651/2011). *Leviathan oder Stoff, Form und Gewalt eines kirchlichen und bürgerlichen Staates. Teil I und II* (hrsg. u. komm. von L. R. Waas). Berlin: Suhrkamp.

Horlebein, M. (1995). Die These vom „doux commerce" und ihre Rezeption in der kaufmännischen Berufserziehung in Deutschland. *Wirtschaft und Erziehung, 47,* 40–43.

Kant, I. (1797/1986). *Metaphysische Anfangsgründe der Rechtslehre* (hrsg. von B. Ludwig). Hamburg: Meiner.

Lenk, H. (1979). Handlung als Interpretationskonstrukt. Entwurf einer konstituenten- und beschreibungstheoretischen Handlungsphilosophie. In H. Lenk (Hrsg.), *Handlungserklärungen und philosophische Handlungsinterpretationen* (Handlungstheorien interdisziplinär, Bd. 2, S. 279–350). München: Fink.

Locke, J. (1690/1994). *An Essay Concerning Human Understanding.* New York: Prometheus.

Locke, J. (1690/2007). *Zweite Abhandlung über die Regierung* (durchges., überarb. u. komm. von L. Siep). Frankfurt a. M.: Suhrkamp.

Miller, G. A., Galanter, E. & Pribram, K. H. (1973). *Strategien des Handelns.* Stuttgart: Klett-Cotta.

Mollat, M. (1991). *Der königliche Kaufmann. Jaques Coeur oder der Geist des Unternehmertums.* München: Beck.

North, D. C. (1990). *Institutions, institutional change and economic performance.* Cambridge, New York: Cambridge University Press.

Picot, A., Dietl, H. & Franck, E. (1999). *Organisation* (2., überarb. u. erw. Aufl.). Stuttgart: Schäffer-Poeschel.

Pinchot, G. (1985). *Intrapreneuring: Why You Don't Have to Leave the Corporation to Become an Entrepreneur* (2. Aufl.). New York: Harper & Row.

Rebmann, K. (1998): Fachdidaktik Wirtschaft und Verwaltung. In B. Bonz & B. Ott (Hrsg.), *Fachdidaktik des beruflichen Lernens* (S. 133–150). Stuttgart: Steiner.

Reetz, L. (1984). *Wirtschaftsdidaktik. Eine Einführung in die Theorie und Praxis wirtschaftsberuflicher Curriculumentwicklung und Unterrichtsgestaltung.* Bad Heilbrunn: Klinkhardt.

Rousseau, J.-J. (1762/2010). *Vom Gesellschaftsvertrag oder Grundsätze des Staatsrechts.* Stuttgart: Reclam.

Schmiel, M. (1967). Erziehung zum Handeln. In J. Baumgardt (Hrsg.), *Erziehung in einer ökonomisch-technischen Welt* (Festschrift für Friedrich Schlieper zum 70. Geburtstag, S. 181–193). Freiburg i. Br.: Lambertus-Verlag.

Schütz, A. (1971/72). *Gesammelte Aufsätze* (3 Bde., Bd.1. Das Problem der sozialen Wirklichkeit. Bd. 2. Studien zur soziologischen Theorie. Bd. 3. Studien zur phänomenologischen Philosophie). Den Haag: Nijhoff.

Schütz, A. (1974): *Der sinnhafte Aufbau der sozialen Welt. Eine Einleitung in die verstehende Soziologie.* Frankfurt a. M.: Suhrkamp.

Schütz, A. & Luckmann, T. (1984a). *Strukturen der Lebenswelt* (2 Bde., Bd. 1). Frankfurt a. M.: Suhrkamp.

Schütz, A. & Luckmann, T. (1984b). *Strukturen der Lebenswelt* (2 Bde., Bd. 2). Frankfurt a. M.: Suhrkamp.

Sloane, P. F. E. (2001). Wirtschaftspädagogik als Theorie sozialökonomischer Erziehung. *Zeitschrift für Berufs- und Wirtschaftspädagogik, 97 (2),* 161–185.

Sloane, P. F. E. (2004). Betriebspädagogik. In E. Gaugler & W. Weber (Hrsg.), *Handwörterbuch des Personalwesens* (3., überarb. u. erg. Aufl.). Stuttgart: Schäffer-Poeschel.

Sloane, P. F. E. (2009). Didaktische Analyse und Planung im Lernfeldkonzept. In B. Bonz (Hrsg.), *Didaktik und Methodik der Berufsbildung* (Berufsbildung konkret, Bd. 10, S. 195–216). Baltmannsweiler: Schneider-Verlag Hohengehren.

Stratenwerth, W. (1991). *Auftragsorientiertes Lernen im Handwerk* (2 Bde.). Bad Laasphe i. W.: Carl.

Stratenwerth, W. (1988). Handlung und System in Modellen der Wirtschaftspädagogik und Wirtschaftsdidaktik – dargestellt an einem Beispiel eines Strukturmodells der Lernsituation. In F. Achtenhagen (Hrsg.), *Handlung und System. Beiträge zum 2. Symposion Fachdidaktik Wirtschaftswissenschaften vom 21. Mai–23. Mai 1986 der Universität zu Köln* (S. 123–138). Düsseldorf: Verlagsanstalt Handwerk.

Toulmin, S. H. (1969). Concepts and the Explanation of Human Behaviour. In T. Mischel (Ed.), *Human Action. Conceptual and Empirical Issues* (S. 71–104). New York: Academic Press.

Weber, M. (1960). *Soziologische Grundbegriffe.* Tübingen: Mohr (Siebeck).

Zabeck, J. (2006). Didaktik kaufmännisch-verwaltender Berufsausbildung. In R. Arnold & A. Lipsmeier (Hrsg.), *Handbuch der Berufsbildung* (2., überarb. u. erw. Aufl., S. 269–290). Wiesbaden: VS Verlag für Sozialwissenschaften.

Zucker, L. G. (1977). The Role of Institutionalization in Cultural Persistence. *American Sociological Review, 42 (5),* 726–743.

Martin Kenner

Zu ethnischen Vorurteilen und deren Entwicklung in Klassen beruflicher Schulen

1. Vorbemerkung

In einer Untersuchung zum Deutschlandbild aus internationaler Perspektive wurden Studierende aus 21 Ländern aufgefordert, Deutschland mit drei Stichworten zu charakterisieren (vgl. Bolten, 2006). Mit deutlichem Abstand zu anderen Begriffen kristallisierte sich dabei folgende Rangfolge heraus: 1. Bier, 2. Hitler, 3. Autos. Auch wenn vermutlich eine große Übereinstimmung darüber besteht, dass diese empirisch vorfindbare Charakterisierung ein wenig differenziertes und gleichfalls verzerrtes Abbild von dem wiedergibt, was sich in der Gesellschaft von Deutschland tatsächlich abspielt und von welchen Faktoren es maßgeblich getragen wird, so sprechen trotzdem Gründe dafür, die vorgenommenen Zuschreibungen ernst zu nehmen.

Ein Grund ergibt sich durch die Tatsache, dass existierende Attributionen in nachfolgenden realen Begegnungen und Erfahrungen mit dem Land und seinen Menschen eine bedeutsame Rolle spielen können, beispielsweise in der Entstehungsphase einer Begegnung (Meidung vs. ergebnisoffene Aufnahme) oder als Referenzkriterium für Bewertungen während der Interaktion. Damit unterliegt das Bild prinzipiell der Gefahr, durch weitere Begegnungen und Erfahrungen verfestigt oder noch verzerrter zu werden. Genauso ist jedoch denkbar, dass sich die vorneweg gemachten Zuschreibungen durch Erfahrungen „aufbrechen" lassen und zu größerer Differenzierung führen. In der Untersuchung konnte z.B. nachgewiesen werden, dass diejenigen Studierenden, die sich schon einmal länger in Deutschland aufhielten, bei der Beschreibung andere Merkmale verwendeten und dabei u.a. auf herausragende Denker und Dichter verwiesen.

Mit der Möglichkeit der positiven Veränderung des Bildes und den daran gekoppelten Einstellungen ist auch ein pädagogischer Zugang zu dieser Thematik angedeutet, dem ich mit diesem Beitrag nachgehen möchte. Auch hier geht es zunächst um verzerrte Wahrnehmungen, die Schüler[1] beruflicher Schulen gegenüber anderen Ländern haben und die häufig von Vorurteilen begleitet sind. Dem schließt sich die Frage an, inwiefern gezielte Anregungen im Unterricht eine positive Entwicklung stimulieren und zu angemessenen Einstellungen führen können. Diese Fragen waren Gegenstand von zwei Interventionsstudien, die in den Jahren

---

[1] Die Schülergruppe setzt sich zwar überwiegend aus männlichen Personen zusammen, gemeint sind mit der Bezeichnung aber auch die einbezogenen Schülerinnen.

2002 und 2008 im Raum Stuttgart durchgeführt wurden (vgl. Kenner, 2007a, 2007b, 2011).

Im Folgenden soll zunächst der Untersuchungsrahmen und der in diesem Beitrag im Vordergrund stehende Kompetenzbereich „Einstellungen gegenüber Kulturvielfalt" kurz umrissen werden (Kap. 2). Den Abschluss dieses Teils bilden vier Arbeitshypothesen, an denen sich die Darstellung der Befunde (Kap. 3) orientiert.

2.   Theoretischer Rahmen, Intervention und Arbeitshypothesen

2.1 Einstellungen und Vorurteile im Kontext von Kulturvielfalt

Einstellungen können aus sozialpsychologischer Sicht als „kognitiv-emotionale Stellungnahmen" (vgl. Bierhoff, 2002, S. 39ff.) gegenüber einem Sachverhalt oder einer Person bezeichnet werden. Instrumente zur Erfassung von Einstellungen sind in der Regel bipolar aufgebaut, d.h. Einstellungen werden daran festgemacht, wie stark positiv oder negativ die Stellungnahme ausfällt. Auf den interkulturellen Kontext bezogen zeigt sich eine positive Einstellung z.B. in einer „Offenheit" gegenüber Menschen aus bestimmten kulturellen Kontexten, das Gegenteil hingegen wäre die Ablehnung und Abwertung dieses Personenkreises. Am negativen Pol lassen sich nun Vorurteile verorten, die als eine spezifische Einstellungsvariante aufgefasst werden (vgl. Six, 1997, S. 336).

Vorurteile im Kontext sozialen Lernens bzw. interkulturellen Lernens können mit Zick als „....Tendenz eines Individuums, ein Mitglied einer Outgroup oder die Outgroup als ganze negativ zu beurteilen" (Zick, 1996, S. 39), beschrieben werden. Dabei beruhen die bei Vorurteilen[2] sichtbar werdenden Urteilsverzerrungen auf sozialen Kategorisierungs- und Bewertungsprozessen (vgl. Six, 1997) gegenüber anderen Kulturkreisen, die gleichzeitig Ansatzpunkte für Veränderungen darstellen. Am Beispiel der Vorurteile „Polen klauen", „Deutsche sind kalt und herzlos" oder auch „Muslime lassen sich nicht integrieren" etc. zeigen sich die Urteilsverzerrungen vor allem durch eine unzulässige Generalisierung (vgl. ebd.; Fritzsche, 1997): Von wenigen Polen, Deutschen und Muslimen wird auf die ganze Gruppe geschlossen. Die Hervorhebung und Überakzentuierung eines negativen Aspekts („klauen", „sind herzlos", „nicht integrierbar") wird mit einer Gruppe in Verbindung gebracht. Dadurch erfolgt gleichzeitig eine abgrenzende Abwertung: „Wir machen so etwas nicht."

Bei näherer Betrachtung der genannten Verzerrungen wird deutlich, dass bei (a) gegen ein rationales Grundprinzip verstoßen wird, weil derartige Beurteilungen eine sichere Kenntnisbasis erfordern (vgl. Bergmann, 2001), die bei Vorurteilen per se nicht vorhanden ist. Doch selbst wenn Einzelfälle des betreffenden Phänomens

---

2   Hier werden nur Vorurteile in diesem Sinn weiter verfolgt. Nicht angesprochen werden soll die prinzipielle Orientierungsfunktion von Vorurteilen, die vor „kognitivem Chaos" schützen (vgl. Six, 1997, S. 367).

nachweislich auftreten, können über den Induktionsschluss keine Verallgemeinerungen getroffen werden, sondern allenfalls Wahrscheinlichkeitsaussagen, deren Interpretation jedoch an die jeweiligen Kontextbedingungen gebunden ist (vgl. Seiffert, 1996). Unter diesem Blickwinkel wird deutlich, dass solche Verzerrungen auch in Zusammenhang mit dem vorhandenen Hintergrundwissen stehen. Zu deren Vermeidung wäre dafür „Wissen" hilfreich, das beispielsweise über den wahren Sachverhalt aufklärt (Wie viel Prozent der polnischen Bevölkerung haben tatsächlich mit Diebstählen zu tun? Wie viele Beispiele gibt es für „beherztes" Handeln von Deutschen oder integrierten Muslimen?) und das die relevanten strukturellen Bedingungen benennt. Im Fall Polen wäre beispielsweise die noch andauernde Umbruchsituation des Landes zwischen zwei völlig unterschiedlichen Gesellschaftssystemen zu thematisieren.

Beim zweitgenannten Verzerrungsaspekt (b) sind in hohem Maße Emotionen beteiligt, denn mit der Abwertung anderer ist indirekt die Aufwertung der eigenen Gruppe, die Erhöhung des Selbstwertgefühls oder gar die Aggressionsabfuhr in sozial geduldeter Form (Sündenbocktheorie) verbunden (vgl. Six, 1997).

2.2 Operationalisierung: Skala „Ländersympathien"

Analog zu der oben vorgestellten Struktur von Einstellungen können Sympathieäußerungen gegenüber Ländern ebenfalls als kognitiv-emotionale Stellungnahmen aufgefasst werden, die auf Grund von persönlichen Erfahrungen oder infolge der Übernahme von Stereotypen getroffen werden.[3] Das Referenzkriterium wäre in diesem Fall der Grad der Sympathie bzw. Antipathie. Die Auswahl der in dieser Untersuchung einbezogenen Länder Schweden, Polen, Italien, Türkei, Deutschland, Bosnien und USA folgt einer von Oesterreich (1993) durchgeführten Studie mit Schülern aus Deutschland. Oesterreich hat dabei signifikante Sympathieunterschiede zwischen westlichen und östlichen/südöstlichen Ländern festgestellt, beispielsweise werden die USA und Deutschland deutlich sympathischer eingeschätzt als Polen oder die Türkei.[4] Problematisch erscheinen insbesondere Konstellationen, die die genannten Länder (extrem) abwerten, während gleichzeitig das eigene Herkunftsland wenig selbstkritisch als besonders attraktiv empfunden wird. Darin lassen sich Anzeichen von ethnozentrischem Denken erkennen.

---

3   Zuschreibungen gegenüber Ländern werden auch in anderen Bereichen der Sozialwissenschaft untersucht, beispielsweise in der historischen Image-Forschung (z.B. Süssmuth, 1996).

4   Um nochmals den angenommenen theoretischen Zusammenhang der Operationalisierung an einem Beispiel zu verdeutlichen: Gegenüber Polen existieren in Deutschland unterschiedliche Stereotype. Einerseits wird Polen mit einem landschaftlich schönen und ursprünglich gebliebenen Land in Verbindung gebracht, wenn man beispielsweise an die Masuren denkt. Falls bei einer Person bei der Bearbeitung der Testaufgabe dieses positive Bild dominieren würde, kann auch Sympathie angenommen werden. Andererseits würde es sich gerade umgekehrt verhalten, wenn mit Polen vordergründig „Autodiebstahl" o.Ä. in Verbindung gebracht wird.

Um weitere Erkenntnisse über die Motive der Sympathiebekundung zu erhalten, wird zudem mit zwei offenen Fragen[5] nach Begründungen zu jenen Ländern gefragt, die von den Befragten als besonders sympathisch bzw. als besonders unsympathisch eingeschätzt werden.

2.3 Intervention: Unterrichtseinheit (UE) zum Thema „Vorurteile"

In einer Studie mit gewerblich-technischen Berufsschülern (vgl. Schnabel & Goldschmidt, 1997) zeigte sich das erwähnte Sympathie- bzw. Antipathiemuster ebenfalls deutlich, und im Vorfeld der hier vorgestellten Studien war deshalb mit ähnlichen Einstellungsmustern zu rechnen. Der Befund lieferte schließlich die Idee für eine Unterrichtseinheit[6], in der direkt auf solche vorurteilsbehafteten Einstellungen Bezug genommen wird. Dabei werden die Schüler im Rahmen eines von Krüger vorgestellten Klassenexperiments (vgl. Krüger, 1998) zunächst mit ihren eigenen, vorurteilsbehafteten „Sympathiebildern" konfrontiert. Im Anschluss daran folgt eine Auseinandersetzung, um diese Einstellungen und Festlegungen zu überdenken bzw. deren Unangemessenheit gegebenenfalls zu relativieren. Durch einen prä-post-Vergleich vor und nach der Unterrichtseinheit wird schließlich empirisch untersucht, inwiefern das angestrebte Ziel erreicht werden kann und sich eine Veränderung der Sympathiewerte nachweisen lässt (vgl. Kenner, 2004, 2011).

2.4 Arbeitshypothesen

In der Abb. 2.4 werden die untersuchungsrelevanten Zusammenhänge modellhaft aufgezeigt. Als unabhängige Variablen (UV1) gehen Persönlichkeitsmerkmale der untersuchten Personen ein, wie Alter, Geschlecht etc. Unterstellt wird, dass diese Variablen direkten Einfluss auf die abhängige Variable (AV) „Ländersympathie" besitzen. Gleichzeitig entsprechen die unabhängigen Variablen (UV1) den Eingangsvoraussetzungen für das Treatment (UV2), die bei der Untersuchung von Interventionseffekten auf die Sympathiebekundung (AV) mit berücksichtigt werden.

---

5   Der Wortlaut für die offene Fragestellung lautet: Wenn Sie an das Land denken, dass von Ihnen am Besten/Schlechtesten bewertet wurde: Warum erscheint es Ihnen so sympathisch/unsympathisch?

6   Insgesamt umfasste die Intervention sechs Unterrichtseinheiten, anhand derer unterschiedliche Aspekte interkultureller Kompetenz verfolgt wurden. Das Programm startete in den beiden Untersuchungsjahren 2002 und 2008 jeweils im Februar und dauerte je nach Unterrichtsorganisation drei bis fünf Wochen.

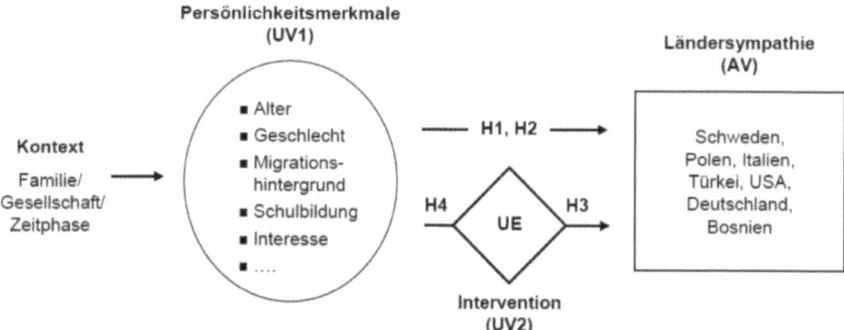

Abb. 2.4: Untersuchungsrelevante Zusammenhänge

Daraus lassen sich die nachfolgenden Arbeitshypothesen festlegen:

H1: Die Länder werden nach einem weitgehend bekannten Sympathiemuster ein-geschätzt.

Westorientierte Länder wie Schweden, die USA, Italien und Deutschland wer-den tendenziell attraktiver bewertet als Polen, die Türkei und Bosnien (vgl. Oester-reich, 1993; Schnabel & Goldschmidt, 1997).

H2: Insbesondere der Migrationshintergrund, die Schulbildung und das Geschlecht beeinflussen die Sympathiebekundung.

Nicht nur die (selbstverständliche) Höher-Bewertung des eigenen Landes, son-dern auch Einflüsse aufgrund von bestehenden Alltagserfahrungen wie z.B. Kon-flikten (vgl. Schnabel & Goldschmidt, 1997; Brüß, 2002) werden angenommen. In männerdominierten Klassen mit niederem Bildungsgrad (z.B. in der Berufsfach-schule) wird das Potenzial an ablehnenden Einstellungen (Antipathie) größer sein als in Klassen, deren Schüler weiblich sind und eine höhere Schulbildung mitbrin-gen, z.B. in Klassen der Berufsschule (vgl. Brüß, 2002).

H3: Die Intervention (UV2) hat einen günstigen Einfluss auf die Sympathiebekun-dung.

Mit der Unterrichtseinheit (UE/Treatment) wird beabsichtigt, vorurteilsbehaftete Einstellung zu thematisieren und deren Relativierung anzubahnen.

H4: Die Einflussgrößen (UV1) führen im Klassenverband zu einer unterschiedli-chen Verarbeitung der Intervention, die bei der Sympathiebewertung sichtbar wird.

Es wird u.a. angenommen, dass an der Thematik interessierte Schüler die UE positiver verarbeiten als Lernende mit weniger Interesse.

3. Empirische Befunde

3.1 Stichprobe

Die Zusammensetzungen der Untersuchungsgruppen zu den beiden Zeitpunkten 2002 und 2008 sind nachfolgend aufgeführt.

	Treatment- & Kontrollklassen		Treatmentklassen		
Stichprobenmerkmale	2002	2008	2002	2008	
Klassen pro Schulart: Berufsfachschule (BFS)	5	5	1	1	-
Berufsschule (BS)	-	-	-	-	4
Beteiligte Schüler	N = 102	N = 102	N = 22	N = 31	N = 82
Alter: Mittelwert (SD)	17,1 (±1,4)	18,9 (±3,5)	16,8 (±1,1)	17,5 (±2,0)	18,4 (±3,4)
Geschlecht: männlich weiblich	100% -	71,3% 28,7%	100% -	100% -	70,4% 29,6%
Schulabschluss: Hauptschule Realschule	88,3% 10,7%	24,8% 70,3%	100% -	55,2% 44,8%	25,9% 67,9%
Migrations- hintergrund	57,8%	25,7%	50%	48,3%	24,7%

Abb. 3.1: Stichproben der Untersuchungen 2002 und 2008

Wichtige Merkmale sollen hier anhand der Gesamtstichprobe (Treatment- und Kontrollgruppen von 2002 und 2008) kurz charakterisiert werden.

In die Untersuchung von 2002 waren 102 männliche Schüler aus insgesamt 5 Klassen der einjährigen Berufsfachschule einbezogen. Das Durchschnittsalter der Schüler betrug 17,1 Jahre und fast 90% der Schüler hatten zuvor die Hauptschule besucht. Der Anteil der Auszubildenden mit Migrationshintergrund lag bei über 50%, wobei sich dahinter mehr als 10 unterschiedliche Nationen verbargen (nicht abgebildet). Die Schüler der einjährigen Berufsfachschule aus der Kohorte 2008 sind hinsichtlich des Alters und des Geschlechts nahezu identisch, jedoch umfasst diese Gruppe deutlich mehr Realschüler und weniger Schüler mit Migrationshintergrund.

Die Verschiebung in diese Richtung setzt sich in der Stichprobe 2008 bei den untersuchten Schülern der Berufsschule fort: Hier dominiert der Realschulabschluss mit 70,3% und der Migrationshintergrund erreicht nur noch 25,7%, was in der Nähe des gesamtgesellschaftlichen Niveaus von ca. 20% liegt.

Einbezogen waren Klassen mit teilweise anspruchsvollen Berufen, die nicht ausschließlich der Männerdomäne zuzuordnen sind, wie etwa der Beruf des Chemielaboranten. Dies erklärt einerseits den höheren Bildungsgrad, andererseits aber auch den weiblichen Anteil (28,7%) in der Stichprobe. Das deutlich höhere Durchschnittsalter (18,9 Jahre) passt ebenfalls in dieses Bild.

3.2 Befunde zu den festgelegten Arbeitshypothesen

3.2.1 Charakteristik der Sympathieäußerung

H1: Die Länder werden nach einem weitgehend bekannten Sympathiemuster eingeschätzt.

In Abb. 3.2.1_1 sind die erfragten Länder aufgeführt. Die Kurven bilden sich jeweils aus den Mittelwerten der beiden Schularten Berufsfachschule (N = 157) und Berufsschule (N = 102).

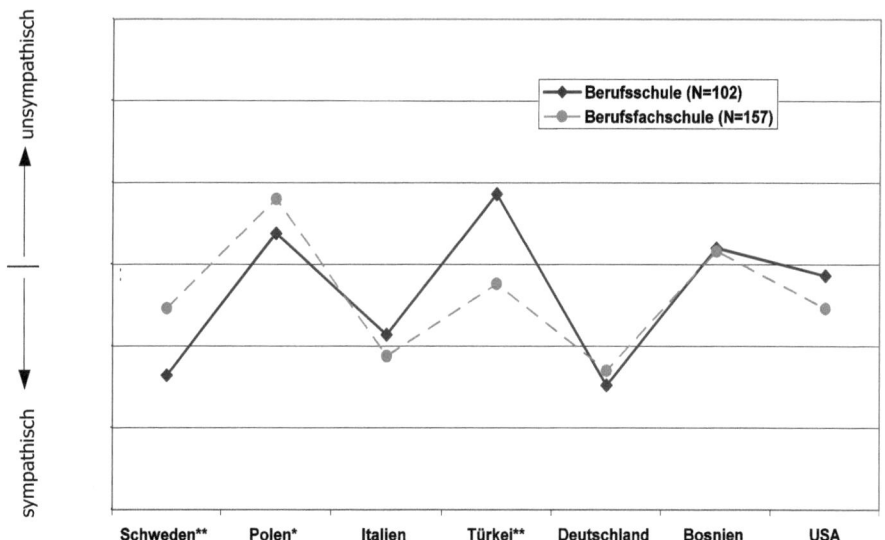

Abb. 3.2.1_1: Ländersympathien (Mittelwerte, ANOVA: **p<0,01; *p<0,05)

Das Ergebnis der Darstellung lässt sich wie folgt zusammenfassen:

Schweden, Italien und Deutschland erhalten von allen drei Gruppen Sympathiewerte, die eindeutig im positiven Bereich liegen. Das Gegenteil ist bei Polen der Fall und mit gewissen Abstrichen bei Bosnien. Wie bereits erwähnt, deckt sich diese stabile Einordnung mit Befunden aus anderen Studien (vgl. z.B. Oesterreich, 1993; Schnabel & Goldschmidt, 1997).

Entgegen der erwarteten Befundlage finden Berufsfachschüler die Türkei durchaus sympathisch und die Sympathiebekundungen gegenüber den USA fallen im Vergleich mit anderen Studien eher verhalten aus.

Trotz der partiellen Abweichungen kann die Arbeitshypothese eher bestätigt werden, denn die dargebotenen Länder werden nicht einheitlich, sondern nach einem differenzierten, weitgehend bekannten Sympathiemuster eingeschätzt. Inwiefern Persönlichkeitsmerkmale für dieses Muster mitverantwortlich sind, wird bei der Prüfung von H2 nachgegangen.

Land	Strukturen/Politik	Eigenschaften von Menschen
Polen (13)	Dreckig Hohe Gefahrenrate Da passiert viel	Polen sind Diebe Polen sind nicht nett Du wirst dumm angemacht
Türkei (20)	Schlechter Ruf Ich kenne nur Kriminalität Komisches Land Das Land kann sich nicht an unsere Gesetze halten wegen der Sitten, aber auch wegen der Religion Fehlende Menschenrechte Leugnen Holocaust	Weil die Türken Griechenland auch nicht leiden können. PS: Es gibt auch gute Türken Sind in anderen Ländern sehr unfreundlich, benehmen sich, als hätten sie alle Rechte Sind dumm und aggressiv Können fast nicht deutsch Reden nur Türkisch, passen sich nicht an Ich glaube, sie sind zu streng Tragen Kopftücher und bauen Moscheen Töten im Auftrag von Allah
BRD (5)	Das Wetter spielt verrückt	Ziemlich ausländerfeindlich Es gibt sehr viele Rechtsradikale, man kann kaum raus, ohne Angst zu haben
USA (17)	Politischer Standpunkt George W. Bush Kriege und Terrorbekämpfung Verschwendung von Rohstoffen Zu viel Gewalt Das Land ist charakterlos	Die Leute, die ich kenne, sind mir unsympathisch Sie meinen, sie sind die besten und tollsten und produzieren dabei viel Sch… Amerikaner sind charakterlos

Anmerkung. ( ) Häufigkeit der vorgenommenen Bewertung als unsympathischstes Land.

Abb. 3.2.1_2: *Begründungen für unsympathische Bewertungen*

Die mit der offenen Frage erhobenen Argumente liefern ergänzende Erkenntnisse zu den Motiven der Sympathiebekundung, insbesondere zu jenen Ländern, die als wenig sympathisch eingeschätzt wurden. Dies betrifft insbesondere die in Abb. 3.2.1_2 aufgeführten Länder, zu denen 55 der insgesamt 257 Befragten (21,4%) explizit Begründungen in dieser Weise lieferten. Dabei ist eine Vielzahl der Argumente von unangemessenen Verallgemeinerungen und negativen Zuschreibungen begleitet, die die oben beschriebenen charakteristischen Merkmale von Vorurteilen repräsentieren.

Abhängig von der Frage, inwiefern Menschen aus den angesprochenen Ländern tatsächlich den Alltag der Befragten teilen, weisen die Argumente zudem auf unterschiedliche Entstehungskontexte der gezeigten Einstellungen hin. Während bei der Bewertung von Polen und den USA Vorurteile und Stereotypen bedient werden, die überwiegend aus Ereignissen der Makro-Ebene entstammen, muss im Gegensatz dazu bei Begegnungen mit Menschen aus der Türkei und aus Deutschland vermehrt von persönlichen Erfahrungen (Mikro-Ebene) ausgegangen werden.

Anzunehmen ist ferner, dass diese Unterschiede mit Blick auf die Absicht der Intervention nicht folgenlos bleiben. Vorurteile aufzubrechen und zu relativieren, die im Zuge unzulänglich empfundener persönlicher Erfahrungen und Beziehungen entstanden sind, wird sich als wesentlich schwieriger darstellen, als wenn Vorurteile vornehmlich als Folge von Presseberichten oder weit verbreiteten Meinungen entstanden sind. Während im letzteren Fall für eine differenziertere Einschätzung möglicherweise ein Zuwachs an sachlicher Information ausreichend wäre, bräuchte es im ersten Fall, wenn man der Kontakthypothese folgt (vgl. Allport, 1971), eine wirksame Zahl hochwertiger Kontakte und Erfahrungen auf der Beziehungsebene.

3.2.2 Einflüsse persönlicher Merkmale

H2: Insbesondere der Migrationshintergrund, die Schulbildung und das Geschlecht beeinflussen die Sympathiebekundung.

Mit Hilfe einer Regressionsanalyse soll nachfolgend herausgefunden werden, inwiefern die Größen Migrationshintergrund, Geschlecht und Schulabschluss zur Aufklärung der Varianz der Sympathiewerte beitragen. Ergänzend werden die Merkmale Alter, Schulart und das Untersuchungsjahr in der Analyse mitberücksichtigt (siehe Abb. 3.2.2). Folgendes Ergebnis kann aus der Berechnung gezogen werden:

Insgesamt kann nur ein geringer Teil der Varianz durch die einbezogenen Variablen erklärt werden, was darauf schließen lässt, dass das Sympathiemuster unabhängig von individuumsbezogenen Merkmalen bzw. von gesellschaftsübergreifend wirkenden Sozialisationsmechanismen beeinflusst wird.

Im Vergleich zu den anderen Variablen tritt der Migrationshintergrund häufiger und mit höheren Varianzaufklärungen in Erscheinung. Die Länder Schweden und natürlich Deutschland werden von den deutschen Schülern deutlich sympathischer bewertet. Was den oben erwähnten Widerspruch bei der Einschätzung gegenüber der Türkei betrifft, wird nun deutlich, dass die moderate Zustimmung für die Türkei aus dem Votum der Schüler mit Migrationshintergrund resultiert und zwar unabhängig davon, ob die Gruppe türkischer Schüler in die Berechnung einbezogen wird. Signifikant kritischer sehen die befragten deutschen Schüler die Türkei und insbesondere weist das Befragungsergebnis von 2008 eindeutig Anzeichen von Antipathie auf.

Land	Gruppe	Geschlecht	Migrations-hintergrund	Schulab-schluss	Schulart
Schweden	BFS & BS	-	10,7%	-	4,5%
Polen	BFS & BS	-	-	-	-
Italien	BFS	x		-	x
	BS 2008	3,5%	-	-	x
Türkei	BFS & BS	-	9,2%	-	3,8%
Deutschland	BFS & BS	1,8%	13%	-	-
USA	BFS	X	-	-	x

Abb. 3.2.2: Regressionsanalyse zu Ländersympathiewerten
        (Mittelwert; Standardabweichung; Nominalskalierte Variablen Dummycodiert,
        Signifikante korrigierte Varianzaufklärung in %)

Was den Einfluss des Geschlechts betrifft, finden die weiblichen Befragten Deutschland weniger sympathisch. Dieser Befund deckt sich auch mit Erkenntnissen der Fremdenfeindlichkeitsforschung, nach denen unkritische Idealisierungen häufiger bei jungen Männern anzutreffen sind. Der Geschlechtseinfluss zeigt sich zudem bei Italien, das von den Schülerinnen sympathischer bewertet wurde.

Der Schulabschluss (Unterscheidung: Hauptschule, Realschule) trägt zu keiner signifikanten Varianzaufklärung bei, selbst wenn in der Berechnung die Variable Schulart (Unterscheidung: Berufsfachschule, Berufsschule) ausgeschlossen wird. Offensichtlich reichen die qualitativen Unterschiede hinsichtlich des Anforderungsniveaus und des Förderpotenzials zwischen den beiden Schularten Hauptschule und Realschule nicht aus, um sich auch in den hier betrachteten Einstellungen bemerkbar zu machen.

Ergänzend wird der Einfluss der anderen Variablen berichtet:

Das Lebensalter wirkt sich tendenziell positiv auf das Votum gegenüber Polen aus. Möglicherweise steigen mit dem Alter auch die Chancen, dieses Land anders kennenzulernen, als es die häufig im Alltag anzutreffenden verzerrten Assoziationen vermitteln.

Der Einfluss der Schulart (Berufsfachschule oder Berufsschule) ist ambivalent. Gegenüber Schweden artikulieren die Berufsschüler eine größere Offenheit, umgekehrt verhält es sich bei der Einschätzung gegenüber der Türkei, die am stärksten abgelehnt wird.

Bei den Berufsfachschülern trägt schließlich das Untersuchungsjahr im Fall von Italien und den USA zur Varianzaufklärung bei. Zumindest im zweiten Fall ist es naheliegend, die Veränderung mit der in dieser Zeit zunehmend negativeren Bewertung der Bush-Regierung in Zusammenhang zu bringen.

3.2.3 Zur Wirkung des Treatments

H3: Die Intervention (UV2) hat einen günstigen Einfluss auf die Sympathiebekundung.

H4: Die Einflussgrößen (UV1) führen im Klassenverband zu einer unterschiedlichen Verarbeitung der Intervention, die bei der Sympathiebewertung sichtbar wird.

In der folgenden Abb. 3.2.3_1 werden nur die Sympathiewerte gegenüber Polen, der Türkei und Deutschland betrachtet, weil ihnen nicht zuletzt wegen der oben beschriebenen Befundlage die größte Relevanz beigemessen werden kann. Die Ergebnisse beziehen sich dabei auf folgende Messzeitpunkte:

* **prä**   etwa 2-3 Wochen vor Beginn der Unterrichtseinheiten (Januar)
* **post1** unmittelbar im Anschluss an die hier relevante Unterrichtseinheit (März)
* **post2** etwa 3 Monate nach Abschluss der Unterrichtseinheiten (Juni)

(1) Entwicklungen in den Klassen der Berufsfachschule

Die beobachtbaren Veränderungen der Sympathiewerte über die 3 Messzeitpunkte hinweg sind in beiden Klassen minimal und mit den Veränderungen der Kontrollgruppe vergleichbar (nicht abgebildet). Bei der im Jahr 2002 untersuchten Klasse lässt sich nur im Fall der Türkei zwischen prä und post1 eine signifikante Differenz nachweisen, in der – konträr zum Ziel des Treatments – eine Verschlechterung des Sympathiebildes erkennbar wird. Zum Zeitpunkt post2 entwickelte sich der Wert jedoch wieder zum Ausgangspunkt zurück, und die Veränderung kann als wenig nachhaltig eingeordnet werden (vgl. Kenner, 2007a). Die negative Veränderung gegenüber der Türkei direkt im Anschluss an das Treatment wiederholt sich bei der Berufsfachschulklasse 2008 nicht. Dafür ist ein ähnlicher Effekt beim Votum gegenüber Polen erkennbar. Bei der weiteren Analyse dieses Befundes konnten innerhalb beider Treatmentklassen Subgruppen (Cluster) identifiziert werden, die sich aus männlichen Schülern mit und ohne Migrationshintergrund (2002: N = 6; 2008: N = 9) zusammensetzen und die die beschriebenen Veränderungen maßgeblich verursachten.

Eingangs (prä) zeigten sie sich eher offen gegenüber der Türkei bzw. gegenüber Polen und direkt nach der Unterrichtseinheit (post1) verschlechterte sich dann die Sympathiebekundung signifikant. In der formativen Evaluation gaben die Schüler der beiden Cluster an, dass ihr Interesse an der Thematik durch das Treatment eher gestiegen sei, was deren prinzipielle Offenheit gegenüber der Thematik „Umgang mit Kulturvielfalt" zeigt. Eine theoretisch gestützte Erklärung für die gezeigten Effekte könnte darin liegen, dass bei diesen Schülern im Zuge der Auseinandersetzung im Unterricht negative Erfahrungen und Zuschreibungen hinsichtlich der beiden Länder Türkei und Polen (kurzfristig) eine größere Bedeutung gewinnen (vgl. Hauck, 2008).

Klasse	N	Land	Sympathie-Mittelwerte		
			prä	post1	post2
Berufsfachschulen 2002 & 2008					
BFS 2002	22 (16)	Polen	3,1	3,2	3,1
		Türkei	2,4*	3,1*	2,7
		Deutschland	1,75	1,9	2,0
BFS 2008	31 (24)	Polen	3,09*	3,36*	x
		Türkei	2,31	2,35	x
		Deutschland	1,77	1,58	x
Berufsschulen 2008					
BS1	25 (22)	Polen	2,8	2,9*	2,65*
		Türkei	2,75	2,85	2,82
		Deutschland	1,8*	1,7	1,56*
BS2	16 (12)	Polen	2,32	2,21	2,23
		Türkei	3,3	3,1	3,2
		Deutschland	1,79	1,57	1,63
BS3	24 (18)	Polen	2,92	2,93	2,89
		Türkei	2,83*	2,5*	3,0*
		Deutschland	1,5*	1,79*	1,53*
BS4	17 (14)	Polen	2,6	2,5	2,42
		Türkei	3,13	3,07	2,93
		Deutschland	1,8	1,73	1,68

Anmerkungen. N = Klassenstärke (beim Längsschnitt fallbezogen abweichend), x = Ausfall.

Abb. 3.2.3_1: Ländersympathiewerte im Längsschnitt[7]
            (Mittelwerte; 1 = sympathisch ... 4 = unsympathisch; T-Test; *$p < 0{,}05$)

(2) Entwicklungen in den Klassen der Berufsschule

Im Gegensatz zur Berufsfachschule ließen sich in 2 der 4 einbezogenen Berufs-schulklassen auch positive Effekte beobachten, beispielsweise in der Klasse BS1, die signifikante Verbesserung bei der Einschätzung gegenüber Polen zum Zeitpunkt post2 oder in der Klasse BS3 das zumindest temporär positive Türkeibild direkt nach der Intervention (post1). Eine nähere Analyse des letztgenannten Befundes in

---

7   In keiner der in beiden Untersuchungen einbezogenen Kontrollklassen (N = 6) ließen sich Ef-fekte nachweisen, weshalb auf eine Darstellung der Werte hier verzichtet wird (vgl. Kenner, 2007a).

der Klasse BS3 bringt zum Ausdruck, dass die Veränderung maßgeblich durch das Geschlecht und durch die Schulbildung beeinflusst wird (siehe Abb. 3.2.3_2).

Gruppe / Cluster		N	Sympathie-Mittelwerte	
		prä	post1	post2
Alle		18	2,83*	2,5*
Nach Geschlecht	m	12	2,75	2,58
	w	6	3,0*	2,33*
Nach Schulabschluss	HS	7	2,43	2,29
	RS	11	3,09*	2,64*

Abb. 3.2.3_2: Ländersympathiewerte gegenüber der Türkei in der BS3
(Mittelwerte; 1 = sympathisch ... 4 = unsympathisch; T-Test; *p<0,05)

Bei den Schülerinnen (N = 6) der Klasse wechselt die Sympathie gegenüber der Türkei sogar kurzfristig aus dem negativen in den positiven Bereich. In den in der Eingangsbefragung nicht systematisch erhobenen Begründungen verweisen die Schülerinnen u.a. auf die untergeordnete gesellschaftliche Stellung der Frau (vgl. Hauck, 1998), was durchaus plausibel erscheint und zudem zeigt, dass hier nicht unbedacht Vorurteile bedient werden. Offensichtlich führte die Auseinandersetzung in der Unterrichtseinheit zumindest kurzfristig dazu, andere und positiv getönte Assoziationen zu aktivieren. Die ebenfalls signifikante Kehrtwende zum Schluss (nicht abgebildet) zeigt jedoch, dass längerfristig wieder die ursprünglichen Muster aktualisiert werden.

4. Zusammenfassung

In diesem Beitrag wurde ein empirisch abgesicherter Eindruck über vorhandene, auf andere Kulturkreise bezogene Vorurteile von Schülern beruflicher Schulen vorgestellt. Ferner ging es darum aufzuzeigen, inwiefern ein auf die Relativierung von Vorurteilen angelegter Unterricht wirksam ist.

Sowohl die Ausprägung der Vorurteile als auch die Intervention orientierte sich dabei am Konstrukt „Ländersympathie", das sozialpsychologisch einer „Einstellung" entspricht und einen Ausschnitt „Interkultureller Kompetenz" darstellt. Begründet ist die Fokussierung auf „Ländersympathien", weil dieses Konstrukt eine Reihe alltagsrelevanter Aspekte aufgreift. So spiegeln sich in den Schülervoten nicht zuletzt aktuell bedeutsame gesellschaftspolitische Kontroversen wider, etwa die von (wenig hilfreichen) Emotionen begleitete Haltung gegenüber der Türkei, die häufig unbegründeten Geringschätzungen (Vorurteile) gegenüber manchen Ländern (z.B. Polen, Bosnien) oder das partiell von großen Vorbehalten gekennzeichnete Bild, das junge Menschen mit Migrationshintergrund von Deutschland haben.

In Bezug auf das Lernarrangement, dessen Zielsetzung darin liegt, abgrenzende und abwertende Einstellungen durch eine Auseinandersetzung aufzubrechen und in Richtung einer größeren Offenheit zu verändern, fällt die Bilanz ambivalent aus. Mit den nachfolgenden Thesen, die gleichzeitig Ansatzpunkte für weitere Untersuchungen darstellen, lässt sich die Befundlage wie folgt zusammenfassen (vgl. Hauck, 1998):

These 1: Deutsche Schüler, die schon von Beginn an ethnozentrische Einstellungen mitbringen, reagieren eher mit Desinteresse auf das Lernarrangement und werden mit dem Programm nicht erreicht.

These 2: In der Berufsfachschule entwickeln insbesondere Schüler, die am Lernarrangement interessiert sind und ihm offen gegenüberstehen, infolge der Auseinandersetzung im Unterricht eher abwertende Einstellungen gegenüber Ländern, die nach Befunden der Vorurteilsforschung eher mit negativen Stereotypen besetzt sind, wobei sich die Zunahme der Abwertung nicht als nachhaltig erweist, sondern wieder in Richtung des Ausgangspunkts verläuft.

These 3: In der Berufsschule entwickeln insbesondere lernorientierte Schüler infolge der Auseinandersetzung im Unterricht offenere Einstellungen gegenüber Ländern, die nach Befunden der Vorurteilsforschung eher mit negativen Stereotypen besetzt sind, wobei sich die Zunahme der Offenheit partiell nicht als nachhaltig erweist.

Literatur

Allport, G. W. (1971). *Die Natur des Vorurteils* (hrsg. u. komm. v. C. F. Graumann). Köln: Kiepenheuer & Witsch.

Bergmann, W. (2001). Was sind Vorurteile? In Bundeszentrale für politische Bildung (Hrsg.), *Vorurteile – Stereotype – Feindbilder: Gegen rechtsextreme Vorurteile* (Informationen zur politischen Bildung, 271) (S. 3–9). München: Franzis.

Bierhoff, H. W. (2002). *Einführung in die Sozialpsychologie.* Weinheim: Beltz.

Bolten, J. (2006). Die Entwicklung von Nationalstereotypen im Globalisierungsprozess. Hypothesen zum Auftakt einer international durchgeführten Langzeituntersuchung zu Veränderungen des Deutschlandbildes bei Studierenden. *Zeitschrift für Interkulturellen Fremdsprachenunterricht, 11(3),* 1–13. http://zif.spz.tu-darmstadt.de/jg-11-3/docs/Bolten.pdf [21.06.2012].

Brüß, J. (2002). *Akzeptanz oder Ablehnung? Vorurteile und soziale Distanz bei Jugendlichen türkischer und deutscher Herkunft.* Wiesbaden: Deutscher Universitätsverlag.

Fritzsche, K. P. (1997). Stressgesellschaften und Xenophobie. In Y. Bizeul, U. Bliesener & M. Prawda (Hrsg.), *Vom Umgang mit dem Fremden. Hintergrund, Definitionen, Vorschläge* (S. 60–79). Weinheim: Beltz.

Hauck, R. (2008). *Interkulturelles Lernen an beruflichen Schulen. Ergebnisse einer Replikationsstudie zum Thema „Einstellungen".* Unveröffentlichte Diplomarbeit am Lehrstuhl Berufspädagogik, Universität Stuttgart.

Kenner, M. (2004). Interkulturelles Lernen an beruflichen Schulen. Ergebnisse einer Interventionsstudie in der einjährigen Berufsfachschule/Metall zum Thema Vorurteile. In E. Jung & M. Kenner (Hrsg.), *Neue Bildungsmedien in der arbeits- und berufsbezogenen politischen Bildung. Didaktische Ansätze, Lerneffekte, Chancen* (S. 95–114). Bielefeld: Bertelsmann.

Kenner, M. (2007a). *Interkulturelles Lernen an beruflichen Schulen. Ergebnisse einer Interventionsstudie in der einjährigen Berufsfachschule/Metall.* Aachen: Shaker.

Kenner, M. (2007b). Zum Stand interkulturellen Lernens an beruflichen Schulen in gewerblich-technischen Berufsfeldern. *ZBW, 103(4),* 538–559.

Kenner, M. (2011). Ländersympathien von Schülern gewerblich-technischer Schulen. Ergebnisse einer Replikationsstudie zum interkulturellen Lernen. *ZBW, 107(3),* 370–389.

Krüger, U. (1998). Illusion. Ein Lernarrangement zur Wahrnehmung des Anderen. In Bundeszentrale für politische Bildung (Hrsg.), *Interkulturelles Lernen. Arbeitshilfen für die politische Bildung* (S. 54–60). Bonn: Bundeszentrale für politische Bildung.

Oesterreich, D. (1993). *Autoritäre Persönlichkeit und Gesellschaftsordnung. Der Stellenwert psychischer Faktoren für politische Einstellungen – eine empirische Untersuchung von Jugendlichen in Ost und West.* Weinheim u.a.: Juventa.

Schnabel, K. U. & Goldschmidt, D. (1997). Ausländerfeindlichkeit bei Auszubildenden – ein Handlungsfeld für Berufsschullehrer? *ZBW, 93(6),* 607–629.

Seiffert, H. (1996). *Einführung in die Wissenschaftstheorie* (Bd. 1). München: Beck.

Six, U. (1997). Vorurteile. In D. Frey & S. Greif (Hrsg.). *Sozialpsychologie. Ein Handbuch mit Schlüsselbegriffen* (S. 365–371). Weinheim: Beltz.

Süssmuth, H. (Hrsg.) (1996). *Deutschlandbilder in Dänemark und England, in Frankreich und den Niederlanden* (Dokumentation der Tagung Deutschlandbilder in Dänemark und England, in Frankreich und den Niederlanden, 15.–18. Dezember 1993, Leutherheider Forum. Veranst.: Paul-Kleinewefers-Stiftung Krefeld, Historisches Seminar VII der Heinrich-Heine-Universität Düsseldorf). Baden-Baden: Nomos.

Zick, A. (1997). *Vorurteile und Rassismus. Eine sozialpsychologische Analyse.* Münster: Waxmann.

Friedrich Schweitzer

Integration durch religiöse Bildung?
Überlegungen aus christlicher Sicht

Integration gehört nicht zu den Themen, die von der Religionspädagogik gewohnheitsmäßig bearbeitet werden. Die Lehrbücher und Lexika weisen dazu keine Eintragungen auf. Es handelt sich um eine neue Herausforderung für die Religionspädagogik, auf die sie sich – angesichts des in der Gesellschaft wichtiger werdenden Integrationsdiskurses, durch den die Integrationsfrage der Religionspädagogik zugespielt wird – erst einzustellen hat. Entsprechend kann hier nicht auf bereits geläufige Argumentationen, eingespielte Kommunikationsmuster oder abgewogene Positionen zurückgegriffen werden. Vielmehr muss eine religionspädagogische Perspektive allererst gefunden und skizziert werden. Insofern handelt es sich bei dem vorliegenden Beitrag um einen ersten Versuch, das noch unbekannte Terrain zu sondieren und Möglichkeiten und Aufgaben für die Religionspädagogik zu benennen. Es geht um einen diskussionseröffnenden thesenhaften Beitrag, nicht um ein abschließendes Resümee.

Von der Herangehensweise her ist hier zunächst der Unterschied zwischen einer Religions*didaktik* und einer Religions*pädagogik* bedeutsam (vgl. Schweitzer, 2006). Religionsdidaktik kann als eine Fachdidaktik begriffen werden, die sich mit Fragen des Lehrens und Lernens beschäftigt. Anders als in den meisten anderen Fächern wird von der Religionsdidaktik als Fachdidaktik eine Religionspädagogik unterschieden, die sich mit weiterreichenden Fragen beschäftigt. Dazu gehört auch das Verhältnis zwischen religiöser Erziehung oder Bildung und Gesellschaft oder, im Folgenden besonders bedeutsam, das Verhältnis zwischen religiöser Erziehung und Staat. Als eine theologische Disziplin thematisiert die Religionspädagogik auch solche grundlegenden Verhältnisse, die allen didaktischen Prozessen und Aufgaben noch einmal vorausliegen.

Hinzuweisen ist einleitend auch darauf, dass sich in der Religionspädagogik nicht zufällig seit einiger Zeit zumindest verwandte Fragestellungen finden, die sich mit der Frage nach Integration und Religion bzw. religiöser Erziehung und Bildung und Integration überschneiden. Dazu gehört, wie sich im Folgenden zeigen wird, etwa die Diskussion zu interreligiösem Lernen, weitergehend aber auch die Perspektive der Begegnung mit dem Fremden. Auf diese Diskussionen wird auch bei der Integrationsthematik immer wieder Bezug zu nehmen sein. Zunächst aber soll es um einen weiteren Horizont gehen, in den die Frage nach Integration und Religion religionspädagogisch eingeordnet werden kann.

Dafür ist allerdings ein Vorverständnis von Integration erforderlich, von dem sich eine solche Orientierung leiten lassen kann. Im gesellschaftlichen Diskurs scheint weithin ein Verständnis vorzuherrschen, demzufolge Integration als

Anpassung auszulegen ist. Sich integrieren bedeutet dann, ein Teil der hiesigen Gesellschaft oder Kultur zu werden, indem man sich anpasst oder einfügt. Pädagogisch erweist sich ein solches – gleichsam naives, aber nicht unschuldiges – Verständnis von vornherein als problematisch. Denn es betont allein den gesellschaftlichen Pol von Erziehung, während die Bedürfnisse und Ansprüche des Individuums übergangen werden. Allerdings bleibt zu bedenken, dass der Wunsch, anerkannter Teil der Gesellschaft zu sein, auch für das Individuum bedeutsam ist. Im Kontext von Migration, um den es im vorliegenden Band in erster Linie geht, sind über solche grundsätzlichen Aspekte hinaus auch die Dimensionen von Integration zu bedenken, die häufig als auf kollektive Verhältnisse bezogen verstanden werden, also Beziehungen etwa zwischen verschiedenen Kulturen (autochthone und migrationsbestimmte usw.), in deren Horizont dann auch Religion und Religionen stehen. Inzwischen ist freilich beispielsweise aus der Diskussion zur interkulturellen Pädagogik bekannt, dass die dabei mitunter vorausgesetzten Zuschreibungen von Kulturzugehörigkeit, kultureller Prägung usw. höchst problematisch sind (vgl. etwa Diehm & Radtke, 1999). Für eine religionspädagogische Analyse bedeutet dies, dass sie sich ein erstes Integrationsverständnis im Sinne der mit Migrationsfolgen verbundenen Anforderungen im Blick auf Anpassung usw. zwar aus dem gesellschaftlichen Diskurs geben lassen, sich zugleich darauf aber nicht festlegen lassen kann. Vielmehr muss das jeweils leitende Integrationsverständnis selbst zum Gegenstand religionspädagogisch-wissenschaftlicher Erörterung gemacht werden.

1. Erfahrungen im historischen Prozess – der weitere religionspädagogische Horizont

In Deutschland fällt die Entwicklung des schulischen Religionsunterrichts als eines Faches in der modernen Schule in den letzten zwei Jahrhunderten zusammen mit der Ausbildung des Nationalstaats. Dies erklärt, warum sich dieses Fach vielfach mit starken Erwartungen im Sinne einer politischen Loyalitätsbildung konfrontiert sah. Die Obrigkeit, wie man für das 19. Jahrhundert noch formulieren muss, legte großen Wert auf einen Religionsunterricht, der ein durch Pietät bestimmtes Verhältnis zum Landesherrn unterstützen würde. Abgelehnt wurde hingegen jede Form von Religionsunterricht, die ein kritisches Denken befördern könnte – deutlich aus der Befürchtung heraus, dass ein solches kritisches Denken auch zu einer kritischen Haltung in Fragen der Politik führen könnte.

Selbst Autoren wie der berühmte Bildungsphilosoph Wilhelm von Humboldt konnten damals ausdrücklich für solche Erwartungen eintreten: „Die schwierige Aufgabe ist, die Nation geneigt zu machen und bei der Geneigtheit zu erhalten, den Gesetzen zu gehorchen, dem Landesherrn mit unverbrüchlich treuer Liebe anzuhängen, im Privatleben mäßig, religiös, zu Berufsgeschäften thätig zu sein und endlich sich gern, mit Verachtung kleinlicher und frivoler Vergnügungen, ernsthaften Beschäftigungen zu widmen". All dies soll insbesondere durch „Religiosität" befestigt werden, weil diese die Pflichtbegriffe „in Gefühl" übergehen lasse (von Humboldt, zitiert nach Nipkow & Schweitzer, 1991, S. 78).

Ein weiteres, ebenfalls sehr eindrückliches Beispiel sind etwa die Stiehlschen Regulative, die als religionspädagogisch-staatliche Reaktion auf die 1848er Revolution gedeutet werden können (die hier wichtigsten Passagen sind ebenfalls dokumentiert bei Nipkow & Schweitzer, 1991, S. 98ff). Auch diese Regulative für die Volksschullehrerbildung zielen auf die Gewährleistung einer politisch angepassten, also keinesfalls (politisch-)kritischen (Religions-)Lehrerschaft.

Ein weniger bekanntes Beispiel für die Verquickung religionspädagogischer Fragen mit staatlichen Herrschaftsinteressen betrifft die konfessionellen Schulen. In den im 19. Jahrhundert zu Preußen gehörigen polnischen Gebieten spielte die Frage der konfessionellen Ausrichtung von Schulen eine wichtige und immer wieder umstrittene Rolle (vgl. Knabe, 2000). Die evangelische Konfessionsbestimmung von Schulen stand dabei für eine preußisch-deutsche politische Sozialisation, während katholische Schulen – so wurde befürchtet – die (katholisch geprägte) polnische Identität stützen könnten. Die evangelischen Schulen dienten insofern einer „Prussianisierung" – oder, um es mit den Begriffen der vorliegenden Themenstellung auszudrücken, einer Integration in den preußischen Staat – durch Religion und konfessionelle Prägung.

Manchmal werden heute die christlichen Erziehungsziele, die sich in verschiedenen Landesverfassungen oder Schulgesetzen finden, als ein überkommener Rest aus diesen Zeiten der nationalstaatlich bestimmten religiösen Bildung angesehen – etwa wenn in der Verfassung des Landes Baden-Württemberg (Art. 12) Erziehung und Bildung in einen Zusammenhang mit „Ehrfurcht vor Gott" oder dem „Geist christlicher Nächstenliebe" gestellt werden. Tatsächlich sind die Verhältnisse aber weit komplizierter. Denn vielfach handelt es sich bei den nach 1945 entwickelten Verfassungstexten keineswegs einfach um die Fortschreibung längst vergangener Umstände, sondern um deutliche Reaktionen auf die Erfahrungen mit dem Nationalsozialismus und damit mit dem Versuch, religiöse, insbesondere christlich-religiöse durch nationalsozialistisch-weltanschauliche Bezüge und Bestimmungen zu verdrängen. Besonders deutlich ist dies an der Verfassung des Freistaates Bayern von 1946 zu erkennen, die in ihrer Präambel formuliert:

„Angesichts des Trümmerfeldes, zu dem eine Staats- und Gesellschaftsordnung ohne Gott, ohne Gewissen und ohne Achtung vor der Würde des Menschen die Überlebenden des zweiten Weltkriegs geführt hat, in dem festen Entschlusse, den kommenden deutschen Geschlechtern die Segnungen des Friedens, der Menschlichkeit und des Rechtes dauernd zu sichern, gibt sich das Bayerische Volk [...] nachstehende demokratische Verfassung".

In einer solchen Formulierung kommt nicht einfach ein konservativer Geist zum Ausdruck, der etwa aus dem 19. Jahrhundert rührt, sondern wir begegnen einer staatskritischen Figur der religiösen Grundierung von Rechten. Regierende sollen daran erinnert werden, dass sie niemals die letzte Instanz im menschlichen

Zusammenleben sein können und dass es keinem Menschen zukommt, so, wie es der Nationalsozialismus getan hat, einfach über Leben und Tod zu entscheiden.

Dennoch bleiben in der Verbindung zwischen Christentum und Staat dauerhafte Probleme, die gerade auch im Zusammenhang der Integrationsthematik zu bedenken sind. Wenn sich die Landesverfassung von Baden-Württemberg bei den Erziehungszielen (Art. 12) nicht nur auf „Ehrfurcht vor Gott" beruft, sondern wenn diese Ehrfurcht pädagogisch „im Geiste der christlichen Nächstenliebe" zur Geltung gebracht werden soll, geht es nicht nur um eine Relativierung staatlicher Macht, sondern um den Bezug auf eine bestimmte Religion. In diesen Zusammenhang gehört auch, dass Art. 15 dieser Landesverfassung zumindest die Grund- und Hauptschulen (angesprochen waren ursprünglich die „Volksschulen") als „christliche Gemeinschaftsschulen" bestimmt. Hier stellt sich die Frage, ob Integration die Anpassung an die christliche Überlieferung und eine darauf aufbauende Lebensorientierung im Sinne entsprechender christlicher Kulturwerte, wie es manchmal heißt, einschließen soll. An dieser Stelle sind Berührungen mit aktuellen Diskussionen etwa um eine christlich bestimmte Leitkultur (vgl. Gottschlich & Zaptçıoğlu, 2005) deutlich zu erkennen.

So sind die historischen Erfahrungen der Religionspädagogik im Verhältnis zum Staat als durchaus ambivalent zu beurteilen. Bis in die Gegenwart hinein werden politische Erwartungen an diesen Unterricht gerichtet, die sich weniger aus dem Selbstverständnis des Faches ergeben als vielmehr aus politischen Anpassungswünschen resultieren. Junge Menschen sollen durch den Religionsunterricht zu Staatstreue und zu gesetzesgehorsamen Bürgerinnen und Bürgern erzogen werden.

Allerdings wäre es falsch – auch dies wird inzwischen deutlich gesehen –, solche Erwartungen prinzipiell als illegitim abzulehnen. Mit dem mitunter fast routinemäßigen Hinweis auf das entsprechende Diktum von E.-W. Böckenförde (1992, S. 112) wird daran erinnert, dass gerade der demokratische Staat auf einen Gehorsam im Blick auf die demokratisch in Kraft gesetzten Gesetze angewiesen ist, den er nicht selbst erzwingen kann. Der demokratische Staat zielt auf eine freiheitliche Lebensgestaltung und ist eben deshalb ohne eine freiwillige Orientierung an den Gesetzen nicht denkbar. Wollte er eine solche gesetzesgehorsame Orientierung aber selbst erzwingen, würde er die eigene Freiheitlichkeit von Anfang an unterlaufen. So gesehen ist es prinzipiell durchaus richtig, dass zum demokratischen Staat zivilgesellschaftliche Akteure insbesondere im Bereich der Pädagogik erforderlich sind, die die gewünschte, auch religiös zu bejahende Freiheitlichkeit unterstützen und allererst ermöglichen.

Aus dieser Perspektive wird in jüngster Zeit auch das Verhältnis zwischen Religionspädagogik und Zivilgesellschaft wahrgenommen. So wird darauf hingewiesen, dass religionspädagogische Bildungsprogramme einen wichtigen Beitrag zur Bildung nicht nur in der Zivilgesellschaft, sondern ausdrücklich auch für die Zivilgesellschaft leisten (vgl. Schweitzer, 1999; Ilg, Schweitzer & Elsenbast, 2009; zum weiteren Hintergrund Huber, 1998). Religionsunterricht und andere kirchlich getragene Bildungsangebote non-formaler Art wie etwa die Konfirmandenarbeit verdienen deshalb auch eine Unterstützung von staatlicher Seite, nicht aufgrund einer heute nicht mehr akzeptablen Vermischung von Staat und Kirche oder Religion, sondern gerade als Ausdruck eines freiheitlichen Trägerpluralismus, der sich etwa auf Art. 7 Abs. 4 GG berufen kann.

2. Gegenwärtige Problemstellungen – die Notwendigkeit einer integrationsunterstützenden religiösen Erziehung

Es gibt viele aktuelle Anlässe dafür, über das Verhältnis zwischen Religion und Integration nachzudenken. Zunächst kommen dabei negative oder sogar alarmierende Bezüge in den Blick.

Ein bekanntes und gleichwohl bleibendes Problem sind Vorurteile. Seit langem verweist die Antisemitismusforschung darauf, dass in Deutschland entsprechende Vorurteile gegen Juden längst nicht verschwunden sind (vgl. etwa als Überblick Benz & Bergmann 1998). In neuerer Zeit kommt zu dieser antisemitischen Tradition der Vorurteilsbildung eine parallele Ablehnung von Muslimen hinzu (vgl. z.B. Benz, 2011). Beispielsweise ist die Mehrheit der deutschen Bevölkerung der Meinung, dass die Grundrechte für Muslime – jedenfalls bei der Religionsfreiheit – nicht gelten können (Decker et al., 2010, S. 134). In Ostdeutschland tendiert die Zahl derer, die diese Auffassung vertreten, sogar gegen drei Viertel der Bevölkerung (Decker et al., S. 134).

Bei der Gewalt gegen Fremde, die hier ebenfalls zu nennen ist, handelt es sich nicht nur um punktuelle Ausschreitungen, die dann die Öffentlichkeit vielleicht stark bewegen, sondern um ein dauerhaftes Problem. Auch dabei liegt es auf der Hand, dass der Fremde, auf den sich die Aggressionen richten, immer auch der religiös Fremde ist. Seine Fremdheit, die Angst zu machen scheint und Aggressionen auslöst, erwächst auch aus seiner fremd bleibenden Religion, welche sich mitunter mit eigentümlichen und daher Furcht auslösenden Gebräuchen verbinden kann, die der traditionellen deutschen Bevölkerung weder bekannt noch verständlich sind – angefangen beim Schächten bis hin zur Burka. Genauer untersucht sind solche auf Religion bezogenen Zusammenhänge m.W. bislang allerdings nicht, so dass es bei Hypothesen bleiben muss. Umso wichtiger wäre es, in Zukunft auch in dieser Hinsicht empirisch gestützte Klärungen zu erreichen.

Offene Gewalt geht allerdings nur von Minderheiten aus. Vorurteile und latente Aggressionen hingegen sind ein Phänomen, das große Teile der Bevölkerung betrifft (vgl. dazu die genannte Studie von Decker et al., 2010). Sie sind zugleich vor dem Hintergrund von Erklärungsstrategien zu sehen, die sich gleichermaßen in der medialen Öffentlichkeit wie in der Wissenschaft finden. Dafür steht schon seit einiger Zeit der Begriff einer *Kulturalisierung* von Konflikten (vgl. etwa Diehm & Radtke, 1999; Radtke, 2011). Kulturalisierung bedeutet, dass Probleme, seien es Probleme gesellschaftlicher oder pädagogischer Art, auf sogenannte kulturelle Ursachen zurückgeführt werden – von einem Schulversagen, das dann mit der Zugehörigkeit zu einer bestimmten Migrationskultur erklärt wird, bis hin zu Straffälligkeitsquoten, die in dieser Sicht ähnlich zu erklären sind. Auch der Begriff *Ethnisierung* weist in diese Richtung. In diesem Falle bietet die Zugehörigkeit zu Volk und Nation einen zureichenden Erklärungsgrund für wahrgenommene Probleme. Noch selten, in den letzten Jahren aber zunehmend wird in Analogie zu Kulturalisierung und Ethnisierung auch von einer *Religiosierung* gesprochen. Dabei geht es dann darum, dass Spannungen und Konflikte in der Gesellschaft ausschließlich religiös erklärt werden. Integration misslingt dann in dieser Sicht beispielsweise deshalb, weil der Islam – oder auch eine andere Religion – einfach nicht integrationswillig sei.

Den angeblichen oder vermeintlichen Erklärungsstrategien von Kulturalisierung, Ethnisierung und Religiosierung entspricht, nun gleichsam in der Umkehrung, eine weitere problematische Strategie, nämlich bei entsprechenden Problemanalysen alle Aspekte von Kultur, Ethnizität oder Religionszugehörigkeit von Anfang an auszublenden. Diese *Strategie der Ausblendung* verdankt sich einer Art wissenschaftlich-politischen Korrektheit – sensible Aspekte werden besser gar nicht angesprochen –, verhindert aber ebenfalls, dass die tatsächlichen Zusammenhänge etwa im Verhältnis zwischen Religion und Integration in den Blick kommen.

Religionspädagogisch zu fordern ist demgegenüber eine *nüchtern-realistische Wahrnehmung* und *Analyse* der genannten Problemzusammenhänge, von Vorurteilen, Aggression und Gewalt bis hin zu projektiven Erklärungsstrategien. Dabei darf der Einfluss von religiösen Prägungen und Motiven ebenso wenig übersteigert wie zu Gunsten politischer Korrektheit einfach unterschlagen werden. Zwischen diesen beiden Polen einer Übersteigerung religiöser Differenz und deren Verschweigen muss die Religionspädagogik einen Weg auch zur konstruktiven Problembearbeitung finden.

3.   Ein religionspädagogisches Verständnis von Integration?

Die Religionspädagogik verfügt über keinen eigenen Integrationsbegriff. In einer multikulturellen und eben immer auch multireligiösen Gesellschaft sieht sich die Religionspädagogik jedoch zunehmend mit der Integrationsthematik konfrontiert, so dass es in Zukunft erforderlich sein wird, auch ein religionspädagogisches Integrationsverständnis zu entwickeln.

Der Integrationsbegriff begegnet der Religionspädagogik zunächst allerdings nicht als ein wissenschaftlicher Begriff, sondern als ein Thema und Schlagwort aus der politischen und medialen Diskussion. Hier erscheint es weithin selbstverständlich, dass Integration ein unbedingt wünschenswertes Ziel und ein gesellschaftliches Erfordernis darstellt. Von den mit Integrationserwartungen verbundenen Fragen und Problemen ist dabei allerdings nur selten die Rede. Leicht zu erkennen ist jedoch, dass es sehr unterschiedliche Integrationserwartungen gibt.

Weithin scheint Integration, wie schon zu Beginn meines Beitrags festgestellt, auf eine bloße Anpassung hinauszulaufen, bei der von allen neu Hinzugekommenen erwartet wird, dass sie sich möglichst rasch an die im Einwanderungsland vorherrschenden Verhältnisse, Normen und Werte – vielleicht bis hin zum Lebensstil – anpassen. In diesem Falle würde Integration bedeuten, dass alle Unterschiede zwischen der autochthonen und der Migrationsbevölkerung alsbald verschwinden sollen, je schneller, desto besser, und dies immer so, dass die traditionelle „Leitkultur" des Einwanderungslandes übernommen wird.

Davon zu unterscheiden sind, etwa in der Diskussion zu Interkulturalität (vgl. Yousefi & Braun, 2011), Vorstellungen eines Aushandelns, bei dem über die Zukunftsgestaltung von Kultur und Gesellschaft allererst entschieden wird, und dies gemeinsam. Wieder andere Auslegungsmöglichkeiten betonen den Aspekt der Partizipationsmöglichkeiten. In diesem Sinne kann Integration dann eine Befähigung zur gesellschaftlichen Teilhabe bedeuten – eine Auffassung, die zugleich an ältere Theorien der gesellschaftlichen und politischen Partizipation anknüpft. Eine solche Teilhabe unterscheidet sich grundsätzlich von bloßen Anpassungserwartungen und schließt die Möglichkeit konstruktiver Mitbestimmung und Mitgestaltung ein.

Die Auseinandersetzung mit den unterschiedlichen Auffassungen von Integration stellt auch für die Religionspädagogik einen wichtigen Ausgangspunkt dar. Wissenschaftlich gesehen ist die nicht weiter reflektierte und insofern unkritische Übernahme eines bestimmten Integrationskonzepts jedenfalls nicht tragfähig.

Einen weiteren Anknüpfungspunkt für ein religionspädagogisches Integrationsverständnis bietet die erziehungswissenschaftliche Diskussion. Hier ist etwa an den vielfach beschriebenen Übergang von der sogenannten Ausländerpädagogik, wie sie sich seit den 1970er Jahren herausgebildet hat, hin zum interkulturellen Lernen seit den 1990er Jahren zu denken (vgl. Auernheimer, 2010). Eine Ausländerpädagogik zielte in naiver Weise auf eine Anpassung an gesellschaftliche Erfordernisse, wie sie durch die Aufnahmegesellschaft gegeben und auch in einem normativen Sinne bestimmt schienen. Demgegenüber lässt sich Integration in pädagogisch legitimer Weise, also auf dem Niveau einer interkulturellen Pädagogik, nur so konzeptualisieren, dass dabei die – kritisch reflektierten – gesellschaftlichen Erfordernisse ebenso wie die Bedürfnisse einer individuell erfolgreichen Lebensbewältigung im Blick sind. Die für die Pädagogik insgesamt kennzeichnende dialektische Beziehung zwischen Gesellschaft und Individuum tritt hier in veränderter Gestalt wieder auf – als Spannungsverhältnis zwischen autochthonen und migrationsbezogenen kulturellen und religiösen Prägungen.

Ansätze einer interkulturellen Pädagogik schließen inzwischen bewusst die kritische Auseinandersetzung mit gesellschaftlichen oder staatlich-politischen Anpassungsanforderungen ein – zu Gunsten der individuellen Person mit ihren Bedürfnissen und immer mehr auch einer anzueignenden oder auszubildenden kritischen Reflexionsfähigkeit im Blick auf die gesellschaftlichen Verhältnisse, die dann ein eigenes Bildungsziel darstellt. Hier geht es um das Recht auf Individualität sowie den pädagogisch konstitutiven Anspruch auf Mündigkeit.

4. Thesen

Wie bereits deutlich geworden ist, steht die religionspädagogische Auseinandersetzung mit der Integrationsthematik noch in den Anfängen. Zugleich wird es immer wichtiger, auch den Zusammenhang zwischen Religion und Integration wissenschaftlich aufzunehmen und weiter zu klären. In dieser Situation erscheint die im Folgenden gewählte Form einer thesenhaften und zum Teil in fragender Form gehaltenen Darstellung angemessen.

1. *Vor dem Hintergrund des Verhältnisses zwischen Staat und Kirche bzw. Religion lassen sich grundsätzlich bzw. idealtypisch drei Modelle für den Zusammenhang zwischen gesellschaftlicher Integration und Religion bzw. religiöser Bildung unterscheiden: Integration durch Transformation von Religion; Integration ohne Religion bzw. ohne religiöse Bildung; Integration durch Religionsdialog.*

Integration durch Transformation von Religion: Dieses Modell kann an der Vorstellung einer Zivilreligion anknüpfen, wie sie in der Aufklärungszeit schon in Jean-Jacques Rousseaus „Sozialvertrag" von 1762 formuliert worden ist (vgl. Rousseau, 1986). Heute gelten die Vereinigten Staaten als das Land, in dem eine solche Zivilreligion die größte Rolle spielt (den Ausgangspunkt entsprechender späterer Darstellungen bildete Bellah, 1975). Religion wird in diesem Falle ausdrücklich als ein transzendenzgestütztes Set von Normen und Werten ausgelegt, das für den sozialen Zusammenhalt sorgen soll. Wie schon bei Rousseau zu sehen ist, muss Religion dafür in doppelter Hinsicht eingeschränkt werden: Als Zivilreligion kommt weder eine Religion in Frage, die von religiösen Institutionen wie den Kirchen oder anderen Vertretungen von Religionsgemeinschaften gegenüber dem Staat kritisch behauptet wird, noch eine Religion, die sich allein an den Bedürfnissen des einzelnen Menschen orientiert. Die erste – aus der Perspektive der Zivilreligion abzulehnende – Form von Religion bezeichnet Rousseau als „Priesterreligion", während die andere als ebenso problematisch wahrgenommene Form die „Religion des Menschen" wäre. Zivilreligion besitzt ihr Maß in den Bedürfnissen der staatlichen Herrschaft sowie der gesellschaftlichen Ordnung.

Integration ohne Religion bzw. ohne religiöse Bildung: Für dieses Modell steht der Begriff des Laizismus, wie er insbesondere in Frankreich geprägt und als politisches Modell verwirklicht worden ist. In diesem Falle tritt die staatsbürgerliche Erziehung an die Stelle der religiösen Erziehung, zumindest in dem Sinne, dass der Staat für die erwarteten Integrationsleistungen allein auf staatsbürgerliche Pflichten und nicht auf religiöse Werte setzt. Prominent ausgetragen wurde dieser Streit zwischen staatsbürgerlichen und religiösen Orientierungen in Frankreich im Konflikt um jene Schülerinnen im nordfranzösischen Creil, die darauf bestanden, die staatliche Schule mit Kopftuch zu besuchen (vgl. dazu Soëtard, 1998). In der ministeriellen Begründung für das Verbot eines solchen Schulbesuchs und damit faktisch als Begründung eines Schulausschlusses wurde argumentiert, dass die Religionszugehörigkeit niemals Priorität gegenüber der staatsbürgerlichen Gleichheit beanspruchen dürfe. Religiöse Differenz gefährde sonst die staatsbürgerliche Einheit. Am Ende der Auseinandersetzungen, die dann weit über den genannten Einzelfall hinausgingen, stand das für ganz Frankreich gültige Verbot „ostentativer religiöser Symbole" in der Schule.

Integration durch Religionsdialog: Zumindest in gewisser Weise finden sich in Deutschland, jedenfalls zu Beginn des 21. Jahrhunderts, Ansätze zu einer solchen Ausrichtung, wobei gegenläufige Tendenzen freilich nicht übergangen werden dürfen. Vor allem die Islamkonferenz mit ihren verschiedenen Aktivitäten, aber auch die vom Wissenschaftsrat empfohlene Einrichtung islamisch-theologischer Fakultäten (vgl. dazu die dokumentierten Texte im vorl. Band, S. 229ff) stehen zeichenhaft für den Versuch, die Integration dadurch zu befördern, dass die islamische Religion, die durch Migration in Deutschland einheimisch geworden ist, in dialogischer Weise einbezogen wird. Wie offen die dabei in Deutschland zu bearbeitenden Fragen allerdings tatsächlich noch sind, ist exemplarisch an den beiden Präsidentenäußerungen abzulesen, die in den letzten Jahren im Blick auf den Islam abgegeben wurden. Für Bundespräsident Wulff gehörte der Islam zu Deutschland (vgl. Wulff, 2011, S. 47). Sein Nachfolger, Bundespräsident Gauck, fügt vorsichtig hinzu: „Jeder, der hierhergekommen ist und nicht nur Steuern bezahlt, sondern auch hier gerne ist, auch weil er Rechte und Freiheiten hat, die er dort, wo er herkommt, nicht hat, der gehört zu uns, solange er diese Grundlagen nicht negiert" (Gauck, 2012, S. 4). Bei Gauck unterliegt die Zugehörigkeit also klaren Bedingungen und damit faktisch der Einschränkung, dass diese Bedingungen gegeben sein müssen, damit Zugehörigkeit bestätigt werden kann.

2. *Die drei skizzierten Grundmodelle für den Zusammenhang zwischen gesellschaftlicher Integration und Religion bzw. religiöser Bildung spiegeln sich auch auf der Ebene der Wertebildung und der Ethik, beispielsweise der Toleranzerziehung deutlich wider. Insofern sind sie von unmittelbar pädagogisch-praktischer Relevanz.*

Im Blick auf Wertebildung und Ethik werden wiederum idealtypisch drei Formen unterschieden, die dann folgendermaßen charakterisiert werden können:
Wertebildung durch Zivilreligion: Diese Form der Wertebildung wendet den zivilreligiösen Gehalt pädagogisch. Wertebildung bedeutet dann den Aufbau von Bindungen an zivilreligiöse Ideale („Nation", „unser Volk" usw.).
Wertebildung gegen Religion: Hier geht es um die Durchsetzung vor allem staatsbürgerlicher Orientierungen gegenüber religiös begründeten Ansprüchen (wie bei dem Beispiel der muslimischen Schülerinnen im französischen Creil). Als

weiteres Beispiel kann das Verständnis von Toleranzerziehung als Überwindung – angeblich stets intoleranter – religiöser Auffassungen genannt werden. Religion erscheint in dieser Sicht als eine Quelle von Intoleranz.

Wertebildung auf der Grundlage wechselseitiger Anerkennung: Diese Form der Wertebildung entspricht einem dialogischen Grundverständnis. Im vorliegenden Zusammenhang kommt es entscheidend darauf an, dass andere hier nicht *trotz*, sondern *mit* ihrer Religion anerkannt werden.

Diese Formen der Wertebildung bedürfen einer weit ausführlicheren Analyse und Erörterung, als sie im Rahmen der vorliegenden Thesen unternommen werden können. Angedeutet sei hier lediglich, dass jede Form der Wertebildung ohne oder gegen Religion von vornherein mit Gegenreaktionen zu rechnen hat, die eine wirksame Wertebildung unwahrscheinlich machen. Darüber hinaus kann sich die angestrebte Wertebildung nicht auf die in den religiösen Traditionen enthaltenen Ressourcen der Werteorientierung stützen. Am Beispiel der Toleranz und der Toleranzerziehung etwa lässt sich leicht zeigen, dass Religion als „Quelle" oder „Wurzel" von Toleranz verstanden werden kann und dass sich daraus zukunftsweisende Perspektiven für Erziehung und Bildung ergeben (vgl. Schwöbel & von Tippelskirch, 2002; Schweitzer & Schwöbel, 2007).

3. *Die Notwendigkeit einer pädagogischen und religionspädagogischen Begleitung von Integrationsprozessen ergibt sich auch aus der Herausforderung für Kinder und Jugendliche, sich im religiös-pluralen Raum der Gesellschaft zu orientieren.*

Bei unseren Untersuchungen im Bereich der Elementar- und Primarerziehung (Schweitzer, Biesinger et al., 2002, 2006; Edelbrock, Schweitzer & Biesinger, 2010) begegnete uns beispielsweise immer wieder das Problem, dass die Kinder und auch zum Teil die jüngeren Jugendlichen Staatsangehörigkeit und Religionszugehörigkeit einander nicht angemessen oder korrekt zuordnen konnten. So kommt es zu vermeintlichen Entgegensetzungen zwischen Muslimen und Deutschen, zwischen Protestanten und Italienern usw.

Offenbar verbinden sich mit Integrationsprozessen gerade auch in multikulturellen und multireligiösen Gesellschaften ausgesprochene Bildungsaufgaben. Wo entsprechende Bildungsangebote fehlen, droht stattdessen die Ausbildung oder Verfestigung von Vorurteilen.

4. *Religiöse Bildung muss sich zwischen den Polen von Fundamentalismus und Relativismus bewegen. Diese allerdings noch sehr vorläufige Orientierung findet inzwischen große Zustimmung und ist weit verbreitet. Einschränkend ist festzuhalten, dass sich aus dieser Richtungsangabe noch kaum konkrete pädagogische Zielsetzungen oder gar Strategien ergeben.*

Dass weder Fundamentalismus noch Relativismus weiterführen, ist inzwischen bekannt und bleibt auch für die Religionspädagogik bedeutsam. Zu fragen ist aber, wie der Raum zwischen diesen beiden Polen ausgefüllt werden soll und kann. Welche Voraussetzungen müssen gegeben sein, damit Fundamentalismus und Relativismus vermieden werden? Welchen Beitrag kann hier (religiöse) Bildung leisten?

Zu beachten ist auch, dass Fundamentalismus mitunter zu einem wohlfeilen Etikett werden kann, das anderen – auch anderen Religionen – gerne angeheftet wird. Das bislang größte Forschungsprojekt zum Fundamentalismus, das in den 1990er Jahren an der Universität Chicago durchgeführt wurde, stieß auch auf das Problem des Anti-Fundamentalismus, der dann als „Fundaphobie" bezeichnet wurde (vgl. Juergensmeyer, 1995). Religiös-fundaphobe Einstellungen gehören so gesehen ebenfalls in den Umkreis der religionspädagogisch zu bearbeitenden Problemlagen im Blick auf die Frage der Integration.

5. *Religiöse Bildung enthält ein religionszivilisierendes Potenzial, das sich jedoch nur unter der Voraussetzung allgemeiner Bildungsansprüche und -kriterien realisieren lässt.*

In bildungstheoretischer Perspektive hat vor allem Dietrich Benner für eine religiöse Bildung plädiert, die konsequent zwischen fundamentalen und fundamentalistischen Orientierungen unterscheidet und die eine solche Unterscheidung als grundlegendes Lern- und Bildungsziel in sich schließt (vgl. Benner, 2008). Für Benner steht dabei außer Frage, dass religiöse Bildung immer auch eine religionskritische Funktion übernehmen muss. Von Bildung kann demnach erst gesprochen werden, wenn fundamentalistische Tendenzen kritisch infrage gestellt werden können. Genau daraus erwächst in dieser Sicht ein zivilisierendes Potenzial von Bildung – durch eine reflexive und damit notwendig kritische Auseinandersetzung mit religiösen Überzeugungen.

Diese bildungstheoretische Forderung gilt natürlich für alle Religionen. Fundamentalismus ist nicht auf bestimmte Religionen begrenzt. Es sollte nicht vergessen werden, dass der Fundamentalismus – zumindest als Selbstbezeichnung – im amerikanischen Christentum des späten 19. Jahrhunderts aufgekommen ist (Überblick: Küenzlen et al., 2000). Eine Gleichsetzung von Islam und Fundamentalismus muss ohnehin ausgeschlossen sein – keine Religion kann oder darf auf einzelne problematische Erscheinungen reduziert werden –, und historisch und sachlich ist die Annahme verfehlt, dass es Fundamentalismus eben nur in der islamischen Religion geben könne.

Der Weg zu einem auch religionskritischen Bildungsverständnis war im Übrigen auch im Christentum lang und keineswegs einfach. Die historische Kritik der Bibel, die beispielsweise auch die Kritik an biblischen Aussagen, etwa zur Rechtfertigung von Kriegen oder zur Rolle der Frau, einschließen sollte und einschließen durfte, konnte erst nach sehr langen Kontroversen Eingang in den schulischen Religionsunterricht finden.

Der Verweis auf Fragen der Bibelauslegung macht auch bewusst, dass der zivilisierende Beitrag religiöser Bildung nicht auf das Fundamentalismus-Problem beschränkt werden darf. Weiterreichend ist eine solche Bildung vielmehr überhaupt die Voraussetzung für eine konstruktive Verbindung religiöser Traditionen und kultureller oder gesellschaftlicher Entwicklungen in der Gegenwart. Eine solche Verbindung kann offenbar nur unter der Voraussetzung gelingen, dass Menschen fähig werden und sind, über die Grenzen der eigenen Religion und Religionszugehörigkeit hinaus mit anderen zu kommunizieren, nicht zuletzt im Blick auf religiöse Überzeugungen und daraus resultierende ethische Orientierungen.

6. Religion und religiöse Bildung sehen sich mit der Vorurteilsproblematik konfrontiert. Religiöse Überzeugungen gelten weithin als ein Faktor, der Vorurteile erzeugt und entsprechend weniger dazu beiträgt, Vorurteile abzubauen, als dass er vielmehr selbst Vorurteile verstärkt. Integration gelingt in dieser Sicht umso besser, je weniger religiöse Einflüsse im Spiel sind.

Im Grunde variiert dieses Argument nur die bereits beschriebene laizistische Auffassung – mit denselben Folgeproblemen eines Abdrängens von Spannungen und Konflikten in die private Sphäre. Dadurch werden sie freilich auch einer pädagogischen Bearbeitung etwa im Rahmen der Schule entzogen.

In der Erziehungswissenschaft nimmt diese Sicht heute mitunter eine systemtheoretisch ausgerichtete Gestalt an. In diesem Falle wird Religion einfach dem problematischen Phänomen der Kulturalisierung zugeschlagen. Wenn beispielsweise Frank-Olaf Radtke, ein Stück weit m.E. zu Recht, argumentiert, dass Kulturen keinen Dialog führen können („Kulturen sprechen nicht"!), setzt er dabei weithin – dann mit weit weniger Recht – auch die Religionen mit den Kulturen gleich (vgl. Radtke, 2011). Während sich tatsächlich sagen lässt, dass Kulturen keine Organisationsgestalt annehmen, trifft dies auf Religionen offenbar nicht zu. Weiterhin sind Bekenntnisse für viele Religionen konstitutiv. Insofern gilt zwar für beide, für Kulturen und Religionen, dass ihre realen Grenzen fließend sind, aber es gilt nicht in gleicher Weise, dass ein Dialog zwischen verschiedenen Religionen von vornherein kein sinnvolles Unternehmen sein kann. Eine Sichtweise, die auf die spezifisch religiösen Verhältnisse nicht eingeht, wird auch dem Zusammenhang zwischen Religion und Integration nicht gerecht. Aus der Kritik an interkulturellen Dialogen folgt noch keine überzeugende Kritik an interreligiösen Dialogen oder am Ansatz eines interreligiösen Lernens.

7. Erst seit 20 oder 30 Jahren beschäftigt sich die christliche Religionspädagogik vermehrt mit interreligiösem Lernen. Interreligiöses Lernen kann jedoch in wichtigen Hinsichten zur Integration beitragen.

Anders als herkömmliche Formen, verschiedene Religionen im Religionsunterricht zu thematisieren – sei es missionarisch und apologetisch oder eher religionskundlich als sogenannte Weltreligionen –, setzt der Ansatz des interreligiösen Lernens auf eine dialogische Ausrichtung (vgl. als Überblick: Rickers, 2001;

monographische Entwürfe: Nipkow, 1998; Lähnemann, 1998; Leimgruber, 2007). Leitend ist dabei erstens die Einsicht, dass zum Aufwachsen in der religiösen Pluralität, die heute als eine der Grundsignaturen vieler Gesellschaften anzusprechen ist, auch die Kenntnis verschiedener religiöser Traditionen gehört. Weiterreichend muss dazu aber, zweitens, die Ausbildung toleranter statt xenophober Einstellungen kommen.

Interreligiöses Lernen kann nach dem zunächst für den christlich-ökumenischen Bereich entwickelten Programm „Gemeinsamkeiten stärken – Unterschieden gerecht werden" ausgelegt werden (so Schweitzer, Biesinger et al., 2006). Ein so verstandenes interreligiöses Lernen ist nicht auf einen Unterricht beschränkt, der – wie etwa in Hamburg – grundsätzlich „für alle" gemeinsam erteilt wird (zu Hamburg: Doedens & Weiße, 1997). Ebenso kann es auch in einem kooperativ dialogischen Unterricht aufgenommen werden – dann etwa in Zusammenarbeit zwischen dem evangelischen, katholischen und – soweit eingerichtet – islamischen Religionsunterricht, und auch im Rahmen des christlichen Religionsunterrichts können entsprechende Aufgaben bereits in Angriff genommen werden.

Interreligiöse Zusammenarbeit in der religionspädagogischen Praxis setzt eine parallele Kooperation in der Wissenschaft voraus, auf die sich die nächste These bezieht.

8. Die christliche Religionspädagogik ist bereit, mit einer islamischen Religionspädagogik zu kooperieren. Ziel der Kooperation ist ein wechselseitiges Verstehen als Grundlage für gegenseitigen Respekt, Anerkennung des Anderen und gemeinsamen Einsatz für Frieden und Gerechtigkeit, in Deutschland und Europa ebenso wie im globalen Horizont.

Die Zusammenarbeit zwischen der evangelischen und katholischen bzw., zusammenfassend formuliert: der christlichen und der islamischen Religionspädagogik steht noch in den Anfängen. Dies liegt nicht an einer fehlenden Bereitschaft – das ist bereits an den Anfängen, die seit mehreren Jahrzehnten gemacht wurden, deutlich abzulesen. Erst seit kurzer Zeit kommt es in Deutschland jedoch zur Einrichtung einer wissenschaftlichen Religionspädagogik im Bereich des Islam – mit religionspädagogischen Lehrstühlen bislang in Erlangen-Nürnberg, Münster und Osnabrück. Damit sind nun auch neue Voraussetzungen für eine christlich-muslimische Kooperation geschaffen, die konsequent genutzt werden sollten, insbesondere für gemeinsame wissenschaftliche Projekte (dazu Schweitzer, 2012).

9. *Insbesondere im BRU muss die Aufgabe des interreligiösen Lernens in Zukunft konsequenter wahrgenommen werden als in der Vergangenheit. Dazu sind nicht zuletzt didaktische Modelle erforderlich, deren Wirksamkeit auch empirisch erprobt werden sollte.*

Der Anteil muslimischer Schülerinnen und Schüler ist im berufsbildenden Bildungswesen vergleichsweise besonders hoch. Bedauerlicherweise wird dort dennoch kein islamischer Religionsunterricht angeboten. Bislang besuchen viele muslimische Jugendliche deshalb den christlichen Religionsunterricht.

Dieser Religionsunterricht bemüht sich zwar um eine entsprechende Offenheit auch für diesen Teil der Schülerschaft, aber ausdrücklich interreligiös ausgerichtete Angebote oder Ansätze sind doch noch selten. Auch ohne einen islamischen Religionsunterricht als ein Gegenüber, das für eine Partnerschaft genutzt werden könnte, bieten sich verschiedene Möglichkeiten einer verstärkt interreligiösen Orientierung an.

Unterstützt werden können solche Perspektiven durch wissenschaftliche Untersuchungen, in denen die Aufgaben und Möglichkeiten interreligiösen Lernens im BRU genauer geprüft und entsprechende Modelle weiterentwickelt werden (vgl. Obermann, 2006; Biesinger et al., 2011). Eine noch offene Frage, die dringend empirisch untersucht werden sollte, betrifft dabei die Wirksamkeit unterschiedlicher Formen interreligiösen Lernens. Denn auch in diesem Falle kann, wie erste Untersuchungen zeigen (vgl. Sterkens, 2001), keineswegs davon ausgegangen werden, dass der Unterricht seine Ziele tatsächlich erreicht.

10. *Der BRU kann dann am besten zur Integration beitragen, wenn er sich nicht auf eine kaum mehr als religiös erkennbare Wertebildung beschränkt, sondern als ein selbst religiös profiliertes Angebot zugleich in ein respektvolles Miteinander unterschiedlicher Kulturen und Religionen einübt.*

Nach dem Gesagten ist unmittelbar deutlich, dass dialogische und auf Anerkennung zielende Lernprozesse am ehesten dort zu erwarten sind, wo religiöse Differenzen nicht privatisiert und aus dem Raum der Schule ausgeschlossen werden. Im Blick auf den BRU bedeutet dies, dass seine Zukunftsgestalt nicht in einer immer stärkeren Annäherung an einen nicht-bekenntnisbezogenen Ethikunterricht oder überhaupt in einer mitunter geforderten Umstellung auf einen solchen Ethikunterricht, der dann den Religionsunterricht insgesamt ablösen soll, bestehen kann. Die pädagogisch größten Chancen liegen vielmehr in einem profilierten und deshalb differenzierten Angebot, das dann als Grundlage für interreligiöse Kooperation genutzt werden kann und auch konsequent in diesem Sinne genutzt werden sollte. Wirklich realisieren lässt sich dies allerdings erst dann, wenn auch im beruflichen Bildungswesen neben christlichen auch etwa islamische Formen von Religionsunterricht verfügbar sind.

5. Zum Schluss: Bleibende Aporien – unausweichliche Herausforderungen

Schon der Integrationsbegriff selbst, so hat sich gezeigt, ist komplex und in vieler Hinsicht problematisch. Er begegnet der Religionspädagogik in der gesellschaftlichen Diskussion. Es handelt sich nicht um einen wissenschaftlichen Begriff, sondern eher um eine Metapher, die sich mit vielerlei Assoziationen und Problemen verbindet. Eine bruchlose Übernahme dieses Begriffs mit seinen Implikationen und Perspektiven in die Religionspädagogik ist nicht möglich bzw. nicht anzustreben. Dass sich die Religionspädagogik gleichwohl mit dem Integrationsthema befassen muss, stellt so gesehen eine bleibende Aporie dar. Auch dort, wo sich die Religionspädagogik nicht auf die Integrationsdebatte einlassen will, weil sie zu problembelastet sei, verschwinden die damit verbundenen Probleme freilich nicht. Insofern handelt es sich um eine unausweichliche Aporie, die sich die Religionspädagogik nicht ersparen kann.

Religionspädagogisch zentral ist die Frage, ob in Gesellschaft und Politik noch immer weit verbreitete Integrationsforderungen, die letztlich allein auf einseitigen Anpassungserwartungen und -forderungen beruhen, zu Gunsten einer Perspektive der wechselseitigen Anerkennung, des Respekts und der Teilhabe an Kultur und Gesellschaft überschritten werden können. Den Kern dieser Frage stellt wiederum, religionspädagogisch gesehen, die Alternative dar: Anerkennung *trotz* oder *mit* Religion?

Eine Form der Anerkennung, die gerade auch für den fremden Anderen akzeptabel ist, kann nicht auf einer Ausgrenzung von Aspekten oder Dimensionen des menschlichen Daseins beruhen, die für den Betroffenen – zumindest der Möglichkeit nach – von vitaler Bedeutung sind. Eben daraus erwächst eine unausweichliche Aufgabe für eine interreligiöse Bildung.

Menschen, denen eine Teilhabe an der Gesellschaft verschlossen bleibt, stellen ebenfalls eine dauerhafte Herausforderung für die Religionspädagogik dar, zumindest soweit sich diese in ihrem Bildungs- und Gerechtigkeitsanliegen von der Gottebenbildlichkeit jedes Menschen leiten lässt.

Literatur

Auernheimer, G. (2012). *Einführung in die Interkulturelle Pädagogik* (6. Aufl.). Darmstadt: Wissenschaftliche Buchgesellschaft.

Bellah, R. N. (1975). *The broken covenant: American civil religion in time of trial.* New York: Seabury Press.

Benner, D. (2008). Religiöse Bildung. Überlegungen zur Unterscheidung zwischen „fundamentalen" und „fundamentalistischen" Konzepten. In F. Schweitzer, V. Elsenbast & C.T. Scheilke (Hrsg.), *Religionspädagogik und Zeitgeschichte im Spiegel der Rezeption von Karl Ernst Nipkow* (S. 151–164). Gütersloh: Gütersloher Verlagshaus.

Benz, W. (2011). *Antisemitismus und „Islamkritik". Bilanz und Perspektive.* Berlin: Metropol.

Benz, W. & Bergmann, W. (1998). *Vorurteil und Völkermord. Entwicklungslinien des Anti-semitismus.* Freiburg i. Br.: Herder.

Biesinger, A., Kießling, K., Jakobi, J. & Schmidt, J. (Hrsg.) (2011). *Interreligiöse Kom-petenz in der beruflichen Bildung. Pilotstudie zur Unterrichtsforschung.* Berlin: LIT.

Böckenförde, E.-W. (1992). *Recht, Staat, Freiheit. Studien zur Rechtsphilosophie, Staats-theorie und Verfassungsgeschichte* (2. Aufl.). Frankfurt a. M.: Suhrkamp.

Decker, O. & Langenbacher, N. (2010). *Die Mitte in der Krise. Rechtextreme Einstellungen in Deutschland 2010.* (Studie im Auftrag der Friedrich-Ebert-Stiftung). Berlin: Friedrich-Ebert-Stiftung.

Diehm, I. & Radtke, F.-O. (1999). *Erziehung und Migration. Eine Einführung.* Stuttgart, Berlin, Köln: Kohlhammer.

Doedens, F. & Weiße, W. (Hrsg.) (1997). *Religionsunterricht für alle. Hamburger Perspektiven zur Religionsdidaktik.* Hamburg: Pädagogisch-theologisches Institut.

Edelbrock, A., Schweitzer, F. & Biesinger, A. (Hrsg.) (2010). *Interreligiöse und Inter-kulturelle Bildung in der Kita. Eine Repräsentativbefragung von Erzieherinnen in Deutschland – interdisziplinäre, interreligiöse und internationale Perspektiven.* Münster: Waxmann.

Gauck, J. (2012, 31. Mai). Meine Seele hat Narben. *Die Zeit,* S. 3.

Gottschlich, J. & Zaptçıoğlu, D. (2005). *Das Kreuz mit den Werten. Über deutsche und tür-kische Leitkulturen.* Hamburg: Edition Körber-Stiftung.

Huber, W. (1998). *Kirche in der Zeitenwende. Gesellschaftlicher Wandel und Erneuerung der Kirche.* Gütersloh: Verlag Bertelsmann Stiftung.

Ilg, W., Schweitzer, F. & Elsenbast, V. (2009). *Konfirmandenarbeit in Deutschland. Empirische Einblicke, Herausforderungen, Perspektiven. Mit Beiträgen aus den Landeskirchen.* Gütersloh: Gütersloher Verlagshaus.

Juergensmeyer, M. (1995). Antifundamentalism. In M. E. Marty & R. S. Appleby (Hrsg.). *The Fundamentalism Project* (Bd. 5, S. 353–366). Chicago & London: University of Chicago Press.

Knabe, F. (2000). *Sprachliche Minderheiten und nationale Schule in Preußen zwischen 1871 und 1933. Eine bildungspolitische Analyse.* Münster: Waxmann.

Küenzlen, G., Kienzler, K., Hamilton, M. S., Mittleman, A. L., Wielandt, R., Kiehnle, C., Zehner, J., Lutze, K., Dressler, B. & Figal, G. (2000). Art. Fundamentalismus. In *RGG* (4. Aufl., Bd. 3, Sp. 414–425). Tübingen: Mohr-Siebeck.

Lähnemann, J. (1998). *Evangelische Religionspädagogik in interreligiöser Perspektive.* Göttingen: Vandenhoeck & Ruprecht.

Leimgruber, S. (2007). *Interreligiöses Lernen* (Neuausgabe). München: Kösel.

Nipkow, K. E. (1998). *Bildung in einer pluralen Welt. Bd. 2. Religionspädagogik im Pluralismus.* Gütersloh: Gütersloher Verlagshaus.

Nipkow, K. E. & Schweitzer, F. (Hrsg.) (1991). *Religionspädagogik. Texte zur evangeli-schen Erziehungs- und Bildungsverantwortung seit der Reformation. Bd. 1. Von Luther bis Schleiermacher.* München: C. Kaiser.

Obermann, A. (2006). *Religion unterrichten zwischen Kirchturm und Minarett. Perspektiven für einen dialogisch-konfessorischen Unterricht der abrahamischen Religions-gemeinschaften an berufsbildenden Schulen.* Münster: LIT.

Radtke, F.-O. (2011). *Kulturen sprechen nicht. Die Politik grenzüberschreitender Dialoge.* Hamburg: Hamburger Edition.

Rickers, F. (2001). Art. Interreligiöses Lernen. In N. Mette & F. Rickers (Hrsg.), *Lexikon der Religionspädagogik* (Sp. 874–881). Neukirchen-Vluyn: Neukirchener Verlagshaus.

Rousseau, J.-J. (1986). *Vom Gesellschaftsvertrag oder Grundsätze des Staatsrechts* (Nachdruck. Durchges. u. bibliogr. erg. Ausg.). Stuttgart: Reclam.

Schweitzer, F. (1999). Zivilgesellschaft – Schule – Religion. Welchen Religionsunterricht braucht eine zivilgesellschaftliche Demokratie? In C. T. Scheilke & F. Schweitzer

(Hrsg.), *Religion, Ethik, Schule. Bildungspolitische Perspektiven in der pluralen Gesellschaft* (S. 295–307). Münster: Waxmann.

Schweitzer, F. (2006). *Religionspädagogik.* Gütersloh: Gütersloher Verlagshaus.

Schweitzer, F. (2012). Religionspädagogik im Plural. Aufgaben der evangelischen Religionspädagogik im Kontext islamischer Religionspädagogik. *Zeitschrift für Pädagogik und Theologie, 64,* 66–74.

Schweitzer, F. & Biesinger, A. (2002). *Gemeinsamkeiten stärken – Unterschieden gerecht werden. Erfahrungen und Perspektiven zum konfessionell-kooperativen Religionsunterricht.* Freiburg i. Br.: Herder. Gütersloh: Gütersloher Verlagshaus.

Schweitzer, F. & Biesinger, A. (2006). *Dialogischer Religionsunterricht. Analyse und Praxis konfessionell-kooperativen Religionsunterrichts im Jugendalter.* Freiburg i. Br.: Herder.

Schweitzer, F. & Schwöbel, C. (Hrsg.) (2007). *Religion – Toleranz – Bildung.* Neukirchen-Vluyn: Neukirchener Verlagshaus.

Schwöbel, C. & von Tippelskirch, D. (Hrsg.) (2002). *Die religiösen Wurzeln der Toleranz.* Freiburg i. Br.: Herder.

Soëtard, M. (1998). Die Gefährdung der Allgemeinbildung durch das Kopftuch. In I. Gogolin, M. Krüger-Potratz & M.A. Meyer (Hrsg.), *Pluralität und Bildung* (S. 43–53). Opladen: Leske & Budrich.

Sterkens, C. (2001). *Interreligious learning. The problem of interreligious dialogue in primary education.* Leiden, Boston, Köln: Brill.

Wulff, C. (2011). Vielfalt schätzen – Zusammenhalt fördern. Rede beim Festakt „20 Jahre Deutsche Einheit" am 3. Oktober 2010 in Bremen. In *Reden und Interviews. Der Bundespräsident. Christian Wulff* (Bd. 1, 30. Juni 2010–1. Mai 2011, S. 37–56). Berlin: Bundespräsidialamt.

Yousefi, H. R. & Braun, I. (2011). *Interkulturalität. Eine interdisziplinäre Einführung.* Darmstadt: Wissenschaftliche Buchgesellschaft.

Dieter Hermann

Normative Integration durch christlich religiöse Werte

1. Einleitung

Zygmunt Bauman charakterisiert die Postmoderne als radikale individualistische Gesellschaft ohne universelle Maßstäbe – als den Punkt in der gesellschaftlichen Entwicklung, an dem das Freisetzen aller gebundenen Identität zum Abschluss kommt (vgl. Bauman, 1995). Trifft diese Diagnose auf die gegenwärtige Situation zu, dürfte Integration, verstanden als Eingliederung in ein Ganzes, kaum mehr möglich sein. Allerdings scheint es mindestens eine Ausnahme zu geben, denn nach wie vor ist ein breiter gesellschaftlicher Konsens in der Beurteilung von solchen Normen erkennbar, die zentrale Schutzgüter wie körperliche Unversehrtheit, Meinungsfreiheit und das persönliche Eigentum zum Gegenstand haben (vgl. Würtenberger, 1999; Hermann, 2009). Bei diesen Themen findet der individualistische Relativismus der Postmoderne seine Grenze. Ein Amoklauf, die Unterdrückung von Volksgruppen, der Missbrauch und die Ausbeutung von Kindern beispielsweise rufen durchweg Empörung hervor. Dies spricht zumindest bei zentralen Normen für einen breiten gesellschaftlichen Konsens.

,Normative Integration' meint den Prozess der Verinnerlichung von gesellschaftlich akzeptierten Normen. Eine erfolgreiche Normensozialisation ist nach Emile Durkheim eine zentrale Bedingung für den gesellschaftlichen Zusammenhalt, denn es sind insbesondere gemeinsame Normen, die eine integrative Funktion haben (vgl. Durkheim 2004; Friedrichs & Jagodzinski, 1999). Die Frage nach den Bedingungen normativer Integration ist somit insbesondere eine Frage nach den Bedingungen gesellschaftlicher Stabilität. Hier soll lediglich ein Teilaspekt dieser Thematik behandelt werden: Welchen Beitrag leisten christlich-religiöse Werte zur Akzeptanz von Rechtsnormen? Dazu werden die Daten aus zwei empirischen Studien zu dieser Fragestellung untersucht. Die beiden Erhebungen unterscheiden sich in erster Linie im Alter der Befragten, so dass von Kindern bis Senioren alle Altersgruppen berücksichtigt wurden.

2. Forschungsstand

Die Studien zu dieser Thematik befassen sich in der Regel nicht mit religiösen Werten und Normakzeptanz, sondern mit den Verhaltensaspekten beider Bereiche, nämlich Kirchgangshäufigkeit und kriminelles Handeln. Trotzdem bieten diese Studien Hinweise auf die Beziehung zwischen religiösen Werten und Normakzeptanz, ist doch die Kirchgangshäufigkeit von der Wichtigkeit religiöser Werte und kriminelles Handeln von der Normakzeptanz abhängig (vgl. Hermann, 2003). Die meisten Studien dazu wurden in den USA durchgeführt. In der europäischen kriminologischen Forschung hat diese Thematik nur wenig Beachtung gefunden – in dem Sammelband von Albert Biesinger, Hans-Jürgen Kerner, Gunther Klosinski und Friedrich Schweitzer sind Ausnahmen dokumentiert (vgl. Biesinger, Kerner, Klosinski & Schweitzer, 2005).

Die Alltagsvorstellungen zur Frage nach dem Einfluss von christlicher Religiosität auf Delinquenz sind einfach und klar: Je ausgeprägter die religiöse Bindung ist, desto geringer ist die Wahrscheinlichkeit delinquenten Handelns. Eine praktische Anwendung fand diese Vorstellung in der Neukonzeption des Strafvollzugs im 16. Jahrhundert. Die Haftstrafe sollte nicht mehr nur der Verwahrung bis zur Vollstreckung von Leibes- oder Lebensstrafen dienen, sondern die Inhaftierten bessern, insbesondere durch die Hinwendung zur christlichen Religion (vgl. Laubenthal, 2011). Die plakative Vorstellung, der Gläubige sei kriminalitätsresistent, und der Ungläubige sei zur Kriminalität bereit, wird von Hans Jürgen Kerner kritisiert, belege doch die moderne Dunkelfeldforschung, dass Menschen nicht trennscharf in Kriminelle und Nichtkriminelle aufgeteilt werden können (vgl. Kerner, 2005). Zudem sind die meisten Effektschätzungen in empirischen Untersuchungen zum Zusammenhang zwischen christlicher Religiosität und Kriminalität meist relativ klein, so dass diese Alltagsvorstellung in Frage gestellt werden kann. Beispielsweise wurde in der bekannten Untersuchung von Travis Hirschi und Rodney Stark kein Zusammenhang zwischen Kirchgangshäufigkeit und Delinquenz sowie der Akzeptanz ethischer Prinzipien gefunden (vgl. Hirschi & Stark, 1969). In der Replikationsstudie von Paul Higgins und Gary Albrecht war der Zusammenhang lediglich schwach, aber erwartungskonsistent (vgl. Higgins & Albrecht, 1977).

Auf Grund der zahlreichen Studien zu der Thematik liegen inzwischen zusammenfassende Analysen vor. In einer systematischen Literaturübersicht haben Byron R. Johnson, Spencer De Li, David B. Larson und Michael McCullough insgesamt 40 einschlägige empirische Untersuchungen zusammengefasst (vgl. Johnson, Li, Larson & McCullough, 2000). In 75 Prozent der Studien wurden erwartungskonforme Beziehungen zwischen Religiosität und Kriminalität gefunden. Lediglich in einer einzigen Studie wurde eine kriminalitätsfördernde Wirkung von Religiosität berichtet. Die Ergebnisse der Studien waren insbesondere von der Messung von Religiosität abhängig: Je differenzierter die Messung erfolgte, desto größer war die Wahrscheinlichkeit erwartungskonformer Resultate. Wurde in Studien lediglich eine einzige Dimension von Religiosität erfasst, waren 70 Prozent der Resultate erwartungskonform; wurden hingegen mindestens vier Religiositätsdimensionen berücksichtigt, lag der Anteil bei 100 Prozent.

Colin J. Baier und Bradley R. E. Wright haben eine Metaanalyse von 60 einschlägigen empirischen Studien durchgeführt (vgl. Baier & Wright, 2000). Die Effektschätzungen für den Zusammenhang zwischen Religiosität und Delinquenz wurden von den Verfassern in Pearsonsche Korrelationskoeffizienten umgerechnet. Diese variierten zwischen 0,0 und −0,47. Der Durchschnittswert lag bei −0,12.

Das negative Vorzeichen der Koeffizienten bedeutet, dass Religiosität mit einer vergleichsweise niedrigen Delinquenzwahrscheinlichkeit korrespondiert. Keine der berücksichtigten Studien hatte ein erwartungswidriges Ergebnis. Die Größe der Koeffizienten und damit die Stärke des Zusammenhangs zwischen Religiosität und Delinquenz waren von der Zusammensetzung und Größe der Stichprobe sowie vom Zeitpunkt der Untersuchung abhängig. Je größer die Variation in der Religiosität, je kleiner die Stichprobe und je jünger eine Studie war, desto ausgeprägter war der Zusammenhang. Die beiden erstgenannten Bedingungen sind Ausdruck statistischer Gesetzmäßigkeiten: Eine geringe Variation in der unabhängigen Variable korrespondiert in der Regel mit einem geringen Erklärungspotenzial, und die Stärke von Zusammenhangsmaßen ist von der Fallzahl abhängig. Interessant ist die Feststellung, dass die Ergebnisse vom Zeitpunkt der Untersuchung abhängen, denn die meisten Studien zu der Thematik sind bereits älter. So entsteht bei einer undifferenzierten Forschungsübersicht fälschlicherweise der Eindruck, Religion habe einen geringen Einfluss auf Kriminalität.

3. Theoretische Reflexion

Die theoretische Begründung eines empirischen Zusammenhangs bezeichnet Max Weber als erklärendes Verstehen (vgl. Sukale, 2002, S. 422f.). Nach dieser Sicht sind Theorie und Empirie einander ergänzende Teile des wissenschaftlichen Erkenntnisprozesses. Eine theoretische Erklärung für den Einfluss von Werten auf die Akzeptanz von Normen sowie auf Handeln liefert eine Handlungstheorie, die in der Tradition von Max Weber und Talcott Parsons steht (vgl. Parsons, 1937/1967). Demnach sind Normen und Werte zentrale Kategorien zur Erklärung menschlichen Handelns. Werte können als zentrale und abstrakte Zielvorstellungen und Lebensprinzipien definiert werden, Normen sind Verhaltensvorschriften und Verhaltenserwartungen. In dieser Handlungstheorie wird der Mensch als produktiv-realitätsverarbeitendes Subjekt gesehen, das in eine komplexe Umwelt eingebunden ist (vgl. Hurrelmann, 1983). Zur Reduzierung der Komplexität, zur Verarbeitung der Informationen und zur Auswahl von subjektiv Wichtigem werden seitens der Akteure Werte verwendet. Diese ,Filter' beeinflussen das Ergebnis der Informationsverarbeitung sowie die Auswahl von Handlungszielen und von Mitteln zur Zielerreichung. Durch Werte können wichtige von unwichtigen Handlungszielen unterschieden werden. Ein zweites Selektionsinstrument greift auf die Beurteilung von Normen zurück; mit diesem Instrument können akzeptierte von nicht akzeptierten Handlungsmitteln abgegrenzt werden. Normen sind Konkretisierungen von Werten, so dass ein Einfluss von Werten auf die Akzeptanz von Normen angenommen werden kann. Jede Handlung ist demnach das Ergebnis der Wahrnehmung der Situation sowie der Auswahl von Handlungszielen und Handlungsmitteln, und auf allen diesen Ebenen sind Werte und Normen von Bedeutung.

Nach der Handlungs- und Systemtheorie von Parsons stehen Wertorientierungen und Glaubensüberzeugungen von Individuen und von Umgebungssyste-
men wie Gesellschaft, Institutionen und peer-groups in einem Interdependenzver-
hältnis. Die Wertevermittlung wird als Sozialisationsprozess gesehen, bei dem die
Wertorientierungen wichtiger Bezugspersonen eine zentrale Rolle spielen, wobei
Werte nicht einfach übernommen, sondern in Abhängigkeit vom Entwicklungsni-
veau reflektiert und an die Erfahrungswelt angepasst werden (vgl. Hermann, 2003).
Nach diesem Modell der Handlungstheorie kann, vereinfacht gesprochen, eine
Kausalkette postuliert werden, die von den Werten des Umgebungssystems des
Handelnden ausgeht; diese beeinflussen seine Wertepräferenzen und in der Folge
davon sein Normverständnis und Handeln.

4. Empirische Studien

4.1 Daten und Operationalisierungen

Die Daten zu den hier berichteten Ergebnissen stammen aus mehreren Projekten, wobei in der erstgenannten Studie Erwachsene und in der zuletzt aufgeführten
Untersuchung Kinder im Mittelpunkt stehen.
- Studie 1: Repräsentative Bevölkerungsbefragung in Heidelberg aus dem Jahr
  2009. Die Grundgesamtheit bildeten die Bewohnerinnen und Bewohner der
  Kommune, sofern sie zum Befragungszeitpunkt zwischen 14 und 70 Jahre alt
  waren. Aus diesem Personenkreis wurden zufällig Personen ausgewählt; davon
  haben etwa 1.600 an der Befragung teilgenommen (vgl. Hermann, 2009). Bei
  der Studie handelt es sich um eine Replikation einer Befragung aus dem Jahr
  1998 (vgl. Hermann, 2003).
- Studie 2: Repräsentative Panelbefragung von Kindern und einem Elternteil
  in Deutschland durch die Forschungsgruppe Religion und Gesellschaft.[1] Der
  Beginn der Untersuchung war Mitte 2010. Die Grundgesamtheit bildeten die
  Kinder in Deutschland, die bei der Erstbefragung acht und neun Jahre alt waren.
  Die Auswahl erfolgte durch eine Zufallsstichprobe. Die erste Welle diente in erster Linie der Erfassung der Panelbereitschaft. Diese Personen wurden Ende 2010
  erneut befragt; an der zweiten Welle haben sich etwa 1.200 Kinder und Eltern
  beteiligt; diese Daten werden für die Analyse verwendet (vgl. Forschungsgruppe
  Religion und Gesellschaft, 2012; Hermann, 2012).

Die Messung von Wertorientierungen erfolgte in den oben aufgeführten Studien
mit Hilfe der Skala ‚Individuelle reflexive Werte‘ (vgl. Hermann, 2004). Sie besteht
aus einer Itemliste, die erstrebenswerte Dinge und Lebenseinstellungen für das
Individuum aufzählt, wobei deren Wichtigkeit anhand einer Ratingskala angegeben
werden soll. Das Instrument basiert auf Arbeiten von Klages, wobei die von ihm

---

1   Siehe: http://www.frg.de.tf.

entwickelten Fragen um kriminologisch relevante Aspekte ergänzt wurden (vgl. Klages, 1992; Klages & Gensicke, 1993). Der Fragentext lautet: „Jeder Mensch hat ja bestimmte Vorstellungen, die sein Leben und Denken bestimmen. Für uns sind Ihre Vorstellungen wichtig. Wenn Sie einmal daran denken, was Sie in Ihrem Leben eigentlich anstreben: Wie wichtig sind Ihnen dann die Dinge und Lebenseinstellungen, die wir hier aufgeschrieben haben?". Die Itemliste besteht aus 34 Statements wie beispielsweise „Gesetz und Ordnung respektieren", „Sozial benachteiligten Gruppen helfen", „An Gott glauben", „Die guten Dinge des Lebens genießen", „Am Althergebrachten festhalten" und „Hart und zäh sein".

Dieses Instrument wurde in Befragungen von Jugendlichen, Heranwachsenden und Erwachsenen eingesetzt. Für die Erhebungen bei Kindern wurde die Fragestellung vereinfacht: „Jeder Mensch hat etwas, das für ihn besonders wichtig ist. Wie wichtig sind für Dich die Dinge, die wir hier aufgeschrieben haben?" Die Itemliste wurde reduziert und vereinfacht: „Mich an die Regeln der Schule zu halten", „Anderen Menschen zu helfen", „An Gott zu glauben" und „So zu leben, wie Gott es will".

Die Items der Skala ‚Individuelle reflexive Werte' können mit den Daten der Bevölkerungsbefragungen in Heidelberg aus den Jahren 1998 und 2009 durch eine Faktorenanalyse (mit schiefwinkliger Rotation) in neun empirisch unterscheidbare Dimensionen aufgeteilt werden. Diese neun Wertedimensionen können wiederum mittels einer Faktorenanalyse (mit orthogonaler Rotation) drei übergeordneten Dimensionen zugeordnet werden. Diese können als traditionelle Werte, als moderne idealistische Werte und als moderne materialistische Werte bezeichnet werden. Die Dimension mit den traditionellen Werten umfasst die Orientierung an Leistung, Religion und sozialen Normen, sowie eine konservative Orientierung; moderne idealistische Werte umfassen eine sozialintegrative, politisch tolerante, ökologisch-alternative und altruistische Orientierung und in modernen materialistischen Werten sind subkulturelle und hedonistische Präferenzen subsumiert (vgl. Hermann, 2003, S. 192f). Das Problem einer faktorenanalytischen Konstruktion einer Skala ist, dass nicht unterschieden werden kann, ob zwei hoch korrelierte Items Indikatoren einer Dimension sind oder ob die Indikatoren in einer kausalen Beziehung zueinander stehen. Rokeach hat versucht, dieses Problem durch die Annahme einer hierarchischen Struktur des Werteraums, nämlich der Unterscheidung zwischen terminalen und instrumentellen Werten, zu lösen, wobei die erstgenannten Werte als Basiswerte definiert werden können (vgl. Rokeach, 1973). Für die Wahl von religiösen Werten als Basiswerte oder Werte 1. Ordnung sprechen fünf Argumente: (1) Zumindest auf der Makroebene sind religiöse Werte eine Bedingung für Leistungsorientierung (vgl. Weber, 1904/2010),[2] (2) religiöse Werte sind vergleichsweise umfassend und berücksichtigen als einzige transzendente Bereiche, (3) die christliche Religion betrifft andere Wertebereiche, indem die Bibel normative Aussagen über Egoismus, Altruismus, Hedonismus, Toleranz, Menschenwürde und

---

2   Nach Max Weber ist die protestantische Ethik eine Bedingung für die Förderung von Leistungsbereitschaft und folglich für die Entstehung des Kapitalismus.

Bewahrung der Schöpfung macht, (4) die postulierte Wertehierarchie ist empirisch abbildbar und (5) christlich-religiöse Werte haben eine Schlüsselstellung in der Wertesozialisation. Die Analysen zu den beiden letztgenannten Punkten sind unten aufgeführt (vgl. Hermann, im Druck).

Greift man die Idee des hierarchischen Werteraums auf und definiert religiöse Werte als Werte 1. Ordnung und alle anderen Wertebereiche als Werte 2. Ordnung, führt eine faktorenanalytische Differenzierung des letztgenannten Wertebereichs zu acht Dimensionen, die in einer weiteren Analyse zu drei übergeordneten Dimension zusammengefasst werden können: Nomozentrierte-konservative Leistungsorientierung, idealistische Werte und hedonistisch-materialistische Werte. Die Struktur des gesamten Werteraums ist in Tabelle 1 dargestellt. Diese Struktur kann faktorenanalytisch sowohl mit den Daten der Bevölkerungsbefragungen aus Heidelberg und Freiburg aus dem Jahr 1998 und den Daten der Replikationsstudie für Heidelberg aus dem Jahr 2009 reproduziert werden (vgl. Hermann, im Druck).

Tabelle 1: Struktur des Werteraums

Werte erster Ordnung	Items
Christlich religiöse Werte	• Wichtigkeit des Glaubens an Gott • Wichtigkeit der Ausrichtung des Lebens nach christlichen Normen und Werten

Werte zweiter Ordnung	Untergeordnete Wertedimension
Nomozentrierte-konservative Leistungsorientierung	• Normorientierte Leistungsethik • Konservative Orientierung
Idealistische Werte	• Sozialer Altruismus • Politisch tolerante Orientierung • Ökologische Orientierung • Sozialintegrative Orientierung
Hedonistisch-materialistische Werte	• Subkulturell-materialistische Orientierung • Hedonistische Orientierung

In der Kinder- und Elternbefragung wurde ein vereinfachtes Werteinventar verwendet. Dadurch können lediglich zwei Wertedimensionen unterschieden werden: Christlich religiöse Werte und nomozentrierte-idealistische Werte. Die Items zur erstgenannten Dimension lauten für den Kinderfragebogen „An Gott zu glauben" und „So zu leben, wie Gott es will". Die zuletzt erwähnte Wertedimension hat die Indikatoren: „Mich an die Regeln der Schule zu halten" und „Anderen Menschen zu helfen". Der Fragentext für Erwachsene unterscheidet sich lediglich in der sprachlichen Komplexität. Im vereinfachten Werteinventar werden die Werteitems zu Idealismus und Nomozentrierung zu einer Dimension zusammengefasst, während sie bei einer umfassenden Messung auf zwei Dimensionen aufgeteilt sind (siehe Tabelle 1).

Die Messung der Normakzeptanz erfolgte in der Heidelberger Befragung (Studie 1) mit Hilfe einer Skala, mit der erfasst wurde, wie schlimm verschiedene Handlungen bewertet werden. Der Fragentext lautet: „Über verschiedene Verhaltensweisen kann man geteilter Meinung sein. Bitte geben Sie an, ob für Sie die nachfolgend aufgelisteten Handlungen ein schlimmes Verhalten sind oder nicht." Die Liste umfasst Verhaltensbeschreibungen wie „In öffentlichen Verkehrsmitteln kein Fahrgeld zahlen", „In einem Kaufhaus Waren im Wert von etwa 50 € einstecken, ohne zu bezahlen", „Kokain nehmen", „Steuern hinterziehen, wenn man die Möglichkeit hat" und „Schmiergelder annehmen". Für jedes Item kann abgestuft angegeben werden, ob das entsprechende Verhalten persönlich überhaupt nicht als schlimm oder im Extremfall als sehr schlimm angesehen wird. Alle Items laden auf einer einzigen Dimension.

In der Kinder- und Elternbefragung (Studie 2) wurde ein vereinfachtes Instrument zur Erfassung der Normakzeptanz verwendet, das zudem nur im Kinderfragebogen enthalten ist. Die Items lauten: „In einem Kaufhaus eine CD stehlen", „Rauchen", „Einen Schwächeren schlagen", „Etwas absichtlich kaputt machen" und „Schule schwänzen". Auch diese Items können einer einzigen Dimension zugeordnet werden.

4.2 Der Einfluss religiöser Werte auf die Akzeptanz von Normen in der Gesamtbevölkerung

Die Daten zu der Analyse stammen aus der Bevölkerungsbefragung in Heidelberg aus dem Jahr 2009 (Studie 1). In der Stichprobe sind alle Altersjahrgänge von 14 bis 70 etwa gleich stark vertreten; Frauen sind im Vergleich zu Männern leicht überrepräsentiert. Die Verteilung religiöser Werte entspricht näherungsweise einer Gleichverteilung, wobei die Extrempunkte überrepräsentiert sind. In den Schaubildern 1 und 2 sind die Häufigkeitsverteilungen der Antworten auf die Fragen nach religiösen Werten dargestellt. Die Antworten auf die Fragen nach der Normakzeptanz sind schief verteilt: Bildet man den Durchschnitt über alle Items zur Normakzeptanz, finden 86 Prozent eine Normübertretung schlimm oder sehr schlimm.

Dieter Hermann

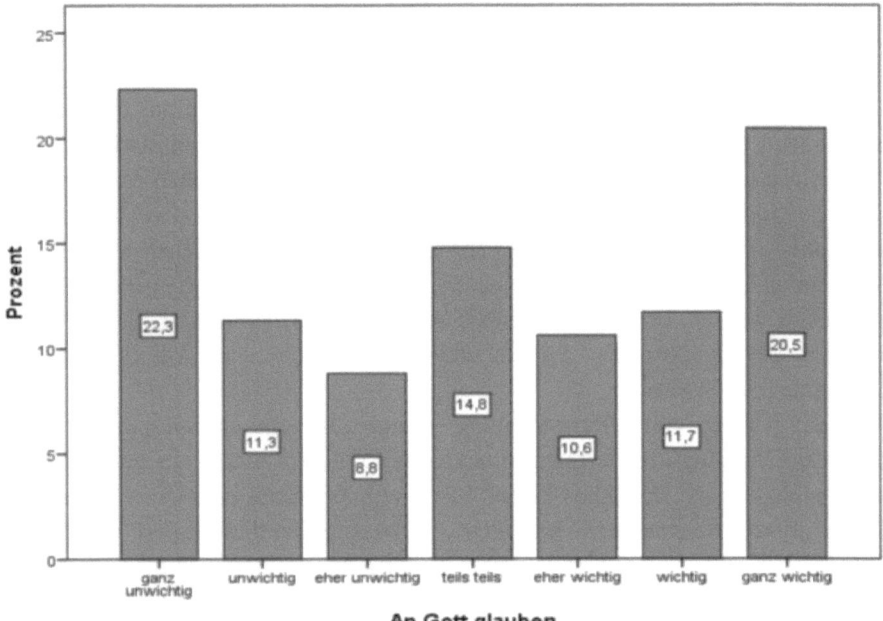

Schaubild 1: Messung christlich-religiöser Werte: Häufigkeitsverteilung der Antworten auf die
             Frage nach der Wichtigkeit des Glaubens an Gott (Studie 1)

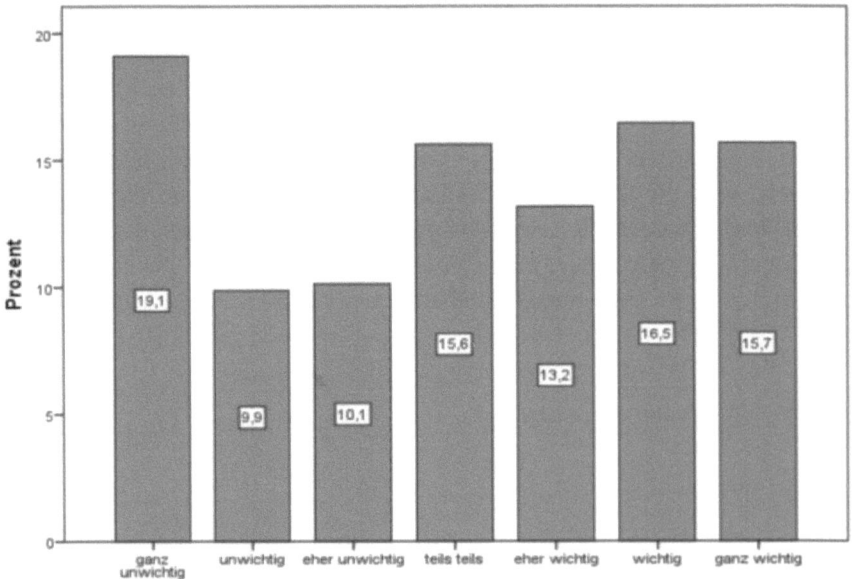

Schaubild 2: Messung christlich-religiöser Werte: Häufigkeitsverteilung der Antworten auf die
             Frage nach der Wichtigkeit, das Leben nach christlichen Normen und Werten aus-
             zurichten (Studie 1)

Für die Analyse des Einflusses christlich-religiöser Werte auf die Akzeptanz von Rechtsnormen wird die Beziehung in einem Strukturgleichungsmodell abgebildet. Dabei handelt es sich um ein statistisches Verfahren, das Kausalstrukturen abbilden und die Einflussstärken schätzen kann (vgl. Reinecke, 2005; Weiber & Mühlhaus, 2010). Bei dem Verfahren wird zwischen latenten und manifesten Variablen unterschieden. Manifeste Variablen sind solche, die direkt gemessen wurden, latente Variablen sind nicht direkt erfassbar, sondern lediglich über Indikatoren. In Bezug auf Wertorientierungen ist die Beziehung zwischen latenten und manifesten Variablen in Tabelle 1 beschrieben; in Bezug auf die Normakzeptanz sind alle einschlägigen oben aufgeführten Items manifeste Variablen, die der latenten Variable ,Normakzeptanz' zugeordnet werden können.

Für die Entwicklung eines Endmodells, das lediglich hoch signifikante Effekte berücksichtigt, wurden aus einem Anfangsmodell alle nicht hoch signifikanten Pfade eliminiert. Im Anfangsmodell wurde postuliert, dass (1) demografische Merkmale wie Alter und Geschlecht Effekte auf alle anderen Modellvariablen wie Wertorientierungen und Normakzeptanz haben, (2) christlich religiöse Werte alle anderen Wertebereiche tangieren und (3) die Normakzeptanz von allen anderen Modellvariablen beeinflusst wird.

Das Ergebnis der Analyse über den Einfluss von religiösen und anderen Werten auf die Akzeptanz von Normen ist in Schaubild 3 dokumentiert (Endmodell). Dabei sind die Einflüsse demografischer Variablen nicht dargestellt. Die dargestellten Effektschätzungen sind standardisierte Pfadkoeffizienten. Diese Zahlen sind so zu interpretieren, dass die Größe ein Maß für die Effektstärke ist, wobei die Grenzen dieser Statistik bei +1 und -1 liegen. Ein Wert von null bedeutet, dass kein linearer Zusammenhang besteht.

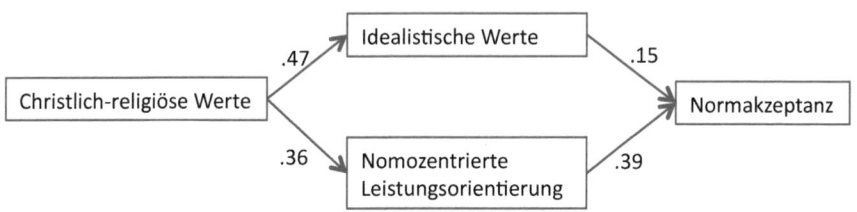

Schaubild 3: Strukturgleichungsmodell zum Einfluss von (religiösen) Werten auf die Akzeptanz von Normen – Bevölkerungsbefragung (14-70 Jahre)

Die Analyse bestätigt den starken Einfluss christlich-religiöser Werte auf andere Wertedimensionen, insbesondere auf idealistische Werte und auf die nomozentrierte Leistungsorientierung. Der Effekt christlich-religiöser Werte auf hedonistisch-materialistische Werte ist vernachlässigbar – deshalb wird diese Wertedimension hier nicht berücksichtigt. Die beiden außerreligiösen Wertedimensionen beeinflussen die Normakzeptanz. Somit kann von einer Kausalkette ausgegangen werden, bei der christlich-religiöse Werte den Ausgangspunkt bilden. Je wichtiger einer Person christlich-religiöse Werte sind, desto wichtiger sind auch idealistische Werte sowie die nomozentrierte Leistungsorientierung – und in der Folge davon auch die Akzeptanz von Rechtsnormen. Somit hat die Bindung an christlich-religiöse Werte eine hohe Normakzeptanz zur Folge, vermittelt durch andere Wertebereiche.

4.3 Der Einfluss religiöser Werte auf die Akzeptanz von Normen bei Kindern

Die Daten zu der Analyse stammen aus einer bundesweiten Befragung von 8- bis 9-jährigen Kindern und dem Elternteil, der für die religiöse Erziehung zuständig ist (Studie 2). Das Durchschnittsalter der befragten Erwachsenen lag bei 40 Jahren; 83 Prozent davon waren weiblich. Dies zeigt, dass religiöse Erziehung nach wie vor ‚Frauensache' ist.

Die Verteilung religiöser Werte ist schief. In den Schaubildern 4 und 5 sind die Häufigkeitsverteilungen der Antworten auf die Fragen nach religiösen Werten dargestellt. Es zeigt sich, dass für Kinder religiöse Werte wichtiger sind als für Erwachsene. Für Kinder scheint der Glaube an Gott normal zu sein, während Erwachsene skeptischer sind. Auch die Antworten auf die Fragen nach der Normakzeptanz sind schief verteilt: In der Regel wird eine Normübertretung sowohl von Eltern als auch von Kindern als schlimm oder sehr schlimm angesehen.

Für die Analyse des Einflusses christlich-religiöser Werte auf die Akzeptanz von Rechtsnormen wird wie oben die Beziehung in einem Strukturgleichungsmodell abgebildet und nach dem gleichen Algorithmus ein Endmodell kreiert. Allerdings wird hier zusätzlich postuliert, dass die Werte der Eltern einen Einfluss auf die Werte der Kinder haben. In Schaubild 6 ist das Endmodell dargestellt. Auch hier sind die Effekte von Alter und Geschlecht zwar berücksichtigt, aber nicht dargestellt.

Es zeigt sich, dass bei Kindern und Eltern ein deutlicher Einfluss christlich-religiöser Werte auf nomozentrierte idealistische Werte vorhanden ist. Diese Werte beeinflussen die Normakzeptanz. Je wichtiger einem Kind christlich-religiöse Werte sind, desto wichtiger sind auch nomozentrierte-idealistische Werte – und in der Folge davon auch die Akzeptanz von Rechtsnormen. Somit hat auch bei Kindern die Bindung an christlich-religiöse Werte eine hohe Normakzeptanz zur Folge, vermittelt durch andere Wertebereiche.

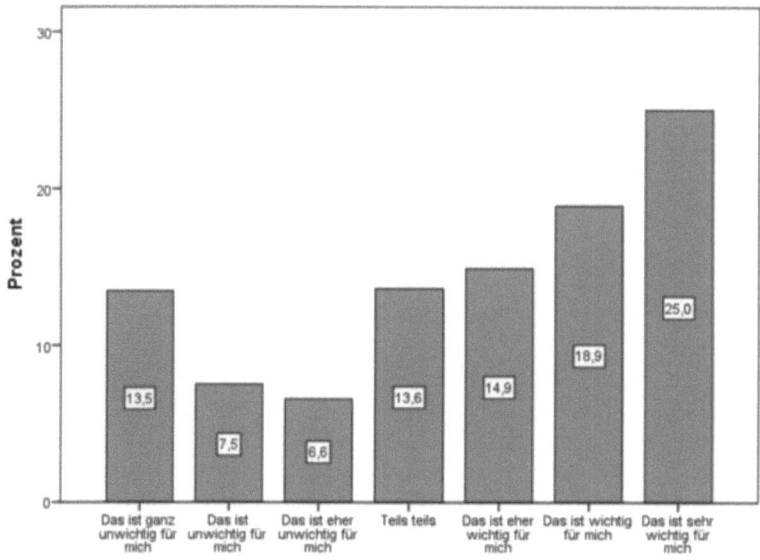

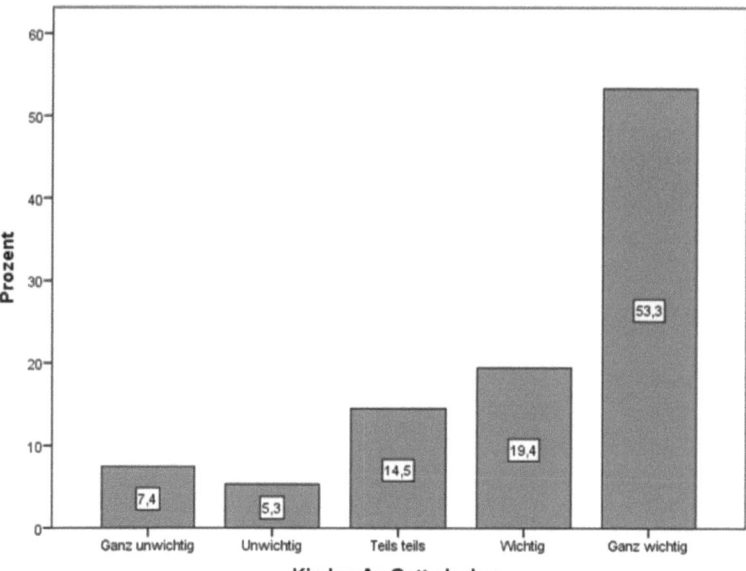

Schaubild 4: Messung christlich-religiöser Werte: Häufigkeitsverteilung der Antworten auf die Frage nach der Wichtigkeit des Glaubens an Gott (Studie 2)

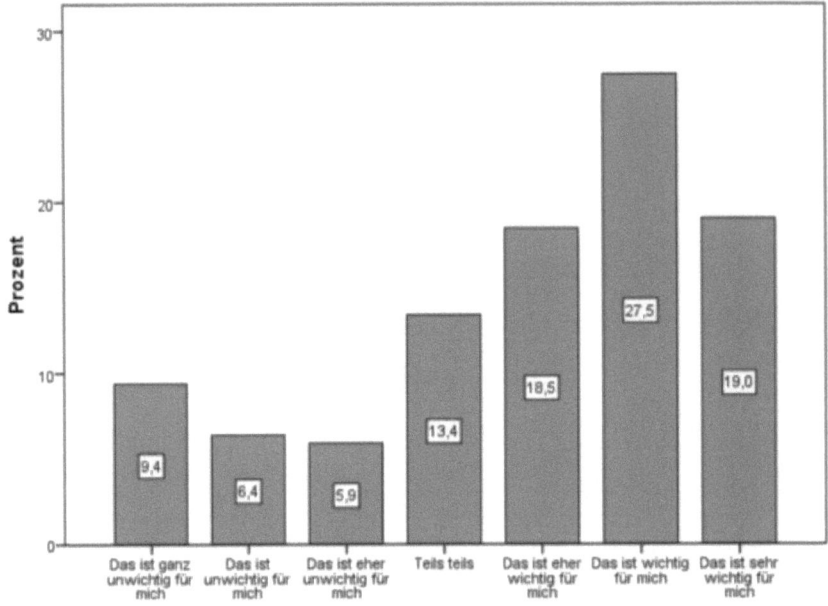

Eltern: Mein Leben nach christlichen Normen ausrichten

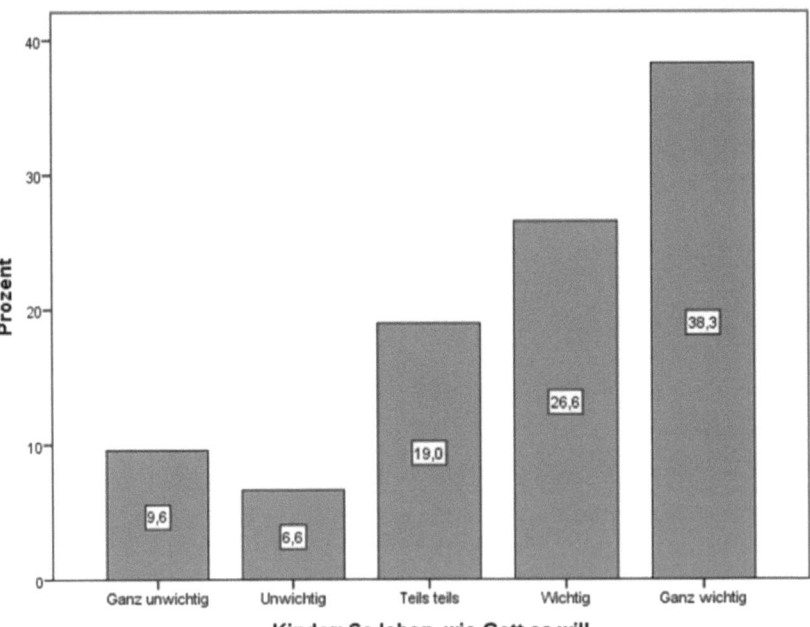

Kinder: So leben, wie Gott es will

Schaubild 5: Messung christlich-religiöser Werte: Häufigkeitsverteilung der Antworten auf die Frage nach der Wichtigkeit, das Leben nach christlichen Normen und Werten auszurichten (Studie 2)

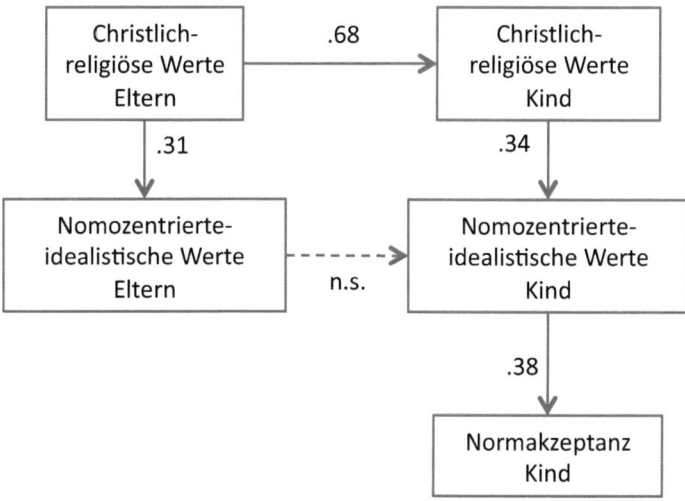

Schaubild 6: Strukturgleichungsmodell zum Einfluss von (religiösen) Werten auf die Akzeptanz von Normen – Befragung von Kindern und einem Elternteil

Zudem zeigt die Analyse den Einfluss der Eltern auf das Werteprofil der Kinder. Eltern haben in erster Linie einen Einfluss auf die religiösen Werte ihrer Kinder; für andere Wertebereiche ist die elterliche Einwirkung vernachlässigbar. Das Modell spricht für eine Kausalkette, die ihren Ausgangspunkt bei den christlich-religiösen Werten der Eltern hat und den Endpunkt bei der Normakzeptanz der Kinder.

5. Fazit

Sowohl bei Erwachsenen als auch bei Kindern ist ein signifikanter Einfluss christlich-religiöser Werte auf die Akzeptanz von Rechtsnormen erkennbar: Je wichtiger einer Person diese Werte sind, desto größer ist die Wahrscheinlichkeit, Rechtsnormen zu akzeptieren und damit gesellschaftlich integriert zu sein. Somit leistet die christliche Religion einen wesentlichen Beitrag zur normativen Integration und damit zum Zusammenhalt in der postmodernen Gesellschaft.

Literatur

Baier, C. J. & Wright, B. R. E. (2000). „If You Love Me, Keep My Commandments": A Meta-Analysis of the Effect of Religion on Crime. *Journal of Research in Crime and Delinquency,* 38, 3-21.
Bauman, Z. (1995a). *Postmoderne Ethik.* Hamburg: Hamburger Edition.

Bauman, Z. (1995b). Vom Pilger zum Touristen – Postmoderne Identitätsprojekte. In Keupp, H. (Hrsg.), *Lust an der Erkenntnis: Der Mensch als soziales Wesen. Sozialpsychologisches Denken im 20. Jahrhundert* (S. 295-300). München: Piper.

Biesinger, A., Kerner, H.-J., Klosinski, G. & Schweitzer, F. (2005). *Brauchen Kinder Religion? Neue Erkenntnisse – praktische Perspektiven*. Weinheim: Beltz.

Durkheim, É. (2004). *Über soziale Arbeitsteilung. Studie über die Organisation höherer Gesellschaften* (4. Auflage). Frankfurt a. M.: Suhrkamp.

Forschungsgruppe Religion und Gesellschaft (2012). Religiosität und Wertebildung – Erste Ergebnisse einer Evaluationsstudie zur Erstkommunionkatechese. *Diakonia, 43*, 59-65.

Friedrichs, J. & Jagodzinski, W. (Hrsg.) (1999). Soziale Integration. *Kölner Zeitschrift für Soziologie und Sozialpsychologie, 51* (Sonderheft 39).

Hermann, D. (2003). *Werte und Kriminalität. Konzeption einer allgemeinen Kriminalitätstheorie*. Wiesbaden: Westdeutscher Verlag.

Hermann, D. (2004). Die Messung individueller reflexiver Werte. In A. Glöckner-Rist (Hrsg.), *ZIS. ZUMA-Informationssystem. Elektronisches Handbuch sozialwissenschaftlicher Erhebungsinstrumente. Version 8.00*. Mannheim: Zentrum für Umfragen, Methoden und Analysen.

Hermann, D. (2009). *Kommunale Kriminalprävention in Heidelberg. Evaluationsstudie zur Veränderung der Sicherheitslage in Heidelberg. Schriften zur Stadtentwicklung*. Heidelberg: Stadt Heidelberg.

Hermann, D. (2012). Der Einfluss der Kommunionkatechese auf die religiöse Entwicklung – erste Ergebnisse einer Evaluationsstudie. *Herder Korrespondenz, 66*, 316-320.

Hermann, D. (im Druck). *Werte und Kriminalität – Konzeption der voluntaristischen Kriminalitätstheorie und Ergebnisse empirischer Studien*. Tagungsband der Kriminologischen Gesellschaft.

Higgins, P. C. & Albrecht, G. L. (1977). Hellfire and Delinquency Revisited. *Social Forces, 55* (4), 952-958.

Hirschi, T. & Stark, R. (1969). Hellfire and Delinquency. *Social Problems, 17* (2), 202-213.

Hurrelmann, K. (1983). Das Modell des produktiv realitätsverarbeitenden Subjekts in der Sozialisationsforschung. *Zeitschrift für Sozialisationsforschung und Erziehungssoziologie, 3*, 91-103.

Johnson, B. R., Li, S. de, Larson, D. B. & McCullough, M. (2000). A Systematic Review of the Religiosity and Delinquency Literature: A Research Note. *Journal of Contemporary Criminal Justice, 16*, 32-52.

Kerner, H.-J. (2005). Religiosität als Kriminalitätsprophylaxe? In A. Biesinger, H.-J. Kerner, G. Klosinski & F. Schweitzer (2005). *Brauchen Kinder Religion? Neue Erkenntnisse – praktische Perspektiven* (S. 46-48). Weinheim: Beltz.

Klages, H. (1992). Die gegenwärtige Situation der Wert- und Wertwandelforschung – Probleme und Perspektiven. In H. Klages, H.-J. Hippler & W. Herbert (Hrsg.), *Werte und Wandel. Ergebnisse und Methoden einer Forschungstradition* (S. 5-39). Frankfurt a. M., New York: Campus.

Klages, H. & Gensicke, T. (1993). *Erläuterung der Speyerer Ziele und Methodik der Werterfassung*. Speyer: unveröff. Ms.

Laubenthal, K. (2011). *Strafvollzug* (6. Auflage). Berlin: Springer.

Parsons, T. (1937/1967). *The Structure of Social Action* (5. Auflage). New York: The Free Press.

Reinecke, J. (2005). *Strukturgleichungsmodelle in den Sozialwissenschaften*. München, Wien: Oldenbourg.

Rokeach, M. (1973). *The Nature of Human Values*. New York: The Free Press.

Schluchter, W. (2000). Handlungs- und Strukturtheorie nach Max Weber. *Berliner Journal für Soziologie, 10*, 125-136.

Sukale, M. (2002). *Max Weber. Leidenschaft und Disziplin*. Tübingen: Mohr Siebeck.

Weber, M. (1904/2010). *Die protestantische Ethik und der „Geist" des Kapitalismus.* München: Beck.

Weiber, R. & Mühlhaus, D. (2010). *Strukturgleichungsmodellierung – eine anwendungsorientierte Einführung in die Kausalanalyse mit Hilfe von AMOS, SmartPLS und SPSS.* Berlin u.a.: Springer.

Würtenberger, T. (1999). Die Akzeptanz von Gesetzen. *Kölner Zeitschrift für Soziologie und Sozialpsychologie*, 51 (Sonderheft 39), 380-397.

Moussa Al-Hassan Diaw

Die Rolle der Religion für die Integration von Muslimen und Musliminnen aus muslimischer Sicht

1. Die Bedeutung des Religiösen für den sozialen Zusammenhalt[1]

1.1 Muslimische Religiosität und sozialer Zusammenhalt

Der Diskurs über die „Integration" von Menschen mit islamischem Religionsbekenntnis in die westeuropäischen Gesellschaften ist komplex, wird jedoch mit großen Emotionen und teilweise extremen Parteistellungen geführt.

Diese extreme Frontstellung fand und findet ihren Ausdruck in der Politik rechtspopulistischer Parteien mit antisemitischer Tradition, wie Front National und Vlaams Belang, oder der „neuen Rechten" von Geert Wilders (Kirchner, 2012) Partij voor de Vrijhit[2] in den Niederlanden, die sich in sehr kritischer bis ablehnender Haltung mit der Präsenz muslimischer Menschen und der Rolle des Islam auseinandersetzen. Militante Auswüchse sind die der NSU-Terrorzelle oder Breijviks Morde in Oslo.

Die andere extreme und auch zur Militanz neigende Frontstellung findet sich bei den in den Verfassungsschutzberichten immer wieder erwähnten verschiedenen extremistischen, militant-dschihadistischen Gruppierungen. Diese wenden sich entweder gegen den Staat und die westlichen Gesellschaften oder gehen zu militanten, terroristischen Aktionen über. Als verheerende Beispiele gelten die Attentate von Madrid, London, Duisburg und natürlich „9/11", verbrochen durch in Hamburg lebende Attentäter.

Zwischen diesen Polen der Schwarz-Weiß-Bilder von Personen mit extremen Weltanschauungen und deren Organisationen finden sich unterschiedliche Grautöne. In der bürgerlichen Mitte, so könnte man meinen, zeigt nicht zuletzt der Erfolg des islamkritischen Autors und Sozialdemokraten Sarrazin, dass es zumindest hinsichtlich der islamischen Religion ein allgemeines Unbehagen gibt.

Weitere Belege findet man in diversen Umfragen und Studien, die in der deutschen und österreichischen Gesellschaft eine ablehnende Haltung gegenüber Muslimen und dem Islam konstatieren. Umgekehrt lässt sich dies teilweise auch in Bezug auf die Haltung von Menschen mit islamischem Religionsbekenntnis feststellen, wie es einige Studien (Haug, Müssig & Stichs, 2009; vgl. Rohe, 2006; vgl. Khorchide, 2007; vgl. Ulram, 2009, S. 30–37 etc.) belegen.

---

1 Der gesamte Beitrag des Autors ist eine Vorveröffentlichung aus der sich in Arbeit befindenden Dissertation.
2 Siehe dazu die offizielle Homepage der Partei: http://www.pvv.nl/ [04.07.2012].

Das Religionsbekenntnis von Muslimen ist jedoch nur ein Merkmal ihrer Identität, auf das sie im Extremfall als Kultursubjekt reduziert und somit negativ bewertet werden oder das sie selbst reduziert verkörpern, indem die Religion und das Bekenntnis dazu von bestimmten muslimischen Gruppierungen ideologisch überhöht werden. Diese extremen Positionen der wechselseitigen Wahrnehmung und Selbstdefinition betonen das Trennende und angeblich Unvereinbare und konstruieren eine soziale Unverträglichkeit des Zusammenlebens von Menschen – mit oder ohne muslimischem Religionsbekenntnis – in den jeweiligen westeuropäischen Mehrheitsgesellschaften. Ein Einwanderungsverbot für Muslime (Wilders, vgl. Welt Online, 2012) oder das Zurückwerfen des „muslimischen Einwanderungs-Tsunami" (Winter, vgl. Der Standard, 2008) sind die eine Seite, der Kampf gegen die westliche Gesellschaft, die Selbstisolation oder die Auswanderung in muslimische Länder die andere – beides wären jedoch extreme und sich bestätigende Handlungskonsequenzen im Kreise derjenigen, die von einer sozialen und kulturellen Unverträglichkeit des Zusammenlebens mit Menschen mit muslimischem Religionsbekenntnis in westlichen Gesellschaften ausgehen. Andere extreme Reaktionen sind Assimilierungsforderungen im Sinne einer Aufgabe des Religionsbekenntnisses oder ein zelotischer, unreflektierter Umgang mit dem Islam durch einen Teil der Muslime.

Diesen Extremen versuchen allerdings der deutsche Staat und die Bundesländer unter anderem durch die Islamkonferenz, durch die Anerkennung muslimischer Glaubensgemeinschaften, durch die Einführung des islamischen Religionsunterrichtes und durch die Errichtung von Lehrstühlen an mehreren Universitäten entgegenzuwirken.

Was im öffentlichen Diskurs als Position der Mitte zwischen den extremen Positionen außer Acht gelassen wird, ist die Rolle der Religion als Ressource für den sozialen Zusammenhalt – wahrscheinlich auch deswegen, weil die Frage der Religion in den säkularisierten westlichen Gesellschaften schon entschieden schien. Die Einwanderung von Muslimen samt ihrem scheinbaren Festhalten an der in der Öffentlichkeit sichtbaren Religiosität mag da wie ein Anachronismus wirken, der muslimische Gesellschaften als hinter die Moderne zurückfallend erscheinen lassen könnte. So konstatieren die Islamkritiker oft eine noch nicht vollzogene Aufklärung und Säkularisierung der Muslime, was eine progressive Entwicklung verhindern würde.

1.2 Die Rolle des Religiösen in der säkularen Gesellschaft

1.2.1 Säkularisierung und Revitalisierung der Religionen

Der Religionssoziologe Riesebrodt hält fest, dass die Moderne, der Aufstieg des Bürgertums und der Wohlfahrtsstaat in den westlichen Gesellschaften soziale Sicherheiten schufen, die die Existenzrisiken minimierten. Gleichzeitig hat die

Demokratisierung der Gesellschaft die Politik weitgehend profaniert. „Die Ausweitung bürokratischer Apparate und Verfahrensweisen hat gleichermaßen ‚entcharismatisierende‘ und depersonalisierende Wirkung." (Riesebrodt, 2001, S. 49)

Die Folgen dieser quasi von transzendenten Mächten „eroberten" Souveränität und Weltbeherrschung durch die Menschen relativierten die Bedeutung des Religiösen und religiöser Institutionen. Dies verstärkte das Zurückdrängen der Religionen in die Sphäre des Privaten. Andererseits gab es bereits am Ende des 19. und zu Beginn des 20. Jahrhunderts – besonders in den USA – religiös-fundamentalistische Gegenbewegungen (vgl. Kienzler, 2002, S. 19).

Die Modernisierung der (westlichen) Gesellschaften brachte jedoch, bezogen auf immer rasanter fortschreitende gesellschaftliche Veränderungen, wie die Rolle der Frauen, sich verändernde Verwandtschaftsverhältnisse durch die Emanzipation der Frauen, wirtschaftliche Einbrüche (Weltwirtschaftskrise), Verelendung des Proletariats und Migration aus und später nach Europa, neue Ungewissheiten mit sich. Die Profanierung durch Nationalstaat und Demokratie verhalf weltlichen charismatischen Führern zeitweise dazu neue Weltanschauungen, Utopien und Mythen zu schaffen, welche die Massen mobilisierten – seien es die kommunistische Utopie von Karl Marx oder Formen des Faschismus. Die „gottgleiche" Verehrung dieser charismatischen Führer nahm – kaum verwunderlich – quasi-religiöse Züge an. Der Kapitalismus, so Riesebrodt, ermöglichte nicht nur einen sozialen Auf- oder Abstieg und erschütterte die soziale Identität, welche im äußersten Falle Linderung und Abhilfe in den oben genannten Weltanschauungen fand, sondern er ermöglicht auch ein teilweises Wiederbeleben der Religionen (vgl. Riesebrodt, 2001, S. 50). Dementsprechend sind Säkularisierung und Revitalisierung von Religionen das Resultat gesellschaftlicher Transformationsprozesse (vgl. Riesebrodt, S. 50). Dies kann bei religiösen Menschen, besonders auch bei jenen, bei denen die (ethnische) Identität auch an die Religion gekoppelt ist (Sikhs, Bosniaken, Juden, Malaysier), in säkularen Gesellschaften teilweise zu Identitätskonflikten führen, denn der liberale, moderne Verfassungsstaat verlangt von religiösen Menschen eine Aufspaltung ihres Lebens in private und öffentliche Anteile (vgl. Habermas, 2001, S. 21).

Umgekehrt, so Eder, erfuhr der Optimismus der Modernisierungstheorien in Bezug auf die fortschreitende Säkularisierung der Gesellschaften eine Einschränkung aufgrund der schon bei Riesebrodt festgestellten Zunahme von Religiosität durch religiöse Kommunikation, welche insbesondere durch die neuen Medien ermöglicht und verstärkt wurde (vgl. Eder, 2002, S. 331).

Religion und Religiosität wurden also in den westlichen, säkularisierten Gesellschaften zu einem bestimmten Anteil in die Privatsphäre verschoben; dabei hat Frankreich diese Trennung im westeuropäischen Vergleich am weitesten vollzogen. Der Laizismus in Frankreich erscheint wie ein Schutz vor Religiosität in der Öffentlichkeit, während er in den USA ein Schutz der Religionsfreiheit ist. Dies verdeutlicht nur die Diversität im Umgang mit Religion und Religiosität in westlichen Staaten und Gesellschaften. Wie sich eine öffentlich sichtbar werdende

Religiosität, insbesondere aber die von Einwanderern, auf den sozialen Zusammenhalt auswirkt, soll im Folgenden am Beispiel von Frankreich dargestellt werden.

1.2.2 Säkularisierung am Beispiel Frankreichs

Die zuvor beschriebenen Veränderungen bedeuteten auch eine Schwächung des Einflusses der Kirchen, welche in Frankreich in der Form des Laizismus – ausgenommen davon sind bis heute vier Departements – vollzogen wurde. In Frankreich kämpften das Bürgertum in einer Revolution und radikalisierte Jakobiner und Sansculotten gegen den weltlichen Erbadel und den Klerus. Die strikte Trennung zwischen religiöser und weltlicher Sphäre manifestiert sich in der seit 1905 festgeschriebenen „Laïcité", die wie folgt definiert wird:

> „Principe de séparation dans l'État de la société civile et de la société religieuse." (Laïcité, 1978)

> „Caractère des institutions, publiques ou privées, qui, selon ce principe, sont indépendantes du clergé et des Églises; impartialité, neutralité de l'État à l'égard des Églises et de toute confession religieuse. Laïcité de l'État, de l'école publique." (Aymé, 1943, S. 24)

Der französische Laizismus garantiert zwar die freie Religionsausübung, kann sie aber im Interesse der öffentlichen Ordnung beschränken, weswegen die Republik keine Religionsgemeinschaft bezuschusst oder finanziert oder eine bestimmte privilegiert. Die öffentlichen Einrichtungen der Religionsgemeinschaften dürfen aber von der öffentlichen Hand freiwillig durch finanzielle Zuwendungen unterstützt werden.[3] In Artikel 28 heißt es:

> „Il est interdit, à l'avenir, d'élever ou d'apposer aucun signe ou emblème religieux sur les monuments publics ou en quelque emplacement public que ce soit, à l'exception des *édifices* servant au culte, des terrains de sépulture dans les cimetières, des monuments funéraires, ainsi que des musées ou expositions." (Loi du 9 décembre, 1905)

Mit dem Verbot des Anbringens oder Errichtens religiöser Zeichen und Sinnbilder auf öffentlichen Denkmälern und öffentlichen Plätzen – mit Ausnahme der zur Religionsausübung gedachten Stätten – findet in Frankreich eine im Vergleich zu anderen säkularen westlichen Gesellschaften strikte Trennung statt. Dies bedeutet: Keine Einweihung von Gebäuden oder Straßen durch Kirchenvertreter und keine religiösen Eidesformeln von politisch Verantwortlichen bei der Amtseinführung, wie man sie aus Deutschland oder den USA kennt. Dies betrifft somit auch die Schulen und in späterer Folge die Sichtbarkeit religiöser Kleidung bei Sikhs oder

---

3 Vgl. Artikel 1 und 2 (Loi du 9 décembre, 1905).

bei muslimischen und jüdischen Schülerinnen und Schülern. Selbstverständlich gibt es auch keinen Religionsunterricht an öffentlichen Schulen.

1.2.3 Religiosität und Schule in Frankreich

Der französisch-republikanische Gleichheitsgedanke soll so in den Schulen seinen Niederschlag finden. Da aber der Erhalt konfessioneller Privatschulen erlaubt ist, existieren für Schülerinnen und Schüler, denen die religiöse Erziehung und eine religiöse Teilidentität wichtig sind, entsprechende Bildungseinrichtungen. So gibt es mindestens 265 jüdische Privatschulen, welche von circa 30 Prozent aller jüdischen Schüler besucht werden, wie Grynberg („une question d'identité") festhält.[4]

Für die jüdischen Franzosen ist somit der Besuch religiöser Privatschulen auch zur Bewahrung einer jüdischen Identität wichtig. Auch besuchen in Frankreich rund 20 Prozent der katholischen Schülerinnen und Schüler verschiedene von der katholischen Kirche betriebene Schultypen (vgl. Enseignement catholique, 2010).

Für die muslimischen Schülerinnen und Schüler existieren vergleichsweise wesentlich weniger private Schulen oder Bildungseinrichtungen; diese können dementsprechend auch nur von einer geringeren Prozentzahl muslimischer Franzosen besucht werden. Es gibt insgesamt lediglich vier Schulen[5] und drei theologische Einrichtungen[6].

Die Bedeutung der Religion im öffentlichen Raum spitzte sich zuletzt zu, als sich im Jahr 2011 in Paris das Freitagsgebet – aufgrund mangelnden Platzes in den Moscheegemeinden – zusehends auf die Straße verlagerte und daraufhin verboten wurde (Lorriaux, 2012).

Der im europäischen Vergleich „strenge" Vollzug der Säkularisierung in Frankreich hat seit seinem über hundertjährigen Bestehen jedoch nicht so stark zur Abnahme der Religiosität geführt, dass konfessionelle Privatschulen davon betroffen wären. Im Gegenteil, die religiöse Identität scheint besonders bei den jüdischen Franzosen von Bedeutung zu sein. Auch die katholischen Schulen werden von jedem fünften jungen Franzosen besucht.

---

4 Vgl. Noémie Grynberg, 2004: „Ainsi en 2003, une centaine de groupes scolaires juifs incorporant au total 256 établissements accueillent environ 30.000 élèves, soit 30 % des jeunes Juifs appartenant à la couche d'âge correspondante." http://www.noemiegrynberg.com/pages/communaute/le-choix-de-l-ecole-juive-en-france-une-question-d-identite.html [30.06.2012].

5 Lycée Averroes, Collège de la réussite Aubervilliers, Lycée Al Kindi, Lyon-Décines. Une école primaire (Marseille). Vgl. den Artikel „*France: ,Ecoles privées musulmanes, pourquoi pas?'*" auf der Homepage von Women living under muslim laws [WLUML]. http://www.wluml.org/fr/node/3970 [30.06.2012].

6 Vgl. (1) Institut Européen des Sciences Humaines [IESH] Paris, http://www.ieshdeparis.fr/ [30.06.2012]. (2) Château-Chinon, http://www.iesh.org/ [30.06.2012]. (3) Institut de Formation des Imams, http://www.mosquee-de-paris.net/index.php?option=com_content&view=article&id=31&Itemid=62 [30.06.2012].

1.2.4 Vergleich mit Deutschland

Frankreichs strikter Laizismus unterscheidet sich vom Säkularismus in Deutschland oder Österreich, der anerkannten Religionsgemeinschaften und/oder Kirchen eine privilegierte Stellung einräumt. Dazu gehören der Religionsunterricht an öffentlichen Schulen, die Einziehung von Kirchensteuern, die Bezahlung von Lehrkräften an konfessionellen Privatschulen und dergleichen. In Deutschland gibt es freilich aufgrund des föderalen Systems in den 16 Bundesländern hinsichtlich des Religionsunterrichtes unterschiedliche Regelungen.

Artikel 4 Absatz 1 und 2 des Grundgesetzes besagen: *„Die Freiheit des Glaubens, des Gewissens und die Freiheit des religiösen und weltanschaulichen Bekenntnisses sind unverletzlich. Die ungestörte Religionsausübung wird gewährleistet."* (Juristischer Informationsdienst, 2012)

Somit regelt das Grundgesetz die Religionsfreiheit, welche für alle Bürgerinnen und Bürger Deutschlands Gültigkeit hat; demnach kann in Deutschland auch Religionsunterricht erteilt werden,[7] der aus jeweils unterschiedlichen Gründen in den beiden laizistischen Staaten USA und Frankreich nicht zulässig ist.

Artikel 7 Absatz 3 des Grundgesetzes garantiert den Bestand des Religionsunterrichts als ordentliches Lehrfach. Dieser muss in Übereinstimmung mit der Religionsgemeinschaft erteilt werden.

Artikel 7 Absatz 3 wird wiederum durch Artikel 141 eingeschränkt: „Artikel 7 Absatz 3 Satz 1 findet keine Anwendung in einem Lande, in dem am 1. Januar 1949 eine andere landesrechtliche Regelung bestand." Dabei handelt es sich um die sogenannte „Bremer Klausel" (vgl. Spenlen, 2008, S. 29).

So wird durch das Grundgesetz in Deutschland den Glaubensgemeinschaften in der Öffentlichkeit ein Status eingeräumt, der eine absolute Verschiebung in die Privatsphäre wie in Frankreich unmöglich macht.

2. Religion und Migration

2.1 Zugehörigkeit und sozialer Zusammenhalt

2.1.1 Religiosität und Identität

Für Menschen mit einem sich von der Mehrheitsgesellschaft unterscheidenden Religionsbekenntnis und mit unterschiedlichen traditionellen Anschauungen und Werten können diese identitätsstiftenden Merkmale von essenzieller Bedeutung sein. Einerseits kann das religiöse Bekenntnis in einem Bezug zur ethnischen

---

7   GG, Art. 7, Abs. 3: „Der Religionsunterricht ist in den öffentlichen Schulen mit Ausnahme der bekenntnisfreien Schulen ordentliches Lehrfach. Unbeschadet des staatlichen Aufsichtsrechtes wird der Religionsunterricht in Übereinstimmung mit den Grundsätzen der Religionsgemeinschaften erteilt. Kein Lehrer darf gegen seinen Willen verpflichtet werden, Religionsunterricht zu erteilen." (Juristischer Informationsdienst, 2012)

Herkunft stehen, andererseits ist die Religion ein identitätsstiftender Teil kollektiver Erinnerungen. Gemeinsame kollektive Rituale stiften zudem, neben Sprache oder Herkunftsregionen, Gemeinschaft und ein Zugehörigkeitsgefühl. Gelebte Religiosität ist jedoch kein Spezifikum von muslimischen Menschen (mit oder ohne Migrationshintergrund) (vgl. Ministerium für Arbeit, Integration und Soziales des Landes Nordrhein-Westfalen, 2010, S. 64; vgl. Borchard & Senge, 2011, S. 5; vgl. Weiss, 2007).

Die im Auftrag der Bertelsmann-Stiftung durchgeführte „repräsentative Befragung von Menschen mit Zuwanderungshintergrund"[8] des Instituts für Demoskopie Allensbach ergab bei der Frage nach Werten und Traditionen aus dem Herkunftsland, dass 74% der Befragten die Werte und Traditionen der Herkunftsgesellschaft mit der der Mehrheitsgesellschaft verbinden möchten. Nur 7% wollen sich assimilieren und 15% „weiterhin nach den eigenen Werten und Traditionen leben" (vgl. Bertelsmann Stiftung, 2009, S. 14).

Beck-Gernsheim begründet das Festhalten an der eigenen kulturellen Tradition und Religiosität mit dem Treffen auf eine andere soziopolitische Umgebung: andere Religionsbekenntnisse und religiöse Traditionen, zugleich eine säkularisierte Gesellschaft und deren Freiheiten. Dem drohenden Verlust wird die eigene Religiosität als ein Anker der Identität entgegengesetzt (vgl. Beck-Gernsheimer, 2004, S. 32–33). Wird nun diese Identität mit konstituierendem Identitätsmerkmal in der Öffentlichkeit negativ bewertet, dann werden als möglicher Reflex eine teilweise zelotische Reaktion und defensive Religiosität erklärbar.

Bei Menschen mit sogenanntem Zuwanderungshintergrund und islamischem Religionsbekenntnis kommt im öffentlichen Diskurs eine Reduktion auf das Muslimsein zum Tragen. Dementsprechend werden in Studien und Meinungsumfragen der Grad der Religiosität, die Einstellung zu Politik, Gesellschaft und Geschlechterverhältnis und auch Bekleidungs- sowie Sicherheitsfragen mit dem Muslimsein in Beziehung gesetzt. Daher wurde 2006 vom deutschen Innenministerium die „Deutsche Islamkonferenz" ins Leben gerufen, die sich in besonderem Maße mit dem Thema „Muslime in Deutschland" beschäftigt. In Studien von Heitmeyer (vgl. Heitmeyer, 2006) oder auch des Instituts für Demoskopie Allensbach (IfD) (vgl. Noelle & Petersen, 2006) werden besonders die Beziehungen zwischen Muslimen und Nichtmuslimen untersucht.

2.1.2 Wahrnehmung des Islam in der Mehrheitsgesellschaft

Der Direktor des Deutschen Instituts für Menschenrechte, Heiner Bielefeldt, hält in Bezug auf die Allensbach-Umfrage fest, dass 83% der Befragten der Aussage

---

8 Befragt wurden Menschen ab 16 Jahren, welche aus folgenden Herkunftsregionen stammen: der Türkei, der ehemaligen Sowjetunion (bzw. den Nachfolgestaaten Kasachstan, Russland, Ukraine), dem ehemaligen Jugoslawien (bzw. den Nachfolgestaaten Bosnien und Herzegowina, Kroatien, Serbien, Montenegro, Kosovo, Mazedonien, Slowenien), Polen, Italien, Spanien und Griechenland.

zustimmen, der Islam sei fanatisch, 62% betrachten ihn als rückwärtsgewandt, 71% als intolerant und 60% halten ihn für undemokratisch (vgl. Bielefeldt, 2008, S. 4–5). Gemäß der vom Bielefelder Institut für interdisziplinäre Konflikt- und Gewaltforschung durchgeführten Langzeitstudie zur gruppenbezogenen Menschen-feindlichkeit wird von drei Viertel der Befragten der Aussage, dass die islami-sche Kultur nicht „in unsere westliche Kultur" passen würde, eher oder ganz zuge-stimmt (vgl. Bielefeldt, 2008, S. 5).

Weitere Umfragen und Studien in Deutschland bestätigen dieses derzeit nega-tive Image des Islam. In einer Studie zur Darstellung des Islam in ARD und ZDF konstatierte Hafez eine zu 81% negativ konnotierte Darstellung des Islam in den beiden öffentlich-rechtlichen Sendeanstalten (vgl. Hafez & Richter, 2007).

Diese eher negative Wahrnehmung in der Mehrheitsgesellschaft und in Teilen der Medien ist kein speziell deutsches Phänomen. Interessant dabei ist aber, wie dies auf die Identitätsentwicklung von Muslimen Einfluss nehmen könnte und ob der Islam weniger Ressource als vielmehr Hindernis für den sozialen Zusammen-halt beziehungsweise für die „Integration" von Muslimen sein kann. Um diese und andere Fragen beantworten zu können, ermöglichen diverse Studien einen Einblick in die Lebenswelten von Menschen mit muslimischem Religionsbekenntnis.

2.2 Muslimische Lebenswelten in Deutschland

2.2.1 Bundesweite Studie „Muslimisches Leben in Deutschland"

In einer bundesweiten Studie des Bundesamtes für Migration und Flüchtlinge (BAMF) wurde unter anderem der Grad der Religiosität von in Deutschland leben-den Muslimen ermittelt (vgl. Haug et al., 2009); dabei wurden 6000 Muslime aus 49 Herkunftsländern befragt. In diesem nach Herkunftsregionen[9] gemessenen Grad der Religiosität bezeichnen sich 86,4% der Muslime als „sehr stark gläubig" oder „eher gläubig" (vgl. Haug et al., 2009, S. 96). Unter den Muslimen iranischer Her-kunft gibt es allerdings eine signifikant kleinere Anzahl von sehr stark gläubigen oder eher gläubigen Muslimen (44,9%). In der Studie, die auch den Grad der struk-turellen und sozialen Integration von muslimischen Menschen ermittelte, wurde dabei Folgendes festgestellt: 74% der Muslime sind Sunniten, 7% Schiiten, 13% Aleviten, 6% gehören zu sonstigen Gruppen (vgl. Haug et al., 2009, S. 97); rund 50% der Muslime in Deutschland besitzen eine deutsche Staatsbürgerschaft.

Als Maßgabe für die Feststellung des Grades der Religiosität galten die Selbst-auskunft bezüglich des Bekenntnisses, die religiöse Praxis (das Gebet), das Fei-ern von Festen oder die Einhaltung von Speisevorschriften (vgl. Haug et al., 2009, S. 134–162). Auffallend dabei war, dass – nach Herkunftsregionen betrachtet – die

---

9   Muslime nach Herkunftsregion: Türkei (63,2%), Südosteuropa (13,6%), Zentralasien/GUS (0,4%), Iran, Süd-/Südostasien 4,6%), Naher Osten (8,1%), Nordafrika (6,9%), sonstiges Afrika (1,5%) (vgl. Haug et al., 2009, S. 96).

Menschen im gesamten afrikanischen Raum, in der Türkei, in Südasien, Südost-asien und im Nahen Osten religiöser sind als jene aus dem Iran und den GUS-Staa-ten (vgl. Haug et al., 2009, S. 134–162). Weibliche Muslime sind zudem tendenzi-ell religiöser als männliche,[10] in den Moscheegemeinden jedoch als Funktionärin-nen kaum zu finden, es sei denn in den Frauenabteilungen und in Frauenvereinen (vgl. Haug et al., 2009, S. 259f.).

2.2.2 Soziale Integration

Ermittelt wurde die Integration am Beispiel „Schule", wobei die Teilnahme am gemischtgeschlechtlichen Sport- und Schwimmunterricht, am Sexualkundeunter-richt sowie an den letzten Klassenfahrten bei Schülern und Schülerinnen betrach-tet wurde. Hierbei wurde nach Geschlecht und Religionszugehörigkeit (Muslime/ Nichtmuslime) unterschieden.

Bewertet wurde die Teilnahme an den Angeboten mit „Teilnahme", „nein, aus sonstigen Gründen" und „nein, aus religiösen Gründen". Insgesamt nahmen – bis auf den Sexualkundeunterricht – immer 90% der Befragten die Unterrichtsangebote wahr. Beim Schwimmunterricht gaben ca. 3% der weiblichen Muslime an, aus reli-giösen Gründen daran nicht teilzunehmen, 4% aus sonstigen Gründen. Beim Sexu-alkundeunterricht nahmen weibliche Nichtmuslime (sic!) zu 13,1% nicht daran teil – im Vergleich zu 3,6% der Musliminnen. Bei den Klassenfahrten waren es 8,7% der Muslime (weiblich) und 4,6% der Muslime (männlich), welche an den Klas-senfahrten nicht teilnahmen, wobei fast ausschließlich „sonstige Gründe" ange-führt wurden. Die soziale Integration ist in diesem Bereich also besser als es in der Öffentlichkeit möglicherweise angenommen wird (vgl. Haug et al., 2009, S. 192).

Auch wurden durch die Studie die Mitgliedschaft in Vereinen und soziale Kon-takte am Arbeitsplatz und in der Nachbarschaft, die sich quasi „notwendigerweise" ergeben, sowie im Freundeskreis zu Menschen deutscher Herkunft ermittelt. Sie liegen bei rund 80% im Bereich des Arbeitsplatzes und der Nachbarschaft und bei rund 70% im Freundeskreis (vgl. Haug et al., 2009, S. 264). Als Einfluss für die existierenden innerethnischen Freundesbeziehungen werden in der Studie die Wohnsegregation und die Schulbildung genannt (vgl. Haug et al., 2009, S. 273f.). Insgesamt besteht bei den Befragten aller muslimischen Gruppen der Wunsch nach mehr Kontakten „zu Deutschen" (vgl. Haug et al., 2009, S. 274f.).

---

10 Zum Beispiel ist die Gebetshäufigkeit bei Muslimen höher als bei Männern (vgl. Haug et al., 2009, S. 149).

2.2.3 Strukturelle Integration

Die strukturelle Integration anhand von Bildungserfolgen bei Muslimen wurde wieder nach der Herkunftsregion ermittelt (vgl. Haug et al., 2009, S. 215).

Unterschieden wurde dabei zwischen „Muslime" und „Christen/Juden/Andere" derselben Herkunftsregion (HR). Diese Vergleichsgruppen wurden hinsichtlich des Bildungserfolges/der Schulabschlüsse nach vier Gruppen kategorisiert. Hierbei muss angemerkt werden, dass sich zum Beispiel in der Vergleichsgruppe „Türkei" zahlenmäßig viel weniger Nichtmuslime als Vergleichspersonen gegenüberstehen als bei der Herkunftsregion „Südosteuropa".

Die vier Kategorien „ohne Schulabschluss", „niedrige Schulbildung" (Hauptschule), „mittlere Schulbildung" (Realschule) und „hohe Schulbildung" (Fachabitur, Abitur) zeigen sowohl bei Muslimen als auch bei Nichtmuslimen aus einer Herkunftsregion ähnliche, aus Südosteuropa und dem Nahen Osten fast identische Resultate. Auffallend ist aber auch, dass die Bildungsabschlüsse bei der HR Türkei die schlechtesten Resultate ergaben. Auch die HR Südosteuropa zeigte schlechte Ergebnisse, wenn auch etwas bessere als die HR Türkei (vgl. Haug et al., 2009, S. 214–217).

Die besten Resultate zeigen sich in beiden Vergleichsgruppen bei der HR Iran. Bei „hohe Schulbildung" und „mittlere Schulbildung" liegen die Muslime der HR Naher Osten (70,2%), Nordafrika (72,1%), sonstiges Afrika (65,4%) und Südosteuropa (64,2%) höher als die Muslime aus der HR Türkei (50%), womit signifikante Unterschiede festzustellen sind (vgl. Haug et al., 2009, S. 215).

Die Resultate bei Muslimen aus der HR Nordafrika, dem Nahen Osten und Afrika sind in den Bereichen der hohen und mittleren Schulbildung ebenfalls besser als bei „Christen/Juden/Andere" in den Vergleichsgruppen der HR Südosteuropa (61,2%) (vgl. Haug et al., 2009, S. 215).

Bei den Vergleichsgruppen „Nichtmuslime" aus der Türkei (67,2%) unterschreiten nur die Muslime aus dem sonstigen Afrika um 1,8% das Ergebnis im Bereich der hohen und mittleren Schulbildung (vgl. Haug et al., 2009, S. 215).

Die oben genannten Daten umfassen allerdings die im Herkunftsland und in Deutschland erworbenen Abschlüsse.

Bei den in Deutschland erzielten Abschlüssen (rund 45% sind Quereinsteiger ins deutsche Bildungssystem) zeigen sich Unterschiede. Die Studienautoren stellen fest: „Die Migranten aller Herkunftsregionen verlassen das deutsche Schulsystem deutlich seltener als ihre Elterngeneration ohne Schulabschluss, hier lässt sich ein Bildungsaufstieg erkennen" (Haug et al., 2009, S. 218).

Allerdings stellen die Autoren auch fest, dass nicht in allen Herkunftsgruppen das Bildungsniveau der Einwanderergeneration erreicht wird. Davon betroffen sind Nordafrika, Afrika, der Nahe Osten, Zentralasien/GUS, Muslime aus SO-Europa, dem Iran und Angehörige sonstiger Religionen aus der Türkei, die an den Bildungserfolg der Eltern nicht anschließen können (vgl. Haug et al., 2009, S. 218). Insgesamt sind die Bildungserfolge der Menschen aus der HR Türkei signifikant niedriger und bestätigen die den Autoren vorliegenden vergleichenden Datensätze, welche bei Menschen mit türkischem Migrationshintergrund, gefolgt von denen mit italienischem, schlechte Bildungserfolge konstatieren (vgl. Haug et al., 2009, S. 218f.).

Als Schlussfolgerung ergab sich anhand der unterschiedlichen Daten je nach Gruppe unter anderem, dass nicht das Religionsbekenntnis, sondern die Zuwanderungsgeschichte eine entscheidende Rolle spielt.

„Ein direkter Zusammenhang zwischen der Zugehörigkeit zum Islam und der Bildung lässt sich dabei angesichts der großen Unterschiede zwischen den Muslimen aus verschiedenen Herkunftsländern nicht feststellen. Die Unterschiede im Bildungsniveau zwischen den Religionen und Konfessionen hängen vor allem mit der historischen Gegebenheit der Anwerbung von Arbeitsmigranten aus der Türkei, dem ehemaligen Jugoslawien sowie Marokko und Tunesien zusammen. Diese Arbeitsmigranten und ihre Familienangehörigen stammten überwiegend aus bildungsfernen sozialen Schichten." (Haug et al., 2009, S. 220)

Also sind die derzeit noch vergleichsweise geringen Bildungserfolge sozial und nicht religiös bedingt. Ähnliche Resultate ergaben sich in einer nur auf das Bundesland Nordrhein-Westfalen bezogenen Studie, in dem ein Drittel der Menschen mit muslimischem Religionsbekenntnis in Deutschland lebt (vgl. Ministerium für Arbeit, Integration und Soziales des Landes Nordrhein-Westfalen, 2010).

Muslimische Menschen sind je nach Herkunftsregion bis zu 90% als religiös oder eher religiös einzustufen, dabei Sunniten mehr als Schiiten oder Aleviten. Festgestellt wurde zudem: Die soziale Integration bei Menschen mit muslimischem Religionsbekenntnis ist demnach besser als angenommen, und die strukturelle Integration ist je nach Herkunftsregion verschieden und bei der HR Türkei derzeit verbesserungswürdig.

2.3 Kopftuchtragende, türkischsprechende Frauen

Die Konrad-Adenauer-Stiftung untersuchte eine spezifische Gruppe von Muslimen, nämlich 300 muslimische Frauen mit Türkisch als Muttersprache, welche zudem Kopftuch tragen (vgl. Jessen & von Wilamowitz-Moellendorff, 2006).

Die Studie gilt nicht als repräsentativ; festgestellt wurde jedoch, dass in dieser Vergleichsgruppe ein progressives Familienbild vorherrscht und auch die politische Einstellung entgegen möglicher Befürchtungen nicht im Widerspruch zu den Werten des politischen Systems Deutschlands steht. Dies insofern, als 90% für einen demokratisch geprägten Staat und eine ebensolche Regierung eintreten und die Selbstverwirklichung der Frau in Bildung und Beruf ein Anliegen dieser befragten Frauen war. Auch Arbeiten im Haushalt wurden als arbeitsteilige Aufgabe von Mann und Frau gesehen (vgl. Jessen & von Wilamowitz-Moellendorff, 2006, S. 33).

Auf die Frage nach den Motiven für das Tragen des Kopftuchs dominierte mit fast 97% die Feststellung, dass dies aus religiösen Motiven erfolgt und nicht männliche Familienmitglieder dies von ihnen verlangen (vgl. Jessen & von Wilamowitz-Moellendorff, 2006, S. 24–27).

Zudem ergab eine 2005 durchgeführte Wertestudie bei kopftuchtragenden, türkischstämmigen Frauen im Vergleich zu deutschen Frauen, dass sie sich in Bezug auf Heim und Kinderwunsch „als freier Mensch fühlen" und bei „finanzieller Sicherheit für die Zukunft" und „eine gute Partnerschaft führen" kaum Unterschiede bestehen (vgl. Jessen & von Wilamowitz-Moellendorff, 2006, S. 27).

Auch die Studie des BAMF zeigt auf, dass muslimische Frauen ab 16 Jahren, welche sich als sehr religiös verstehen, zu ca. 50% ein Kopftuch tragen, diese Tradition jedoch mit dem sinkenden Grad der Religiosität signifikant abnimmt; gleichzeitig bezeichnen sich rund 50% der nicht Kopftuchtragenden ebenfalls als sehr religiös. Angeführte Benachteiligungen bei Bildung und sozialer Integration werden damit erklärt, dass unter den Kopftuchträgerinnen weniger Bildungsinländerinnen sind. Zudem ist die Häufigkeit des Kopftuchtragens je nach Herkunftsregion unterschiedlich. Während südosteuropäische Muslimas selten ein Kopftuch tragen, ist es unter den türkischstämmigen Frauen rund ein Drittel (vgl. Haug et al., 2009, S. 199–202).

3. Die zweite Generation und die muslimische Identität

3.1 Amalgamierung von Identitäten

Im vorhergehenden Teil wurde anhand von Studien Auskunft über den Grad der Religiosität sowie über die strukturelle und soziale Integration von muslimischen Menschen gegeben. Studien über die zweite (und dritte) Generation von jungen Muslimen in Deutschland untersuchten die Bedeutung der Religion für die Identitätsbildung und das Verhältnis zu traditionellen und kulturellen, auf die Herkunftsgesellschaft bezogenen Normen und Lebensentwürfen.

Die in Deutschland sozialisierten jungen Muslime werden durch den Medienkonsum, durch die Schule, den Freundeskreis und die in ihrem Alltag ebenfalls präsente kommerzialisierte Freizeit- und Alltagskultur und den selbstverständlichen Individualismus mitgeprägt. So ergibt sich zwischen der Herkunftskultur, den Normen der Elterngeneration und jenen der Mehrheitsgesellschaft ein Spannungsfeld. Durch die in der Jugendphase typischen Abnabelungsprozesse vom Elternhaus und durch die Wandlung vom Befehls- zum Verhandlungshaushalt (vgl. von Wensierski, 2007, S. 57) kommt es auch zu Brüchen in der Erwartungshaltung der Elterngeneration und deren (unterschiedlich ausgeprägten) Ansichten in Bezug auf Geschlecht, Lebensweisen und dem Wunsch nach Tradierung auch patriarchaler Familienstrukturen (vgl. von Wensierski, 2007, S. 61–63). In diesem Spannungsfeld kann ein neues Selbstverständnis junger Muslime entstehen, das nicht nur einfach dem der Herkunfts- oder Aufnahmegesellschaft entspringt. Von Wensierski stellt fest, dass sich die Individualisierung der Jugendphase junger Muslime nicht auf der Basis westlicher Modelle vollzieht, sondern auf der Basis der Auseinandersetzung mit der eigenen migrationssoziologischen Identität (in der Aufnahmegesellschaft) und der traditionellen islamisch-patriarchischen Struktur der Elterngeneration (vgl. von Wensierski, 2007, S. 61–63).

„Das Ergebnis ist ein spezifisch ethnisch-muslimisch geprägter Pluralismus jugendlicher Lebensstile, in dem jeweils in unterschiedlichen Synthesen westliche, traditional-orientalische und islamische Ausdrucksformen amalgamiert werden" (von Wensierski, 2007, S. 76).

Was (junge) Menschen in ihrer Migrationsgeschichte beschäftigt, sind die Herkunft und die Auseinandersetzung mit dem „Dort" und dem „Hier", das nun miteinander verbunden ist, so Beck-Gernsheim (2004). Dies unterscheidet sie von den (jungen) Menschen der deutschen Herkunftsgesellschaft, die nur einen „mononationalen, monokulturellen Blick" (S. 100) kennen. Wird dies auch durch die Außenwelt kommuniziert, wie es gerade jetzt in der Debatte um den Kampf der Kulturen, um Integration und den öffentlichen Diskurs um „den Islam" und „die Muslime" erfolgt, dann wird das Anderssein zusätzlich immer wieder in Erinnerung gerufen. In diesem ständigen Nachdenken über das „Dort" und das „Hier" – beides Dinge, mit denen man sich verbunden fühlt – kommt es zu einer Hybridisierung von Identität(en) oder, wie Wensierski (2007) sagt, zu einer „Amalgamierung" (S. 76).

Für muslimische Frauen kommt zur Frage des „Hier" und des „Dort" die Frage nach ihrer Position in einer teilweise kulturell patriarchisch geprägten muslimischen Familie und Gesellschaft als Faktor hinzu. Nöckel (1999) konstatiert ein Bemühen muslimischer Frauen, herabsetzende Fremddefinitionen über „die muslimische Frau" als marginalisierte, benachteiligte Person abzuwehren (vgl. Nöckel, 1999, S. 126). Als Beispiel beschreibt sie Versuche in der Mehrheitsgesellschaft, eine individuelle Authentizität zu generieren, welche durch Zuordnungen zu einem ethnischen Kollektiv durchkreuzt wird. „Du kannst (…) dir die Haare rot färben und mit zerrissenen Jeans herumlaufen, für die anderen bleibst du doch immer die Marokkanerin." (Nöckel, 1999, S. 128) Durch eine bewusst gewählte und auch nach außen demonstrierte Religiosität erobert sich die Frau gegenüber der Mehrheitsgesellschaft eine eigene, unverwechselbare Identität. Diese setzt sie wiederum ein, um sich gegen traditionelle Vorstellungen der Hodschas (islamische Religionslehrer) und der Familie durchzusetzen, wie Nöckel (1999) über die in Deutschland aufgewachsenen, gut gebildeten und zielstrebigen „kulturellen Hybriden" (S. 126) feststellt.

Boos-Nünning (2007) beschreibt die bewusste Hinwendung zum Islam bei jungen Muslimas ebenfalls als einen Weg, als „Expertinnen" eine „sanfte Emanzipation" durchzusetzen und dabei durch die Kenntnis der Riten und die religiöse Praxis eine Brücke zur Elterngeneration zu schlagen. Das Resultat sind dabei aber auch die Enttraditionalisierung und die Enthierarchisierung der Beziehungen sowie eine Vereinbarkeit von Lebensentwürfen mit denen der Mehrheitsgesellschaft.

Gleichzeitig können diese Erfahrungen des Fremdseins etwas über ethnische Grenzen von „Migranten" hinaus Verbindendes oder aber auch die gleiche Religion mit dem Verortet- und Verbundensein mit der „neuen" deutschen Heimat Verknüpfendes sein. So entsteht die Identität des deutschen Muslims oder der muslimischen Deutschen. Vielleicht kann auch so der Begriff des „deutschen Islam" verstanden werden, nämlich als ein nicht im Widerspruch zur deutschen Gesellschaft stehendes Islamverständnis beziehungsweise ein dergestalt praktizierter Islam.

Diesem eigentlich pluralistischen Identitätsverständnis steht als negative Reaktion der Wunsch nach absoluter Identität oder substanzieller Reinheit der kulturellen Identität des Bezugskollektives gegenüber, hält Meyer (2002, S. 45) fest. In den Migrantenmilieus aber entwickelt sich jenseits eines fundamentalistischen, kulturellen Identitätswahns ein durch Patchworkidentitäten oder Mehrfachidentitäten geprägtes Selbstverständnis. Hier ist Religion bei Muslimen ein Teil der Identität. Wird er jedoch gemäß Meyer fundamentalistisch ausgelebt, gerät er in Konflikt mit der Amalgamierung der verschiedenen Lebenswelten. Das Ergebnis ist keine deutsche, muslimische Identität, sondern eine absolute muslimische, in der „das Deutsche" keinen Platz mehr hat. Umgekehrt gilt das Gleiche: Das Resultat wäre der „marginal man", der sich in der Gesellschaft als „outcast" bewegt.

Die Bewahrung des Eigenen in einer neuen, fremden Umgebung und als Gegensatz zur deutschen Gesellschaft war jedoch teilweise das Anliegen der Gründer der ersten Moscheegemeinden, in der Annahme, nur für eine bestimmte Zeit als Gastarbeiter im „Hier" zu leben, um bald ins „Dort" zurückzukehren. Die Transformationsprozesse der zweiten Generation fanden und finden jedoch auch und ebenfalls im Spannungsfeld von Mehrheits- und Aufnahmegesellschaft statt.

3.2 Die Moscheegemeinde als Dorf in der Fremde

Für die Funktionäre und die Imame beziehungsweise für das religiöse Personal in den Moscheegemeinden[11] der ersten Generation galt es, ein „Dorf in der Fremde" aufzubauen, wo sich Menschen mit gleicher Muttersprache sowie ähnlichen kulturellen Werten und Lebensweisen treffen konnten. Gleichzeitig dienten diese Orte als Selbsthilfestationen und Informationsbörsen und waren somit quasi eine Ersatzheimat. Dort sollte auch das bewahrt bleiben, was man als Anker der Identität zu verlieren befürchtete (vgl. Schiffauer, 2010, S. 46f.). Dies begünstigte dementsprechend ein defensives Islamverständnis der Funktionäre und Imame, denn es galt das „Eigene" vor dem (deutschen) „Fremden" zu schützen. Zwischen den

---

11 Rund ein Viertel der sunnitischen Muslime ist in religiösen Vereinen/Organisationen organisiert. Bei den Schiiten und Aleviten sind es vergleichsweise 10% (Haug et al., 2009, S. 169).

verschiedenen, von der türkischen Sprache geprägten Verbänden[12] gibt es von der religiösen Tradition her keine bedeutenden Unterschiede. Fast alle (Aleviten selbstverständlich ausgenommen) sind sunnitische Muslime, welche der hanafitischen Fiqh-Schule angehören.[13] Trennend sind zwar bestimmte weltanschauliche Unterschiede und der Bezug zu bestimmten charismatischen Persönlichkeiten; jedoch haben sie sich 2007 zu einer Dachorganisation[14] zusammengeschlossen.

Die DITIB[15] als Auslandsorganisation der Religionsbehörde Diyanet folgt weltanschaulich-politisch den Idealen Kemal Atatürks, des Gründers der Republik, und legt den Inhalt der Freitagsansprachen der Imame vor. Die DITIB ist die mitgliederstärkste Organisation unter den türkischstämmigen Muslimen, von der sich zudem 46% derer, die sie kennen (nicht insgesamt), ohne Einschränkung und 23% teilweise vertreten fühlen (vgl. Haug et al., 2009, S. 177).

Der VIKZ[16] vertritt eine apolitische, mystische, auf religiöse Erziehung gerichtete Ausrichtung, betreibt Schülerheime und bietet Nachhilfe an.

Die IGMG[17] vertritt auch ein gesellschaftspolitisches Anliegen, das noch unter der Führung des verstorbenen Baskan Erbakan als Ziel eine islamische Gesellschaft und einen ebensolchen Staat anstrebte. Das Ziel war „Adil Düzen" (vgl. Schiffauer, 2010, S. 139), eine gerechte Ordnung, eine islamische und somit bessere türkische Gesellschaft. Von der IGMG spaltete sich später eine radikale politische Bewegung unter Metin Kaplan ab, welche ein Kalifat errichten wollte. In der Türkei war und ist die Milli Görüs-Bewegung immer auch durch unterschiedliche politische Parteien vertreten. In den 1990er-Jahren konnte von der Refah Partisi sogar eine Regierungsbeteiligung erreicht werden, bevor die Partei verboten wurde. Gerade diese Bewegung wurde von Schiffauer in einer Langzeitstudie untersucht. Dabei stellte er eine generationsbedingte Transformation fest (vgl. Schiffauer, 2010, S. 50).

Diese Moscheegemeinden waren geprägt von einer Türkeiorientierung, der Verwendung der türkischen Sprache, strenger Religiosität und entsprechend strenger Moralvorstellung und Familienethik. Diese zu bewahren war auch die symbolische Möglichkeit, eine soziale und ökonomische Benachteiligung in der Mehrheitsgesellschaft zu kompensieren, da man wenigstens moralisch überlegen war, so Schiffauer (vgl. Schiffauer, 2010, S. 50). Der moralischen Verwahrlosung, besonders der der später nachziehenden Familienmitglieder, sollte Einhalt geboten werden, konstatiert Ceylan (vgl. Ceylan, 2010, S. 55). Die soziale Kontrolle durch das Dorf wurde durch die der Moscheegemeinden ersetzt.

In der Atmosphäre von Identitätssicherung, Abwehr des Fremden und defensiver Religiosität waren auch soziale Bindungen und das Ansehen von größerer

---

12 Zum Beispiel die Auslandsorganisation der türkischen Religionsbehörde DITIB, die unabhängige, politisch geprägte IGMG, der sufisch geprägte VIKZ etc.
13 Eine ausführliche Darstellung findet sich bei Wunn & Mohaghegh, 2007.
14 Koordinationsrat der Muslime. Homepage: http://koordinationsrat.de/ [30.06.2012].
15 Türkisch-Islamische Union der Anstalt für Religion e.V.
16 Verband der Islamischen Kulturzentren.
17 Islamische Gemeinschaft Milli Görüs.

Bedeutung als die Fähigkeiten der Funktionäre. Dies bedingte eine nach innen gerichtete Sicherheit im Umgang miteinander, aber eine sich aufgrund geringer Kompetenz der Funktionäre sowie als Resultat mangelnder Bildung und fehlender Deutschkenntnisse nach außen ergebende Inkompetenz im Umgang mit der Mehrheitsgesellschaft (vgl. Schiffauer, 2010, S. 329). Schiffauer nennt diese sich so selbst isolierenden Moscheegemeinden „Raumschiffgemeinden" (Schiffauer, S. 331). Gefördert wird diese Selbstisolation auch durch die der deutschen Sprache meist unkundigen Imame, die zudem oft im Wechsel von Moschee zu Moschee wandern und nicht mit der Gesellschaft, sondern nur mit den Mitgliedern der Moscheegemeinden interagieren können.

3.3 Moscheegemeinden und die nächste Generation: Transformationsprozesse in der Moscheegemeinde

Die Transformation in diesen Moscheegemeinden kommt durch die zweite und dritte Generation. Ihre Angehörigen sind in Deutschland aufgewachsen, sie wurden hier sozialisiert, kennen das Leben und gesellschaftliche Codes, beherrschen die deutsche Sprache und wurden auch oft in den Moscheegemeinden sozialisiert. Sie, so Schiffauer, dienen als Kommunikationskanal und können zwischen Moscheegemeinde und Gesellschaft vermitteln (vgl. Schiffauer, 2010, S. 331).

Die neue, zweite Generation setzt sich vom politischen Auftrag der Errichtung eines islamischen Staates ab und fordert ein Überdenken im Rahmen des islamischen Konsens. So soll der ‚*iğtihād* im Bereich des *fiqh* Antworten auf neue Fragen möglich machen, ohne die *al-ahkām aš-šar'iyya* abzuschaffen oder den *Qur'*ān als rein historischen Text zu begreifen. Dies, so Schiffauer (2010), generiert eine Neo-Orthodoxie, die sich mit der Lebensrealität zu arrangieren versucht (vgl. Schiffauer, 2010, S. 241–248).

In dem Ringen der neuen Generation findet sich eine Abkehr des zur Selbstdefinition verwendeten, demonstrativen sich in Gegensatz zum Westen Setzens hin zu einer Selbstverortung in der Gesellschaft und zu einem Zugehörigkeitsgefühl zum Lebensort (vgl. Schiffauer, 2010, S. 342).

Diese Transformation in den Moscheegemeinden führt bei der „postislamistischen Generation" unter anderem zu einer reflexiven Identität wider dogmatische Haltungen und zu einem Zulassen von Kritik. Kompetenzen zählen in diesem Milieu mehr als Loyalität oder gruppeninternes Ansehen (vgl. Schiffauer, 2010, S. 347). Dieses reflektierte Denken und die sich daraus ergebende Haltung zur Mehrheitsgesellschaft und der Arbeit in den Moscheegemeinden wird von der ersten Generation als etwas Fremdes betrachtet, als eine Haltung, die man als „deutsches Denken" diskreditiert (vgl. Schiffauer, 2010, S. 349).

Diese Transformationsprozesse in der Moscheegemeinde sind Prozesse der Identitätsfindung zwischen der Mehrheits- und der Herkunftsgesellschaft europäischer Muslime. Es zeigt sich eine Abwendung von der Ablehnung der deutschen

Gesellschaft als dogmatische Haltung hin zu einem Gefühl, als Muslim in der Gesellschaft zu Hause zu sein, welches mit Brüchen mit der Herkunftsgesellschaft, den Moscheegemeinden und deren Ordnung sowie der Elterngeneration einhergeht. Religiosität ist dort Ressource für eine stabile Identitätsfindung und Identitätssicherung.

4. Religion und Fundamentalismus

4.1 Islamischer Fundamentalismus

Wenn darüber diskutiert wird, ob Religion eine Ressource für die Integration oder besser noch für den sozialen Zusammenhalt sein kann, dann ist die Angst vor einem der Moderne, der pluralistischen Gesellschaft und der demokratischen Verfassung entgegenstehenden Fundamentalismus präsent. Antimodernistische, fundamentalistische Reaktionen sind dann oft die Abwehr von Erscheinungen, welche Sicherheiten und Gewissheiten infrage stellen. Die Moderne brachte es mit sich, dass alles, was einst als tradierte Wahrheit Gültigkeit hatte, Routine und Gewissheit verschaffte, heute der Begründungspflicht unterliegt, damit der Einzelne es am Ende annehmen kann, so Meyer (vgl. Meyer, 1991, S. 65).

Die Sicherheit und die Vorhersehbarkeit tradierter Lebensweisen und des in der Gesellschaft einzunehmenden Platzes wurden durch die Selbstbestimmtheit des Einzelnen abgelöst. Die Auflösung traditioneller Bindungen, wie die der Familie, die Stellung der Frau und die Beziehungen zwischen den Generationen änderten sich – die Weltbeschreibung der Kirchen und Glaubensgemeinschaften war nicht mehr allein gültig. Der Aufstieg des Bürgertums und der materielle Wohlstand sowie die Menschenrechte brachten Sicherheiten und lösten Erlösungshoffnungen ab, welche dann in Krisenzeiten des 20. Jahrhunderts von säkularen, charismatischen Führern aufgefangen wurden.

Diese Modernisierung im sozialen und politischen Bereich, die Demokratisierung und die Menschenrechte und der sich daraus auch ergebende materielle Wohlstand und damit verbundene Sicherheiten entwickelten sich aus dem kulturellen Selbstverständnis des Westens heraus, aus einer inneren Dynamik, die nicht im Widerspruch zu dieser Gesellschaft stand, welche jedoch mit einer kulturellen Heimatlosigkeit bezahlt wurde (vgl. Meyer, 1991, S. 67). „Der Norden" (wie Meyer den Westen nennt) profitierte davon, während der „Süden" diese Entwicklungen eher als Invasion einer fremden Kultur wahrnahm (vgl. Meyer, 1991, S. 67).

Das ist in den Ländern des Südens, konkret der islamischen Welt, ein Grund für fundamentalistische Reaktionen, welche in einer Abwehrreaktion auf Veränderungen in der Gesellschaft ihr Heil im Zelotismus suchte.

4.2 Die Altvorderen als Ideal

Der Zelotismus ist bei Muslimen mit dem Rückgriff auf die rechtschaffenen Alt-
vorderen (*as-Salaf as-Ṣāliḥ*) ein radikaler Bruch mit der Tradition und ein Folgen
beziehungsweise Nachahmen (*taqlīd*) im Rahmen der Fiqh-Schulen (*maḏāhib*). So
lassen sich diese in tatsächlich zelotische, puritanische, schriftfundamentalistische
Zweige und reformorientierte Zweige aufteilen, wobei dazu auch neo-orthodoxe
Erneuerungsbewegungen zählen, welche die islamische Gesellschaft im Geiste des
Islam – wie sie ihn verstehen – wiederbeleben und auch politische Strukturen und
Regierungssysteme mit- oder auch umgestalten wollen. Zu Letzteren gehört auch
die Muslimbruderschaft, welche in Tunesien und Ägypten im Rahmen des „Arabi-
schen Frühlings" Wahlerfolge einfahren konnte.

Neben den puritanischen, literalistischen Zweigen, welche als an die Schrift
angelehnte und der Exegese des *Qur'ān* wenig Spielraum lassende Richtungen zu
betrachten sind, gibt es unpolitische, politische und auch militante Zweige. Während man die puritanischen, unpolitischen Strömungen dieser salafitischen Richtung noch als von der Mehrheitsgesellschaft abgewandt bezeichnen kann, sind die
politischen – insbesondere aber die militanten – Strömungen der Mehrheitsgesellschaft und ihrem politischen System feindlich gesinnt oder sogar bereit, diese
durch Gewalt zu bekämpfen. Gleiches gilt für muslimische Länder, wo diese Strömungen ebenfalls durch Gewaltakte auf sich aufmerksam machten.

Insgesamt konkurrieren die unterschiedlich orientierten salafitischen Gruppierungen miteinander und unterscheiden sich so sehr voneinander, dass der Oberbegriff „Salafiten" irreführend sein kann, wenn man derzeit tatsächlich die puritanischen und militanten Vertreter der Salafiyya meint. So wie die diversen salafitischen Zweige einen Bruch mit der orthodoxen Lehrtradition bedingten und sich
letztendlich zur Neo-Orthodoxie entwickelten, standen sie auch in Opposition zu
den politisch Herrschenden – mit Ausnahme der Staaten der arabischen Halbin-
sel, wo die Salafiyya, wie in Saudi Arabien, quasi ein Bündnis mit dem Königs-
haus einging.

Diese verschiedenen in den muslimischen Gesellschaften entstandenen Strömungen sind auch in Deutschland vertreten: Einerseits, weil sie sich als Organisationen etablierten, oder weil sie sich andererseits in den letzten Jahren durch Wer-
bung, durch den Einsatz der neuen Medien und des Internets einen Weg in die
Hirne und Herzen junger Muslime bahnten.

Die zuvor genannten unterschiedlichen Ausformungen des Fundamentalismus oder Islamismus (im Sinne einer Ideologisierung des Islam) können für junge
„Migranten" attraktiv sein, wenn damit Diskriminierungserfahrungen kompen-
siert werden können oder einfach dem Leben Sinn gegeben werden kann. Je nachdem, auf welche Gruppe Muslime in ihrer nachbarschaftlichen oder studentischen
Umgebung treffen, kann dies prägend sein, wenn es keine Alternative gibt.

Besonders beeindruckend ist die Schilderung von Abd Samad Moussaoui,
eines Bruders des verhinderten Attentäters von „9/11", Zacarias Moussaoui (vgl.

Moussaoui, 2002). Beide erlebten als Franzosen marokkanischer Herkunft Diskriminierung und das „Infragestellen" ihrer Identität als Franzosen. Ihre Herkunft und ihr Aussehen waren ein Abweichen von der „Normalität". Überhaupt nicht religiös erzogen und des Arabischen nicht mächtig, begann für sie als junge Erwachsene – unter anderem auch im studentischen Milieu – eine religiöse Identitätssuche. Dort traf Zacarias auf eine von Wahabiten, Sayyid Qutb und der „Partei der Muslimbrüder" geprägte, muslimische Gemeinschaft, die sich mit den „unterdrückten Muslimen" in Tschetschenien, Palästina oder Bosnien solidarisierte. Mit ihnen, mit militanten Personen wie Az-Zawahiri, Bin Ladin und anderen, wird hierbei scharf ins Gericht gegangen, da sie den Islam entstellen und letztendlich gegen den Geist der Religion handeln, wie Abd Samad Moussaoui festhält (vgl. Moussaoui, 2002, S. 68ff), der – anders als sein Bruder – auf eine traditionelle, sufitisch geprägte Gemeinschaft traf und so ein anderes Islamverständnis entwickelte.

Lohlker (2005) unterscheidet auch zwei Hauptgruppen unter den innerhalb der Migranten etablierten islamistischen Strömungen: Jene, die in der Gesellschaft isoliert von ihr leben und sich quasi aus ihr zurückziehen, aber ohne gegen diese militant vorzugehen, und eine militante Strömung, die auch zu Gewalttaten bereit wäre (vgl. Lohlker, 2005, S. 120–121).

Pisoiu (2008) behauptet in Bezug auf die gewaltbereiten, militanten Islamisten, dass es nicht „der Islam" oder die Religion als solche war, welche sie radikalisiert haben, sondern dass es mehrheitlich problembeladene Individuen waren, die Missständen in ihrer Umgebung und dem (persönlichen) Gefühl der Marginalisierung durch eine Form des Heroismus als Protagonisten einer Ideologie zu entrinnen versuchten.

Die Protagonisten dieser Spielarten des Fundamentalismus lehnen jedoch nicht die Errungenschaften der Moderne – insbesondere die Technik – ab, und sie sind auch selbst ein Kind dieser Moderne (vgl. Gray, 2004). Genauso wie fast gleichzeitig aufgetretene fundamentalistische Utopisten und zugleich Anhänger einer säkularen Ideologie (RAF, Rote Brigaden, Rote Khmer) meinen sie, durch Gewalt eine bessere, neue Gesellschaft erkämpfen zu können, durch welche die Ungerechtigkeit abgeschafft und die Menschen erlöst würden.

Innerhalb dieser Quasi-„Modernisten" unter den salafitischen Strömungen besteht eine tiefe Feindschaft zu den apolitischen Salafiten, die mit einer privaten, persönlichen und streng religiösen Lebensweise zufrieden sind. Puritanische Salafiten bezeichnen politische Salafiten dann auch als „Modernisten" oder „Marxisten" und sehen in ihnen Gegner des wahren Islam.[18]

Diese Ansicht einer Minderheit von Muslimen zeigt, dass ein fundamentalistisches Abgleiten der Religion möglich, aber den monotheistischen Religionen nicht inhärent ist (vgl. Gräb-Schmidt, 2005, S. 12). So ist eben dieses Abgleiten, diese extremistische Anomalie quasi selber dann der Zustand, der die Religion in diesem

---

18 Vgl. die Homepage Themadkhalis. http://www.themadkhalis.com/md/articles/oyama-hasan-al-banna-sayyid-qutb-abu-ala-mawdudi-the-rafidah-and-the-iranian-revolution.cfm [30.06.2012].

speziellen Fall nicht zu einer Ressource, sondern zu einem Hindernis der Integration beziehungsweise des sozialen Zusammenhaltes macht.

5. Resümee

Dort wo Bürgerinnen und Bürger mit muslimischem Religionsbekenntnis zum Nachteil ihrer selbst und eventuell der Gesellschaft auf Gruppen treffen, bei denen die fundamentalistischen und islamistischen Spielarten des Islam gelehrt, gepredigt und praktiziert werden, kann diese extremistische Verformung als Störung für den sozialen Zusammenhalt wahrgenommen werden. „Dank" der modernen Medien und der technischen Sachkenntnis gelingt es den Vertretern dieser Strömungen, unter Muslimen Anklang zu finden, während traditionelle und im wahrsten Sinne des Wortes die Sprache der Jugendlichen – nämlich die Landessprache, in der diese auch sozialisiert wurden – nicht sprechende Imame und anderes religiöses Personal diese Jugendlichen oft nur noch schwer erreichen können.

Andererseits finden in den Moscheegemeinden, aber auch unter den jungen, in der deutschen Gesellschaft sozialisierten Muslimen Transformationsprozesse statt, die eine Loslösung von der Herkunftsgemeinschaft und deren Traditionen und Lebensweisen bewirken. Allerdings assimilieren sie sich nicht und werden quasi unsichtbar, sondern benutzen Religion als einen wichtigen Anker der Identität. Diese Menschen nutzen religiöse Kenntnisse, um Normen, Moralvorstellungen und Lebensentwürfe der Herkunftsgesellschaft kritisch zu hinterfragen. Andererseits hilft es ihnen aber auch, sich gegenüber der Mehrheits- oder der Aufnahmegesellschaft zu positionieren, ohne sich von der Herkunftsgesellschaft komplett entkoppeln zu müssen. Dabei soll aber die Religion nicht als fundamentalistische Abkehr von der Gesellschaft, sondern als Bindeglied zur Gesellschaft verstanden werden, welche das von den Eltern tradierte „Eigene" mit dem „Anderen" der Mehrheitsgesellschaft verknüpft. Derart entstehen neue, hybride Identitäten oder Patchworkidentitäten mit dem Religiösen als Bezugspunkt. An die Stelle des „marginal man", des Außenseiters, und des Abweichens vom Normalen treten selbstbestimmte, selbstbewusste Formen von Identität, welche als Normalität verhandelt werden und nicht als ein Abweichen von den Gesellschaften, in der die Muslime leben, gesehen werden. Sie gehören dazu und sind ein Teil der Gesellschaft geworden.

Literatur

Aymé, M. (1943). *Vouivre* (Centre National de Ressource Textuelles et Lexicales). http://www.cnrtl.fr/definition/la%C3%AFcit%C3%A9 [30.06.2012].
Beck-Gernsheim, E. (2004). *Wir und die Anderen*. Frankfurt a. M.: Suhrkamp.
Bertelsmann Stiftung (Hrsg.) (2009). *Zuwanderer in Deutschland. Ergebnisse einer repräsentativen Befragung von Menschen mit Migrationshintergrund* (durchgeführt durch

das Institut für Demoskopie Allensbach im Auftrag der Bertelsmann Stiftung). http://www.ifd-allensbach.de/uploads/tx_studies/7405_Zuwanderer.pdf [30.06.2012].

Bielefeldt, H. (2008). *Das Islambild in Deutschland. Zum öffentlichen Umgang mit der Angst vor dem Islam* (Deutsches Institut für Menschenrechte, Essay No. 7, 2. aktualisierte Aufl.). Bonn-Berlin. http://www.institut-fuer-menschenrechte.de/uploads/tx_commerce/essay_no_7_das_islambild_in_deutschland.pdf [30.06.2012].

Boos-Nünning, U. (2007). Religiosität junger Musliminnen im Einwandererkontext. In C. Lübcke & H.-J. von Wensierski (Hrsg.), *Junge Muslime in Deutschland. Lebenslagen, Aufwachprozesse und Jugendkulturen* (S. 117–134). Opladen: Barbara Budrich.

Borchard, M. & Senge, K. (Hrsg.). (2011). *Islamismus!? Eine Handreichung für Pädagoginnen und Pädagogen. Die wichtigsten Fragen und Antworten zu religiöser Radikalisierung bei Jugendlichen* (im Auftrag der Konrad-Adenauer-Stiftung). http://www.kas.de/wf/doc/kas_29497-544-1-30.pdf?120403141540 [30.06.2012].

Ceylan, R. (2010). *Die Prediger des Islam. Imame – wer sie sind und was sie wirklich wollen.* Freiburg i. Br.: Herder.

Der Standard. (2008, 15. Januar). *Susanne Winter verschärft in Interview Ausfälle gegen Islam* (APA). http://derstandard.at/3180621?seite=4 [02.02.2012].

Eder, K. (2002). Europäische Säkularisierung – ein Sonderweg in die postsäkulare Gesellschaft? Eine theoretische Anmerkung. *Berliner Journal für Soziologie, 3,* 331–343.

Einseignement catholique (Hrsg.) (2010). *Dossiere: Les chiffres clefs de l'enseignement catholique actualités* (n° 335, février-mars 2010). http://www.enseignement-catholique.fr/files/archives_eca_pdf/2009-2010/articles_335/dossier_335.pdf [30.06.2012].

Gräb-Schmidt, E. (2005): Monotheismus und Aufklärung – ihre Verhältnisbestimmung im Zeichen einer modernen, pluralistischen, multikulturellen Gesellschaft. In S. Alkier, H. Deuser & G. Linde, *Religiöser Fundamentalismus. Analysen und Kritiken* (S. 11–26). Tübingen: Franke.

Gray, J. (2004). *Die Geburt al-Qaidas aus dem Geist der Moderne.* München: Antje Kunstmann.

Grynberg, N. (2004). Penser le monde: Information et analyse. Le choix de l'école juive en France: une question d'identité. *L'arche – Le mensuel du Judaïsme français, 555* (5). http://www.noemiegrynberg.com/pages/communaute/le-choix-de-l-ecole-juive-en-france-une-question-d-identite.html [01.03.2012].

Habermas, J. (2001). *Glauben und Wissen.* Frankfurt a. M.: Suhrkamp.

Hafez, K. & Richter, C. (2007). Das Islambild von ARD und ZDF. *Aus Politik und Zeitgeschichte (APuZ),* Heft 26–27 (veröffentlicht von der Bundeszentrale für politische Bildung). http://www.deutsche-islam-konferenz.de/nn_1875050/SharedDocs/Anlagen/DE/DIK/Downloads/Sonstiges/hafez-richter-islambild-ard-u-zdf-dik,templateId=raw,property=publicationFile.pdf/hafez-richter-islambild-ard-u-zdf-dik.pdf [30.06.2012].

Haug, S., Müssig, S. & Stichs, A. (2009). *Muslimisches Leben in Deutschland. Im Auftrag der Deutschen Islamkonferenz* (hrsg. Vom Bundesamt für Migration und Flüchtlinge). Nürnberg. http://www.bmi.bund.de/cae/servlet/contentblob/566008/publicationFile/31710/vollversion_studie_muslim_leben_deutschland_.pdf [11.10.2011].

Heitmeyer, W. (2006). *Gruppenbezogene Menschenfeindlichkeit. Die theoretische Konzeption und empirische Ergebnisse aus 2002, 2003 und 2004.* [Leicht gekürzte Fassung aus: Heitmeyer, W. (Hrsg.) (2005). *Deutsche Zustände, Folge 3* (S. 13–34). Frankfurt a. M.: Suhrkamp.] http://www.berlin.de/imperia/md/content/lb-lkbgg/bfg/nummer20/03_heitmeyer.pdf?start&ts=1182332925&file=03_heitmeyer.pdf [30.06.2012].

Jessen, F. & von Wilamowitz-Moellendorff, U. (2006). *Das Kopftuch – Entschleierung eines Symbols?* Zukunftsforum Politik (hrsg. von der Konrad-Adenauer-Stiftung e.V., Broschürenreihe, Nr. 77). http://www.kas.de/wf/de/33.9095/ [30.06.2012].

Juristischer Informationsdienst (Hrsg.) (2012). *Grundgesetz. I Grundrechte, Art. 1-19*. http://dejure.org/gesetze/GG/html [30.06.2012].

Khorchide, M. (2007). Die Bedeutung des Islam für die Muslime der zweiten Generation. In H. Weiss (Hrsg.), *Leben in zwei Welten. Zur sozialen Integration von ausländischen Jugendlichen der zweiten Generation* (S. 217–244). Wiesbaden: VS.

Kienzler, K. (2002). *Der religiöse Fundamentalismus. Christentum, Judentum, Islam* (4. Aufl.). München: C.H. Beck.

Kirchner, T. (2012, 15. Februar). Vom Islam- zum Europahasser. *Süddeutsche Zeitung*. http://www.sueddeutsche.de/politik/rechtspopulist-geert-wilders-vom-islam-zum-europahasser-1.1284589 [01.03.2012].

Laïcité. (1978). In *Debb.-Daudet* (Pol. 1978, Centre National de Ressource Textuelles et Lexicales). http://www.cnrtl.fr/definition/la%C3%AFcit%C3%A9 [30.06.2012].

Loi du 9 décembre 1905 concernant la séparation des *Églises* et de l'État. (1905). Publiée au *Journal officiel du 11 décembre 1905*. http://www.assemblee-nationale.fr/histoire/eglise-etat/sommaire.asp [01.03.2012].

Lohlker, R. (2005). Islamismus und Globalisierung. In C. Six, M. Riesebrodt & S. Haas (Hrsg.), *Religiöser Fundamentalismus. Vom Kolonialismus zur Globalisierung. Querschnitte. Einführung zur Sozial-, Wirtschafts- und Kulturgeschichte* (Bd. 16, S. 117–133). Wien: Studienverlag.

Lorriaux, A. (2011, 16. September). L'interdiction des prières de rue globalement respectée. *Le Figaro*. http://www.lefigaro.fr/actualite-france/2011/09/16/01016-20110916ARTFIG00610-l-interdiction-des-prieres-de-rue-globalement-respectee.php [30.06.2012].

Moussaoui, A. S. (2002). *Zacarias Moussaoui. Mein Bruder*. Zürich: Pendo.

Meyer, Th. (1991). *Fundamentalismus. Aufstand gegen die Moderne*. Hamburg: Rowohlt.

Meyer, Th. (2002). *Identitätspolitik. Vom Missbrauch kultureller Unterschiede*. Frankfurt a. M.: Suhrkamp.

Ministerium für Arbeit, Integration und Soziales des Landes Nordrhein-Westfalen (Hrsg.) (2010). *Muslimisches Leben in Nordrhein-Westfalen*. Düsseldorf. http://www.mais.nrw.de/08_PDF/003_Integration/110115_studie_muslimisches_leben_nrw.pdf [30.06.2012].

Nöckel, S. (1999). Islam und Selbstbehauptung – Alltagsweltliche Strategien junger Frauen in Deutschland. In R. Klein-Hessling, S. Nöckel & K. Werner (Hrsg.), *Der neue Islam der Frauen. Weibliche Lebenspraxis in der globalisierten Moderne. Fallstudien aus Afrika, Asien und Europa*. Bielefeld: Transcript.

Noelle, E. & Petersen, Th. (2006, 15. Mai). Eine fremde, bedrohliche Welt. *FAZ*. http://www.faz.net/aktuell/politik/inland/allensbach-analyse-eine-fremde-bedrohliche-welt-1328270.html [30.06.2012].

Pisoiu, D. I. (2008). Von neuer Religiosität zu politischer Gewalt. Religiöse Ursachen für islamische Radikalisierung in Westeuropa. In Th. Kolnberger & C. Six (Hrsg.), *Fundamentalismus und Terrorismus. Zu Geschichte und Gegenwart radikalisierter Religion* (2. Aufl., S. 172–190). Essen: Magnus.

Riesebrodt, M. (2001). *Die Rückkehr der Religionen. Fundamentalismus und der „Kampf der Kulturen"* (2. Aufl.). München: C.H. Beck.

Rohe, M. (2006). *Perspektiven und Herausforderungen in der Integration muslimischer MitbürgerInnen in Österreich*. Erlangen. http://www.fes.de/BerlinerAkademiegespraeche/publikationen/migration/documents/PerspektivenundHerausforderungen_1.pdf [30.06.2012].

Schiffauer, W. (2010). *Nach dem Islamismus. Eine Ethnographie der Islamischen Gemeinschaft Milli Görüs*. Berlin: Suhrkamp.

Spenlen, K. (2008). Auf dem Weg zum islamischen Religionsunterricht – Chancen, Grenzen sowie Lösungsversuche der Länder. In M. Kiefer, E. Gottwald & B. Ucar (Hrsg.), *Auf dem Weg zum islamischen Religionsunterricht. Sachstand und Perspektiven in Nordrhein-Westfalen* (S. 21–32). Berlin: LIT.

Ulram, P. A. (2009). *Integration in Österreich. Einstellungen, Orientierungen und Erfahrungen von MigrantInnen und Angehörigen der Mehrheitsbevölkerung* (Studie der GfK-Austria GmbH). http://www.bmi.gv.at/cms/BMI_Service/Integrationsstudie.pdf [23.06.2012].

Von Wensierski, H.-J. (2007). Die islamisch-selektive Modernisierung – Zur Struktur der Jugendphasen junger Muslime in Deutschland. In C. Lübcke & H.-J. von Wensierski (Hrsg.), *Junge Muslime in Deutschland. Lebenslagen, Aufwachprozesse und Jugendkulturen* (S. 55–84). Opladen: Barbara Budrich.

Weiss, H. (Hrsg.) (2007). *Leben in zwei Welten. Zur sozialen Integration ausländischer Jugendlicher der zweiten Generation.* Wien: VS.

Welt Online (2010, 23. Oktober). *Balkenende flirtet mit Islam-Kritiker Geert Wilders* (dpa/ks). http://www.welt.de/politik/ausland/article6522932/Balkenende-flirtet-mit-Islam-Kritiker-Geert-Wilders.html [02.02.2012].

Women living under muslim laws (Hrsg.) (2007). *France: „Ecoles privées musulmanes, pourquoi pas?“.* http://www.wluml.org/fr/node/3970 [30.06.2012].

Wunn, I. & Mohaghegh, H. (2007). *Muslimische Gruppierungen in Deutschland. Ein Handbuch.* Stuttgart: Kohlhammer.

Matthias Möhring-Hesse

Inklusive Inklusionspolitik.
Sozialethische Überlegungen zu einem neuen Grundbegriff bundesdeutscher Politik

Vor allem auf drei Politikfeldern lassen sich gegenwärtige Debatten in den Begriffen ‚Inklusion' bzw. ‚Integration' kristallisieren: Spätestens seit dem von der UN-Vollversammlung am 13.12.2006 verabschiedeten und von der Bundesrepublik Deutschland ratifizierten Übereinkommen über die Rechte von Menschen mit Behinderungen[1] geht es in der Schul- und Bildungspolitik um „inklusive Bildung", also darum, die Absonderung von Kindern mit Behinderungen in Sonderschulen zu überwinden und diese Kinder in „normalen" Schulen zu unterrichten, die von Kindern ohne diese Behinderungen besucht werden. Zunächst wurde seit den 1980er Jahren auf europäischer Ebene, mit zeitlicher Verzögerung dann auch in der Bundesrepublik, der Begriff ‚Armut' durch den der ‚sozialen Exklusion' ausgetauscht und damit die Europäische Union, ihre Mitgliedsstaaten und eben auch der bundesdeutsche Staat sozialpolitisch auf die Aufgabe verpflichtet, soziale Exklusion zu verhindern bzw. zu überwinden und allen Menschen gesellschaftliche Teilhabe und Beteiligung zu ermöglichen oder gar zu gewährleisten. Im EU-Vertrag wurde die „Bekämpfung der Ausgrenzung" als sozialpolitische, wenngleich gegenüber den Mitgliedsländern subsidiäre Aufgabe der Gemeinschaft eingeschrieben (§ 137), die im Vertrag von Lissabon (§ 153) bestätigt wurde. Im dritten Armuts- und Reichtumsbericht „Lebenslagen in Deutschland" (2008) stellte die damalige Bundesregierung ihre sozialpolitischen Maßnahmen unter die Überschrift „Stärkung von Teilhabe und sozialer Integration".[2] Auf dem Feld der Innenpolitik steht ganz weit oben auf der Agenda, Einwohnerinnen und Einwohner „mit Migrationshintergrund", also Kinder und Enkel von Eingewanderten, u.a. mit ihrer von der Mehrheitsgesellschaft abweichenden Religiosität, besser in die bundesdeutsche Gesellschaft zu integrieren. Zu diesem Zweck lädt die Bundesregierung seit 2006 zu „Integrationsgipfeln" und zu „Islam-Konferenzen" ein. Auf dem fünften „Integrationsgipfel" am 31.01.2012 wurde ein „Nationaler Aktionsplan Integration" vorgelegt. Darin heißt es: „Die Integration der Menschen mit Migrationshintergrund in Deutschland ist eine Schlüsselaufgabe der Bundesregierung".[3]

---

1 Siehe http://www.un.org/disabilities/convention/conventionfull.shtml; dt. Übersetzung: http://www.institut-fuer-menschenrechte.de/fileadmin/user_upload/PDF-Dateien/Pakte_Konventionen/CRPD_behindertenrechtskonvention/crpd_de.pdf

2 Online verfügbar unter http://www.bmas.de/SharedDocs/Downloads/DE/PDF-Publikationen/forschungsprojekt-a333-dritter-armuts-und-reichtumsbericht.pdf

3 Online verfügbar unter http://www.bundesregierung.de/Content/DE/_Anlagen/IB/2012-01-31-nap-gesamt-barrierefrei.pdf

Die Begriffe ‚Inklusion' und ‚Integration' haben eine erstaunliche Karriere machen können. Wie ihre jeweiligen Gegenbegriffe ‚Exklusion' und ‚Desintegration' sind sie theoretisch elaborierte, im Gebrauch voraussetzungsvolle Begriffe der Sozialwissenschaften. Von sozialwissenschaftlichen Politikberatern wurden sie in die Politik eingeführt, fanden dort breite Verwendung und wurden so zu politischen Begriffen. Inzwischen gehören sie wie ‚Gerechtigkeit', ‚Freiheit' und ‚Soziale Marktwirtschaft' zur Semantik der bundesdeutschen Politik. Bewegt man sich in diesem Kontext, dann steht ‚Exklusion' für soziale Probleme und Verwerfungen, die zugleich als Herausforderungen für Politik gedeutet werden,[4] ‚Inklusion' und ‚Integration' hingegen stehen für das Ziel der Politik und für die Aufgabe der sie treibenden Akteure.

Mit ‚Inklusion' und ‚Integration' wird auf den politischen Arenen der Sachverhalt bezeichnet, dass Einzelne in sozialen Zusammenhängen von Menschen „dazugehören". Dabei wird dieses „Dazugehören" von vornherein positiv und entsprechend das Gegenteil, das Nicht-Dazugehören, die Ausgrenzung oder Ausschließung, die Nicht-Berücksichtigung oder die Benachteiligung und das An-den-Rand-Gedrängt-Werden, kurz: die Exklusion, negativ bewertet. Offenkundig gehört die politische Semantik von ‚Inklusion' und ‚Integration' zu einer symbolischen Ordnung, die das Dazugehören „vorsieht" und deswegen deren positive Bewertung „vorschreibt", was allerdings nicht heißt, dass deswegen die darüber geordnete Gesellschaft das vorgesehene Dazugehören auch realisiert, geschweige denn: für alle realisiert. Man wird aber dem entgegenstehende Sachverhalte in dieser Semantik nicht zustimmen und legitimieren oder diese fordern können – und müsste dazu dann auf eine andere Semantik ausweichen. Obgleich aus den auf ihre „Werturteilsfreiheit" gemeinhin so stolzen Sozialwissenschaften stammend, sind ‚Inklusion' und ‚Integration' also normativ aufgeladene Begriffe. Deswegen ist eine Sozialethik gut beraten, sich diese Begriffe vor ihrem Gebrauch genauer anzuschauen, damit sie nicht einfach deren normativem Sog erliegt und als Ethik nur vollzieht, was in den von ihr verwendeten Begriffen bereits eingebaut ist und dann einem „semantischen Fehlschluss" erliegt.[5]

---

4   Der Begriff ›Desintegration‹ hat es dagegen nicht zu einem politischen Begriff gebracht, so dass ›Exklusion‹ und dessen deutsche Synonyme als Gegenbegriff sowohl für ›Inklusion‹, als auch für ›Integration‹ dient. Das wiederum ist ein Indiz dafür, dass in der politischen Semantik ›Inklusion‹ und ›Integration‹ als synonyme Begriffe genutzt - und vermutlich je nach Anwendungsfall eingesetzt werden.

5   Als „naturalistischer Fehlschluss" wird seit George Edward Moore der schon bereits von David Hume kritisierte Schluss von deskriptiven Aussagen („Sein") auf präskriptive Aussage („Sollen") bezeichnet. In Anlehnung daran soll mit dem Kunstwort „semantischer Fehlschluss" die präskriptive Aussage über einen Gegenstand problematisiert werden, wenn bereits der diesen Gegenstand bezeichnende Begriff normativ aufgeladen ist und der Aussage keine normative Prämisse zusätzlich beigegeben wird, wenn also vom Begriff auf das Sollen geschlossen wird.

1. Inklusion und Integration

In den Sozialwissenschaften wird mit ‚Inklusion' und ‚Integration' das Spannungsfeld zwischen Gesellschaft auf der einen und Individuen auf der anderen Seite
angesprochen, wobei sich die beiden Pole dieses Verhältnisses gegenseitig konstituieren: Gesellschaften bestehen über die Individuen, die „in" ihnen gemeinsam
leben, – und Individuen ent- und bestehen als Individuen im Zuge ihrer Vergesell-
schaftung. Klassischerweise wird der Begriff ‚Integration' eher auf die Gesellschaft
im Ganzen bezogen, wobei dann als Integration deren „Leistung" bezeichnet wird,
die Einzelnen in ein Ganzes einzubinden und auf diesem Wege dieses Ganze „über
die Zeit zu bringen", zu reproduzieren. So erscheint die Gesellschaft als eine Einheit, die aber nur durch die Integration der Individuen überhaupt als Einheit und
damit als so etwas wie eine Gesellschaft besteht. In Folge der gesellschaftlichen
Integration sind – so zumindest die Annahme einiger der ersten modernen Gesellschaftstheorien – die Einzelnen der Gesellschaft auch zugehörig, sind also in dem
Ganzen inkludiert, das sie integriert. Das Verhältnis zwischen Integration, die Einheit der aus Individuen bestehenden Gesellschaft, und Inklusion, die Zugehörigkeit der Individuen zur Gesellschaft, wird in den modernen Gesellschaftstheorien
zunächst so innig gedacht, dass die beiden Begriffe zumeist gar nicht scharf voneinander geschieden werden.

Aktuelle Gesellschaftstheorien haben ihre Vorstellungen von der gesellschaftlichen Integration jedoch „entsubjektiviert" – und brechen deshalb auch das innige
Verhältnis zwischen Integration und Inklusion auf, müssen folglich aber auch die
beiden Begriffe schärfer unterscheiden. Als Beispiel dafür kann Niklas Luhmanns
Systemtheorie (vgl. etwa Luhmann, 1995, S. 237–264) stehen, weswegen das Aus-
einandertreten von Integration und Inklusion in allerdings nur lockerer Anlehnung
an diese vorgestellt werden soll: Moderne Gesellschaften bestehen als Einheit aus-
differenzierter Bereiche, die unterschiedliche Funktionen für die Reproduktion
„ihrer" einen Gesellschaft erbringen, füreinander jedoch Umwelten sind. Einzelne
können in diesen unterschiedlichen Bereichen nicht integriert sein, also nicht als
deren Teile bestehen, weil sie ansonsten aus den jeweils anderen Funktionssystemen und damit auch von deren Leistungen ausgeschlossen wären. Sie können aber
auch nicht in *der* Gesellschaft integriert sein, weil diese nur als Einheit verschiedener Funktionssysteme besteht und daher selbst Individuen nicht integrieren kann.
Wenn moderne Gesellschaften also integrieren, sich also als Einheit ihrer verschiedenen Teile reproduzieren, dann heißt das gerade nicht, dass im Zuge dieser Integration die einzelnen Menschen gesellschaftlich, d.h. in den verschiedenen Bereichen moderner Gesellschaften, inkludiert sind. Inklusion „passiert", wenn sie denn
„passiert", gesondert: Die Einzelnen werden in die verschiedenen Bereiche moderner Gesellschaften eingeführt und sind dort „zugehörig", oder im Jargon der Systemtheorie gesprochen: sind in den verschiedenen Funktionssystemen als Personen
relevant. Wobei diese Relevanz – in systemtheoretischer Perspektive – dann und
nur dann besteht, wenn sie über die in den spezialisierten, deshalb aber für die

verschiedenen Funktionssysteme verschiedenen Kommunikationsmedien wie Geld, Bildung, Wissen, Recht und Macht verfügen und so in den verschiedenen Systemen erfolgreich kommunizieren können. Ohne sich an Niklas Luhmanns Systemtheorie zu halten und ohne deren „Entsubjektivierung" der Gesellschaftstheorie zu folgen, scheint es angesichts der Ausdifferenzierung moderner Gesellschaften angebracht, Inklusion nicht für die Kehrseite von gesellschaftlicher Integration zu halten – und deshalb mit Inklusionsproblemen in integrierten Gesellschaften zu rechnen.

Integration, in diesem Sinne als Reproduktion der Gesellschaft als Einheit verschiedener Teile verstanden, kann prinzipiell zum Thema einer Sozialethik gemacht werden – dann nämlich, wenn *erstens* das Bestehen einer Gesellschaft für die in ihr lebenden Menschen von irgendeinem Wert ist und *zweitens* das Fortbestehen dieser Gesellschaft durch unzureichende Integration prekär geworden ist. Integrationsprobleme der Gegenwartsgesellschaften werden vermutet – und dies vermutlich zurecht. Deren Integration wird etwa dadurch prekär, dass sie und d.h. genauer: die jeweils anderen Bereiche durch die einzelkapitalistisch verfasste Wirtschaft und durch die dort, wie auch in „welt"-wirtschaftlichen Kontexten agierenden einzelwirtschaftlichen Akteure vereinnahmt und dominiert werden („Ökonomisierung"), oder dass durch Entgrenzung der für kapitalistische Wirtschaften konstitutiven Erwerbsarbeit die diese Erwerbsarbeit bislang einhegenden Raum- und Zeitgrenzen eingerissen werden und deshalb die Zwänge der Erwerbsarbeit auch alle anderen Lebensbereiche der Erwerbstätigen bestimmen. Diese oder ähnliche Integrationsprobleme haben eine gemeinsame Logik, dass sie nämlich das „Zusammenspiel" der ausdifferenzierten Bereiche moderner Gesellschaften bedrohen, bestimmte Bereiche dominant werden lassen und dadurch andere Bereiche in der Erfüllung ihrer gesellschaftlichen Funktionen beeinträchtigen – und so die Gesellschaft im Ganzen schädigen und deren Reproduktion als Einheit ihrer Teile gefährden. Integrationsprobleme dieser Art werden in den politischen Debatten unter dem Begriff ‚Integration' jedoch nicht angesprochen, wenn sie denn überhaupt angesprochen werden – und sollen daher auch in diesem Beitrag nicht weiter behandelt werden.

In den politischen Debatten wird ‚Integration' zumeist mit der Bedeutung verwendet, die Sozialwissenschaftlerinnen und -wissenschaftler für den Begriff ‚Inklusion' vorsehen, nämlich die Zugehörigkeit von Einzelnen zur Gesellschaft oder eben genauer: zu den verschiedenen Bereichen einer modernen Gesellschaft. Während diese Zugehörigkeit in einigen dieser Bereiche (z.B. Schule und Sozialstaat) eher mit ‚Inklusion' bezeichnet wird, verwendet man mit Bezug auf andere Bereiche eher das Wort ‚Integration' (z.B. Arbeitsmarkt und Religionspolitik), wobei die differente Verwendung der Wörter keine Systematik erkennen lässt. Auch wenn sich der Beitrag mehr für die politische und entsprechend weniger für die sozialwissenschaftliche Verwendung von ‚Inklusion' und ‚Integration' interessiert, wird im Folgenden mit dem Ziel der besseren Lesbarkeit und der Eindeutigkeit nur noch ‚Inklusion' benutzt.

Probleme der Inklusion zeigen sich in ihrem Gegenteil, also in Exklusionen. Trotz der räumlichen Metapher, die man mit dem Begriff benutzt, wird mit ‚Exklusion' nicht einfach die räumliche Nichtzugehörigkeit zu gesellschaftlichen Zusammenhängen bezeichnet (vgl. Kronauer, 2003). Dass Einzelne außerhalb von deren räumlichen Grenzen stehen, räumlich ausgeschlossen sind und innerhalb der Grenzen nicht vorkommen, ist nämlich nur eine besonders extreme Form dessen, was man mit ‚Exklusion' feststellen will. Weit mehr soll die Ausgrenzung von Menschen angesprochen werden, die mit anderen innerhalb der Grenzen sozialer Zusammenhänge „existieren" und dennoch nicht wie diese „dazugehören", so dass mit ‚Exklusion' eine bestimmte Form bezeichnet wird, wie Menschen sozialen Zusammenhängen angehören. Oder paradox gesprochen: ‚Exklusion' bezeichnet eine bestimmte Weise der Inklusion. Während aber ‚Inklusion' eine vollwertige Zugehörigkeit, eine Zugehörigkeit auf Augenhöhe mit allen anderen, eine Zugehörigkeit mit gleichen Rechten und gleichen Chancen wie alle anderen meint, bezeichnet ‚Exklusion' im Gegensatz dazu eine Form der Zugehörigkeit ohne gleiche Rechte und gleiche Chancen, eine Zugehörigkeit nicht „auf Augenhöhe" mit allen anderen und daher eine Zugehörigkeit zweiter Klasse. Man könnte dies auch so sagen: Exkludierte gehören sozialen Zusammenhängen an, so *als ob* sie ihnen nicht angehörten. Exklusionen dieser Art „machen" daher keine – im sozialwissenschaftlichen Sinne – Integrationsprobleme, so sich soziale Zusammenhänge und darüber auch Gesellschaften im Ganzen über Exklusionen integrieren (können), sich nämlich als Einheit ihrer Teile dadurch reproduzieren, dass sie Menschen nicht auf Augenhöhe mit allen anderen „bringt" und „lässt", sie so nur im Modus der „zweiten Klasse" dazugehörig sein lässt.

Im Gegensatz zu dem, was die Soziologen „Integration" nennen, ist die mit ‚Inklusion' bezeichnete Zugehörigkeit nicht allein Leistung der gesellschaftlichen Bereiche, in der Einzelne inkludiert sind, sondern immer auch deren eigene Leistung. Dass man in den verschiedenen Bereichen relevant ist, an den dort erstellten Leistungen und Ressourcen teil hat und an den dortigen Kommunikationen beteiligt wird, geht immer auch darauf zurück, *dass* und *wie* die Einzelnen teilnehmen und sich beteiligen, sich dadurch relevant machen. Jedoch ist die von ihnen geleistete Inklusion von Vorleistungen der gesellschaftlichen Bereiche und der dort handelnden und kommunizierenden Menschen abhängig, vor allem von den ihnen gewährten Rechten und Chancen zur Inklusion. Diese Rechte und Chancen werden in den verschiedenen Bereichen auf die Einzelnen „verteilt" – und mit dem Maß ihrer Ungleichheit wächst auch die Unfähigkeit von Einzelnen, sich in den jeweiligen Bereichen zugehörig zu machen bzw. zu halten.

Spätestens mit ihrer politischen Verwendung gehört ‚Inklusion' bzw. ‚Integration' zu den Begriffen, die analytische *und* normative Bedeutungen und diese immer zugleich „haben", mit denen man also auf soziale Tatbestände hinweist und sie begrifflich einordnet und zugleich diese Tatbestände bewertet, dabei aber das erste nicht kann, wenn man das zweite unterlässt. Wer also Exklusionen feststellt, der bewertet sie zugleich negativ, nämlich als etwas, was zumindest eigentlich

nicht sein soll. Wer hingegen den mit ‚Exklusion' bezeichneten Sachverhalt feststellt und ihn als positiv, als gewünscht, erlaubt oder gar gesollt beurteilt, der wird
bereits bei der Feststellung den Begriff ‚Exklusion' nicht verwenden. Gegensätz-
lich dazu wird ‚Inklusion' – zumindest *prima facie* – positiv bewertet: Inklusion
soll sein. Wer sie feststellt, der beurteilt sie von vornherein als gesollt, und wer
sie vermisst, der vermisst sie, weil sie zumindest „eigentlich" gesollt ist. Ist man
gegen die volle Zugehörigkeit von Einzelnen, wird man diese Überzeugung nicht
mit ‚Inklusion' vortragen, wird vermutlich sogar ausdrücklich bestreiten, dass es
sich dabei überhaupt um eine Frage der Inklusion handelt.

Das in ‚Inklusion' ebenso wie in ‚Exklusion' steckende normative „Vorurteil"
gilt es aufzuklären, bevor man sich in der Sozialethik dieser Begriffe bedienen
kann. Dabei geht es nicht darum, die Begriffe normativ zu „entladen" und sie
dadurch, falls mit dieser „Entladung" überhaupt erfolgreich, in Distanz zu ihrer all-
tagssprachlichen Verwendung zu bringen. Vielmehr gilt es, das in ihnen steckende
normative „Vorurteil" zu explizieren und reflexiv einzuholen. Dann lassen sich *erstens* die Grenzen dieser Begriffe abstecken, so mit diesen sinnvoll nur die Zugehörigkeiten und Ausgrenzungen angesprochen werden können, bei denen auch
der begrifflich implizierten Bewertung entsprochen werden kann. Und *zweitens*
lässt sich der Begründungsbedarf aufklären, der immer dann entsteht, wenn diese
Begriffe in normativen Aussagen eingesetzt werden und dann die normativen „Vorurteile" – zusätzlich – mit hinreichend guten Gründen ausgestattet werden müssen,
so dass entsprechende Urteile sich nicht auf die „Vorurteile", sondern auf die bei-
gegebenen Gründe stützen können.

Sofern ‚Inklusion' und ‚Exklusion' zwei verschiedene Formen der Zugehörigkeit bezeichnen, werden diese über das Maß an Rechten und Chancen und deren
Vergleichbarkeit, wenn auch nicht immer mit scharfen Grenzen, unterschieden. Mit
‚Inklusion' bezeichnet man die *volle* Zugehörigkeit, die Zugehörigkeit *auf Augenhöhe zu allen anderen*, die Zugehörigkeit mit gleichen Rechten und Chancen, mit
‚Exklusion' das Gegenteil dazu, also eine Zugehörigkeit *zweiter Klasse*, so *als ob*
die davon Betroffenen nicht wie die davon Nicht-Betroffenen dazugehören würden. Normativ relevant an der so begriffenen Exklusion ist, dass *erstens* den davon
Betroffenen Rechte und Chancen vorenthalten werden, die aber andere als Ausdruck ihrer Zugehörigkeit in Anspruch nehmen können, dass sie dadurch *zweitens*
benachteiligt und möglicherweise geschädigt werden und dass *drittens* ihre Ansprüche verletzt werden, die ihnen aus ihrer Zugehörigkeit erwachsen. Ist all dies nicht
der Fall, werfen abweichende Zugehörigkeiten keine normativen Probleme auf und
werden deswegen sinnvollerweise nicht als Exklusionen bezeichnet. Um dem normativen „Vorurteil" von ‚Exklusion' und spiegelbildlich dazu auch von ‚Integration' auf die Spur zu kommen, muss daher auf die Ungleichheiten in den sozialen
Zusammenhängen geschaut werden, in denen Einzelne ausgegrenzt oder aber eben
inkludiert werden (sollen). Exklusion wie Inklusion „gibt" es nur in Ansehung der
Inklusion aller anderen. Weiterhin müssen die Benachteiligungen und Schäden für
die Menschen festgestellt werden, um deren Exklusion und Inklusion es jeweils

geht. Schließlich müssen die durch den jeweiligen Zusammenhang gegebenen „Zusagen" und „Versprechen" an die Einzelnen erhoben werden, auf die diese mit Ansprüchen auf Inklusion „antworten". Exklusion ist vorenthaltene, aber zumeist „zugesagte" Inklusion, so dass die Forderung von Inklusion – zumindest zumeist – „nur" auf die Erfüllung einer vorliegenden „Zusage" dringt. Diese drei Schritte stehen in keiner notwendigen Reihenfolge und werden je nach vorliegendem Fall mal in dieser, mal in einer anderen Reihenfolge beschritten. Aber erst wenn die drei Schritte gegangen wurden, lässt sich die in ‚Inklusion' und ‚Exklusion' eingebaute Bewertung einlösen sowie mit hinreichend guten Gründen unterfüttern – und lassen sich dann „mit gutem Gewissen" Exklusionen kritisieren und Inklusion fordern. Diese recht abstrakten Anmerkungen sollen im Folgenden konkretisiert werden, zunächst für die Exklusion der von Arbeitslosigkeit und Bildungsdefiziten Betroffenen (2.) und abschließend für die Ausgrenzung von Muslimas und Muslimen (3.).

2. Inklusion durch Arbeit und Bildung

Gesellschaftliche Ausgrenzungen werden nach allgemeiner Überzeugung vor allem durch Arbeitslosigkeit und durch fehlende oder unzureichende Bildung verursacht, wobei fehlende oder unzureichende Bildung als eine der maßgeblichen Ursachen für Arbeitslosigkeit gilt. Dabei betreffen die beiden Ausgrenzungen nicht nur die Bereiche, in denen sie ursprünglich stattfinden, eben nicht nur Erwerbsarbeit und Bildung. Die Ausgrenzungen dort ziehen Kreise und bewirken Ausgrenzungen auch in anderen Bereichen der Gesellschaft. Weil jemand keine zureichende Bildung hat, findet er keine – zumindest keine ausreichend entlohnte und sozial abgesicherte – Erwerbsarbeit; und weil er keine Erwerbsarbeit findet, findet er keine soziale Anerkennung, verfügt nicht über ausreichend Geld, kann beim Konsum nicht mithalten und bei kulturellen Veranstaltungen nicht mitmachen. Für die zuletzt genannte Exklusion wird wiederum auch fehlende und unzureichende Bildung als Ursache ausgemacht, genauso wie für ungesunde Lebens- und Ernährungsstile.

Arbeit und Bildung, so heißt es, sind der Schlüssel der Inklusion. Deshalb wird seit einigen Jahren die Kommodifizierung der Erwerbsarbeit betrieben, also die Verschärfung des sozialen Zwangs in die Erwerbsarbeit hinein und die Zurichtung des Lebens, gerade das der Jungen, auf die Erwerbsarbeit hin. Sie sollen „beschäftigungsfähig" gemacht werden, damit sie auf dem Arbeitsmarkt erfolgreich sein können. Mit dieser Politik wird den davon Betroffenen das Versprechen gegeben, dass man durch Arbeit an den eigenen Defiziten Arbeit findet und durch Erwerbsarbeit nicht nur auf dem Arbeitsmarkt inkludiert wird, sondern auch in allen anderen für die Einzelnen relevanten Bereichen der Gesellschaft volle Zugehörigkeit erlangen kann. Diese Politik gibt also ein „Versprechen" auf Inklusion – und zwar ausdrücklich an die, die wegen fehlender Erwerbsarbeit oder drohender Arbeitslosigkeit bislang nicht voll dazugehören können oder deren volle Zugehörigkeit bedroht ist. Dieses Versprechen wird von der Sozialethik nicht erzeugt, sondern in der Programmatik dieser Politik entdeckt.

Tatsächlich wird aber dieses Versprechen nicht eingelöst (vgl. zum Folgenden Möhring-Hesse, 2009, S. 22–33): Repressive Arbeitsförderung führt zu einem für die davon Betroffenen besonders scharfen Zwang in die Erwerbsarbeit hinein und sie führt zudem zu abweichenden, prekären Erwerbsarbeitsverhältnissen, etwa zu Erwerbsarbeit ohne ausreichende Erwerbseinkommen, zu untypischen Beschäftigungsformen und – im Extrem – zu den bloßen „Arbeitsgelegenheiten". So aber werden die davon betroffenen Menschen auf den Arbeitsmärkten und in den Betrieben und Unternehmen gerade nicht voll und auf Augenhöhe mit allen anderen inkludiert; sie werden nämlich dort in den Modus der „zweiten Klasse" gebracht – und so eben exkludiert. Weil aber Exklusionen ausstrahlen, bringen sie die davon Betroffenen auch außerhalb der Erwerbsarbeit in die „zweite Klasse". In der Bundesrepublik führt deswegen nicht nur fehlende Erwerbsarbeit, sondern eben auch Erwerbsarbeit zu Exklusionen – und dies nicht zuletzt deshalb, weil die von Arbeitslosigkeit Betroffenen oder Bedrohten zu Objekten besonderer Inklusionspolitiken gemacht werden.

Inklusionspolitik wird – zumindest programmatisch – auch auf dem Feld der Bildung, insbesondere dem der schulischen Bildung, betrieben. Nicht zuletzt weil schulische Bildung und vor allem Zertifikate schulischer Bildung die späteren Chancen auf den Arbeitsmärkten bestimmen, soll gesellschaftlich mehr in die Bildung der Kinder investiert werden, dabei sollen insbesondere die Bildungsanstrengungen der Kinder aus bildungsfernen Haushalten angeregt und deren Bildungserfolge verbessert werden. Gerade ihnen wird politisch ein Versprechen gegeben, dass sich ihre Bildungsanstrengungen lohnen und ein Leben „inmitten" der Gesellschaft ermöglichen. Wiederum *erzeugt* die Sozialethik das Inklusionsversprechen von schulischer Bildung nicht, sondern *entdeckt* es im Programm entsprechender Bildungspolitiken.

Tatsächlich mobilisiert die öffentliche Aufwertung der Bildung und die Verheißung von Bildungsrenditen in der Zukunft Bildungsanstrengungen vor allem bei denen, die keinerlei Bildungsnachteile beheben, sondern Bildungsvorteile gegenüber der von unten nachwachsenden Konkurrenz verteidigen (vgl. dazu Bude, 2011). Das intensivierte Bildungsengagement in den Haushalten der Bildungsbeflissenen führt dazu, dass neue Bildungsansprüche geschaffen und zugleich okkupiert, damit aber die Bildungserfolge der Nachzügler „entwertet" – und im Ergebnis bestehende Bildungsvorsprünge erneuert werden. Die politisch unterstützten Bildungsanstrengungen derer, die durch Bildung inkludiert werden sollen, werden so aber entwertet – und damit werden zugleich auch deren Chancen gemindert, durch Bildungsanstrengungen volle Zugehörigkeit nicht nur in ihren Schulen, sondern darüber auch in anderen gesellschaftlichen Bereichen zu erlangen. Dabei sind die Bildungspolitiken nicht einmal hinreichend eindeutig: Setzen sie einerseits auf Chancengleichheit und damit auf nachholende Bildungserfolge, nehmen sie andererseits auf die Bildungsinteressen der Bildungsbeflissenen Rücksicht – und müssen dies wohl auch, weil diese in der politischen Öffentlichkeit ein argumentativ mächtiger Anwalt eigener Interessen sind. Wenn auch aus anderen Gründen führt die Inklusionspolitik schulischer Bildung, wie die zeitgleich betriebene Politik der Beschäftigungsförderung, zum Gegenteil von Inklusion, die sie verspricht. Sie bringt im Ergebnis Exklusionen oder verfestigt diese zumindest – und verletzt somit die Ansprüche der davon Betroffenen, die durch die staatlichen Bemühungen, sie dazugehörig zu machen, und die ihnen dabei gegebenen Versprechen begründet werden. Sozialethik, die sich Exklusionen zum Gegenstand wählt, gerät daher zur Kritik an den diese Exklusionen angehenden Inklusionspolitiken.

3. Exklusion durch Religionszugehörigkeit

Die volle Zugehörigkeit wird in allen Bereichen moderner Gesellschaften an Bedingungen geknüpft, wenn etwa die Teilnahme an politischen Debatten an die Bedingung geknüpft wird, dass man die Regeln der demokratischen Deliberation achtet. Dass Inklusion oder genauer: die Rechte und Chancen zur Inklusion an Bedingungen geknüpft werden, lässt sich grundsätzlich rechtfertigen, so, wie die Bedingungen im Konkreten dann allerdings auch gerechtfertigt werden müssen. Nicht gerechtfertigt werden kann aber, dass – außerhalb von Religionsgemeinschaften – eine bestimmte Religionszugehörigkeit zur Bedingung von bzw. zur Barriere für Inklusion gemacht wird.

Dass Religionszugehörigkeit nicht als Bedingung sozialer Zugehörigkeit gesetzt werden darf, begründet sich in der Religionsfreiheit, die wiederum ein keineswegs banales Menschenrecht ist (vgl. Möhring-Hesse, 2011, S. 141–160). Seit Entstehung der Idee von Menschenrechten wird die Freiheit, sich gegenüber den von den Religionen vertretenen „letzten Dingen", den von diesen vermittelten Weltdeutungen sowie in den von ihnen eingeübten Praxen zu entscheiden und zu verhalten, zu den Menschenrechten gezählt und wird damit als wesentlich dafür gehalten, dass Menschen als Menschen anerkannt werden. Um in diesem Sinne frei zu sein, müssen Menschen vor gegenläufigen Diskriminierungen geschützt werden: Dafür, dass man sich in der gewählten Weise zu den von Religionen vertretenen Gemeinschaften, Praxen, Überzeugungen und Einstellungen verhält, darf man weder vom Staat, noch von Mitmenschen oder anderen gesellschaftlichen Organisationen benachteiligt werden. Da das Recht auf Religionsfreiheit wie auch alle anderen Menschenrechte universal gilt, gilt es nicht nur in Bezug auf die in einer Gesellschaft jeweils üblichen oder durch ihre historische Bedeutung oder Größe typischen Religionen, sondern – zumindest in einem ersten Schritt – in Bezug auf alle Religionen, denen sich Menschen unter Bedingungen ihrer Religionsfreiheit zurechnen. Es gibt also keine Religionsfreiheit nur in Bezug auf eine oder auf ausgewählte Religionen. Zwar sind der Rechtsträger dieses Menschenrechts nicht die Religionen; es sind vielmehr die Menschen, die sich gegenüber den Religionen frei entscheiden und verhalten können sollen. Doch schließt dieses Recht der Menschen nicht nur entsprechende Überzeugungen und Einstellungen, mithin auch komplexe Welt- und Selbstdeutungen ein. Es betrifft auch die in den Religionen angebotenen Gemeinschaftsformen und Praxen, die mit deren religiösen Überzeugungen und Einstellungen zumeist verbunden sind und in einigen Religionen – zumindest in einigen ihrer Ausdrucksformen sogar primär – gleichsam der eigentliche Inhalt der religiösen Überzeugungen und Einstellungen sind. Im Recht auf Religionsfreiheit geht es mithin nicht nur um die Freiheit von „Weltanschauungen", sondern auch um die Freiheit der Religionsausübung. Dieses Recht auf Religionsfreiheit hat die Sozialethik nicht erfunden, sondern als ein „Versprechen" (nicht nur) der bundesdeutschen Gesellschaft entdeckt, wobei dieses Versprechen stellvertretend durch den Staat in dessen Grundgesetz geschrieben wurde.

Dafür, dass dieses Versprechen gegenüber Muslimen nicht hinreichend eingelöst wird, gibt es einige Indizien. So sind „Menschen mit Integrationshintergrund" – und unter ihnen vermutlich vor allem Muslime – stärker von Arbeitslosigkeit und ebenso stärker von prekären Arbeitsverhältnissen betroffen; muslimische Kinder haben – als Gruppe – eine geringere Bildungsbeteiligung und erwerben geringere Bildungsabschlüsse. Muslime haben in der Bundesrepublik keine vergleichbaren Möglichkeiten, ihre Religiosität nicht nur zu „haben", sondern gemeinschaftlich und in der ihrer Religion entsprechenden Form auszuüben.

Statt nun aber diese und ähnliche Benachteiligungen als Exklusionen zu analysieren und darin eine Verletzung des auch Muslimen zugesprochenen Rechts auf Religionsfreiheit zu sehen, wird keineswegs nur in der scharfen Form eines Thilo Sarrazin behauptet, dass diese und ähnliche Benachteiligungen von Selbstexklusionen herrühren und diese wiederum in der Religionszugehörigkeit der davon Betroffenen begründet sind. Im Gegenzug fordert man, dass die Muslimas und Muslime ihre Selbstexklusionen aufgeben, sich „integrieren" und dazu ihren Islam den Notwendigkeiten ihrer Inklusion anpassen. Zumindest der Hang zu solch stereotypischen Zuweisungen ergibt sich immer dann, wenn die Exklusion von Muslimas und Muslimen auf deren Religionszugehörigkeit und dann nicht auf andere Ursachen, wie etwa deren höhere Betroffenheit von Arbeitslosigkeit, zurückgeführt wird. Ähnlich wie zu Beginn der Moderne die Katholiken stereotypisch als Verweigerer der Moderne gezeichnet wurden, weil sie, die überdurchschnittlich auf dem Lande lebten, unterdurchschnittliche Bildungserfolge hatten, gerät heutzutage der Islam in den Fokus, wenn man sich die Exklusion der Muslime zu erklären sucht. Hinter diesen oder ähnlichen Analysen verbergen sich stereotypische Auszeichnungen des Islams, der eben auf dem Wege der Stereotypisierung zur Ursache mangelnder Inklusionsbereitschaft oder -fähigkeit „gemacht" wird und dann den Muslimen zugeschrieben wird. Auf diesem Wege wird Muslimen die volle Inklusion in wichtigen Bereichen der bundesdeutschen Gesellschaft verweigert und damit das auch ihnen grundgesetzlich zugesprochene Recht auf Religionsfreiheit nicht hinreichend gewährt; zugleich wird die Exklusion den davon Betroffenen zugeschrieben und gerade dadurch noch einmal verschärft.

In diesem Fall sind es aber nicht Inklusionspolitiken, die das Gegenteil von dem erreichen, was sie den von Exklusion Betroffenen oder Bedrohten versprechen; in diesem Fall werden Exklusionen erzeugt oder zumindest verfestigt, indem der politische Fokus der Inklusionspolitik so auf eine Eigenschaft der davon Betroffenen oder Bedrohten gelenkt wird, dass er zum Gegenstand von stereotypischen Zuschreibungen wird – und auf diesem Wege Menschen zu Menschen „zweiter Klasse" macht – und damit ausgrenzt. Wiederum gerät die Sozialethik, die sich Exklusionen zum Thema macht, zur Kritik an einer gegenwärtig typischen Inklusionspolitik.

Diese und die zuvor behandelten Inklusionspolitiken werden (vermutlich) mit den allerbesten Absichten betrieben. Gleichwohl scheitern sie daran, dass sie – wenn auch jeweils unterschiedlich – die von Exklusionen Betroffenen oder Bedrohten gezielt zum Gegenstand ihrer Inklusionsbemühungen machen und gerade so gesonderte Tatbestände für diejenigen schaffen, deren Exklusion überwunden werden soll. Genau damit erreichen sie das genaue Gegenteil von dem, was sie versprechen – und können vom Ergebnis her auch nicht die besonderen Belastungen und Beeinträchtigungen rechtfertigen, die sie denen zumuten, denen sie im Gegenzug Inklusion versprechen. Lassen sich diese Überlegungen verallgemeinern, dann sollte Inklusionspolitik ihre Adressaten nicht besonders hervorheben, sondern sie stattdessen in genau dem Kreis von Menschen „aufgehen" lassen, in dessen Mitte sie volle Zugehörigkeit erlangen sollen.[6] Inklusionspolitik wäre dann bereits im Vollzug ihrer Anstrengungen inklusiv – und dann im Ergebnis vermutlich auch erfolgreich.

Literatur

Bude, H. (2011). *Bildungspanik. Was unsere Gesellschaft spaltet.* München: Carl Hanser Verlag.

Kronauer, M. (2003). *Exklusion. Die Gefährdung des Sozialen im hoch entwickelten Kapitalismus.* Frankfurt a. M., New York: Campus.

Luhmann, N. (1995). Inklusion und Exklusion. In ders, *Die Soziologie und der Mensch* (Soziologische Aufklärung, Bd. 6, S. 237–264). Opladen: Westdeutscher Verlag.

Möhring-Hesse, M. (2007). Diakonische Inklusion. Die Option für die Armen unter den Bedingungen des aktivierenden Sozialstaats. *Ethik und Gesellschaft 2007, 1,* Art. 6. Verfügbar unter http://www.ethik-und-gesellschaft.de/dynasite.cfm?dsmid=102201 [21.07.2012].

Möhring-Hesse, M. (2009). Soziale Exklusion durch Erwerbsarbeit und Aktivierungspolitik. In *Archiv für Wissenschaft und Praxis der sozialen Arbeit, 40 (4),* 22–33.

Möhring-Hesse, M. (2011). Religionen und Menschenrechte. Postsäkulare Herausforderungen für eine säkulare Pädagogik. In G. Steffens & E. Weiß (Hrsg.), *Menschenrechte und Bildung* (Jahrbuch für Pädagogik 2011, S. 141–160). Frankfurt a. M.: Peter Lang.

---

6 Zu der Frage, was dies für den Bereich kirchlicher Diakonie bedeuten könnte, vgl. Möhring-Hesse, 2007.

Presse- und Informationsamt der Bundesregierung (Hrsg.) (2012). *Nationaler Aktionsplan Integration. Zusammenhalt stärken – Teilhabe verwirklichen* (Die Beauftragte der Bundesregierung für Migration, Flüchtlinge und Integration). Berlin. http://www.bundesregierung.de/Content/DE/_Anlagen/IB/2012-01-31-nap-gesamt-barrierefrei.pdf?__blob=publicationFile [11.07.2012].

Reinhold Boschki

„Devaluation" oder „Wertschätzung"?
Der Beitrag des Berufsschulreligionsunterrichts zur Integration

Was die Integration von Menschen anderer Herkunft – ob ethnisch, national, sozial oder religiös – in eine Gesellschaft am stärksten verhindert, ist das gruppenspezifische und sozialpsychologisch beobachtbare und beschreibbare Phänomen der *„Devaluation"*, das in diesem Beitrag vorgestellt und im Kontext des Religionsunterrichts an berufsbildenden Schulen diskutiert wird.

Während der Begriff der „Evaluation" in der bildungspolitischen Landschaft Europas bis hin zur einzelnen Bildungsinstitution, ob allgemeinbildende oder berufsbildende Schule, ob Kindertageseinrichtung oder Hochschule, Universität, Erwachsenenbildungseinrichtung etc., bisweilen bis zum Überdruss bekannt ist und praktiziert werden muss, stellt das ähnlich klingende Wort der „Devaluation" ein völlig anderes Konzept dar, ist aber für all diese Institutionen von höchster Relevanz. Devaluation lässt sich soziologisch und sozialpsychologisch analysieren, gleichzeitig hat sie enorme Bedeutung für die in diesem Band behandelte Thematik der Integration im Zusammenhang mit berufsorientierter Bildung, insbesondere der religiösen.

Im Zuge der Klärung dieses Terminus und dessen Relevanz für konkreten Religionsunterricht an berufsbildenden Schulen können Qualitätsmerkmale für das Unterrichten in Sachen Religion an Berufsschulen erarbeitet werden, was den Begriff, wie am Ende deutlich werden wird, doch wieder mit dem der „Evaluation" verbindet. Die theoretische Arbeit – die sozialwissenschaftliche ebenso wie die theologische Klärung – wird an empirischen Studien mit konkreten Beispielen und O-Tönen aus dem „Berufsschulreligionsunterricht" (BRU)[1] überprüft und schließlich ins Gespräch mit praktischen Konzeptualisierungen gebracht. So erweist sich universitäre Religionspädagogik einmal mehr als „Pendelwissenschaft", die zwischen theoretischen Überlegungen, empirischen Überprüfungen und dem Dialog mit Praxisrealisationen und Praxiserfahrungen hin und her schwingt. Religionspädagogik reflektiert in dieser Pendelbewegung gleichermaßen Theorie, Empirie und Praxis, die ihrerseits komplementär aufeinander verwiesen sind. Daraus können neue Konzeptualisierungen generiert werden, wie die drei Teile dieses Beitrags aufzeigen werden.

---

1 Ich verwende im Folgenden die Abkürzung BRU als Sammelbezeichnung für Religionsunterricht an den verschiedenen berufsbildenden Schulen, da sich dieses Kürzel eingebürgert hat und (noch) allgemeine Verwendung findet. Siehe BRU-Handbuch (2006), sowie die Zeitschrift: BRU. Magazin für den Religionsunterricht an berufsbildenden Schulen.

1. „Devaluation" – eine Signatur unserer Zeit

Devaluation, wörtlich: Abwertung, Abschätzung, Gering-Achtung, ist ein Konzept, das aus der Sozialpsychologie stammt und die Abwertung der Außengruppe, der „Out-group" im Vergleich zur „In-group" bezeichnet. Die Innengruppe wird stets höher bewertet, das Verhalten, der Status der Innen-Gruppe, mit der sich ein Individuum identifiziert, so dass diese Gruppe ein Teil seiner sozialen Identität darstellt, wird tendenziell aufgewertet. Während dieses Phänomen in der Sozialpsychologie bereits seit den 1950er Jahren bekannt ist und intensiv erforscht wird (Tajfel, 1984; Allport, 1958) und insbesondere in der Vorurteilsforschung eine große Rolle spielt (Stroebe, Jonas & Hewstone, 2002, S. 541–576), ist das Prinzip der Devaluation in aktueller Zeit zum Gegenstand der Analyse bundesdeutscher Verhältnisse und zum Zustand europäischer Gesellschaften geworden (s.u.). Dadurch wird es bildungspolitisch relevant, da Bildungspolitik und Bildungskonzepte immer nur vor dem Hintergrund des gesellschaftlichen Kontexts verstanden und realisiert werden können.

„Devaluation" gehört zur gesellschaftlichen Wirklichkeit unseres Landes. Sie stellt ein vielfältiges und vielschichtiges Phänomen dar, das im individuellen Bereich ebenso wie im Verhalten zwischen Gruppen beobachtbar ist. Es kann in kleinen sprachlichen Äußerungen und Gesten zum Ausdruck kommen, die eine Abwertung anderer implizieren, manchmal ist es schon im Tonfall erkennbar. Einige Beispiele:

- Da würgt eine Person an einer jetzt grün geschalteten Ampel ihren Motor ab und kann nicht sekundenschnell losfahren: Schon verdrehen die vorbeigehenden Männer die Augen und sagen: „Wieder mal Frauen!"
- Da steht ein Obdachloser an der Straßenecke, spricht die Passanten an, um eine Obdachlosenzeitung zu verkaufen, und wird von den meisten links liegen gelassen, man antwortet ihm nicht einmal, er wird nicht beachtet, als sei er nicht da.
- Oder es handelt sich um einen Arbeitskollegen, der morgens um 8 Uhr schon wieder aussieht, als sei er überfordert, gestresst und ausgepowert, den man innerlich kopfschüttelnd ignoriert.
- Auch die Gruppe ausländisch aussehender Männer auf dem Bahnhofsvorplatz gehören dazu, die den einen oder anderen Kommentar mit despektierlicher Miene ertragen müssen, ob sie denn nichts zu tun hätten, während man selbst auf dem Weg zur Arbeit sei.

In diesem Sinne ließen sich zahlreiche weitere Beispiele aufführen, die zeigen, wo und wie Devaluation im alltäglichen Umgang von Menschen vorkommt. Immer dann, wenn jemand als Mitglied einer Gruppe von „Anderen" wahrgenommen wird, der tendenziell eine geringere Achtung zugeschrieben wird, werden er oder sie nicht mehr als Individuum beachtet, sondern unter die Masse der Zugehörigen zu dieser Gruppe verrechnet und entsprechend „behandelt", was auch bedeuten kann, dass sie nicht „behandelt" bzw. einfach nicht beachtet werden. Vor dem Hintergrund von Watzlawicks Kommunikationstheorem, wonach man nicht nicht kommunizieren kann, ist auch die Nichtbeachtung eine intensive Form der Kommunikation.

In der Sozialpsychologie und Gesellschaftsanalyse werden Mechanismen der Devaluation als Ursache für eine Vielzahl gravierender Konflikte des Zusammenlebens in der Gesellschaft entlarvt. Devaluation – soziale Abwertung und Geringachtung – entsteht dort, wo Menschen als ungleich eingestuft werden. Das „Konzept der sozialen Ungleichwertigkeit" (Heitmeyer, 2012, S. 179) geht zurück auf die Etablierung von Differenz: Differenzen werden im Blick auf das Verhältnis von Eigengruppe und Fremdgruppe interpretiert und aufgebaut. Dabei kommt es zur systematischen „Abwertung von Ungleichwertigem" (Heitmeyer, 2012, S. 64), nämlich immer dann, wenn Abwertung bzw. Devaluation von Menschen anderer Gruppenzugehörigkeiten erfolgt, welche als ungleichwertig, nicht auf der gleichen Stufe stehend gedeutet werden. Zu diesen Gruppen gehören in unserer Gesellschaft u.a. Obdachlose, Menschen mit Migrationshintergrund, Menschen muslimischen oder jüdischen Glaubens, Homosexuelle, Asylbewerber, Roma und Sinti, leider sogar Behinderte und Langzeitarbeitslose. Auch die *gender*-Thematik spielt eine gravierende Rolle, wenn in bestimmten Zusammenhängen Frauen – explizit oder implizit – abgewertet werden. Letzten Endes geht es bei den Prozessen der Devaluation immer um den eigenen Status *in Relation* zum Status anderer: Andere werden geringer geachtet, damit man sich selbst, seine Gruppe, seinen Status als höher erachten kann.

Die Bielefelder sozialpsychologische Forschergruppe um Wilhelm Heitmeyer sieht in diesem Mechanismus aufgrund ihrer empirischen Ergebnisse ein ganzes Syndrom, das als sogenannte „Gruppenbezogene Menschenfeindlichkeit" in der empirischen Forschung diskutiert wird: „Das Syndrom der Gruppenbezogenen Menschenfeindlichkeit umfasst die Abwertung unterschiedlicher Gruppen, die als ungleichwertig gekennzeichnet und wahrgenommen werden." (Heitmeyer, 2012, S. 65). Heitmeyer und sein Team haben in einer zehnjährigen Studie, die 2012 zu ihrem Abschluss kam, die „deutschen Zustände" bezüglich des sozialen Zusammenlebens und Zusammenhalts analysiert (Heitmeyer, 2002–2012). Dabei standen Fragen der Fremdenfeindlichkeit, der Vorurteile gegenüber (vermeintlich oder real) schwächeren Gruppen, der individuellen und sozialen Auswirkungen von Krisenerfahrungen (Finanzkrise, Undurchschaubarkeit und Unkalkulierbarkeit der Weltmärkte), die Unkontrollierbarkeit islamistischen Terrors und deren Auswirkungen auf die Mentalität der Bürger und der Verlust des gesellschaftlichen Zusammenhalts im Mittelpunkt der Analysen. Das Gefühl von Richtungs- und Orientierungslosigkeit scheint die Folge dieser und ähnlicher Prozesse zu sein. „Der permanente Krisendruck erzeugt eine Sehnsucht nach Beruhigung, die von der herrschenden politischen Verschleierungspsychologie bedient – und vom Publikum angenommen wird." (Heitmeyer, 2012, S. 24).

Für das soziale Zusammenleben sind derlei Mechanismen gefährlich, da sie ein Denken fördern, durch das Gruppen von Menschen, die scheinbar oder real weniger für die Gesellschaft leisten, abgewertet werden. Solche Vorgänge sind längst

nicht auf die bundesdeutsche Gesellschaft beschränkt, sondern wurden in europaweiten Vergleichsstudien in zahlreichen anderen Ländern nachgewiesen: „Group-
focused enmity describes a generalized devaluation of outgroups. At its core is an
ideology of unequal status." (Zick, Küpper & Höverman, 2011, S. 37).

Indes, Prozesse wie Fremdenfeindlichkeit, Rassismus, Islamfeindlichkeit, Anti-
semitismus, Sexismus, Homophobie, Abwertung von Asylbewerbern, Obdachlosen,
Sinti und Roma, Behinderten und Langzeitarbeitslosen stehen nicht isoliert neben-
einander, sondern bilden ein Syndrom zwar unterschiedlicher Abwertungsprozesse,
die jedoch in engem Zusammenhang miteinander gesehen werden müssen.

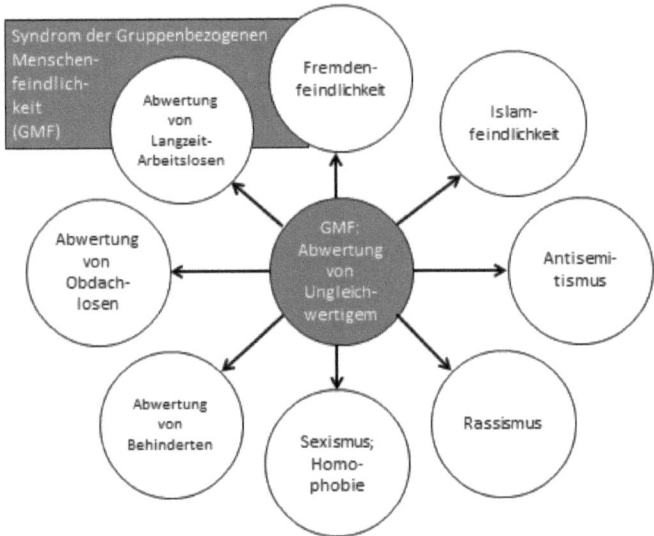

(Schema: nach Heitmeyer, 2012, S. 17, 69)

Das Diagramm illustriert den Konnex verschiedener Formen sozialer Abwertung.
Wer dazu neigt, Menschen muslimischen Glaubens abzuwerten, achtet auch Juden
tendenziell geringer, ebenso andere soziale Gruppen mit vermeintlich geringerem
Status. Das Syndrom kann als private Alltagseinstellung vorkommen, die allenfalls im Freundeskreis, am Stammtisch oder bei Familienfesten Ausdruck gewinnt,
aber ansonsten in der Öffentlichkeit keine Rolle spielt. Es kann sich aber auch in
gefährlichen politischen Settings Raum verschaffen, von populistischen Strömungen bis hin zu manifest rechtsextremen oder rechtsradikalen Varianten. Letztere
zeigen sich bei Demonstrationen auch von ihrer gewaltbereiten Seite, wobei die
Übergänge zu terroristischen Aktionen einschließlich Mord (Stichwort National-
sozialistischer Untergrund: „NSU") zwar undefinierbare, aber nicht unüberbrück-
bare Möglichkeiten darstellen, wie die jüngste Vergangenheit in der Bundesrepublik auf schreckliche Weise belegt.

Diese Gruppenbezogene Menschenfeindlichkeit ist das Extrem eines Mechanismus der Devaluation, die einen alltäglich sich vollziehenden und beobachtbaren

Vorgang im Zusammenleben von Menschen darstellt. Die Liste der Gruppen, die devaluiert werden, kann ergänzt werden durch Gruppen, die insbesondere im Berufsschulsystem auftauchen: Hauptschulabgänger, Menschen ohne Schulabschluss, Schüler/innen im Übergangssystem. Diese erscheinen in der Öffentlichkeit zwar nicht so markant als Gruppe; man sieht es einem Jugendlichen in der Stadt nicht auf Anhieb an, ob er seinen Hauptschulabschluss geschafft hat oder nicht, dennoch werden diese Gruppen im konkreten Kontakt tendenziell fortlaufend devaluiert.

Nach den Gesellschaftsanalysen des Soziologen und Sozialphilosophen Zygmunt Bauman erfolgen derartige soziale Prozesse überall in unserer Gesellschaft, die sich momentan dramatisch wandelt, immer schnelllebiger wird und immer weniger auf Dauer gestellt ist (Bauman, 2003). Die radikale Durchsetzung der Leistungs- und Konsumgesellschaft, in der der Mensch zum *homo consumens* definiert und damit auch degradiert, also devaluiert wird, bringt es mit sich, dass Menschen mehr und mehr über ihr Konsumverhalten bewertet werden. Der Mensch ist Mensch, wenn er konsumiert. „Hier bin ich Mensch – hier kauf ich ein", wirbt eine Drogeriemarktkette. Wer nicht mithalten kann, ist draußen.

Doch, wie oben erwähnt, sind diese Prozesse nicht nur im Großen, auf der gesellschaftlichen Ebene erkennbar, sie lassen sich auch im alltäglichen, zwischenmenschlichen Bereich, in der Peer-Group, auf dem Pausenhof, im Klassenzimmer beobachten. Auch auf dieser individuellen Ebene werden Menschen abgewertet, devaluiert. Das, was er/sie tut, was er/sie kann, wie er/sie aussieht, was er/sie ist, wird als weniger wert eingestuft und geringer geachtet. Vielleicht hat der/die Einzelne dies bereits in der jeweiligen Familienbiografie erlebt. Durch Erfahrungen auf dem Schulhof, in der Schulklasse, durch Prozesse der Abwertung, Ausgrenzung und des Mobbings sowie durch Erfahrungen in der Schullaufbahn, besonders durch Misserfolge, verstärkt sich der Kreislauf: Man hetzt von Misserfolg zu Misserfolg.

Devaluation, so meine These, ist eine Signatur unserer Zeit. Sie lässt sich in der Politik, in der Zivilgesellschaft, im Gruppenverhalten, am Arbeitsplatz, im Schulsystem und eben auch im beruflichen Schulwesen bis hin zum individuellen Verhalten zwischen Lehrpersonen, Schülerinnen und Schülern feststellen. Mit diesen Mechanismen hat sich der BRU zu beschäftigen.

Als Beispiel sei das Übergangssystem angeführt (vgl. BRU 54, 2011). Im Übergangssystem sind bekanntlich viele junge Menschen in einer Art „Warteschleife" zwischen Schule und Berufsausbildung, in der sie hoffen, ihre Bildungsdefizite durch berufsvorbereitende Qualifikation ausgleichen zu können. Die Klientel ist sehr heterogen: Teilweise sind Lernbehinderte in den Klassen, teilweise Abiturientinnen und Abiturienten. Berufsschullehrerinnen und -lehrer berichten immer wieder, dass diese jungen Leute meist ein sehr negatives Selbstbild mitbringen: Ihre Selbstwahrnehmung, ihre Selbsteinschätzung, ihre Selbstwertschätzung sind extrem negativ. Oft ist dies ein Ergebnis der abwertenden Wahrnehmung, negativen Zuschreibung und Einschätzung von anderen („Du bist nichts, du kannst nichts, du bringst es zu nichts."), die internalisiert werden und schließlich das Bild prägen, das diese jungen Menschen von sich selbst haben. Hier erfolgt eine permanente Devaluation, die für den weiteren Werdegang der jungen Berufsanwärter verheerend sein kann.

Doch nicht nur das Übergangssystem, auch bestimmte Berufsgruppen sind von Devaluationsprozessen betroffen, z.B. haben es Auszubildende als Fleischer, Verkäufer/innen im Lebensmittelhandel, Friseurinnen oder Gebäudereiniger äußerst schwer, soziale Anerkennung zu erhalten.

Überblickt man aufgrund dieser Befunde nicht nur das Übergangssystem, sondern das gesamte weitverzweigte Netz der beruflichen Bildung, und fragt nach dem Ort und Proprium des Religionsunterrichts im beruflichen Schulwesen, kann die deskriptive, analytische These (Devaluation – eine Signatur unserer Zeit) normativ reformuliert werden: BRU hat genau hier seine grundlegende Aufgabe, sein Proprium und seine Berechtigung, weil er dieser gesellschaftlichen, sozialen und individuellen Situation der permanenten Devaluation entgegensteuert und den Menschen in seiner Persönlichkeit „valuiert“, also wertschätzt, anerkennt, ihm Achtung und Respekt entgegenbringt. BRU eröffnet einen Raum der Wertschätzung – und zwar nicht nur aus allgemein menschlichen Motivationen heraus, nicht allein aus demokratischer Pflicht, die eine Gleichbehandlung aller im Bildungssystem verlangt, sondern aufgrund seines innersten Kerns, der von einer theologischen Anthropologie bestimmt ist.

Bevor diese These weiter entfaltet und begründet wird, sollen Schüler/innen und Lehrer/innen im beruflichen Schulwesen selbst zu Wort kommen, indem einige der empirischen BRU-Studien der vergangenen Jahre exemplarisch und kursorisch mit Blick auf unser Thema analysiert werden.

2.   Empirische Hinweise aus BRU-Studien

Die Forschungslage zum BRU ist bekanntlich nicht besonders üppig (Überblick: Kießling, 2011). Dies wird sich auch in den nächsten Jahren – dem Trend religionspädagogischer Forschung nach – kaum ändern, auch wenn die katholischen und evangelischen Institute für berufsorientierte Religionspädagogik (Tübingen und Bonn) nun massiv nacharbeiten. Die meisten religionspädagogischen Studien sind nach wie vor im Feld der allgemeinbildenden Schulen platziert. Im Folgenden greife ich auf drei besondere Ausnahmen zurück und untersuche sie mit Blick auf die aufgeworfene Thematik der Devaluation, oder anders ausgedrückt: der (mangelnden bzw. erwünschten) Achtung bzw. Wertschätzung, die den Beteiligten entgegengebracht wird. Es geht nicht um eine systematische Zweitauswertung der vorliegenden Studien, also um ein Ausleuchten des ganzen Raumes, sondern vielmehr um eine blitzlichtartige Vergewisserung, die gegebenenfalls Folgestudien provozieren kann. In den Untersuchungen werden teils beiläufig, teils explizit Fragen der Devaluation und – ihr entgegengesetzt – die Suche nach Wertschätzung auf Seiten der Lehrenden und Lernenden im BRU angesprochen.

Die bundesweite qualitative Studie von Klaus Kießling (2004) hat das Feld subjektiver Theorien von Lernenden und Lehrenden im BRU grundsätzlich vermessen. Bereits Kapitel 1 macht im Titel deutlich, was viele Schülerinnen und Schüler empfinden: Sie spüren „kaum Anerkennung, weder im Betrieb noch in der Familie" (Kießling, 2004 S. 30–167). Einer der befragten Religionslehrer „spürt eine große Not unter seinen Jugendlichen, weil *wir doch viele Schüler haben, die meiner Meinung nach sehr stark leiden, auch wenn sie es versuchen zu verdecken: ein sehr negatives Selbstbild, kaum Anerkennung, weder im Betrieb noch in der Familie. Von Lehrern auch nicht, von den meisten zumindest nicht.* Hinzu kommt, dass *die meisten, besonders die Mädchen, gar nicht den Job machen wollten, den sie jetzt machen. Die hatten ganz andere Träume und Vorstellungen und hatten niemals vor, Bäckereiverkäuferinnen zu werden"* (Kießling, 2004, S. 104). Er ist überzeugt, dass viele Schülerinnen und Schüler in dieser Situation eine *„Identitätskrise"* haben, ein *„mangelhaft ausgeprägtes Selbstwertgefühl"* (Kießling, 2004, S. 104). Kießling zufolge fühlen sich viele der jungen Menschen im beruflichen Schulwesen *„von Gott und der Welt verlassen, auch von ihrer eigenen Familie, sind ohne Perspektive im Beruf und überhaupt im Leben, ohne Hoffnung"* (Kießling, 2004, S. 354).

Selbstwertgefühl, von anderen – gerade auch von Lehrkräften – entgegengebrachte Achtung sind jedoch, so Kießling, entscheidende Elemente der „Beziehungsqualitäten" (Kießling, 2004, S. 416–418) des Religionsunterrichts. Die Studie belegt, wie zentral Wertschätzung, Empathie und Echtheit aus der Perspektive sowohl der Lehrenden als auch der Lernenden für das Beziehungs- und Unterrichtsgeschehen an berufsbildenden Schulen sind. „Schülerinnen und Schüler betonen, wie wichtig ihnen in der Beziehung zu ihren Lehrkräften und untereinander wechselseitige Wertschätzung, Toleranz und spürbarer Respekt sind, auch gegenüber Personen, die man nicht mag. Jugendliche brauchen die Erfahrung, dass Erwachsene sie ernst nehmen, dass eine Lehrerin ihnen Partnerin sein will." (Kießling, 2004, S. 417)

Viele der befragten Lehrkräfte ringen in diesem Zusammenhang um ein authentisches Zeugnis als Kundschafter, als Kundschafterin ihres Glaubens. Authentizität erscheint ihnen als ein besonders hohes Gut. Was sie im Unterricht lehren und sagen, soll stimmig sein, soll keine Diskrepanz zwischen Lehre und Tun vorweisen, kurz: Lehrende wollen „glaubwürdig unterrichten" (vgl. die Studie aus dem Bereich der allgemeinbildenden Schule: Biesinger, Münch & Schweitzer, 2008).

Ein interessantes Detail im Blick auf integratives Unterrichten kommt im Zusammenhang von Glaubwürdigkeit ebenfalls zutage: Lehrkräfte sorgen in aller Regel im Unterricht dafür, dass muslimische Jugendliche ihr Leben im Islam authentisch darstellen können (Kießling, 2004, S. 417). Sie lassen sie erzählen, religiöse Gegenstände mitbringen, Gesten und Gebete ihres Glaubens vorstellen. Auch Formen des „Teamteaching" zweier Lehrkräfte mit unterschiedlichen konfessionellen oder religiösen Herkünften werden ausprobiert, was bei den Lernenden üblicherweise auf große Zustimmung stößt, da auf diese Weise authentische Glaubenszeugnisse zum Leuchten kommen.

Lehrkräfte im Fach Religion werden von den Schülerinnen und Schülern nicht nur als Lehrende, sondern auch als Ansprechpartner für Lebens- und Orientierungsfragen wahrgenommen. Man traut ihnen die Kompetenz zu, zu über den Unterricht hinausgehenden Themen, die die jungen Menschen betreffen – beispielsweise beim Tod von Familienangehörigen oder bei Krisen, etwa der Magersucht einer Freundin –, etwas Hilfreiches und Weiterführendes beisteuern zu können. Religionslehrende sind mehr als Informationslieferanten, sie werden auch als „Vertrauenspersonen mit offenem Ohr" (Kießling, 2004, S. 148) erfahren.

Resümee: „Dieser empirische Befund, der Wertschätzung, Empathie und Authentizität als zentrale Wirkfaktoren gelingenden Beziehungsgeschehens ausmacht, erweist sich schon insofern als plausibel, als sich damit nicht drei separierbare Größen zeigen, sondern ein Dreiklang, der zusammenklingt: Wertschätzung erweist sich als Bedingung dafür, dass eine Beziehung überhaupt in Gang kommt." (Kießling, 2004, S. 417)

Auch die quantitative Untersuchung von Andreas Feige und Carsten Gennerich (2008) zur „Lebensorientierung Jugendlicher" im beruflichen Schulwesen hält Indizien dafür bereit, dass für Schülerinnen und Schüler das Akzeptiertsein, die Wertschätzung – also das Gegenteil von Devaluation – eine besondere Qualität des BRU darstellt, die sie angesichts alltagskommunikativer Devaluationsprozesse in Familie, Peer-Group und Betrieb dringend brauchen. Als Fragebogenstudie kommt die Untersuchung zwar nur sehr indirekt an die Lebenswelt der Jugendlichen und jungen Erwachsenen heran, dennoch gibt sie Hinweise für ihre subjektiven Theorien, insbesondere deshalb, weil sie – was sie von anderen Studien grundlegend unterscheidet – in besonderem Maße nach den *Gefühlen* fragt. Es wird nicht nur gefragt „Was denkst Du im Blick auf dies und das …?", sondern auch: „Was fühlst Du?".

Ein Beispiel: Eine der Fragen auf dem vorgelegten Bogen lautet: „Was für Gefühle hast Du, wenn Du an Gemeinschaft denkst?" Sind es eher einschränkende Gefühle der Unterordnung, der Vereinnahmung, der Einschränkung von Freiheit oder – und das haben die Jugendlichen mehrheitlich geantwortet – eher Sicherheit, „Beherbergung", Sich-wohl-Fühlen? Feige & Gennerich (2008) interpretieren diesen Befund dahingehend, dass die Jugendlichen bzw. die jungen Erwachsenen als ein zentrales Element ihrer Gemeinschaftserfahrung die Möglichkeit einer authentischen, ehrlichen Selbstdarstellung sehen (S. 61). Es geht ihnen um die Möglichkeit des Sich-Zeigens, wie man wirklich ist. Ein solches Verhalten macht verletzlich und kann von anderen ausgenutzt werden, denn die „dafür notwendige Akzeptanzkultur in den jugendlichen Peer-Groups [wird] nicht immer auch gelebt..." (Feige & Gennerich, 2008, S. 61).

Junge Menschen sehnen sich nach einer Gemeinschaft, in der sie akzeptiert werden, wie sie sind. Eine solche Gemeinschaft wird zum geschätzten Ideal, zum ersehnten Erfahrungsbereich. Feige & Gennerich (2008) fassen die verschiedenen Ergebnisse ihrer Studie zu diesem Thema folgendermaßen zusammen: „So indizieren die Reaktionen der befragten Jugendlichen und jungen Erwachsenen auf das

Wort ‚Gemeinschaft' das *Bedürfnis* und die *Suche* nach solchen lebensweltlichen Gesellungsmustern, die nicht durch ökonomische und auf Leistungsprinzipien beruhende Codes determiniert sind, sondern Raum geben für gegenseitige Anteilnahme und Solidarität. [...] ‚Ich konnte einmal sagen, was ich wirklich denke in dieser Gruppe.'" (Feige & Gennerich, 2008, S. 194–195)

Wer als Schülerin oder Schüler eine solche Aussage macht, hat gegenteilige Erfahrungen hinter sich. Hier schwingt die Angst mit, dass ich oft nicht akzeptiert werde, so wie ich bin und in dem, was ich denke. Echte Gemeinschaft hingegen ist ein Erfahrungsraum, in dem man *nicht* für eine bestimmte Meinung verurteilt wird, ein Raum, in dem die anderen die eigenen Erfahrungen teilen. BRU kann zu einem solchen „Ort der Erfahrung von *akzeptierter Individualität*" werden (Feige & Gennerich, 2008, S. 195).

Dabei spielt Wertschätzung, das Gegenteil von Devaluation, eine zentrale Rolle. Wertschätzung kann zum Charakteristikum eines Unterrichts werden, der von seinem Wesen her einerseits theologisch, andererseits bildungstheoretisch grundgelegt ist, was ich im dritten Teil andeuten werde.

Zuvor möchte ich einen weiteren, kurzen Blick in eine empirische Studie werfen, die in den Bereich des interreligiösen bzw. interkulturellen Lernens führt. Die Studie „Interreligiöse Kompetenz in der beruflichen Bildung", die 2011 von Albert Biesinger, Klaus Kießling, Josef Jakobi und Joachim Schmidt herausgegeben wurde, versteht sich als „Pilotstudie zur Unterrichtsforschung". Sie kann hier nicht im Einzelnen vorgestellt, sondern soll wiederum nur im Hinblick auf einige Aspekte des abwertenden bzw. – gegenteilig – des wertschätzenden Umgangs miteinander beleuchtet werden. Die Basisthese, zurückgehend auf Kießling, lautet: „Die Qualität des Religionsunterrichts resultiert primär aus der Qualität der darin lebendigen Beziehungen: der Lehrkräfte zu sich selbst, zwischen Lehrenden und Lernenden, schließlich der Schülerinnen und Schüler untereinander" (Biesinger et al., 2011, S. 32). Josef Jakobi greift diese These in seinem Beitrag auf und entwickelt theoretisch und an konkreten Unterrichtssequenzen wesentliche Voraussetzungen für interreligiöses Lernen, insbesondere Selbstdistanzierung, Ambiguitätstoleranz, Fähigkeit zum Perspektivenwechsel. In der Analyse konkreter Unterrichtsbeispiele kann er im Blick auf Zeugnisse fremder Religionen (z.B. dem Koran oder anderer Selbstzeugnisse von muslimischen Mitschülern) zeigen, „dass Schüler in Distanz zu ihrer eigenen Sozialisation treten und anderen Religionen und religiösen Überzeugungen wertschätzend begegnen" können (Jakobi, 2011, S. 84). Die Schülerinnen und Schüler, konstatiert Jakobi, sind am Gespräch über die unterschiedlichen Religionen keineswegs uninteressiert, sie zeigen sich offen und lernbereit, was ihre differenzierten, auch emotional gefärbten Nachfragen deutlich machen. „Durch alle analysierten Unterrichtssequenzen hindurch zeigt sich ein enormer Respekt der Schüler vor den Glaubensüberzeugungen der Mitschüler – auch in Klassen, wo die Lehrkraft dies nicht unbedingt erwartet hätte (Gewerbliche Berufsschule in Frankfurt-Mitte)" (Jakobi, 2011, S. 90). Indes, hierbei wird nicht nur Harmonie verbreitet, auch konflikthafte Themen interessieren die Mitschüler, etwa der Streit um das Kopftuch oder Moscheen in Deutschland.

Eine Unterrichtssequenz macht dies besonders deutlich: Ein muslimischer Mitschüler erklärt, dass man den Koran als Buch im Islam besonders ehrfürchtig behandelt, also nicht, wie er es bei Christen gesehen habe, durch Hineinschreiben, Kapitel anstreichen, Klebezettelchen verunstaltet. Man müsse, sagt er, sich sogar vorher waschen, wenn man ihn in die Hand nimmt, man wickle den Koran in ein Tuch, wenn man ihn transportiert, um ihn nicht zu beschmutzen. Darauf antwortet eine christliche Schülerin: „Also, wie ihr das erzählt, finde ich auch gut, wie ihr das macht. Weil das soll eigentlich was total Bedeutsames sein, von Gott, und man muss total … mit Respekt damit umgehen. So habe ich das nie betrachtet" (Jakobi, 2011, S. 96; Unterrichtstranskript aus NRW).

Der Respekt gegenüber seiner religiösen Tradition, den der muslimische Schüler zum Ausdruck bringt, springt über und beeindruckt die christliche Schülerin, so dass auch sie etwas von der Bedeutung erfährt, die man dem Heiligen Buch entgegen bringt, und ihren Respekt gegenüber einer solchen Form gelebter Religion im Unterricht in Worte fasst.

Dieser Respekt, der hier gezeigt wird, ist in der Tat erstaunlich. Jakobi resümiert, dass Perspektivenwechsel und Perspektivenübernahme gegenseitigen Respekt und Wertschätzung hervorbringen können (Jakobi, 2011, S. 107).

Voraussetzung dafür ist, dass der BRU selbst ein Raum für wertschätzende Kommunikation darstellt. Aus diesem Grund möchte ich im dritten und letzten Teil drei Thesen für den BRU formulieren, die die Eingangsthese – Devaluation als Signatur unserer Zeit – und die empirischen Schlaglichter bündeln.

3. BRU als Raum der Wertschätzung

Wertet man die konzeptionellen Überlegungen zum BRU aus, die in den vergangenen Jahren gemacht wurden, beispielsweise das BRU Handbuch (2006), diverse Beiträge in religionspädagogischen Zeitschriften (allgemein religionspädagogische Zeitschriften wie die Zeitschrift für Theologie und Pädagogik (58, 2006), wie auch speziell zum BRU die Zeitschriften BRU oder rabs), sowie Beiträge in den Publikationen des KIBOR, EIBOR oder bibor[2] (z.B. Kießling, 2010; Biesinger, Jakobi, Kießling & Schmidt, 2008; Schweitzer, 2006; Biesinger, Jakobi, Kießling & Schmidt, 2005; Verhülsdonk, 2005), stellt man fest, dass an verschiedenen Stellen Fragen nach dem Ziel, der Berechtigung und dem Spezifikum des BRU im beruflichen Schulwesen gestellt werden: Was will BRU nach seinem eigenen Selbstverständnis? Worin besteht die Identität des Faches? Was trägt religiöse Bildung zur beruflichen Bildung und zur Allgemeinbildung bei? Wie kann man Tendenzen

---

2   Katholisches Institut für berufsorientierte Religionspädagogik, Tübingen (KIBOR); Evangelisches Institut für berufsorientierte Religionspädagogik, Tübingen (EIBOR); Bonner Institut für berufsorientierte Religionspädagogik (bibor).

begegnen, die den BRU für wirtschaftlichen und betrieblichen Nutzen verzwecken wollen?

Insgesamt bewegen sich die Begründungsversuche auf der schwierigen Gratwanderung zwischen zwei Polen: *Einerseits* hat der BRU die Aufgabe der Partizipation an den beruflichen Lernfeldern und der Affirmation des wirtschaftlichen und betrieblichen Systems. Er leistet seinen Beitrag zur Ausbildung von jungen Menschen in ihrer beruflichen Handlungskompetenz. Hier ist die *funktionale Komponente* des BRU gefragt. *Andererseits* kommt dem BRU eine genuine Identität zu, die aus seiner spezifisch religiösen und theologischen Begründung resultiert. Beispielsweise lassen sich biblische Themen und Fragen der Glaubenspraxis nicht affirmativ und utilitaristisch für das gesellschaftliche und ökonomische Leistungssystem verrechnen. Hier zeigt sich die *sperrige, unterbrechende, kritisch-kontrafaktische Funktion* des BRU.

Zusammenfassend sind drei Grundorientierungen des BRU erkennbar, die in der Fachliteratur mehrfach genannt und begründet werden: BRU ist *berufsorientiert, persönlichkeitsorientiert, gesellschaftsorientiert*. Damit sind drei Handlungsfelder eröffnet, die in der allgemeinen Berufsschulpädagogik und damit auch in der berufsorientierten Religionspädagogik zusammen wirken: das berufsorientierte, subjektorientierte bzw. individuumsorientierte und das gesellschaftliche Handlungsfeld. Die drei Grundorientierungen bzw. Handlungsfelder überlappen sich und greifen ineinander, sind aber nicht identisch und dürfen nicht aufeinander reduziert werden. Würde beispielsweise die persönlichkeitsorientierte Aufgabe des BRU auf die Berufsorientierung reduziert, entspräche dies einer vehementen Verkürzung des Bildungsbegriffs, wobei eine umfassende Persönlichkeitsbildung (die die religiöse, ethische, ästhetische, emotionale Bildung einschließt) auf Ausbildung verkürzt würde, die dann nur den Erwerb von beruflichen „skills" zum Ziel hätte. Bildung aber ist mehr als Ausbildung.

Entlang dieser Dreigestalt des BRU werden im Folgenden – aufgrund der Ergebnisse der ersten zwei Abschnitte – drei Qualitätsmerkmale für BRU entwickelt:

a) BRU eröffnet einen Raum, in dem ein wertschätzendes Menschenbild zum Tragen kommt.

Religionsunterricht allgemein, insofern auch BRU, ist durch eine bestimmte theologische Anthropologie grundiert, die den innersten Kern seiner theologischen Begründung darstellt. Wie sehen wir den Menschen? Welche Qualität messen wir ihm zu? Welche Kompetenzen, Begabungen und welche existentiellen Charakteristika hat der Mensch? RU geht von der grundsätzlichen „Gottesbegabung" (Metz, 2006, S. 93–107) des Menschen aus: Der Mensch ist Mensch, weil er fähig ist, jederzeit mit Gott in Kontakt zu treten. Metz greift in seiner Argumentation auf die anthropologisch gewendete Theologie bzw. theologisch buchstabierte Anthropologie zurück, wie sie etwa im Werk von Karl Rahner zum Ausdruck kommt. Der Mensch als ganzer, in seiner seelisch-leiblichen Verfasstheit, ist transzendentaltheologisch gesehen auf Gott verwiesen. Kompetenzorientiert formuliert lautet dies: Der Mensch ist „gottkompetent" (Metz, 2006, S. 108–122). Religionsunterricht – und so auch der BRU – setzen auf diese Gotteskompetenz der Schülerinnen und Schüler, und zwar aller, gleich woher sie kommen, welche familiären, sozialen, ethnischen, religiösen Voraussetzungen sie mitbringen.

Diese anthropologisch-theologische Grundlegung religiöser Bildung wurde neuerdings ausgehend von einer alteritäts- und beziehungstheoretisch fundierten theologischen Anthropologie neu reflektiert (Grümme, 2012), was auch für BRU zu einer vertieften Begründungsdiskussion führen kann. Dimensionen theologischer Anthropologie, die für religiöse Bildung relevant sind, können mit Grümme (2012) folgendermaßen bestimmt werden: Körper – Leib – Geist, Endlichkeit, Identität, Sozialität, Freiheit, Versagen, Schuld, Sünde, Zeit, Rationalität, Religion und Religiosität als Gottesbegabung des Menschen. Alle diese Dimensionen sind für BRU höchst relevant. Etwa spielen Fragen der Identität, Identitätssuche und Persönlichkeitsbildung für Schülerinnen und Schüler in der Berufsvorbereitungs- oder Ausbildungsphase eine zentrale Rolle. Identität aber kann in der nachmodernen Gesellschaft nicht mehr als geschlossene, feststehende Größe beschrieben werden, sondern ist radikal fragmentierte Identität, die sich als „Patchwork-Identität" in jeder Lebensphase neu konstituieren muss und doch nie vollständig gefunden werden kann (Keupp, 2008). Identität ist von Scheitern, Brüchigkeit und Verletzlichkeit gekennzeichnet.

Diese anthropologischen Voraussetzungen sind kennzeichnend für einen persönlichkeitsorientierten BRU, der den Blick nicht nur auf Schönheiten und die Möglichkeiten menschlichen Lebens richtet, sondern auch auf das Defekte, das Scheitern, die Verlierer, das Defizitäre und die Schwächen, ein BRU, der Menschen ermutigt, sich aktiv mit all diesen existentiellen Vollzügen auseinanderzusetzen und damit identitätsstärkend wirkt. BRU zielt auf Selbstwahrnehmung, auf Stärkung des Selbstwertgefühls, auf Selbstwertschätzung, auf ein positives Bild von sich selbst, auf Selbstvertrauen, Selbststand, Selbstreflexion – beziehungstheoretisch formuliert: BRU zielt auf eine positive Beziehung der Schülerinnen und Schüler zu sich selbst (Boschki, 2003). Die Quelle dieser Anerkennung des eigenen Selbst, der Selbstannahme, *kann* die Verwurzelung in der persönlichen Gottesbeziehung darstellen. Im BRU kommt der Gott der biblischen Tradition zur Sprache, ein Gott, der jede und jeden anerkennt, ohne Vorleistung, auch und gerade die Verlierer.

Gott ist das Gegenteil von Devaluation, von Abwertung und negativer Zuschreibung, Gott ist Aufwertung, Wertschätzung der individuellen Persönlichkeit, was gnadentheologisch und rechtfertigungstheologisch ebenso wie biblisch-theologisch bzw. schöpfungstheologisch begründet werden kann. Die Wertschätzung, die jedem Menschen gebührt, gründet in der Gottebenbildlichkeit: In jedem Menschen spiegelt sich ein Funke der Herrlichkeit Gottes, weshalb er oder sie mit Achtung und Respekt gesehen und behandelt werden darf. Achtung und Wertschätzung von außen führen zur Selbstachtung und Selbstwertschätzung des Einzelnen.

Nur kurz sei erwähnt, dass die hier gemachte schöpfungstheologische Begründung von Wertschätzung auch philosophisch-anerkennungstheoretisch buchstabiert werden kann. Der Philosoph Axel Honneth arbeitet mit dem Begriff der Anerkennung, wobei er die Anerkennungstheorien des deutschen Idealismus (Fichte, Schleiermacher) aufnimmt und im Horizont einer Theorie der Intersubjektivität reformuliert (Honneth, 1994). Anerkennung ist für ihn „die expressive (und daher öffentlich zugängliche) Bekundung einer Wertschätzung" (Honneth, 2003, S. 25), die sich in Gesten der Liebe, Achtung und Solidarität äußert (Honneth, 2003, S. 23). Dem Akt der Anerkennung entspricht eine positiv getönte Verhaltensweise des „Geltenlassens" und der „Befürwortung" (Honneth, 2003, S. 15). Honneth greift dazu u.a. auf den jüdischen Philosophen Avishai Margalit zurück, der Anerkennung und Achtung als Gegenüber von Demütigung, Verachtung und Devaluation begründet (Margalit, 1997).

Vom Menschen in seiner leiblichen, seelischen und sozialen Ganzheit zu reden, dem Menschen, dem Achtung, Respekt und Wertschätzung gebührt, und gleichzeitig von dem wertschätzenden Gott zu sprechen, der den Einzelnen in den Mittelpunkt seiner Offenbarung und seines Heilswillens stellt, ist eine der zentralen Aufgaben des BRU.

b) BRU ist ein Raum der wertschätzenden Kommunikation untereinander.
Religionsunterricht ist von seiner Bestimmung her immer ein Kommunikationsraum. Er eröffnet einen Raum zur Kommunikation der Lehrenden und Lernenden, der Schülerinnen und Schüler untereinander, der Lernenden mit Glaubens- und Sinnfragen. In besonderer Weise etabliert der BRU einen solchen Raum für Gespräche über Themen, die mit Beruf und Leben, Sinn und Scheitern, Leid und Tod, Verzweiflung und Hoffnung zu tun haben. Wo könnten junge Menschen in Berufsvorbereitung oder Ausbildung sonst ihre Lebensfragen in ernsthafter Weise thematisieren, wo würden sie sonst Impulse zum Weiterdenken bekommen und wo würden sie sonst eingeladen, in Kommunikation mit Gott zu treten?

Entscheidend nun ist *die Art und Weise* der Kommunikation, die mindestens ebenso wichtig ist wie die Inhalte der Kommunikation. Aus den Schlaglichtern der oben zitierten empirischen Studien, aber auch durch Aussagen vieler Religionslehrkräfte im beruflichen Schulwesen wird deutlich, dass BRU vom Bemühen um eine wertschätzende Kommunikation getragen ist und einen Raum bereitstellt, in dem Wertschätzung in alltäglichen Kommunikationsvorgängen eingeübt werden kann.

Pädagogisch und didaktisch kann das Konzept einer wertschätzenden Kommunikation u.a. von den Prinzipien der gewaltfreien Kommunikation hergeleitet werden (Rosenberg, 2011a; 2011b). Sie wurden bereits in den 1970er Jahren in der Friedens- und Antikonfliktpädagogik entwickelt, wobei z.B. auf die Kommunikationstheorie von Paul Watzlawick, den Gesprächsführungsansatz von Carl Rogers und theoretisch auf die dialogische Philosophie Martin Bubers zurückgegriffen wurde. In Deutschland wird die weiterentwickelte Variante heute vielfach als „wertschätzende Kommunikation" (Rosenberg, 2011a, S. 201–209) bezeichnet und in zahlreichen Kursen, Workshops und Seminaren u.a. in der Lehreraus- und -fortbildung angeboten.

Das Einüben von Kommunikationstechniken, z.B. zur Konfliktlösung im Alltag, erfolgt nicht nur persönlichkeitsorientiert. Auf diesem Feld kann sich der BRU in seiner Berufsorientierung erweisen.[3] Wo Kommunikationskompetenz geschult werden kann, kann auch die *berufliche* Handlungskompetenz weiterentwickelt werden, denn Kommunikation ist Grundlage für jede Team-Arbeit (ob bei Kfz-Mechatronikern oder im gesamten technischen und produzierenden Bereich, im Handwerk und Gewerbe) ebenso wie für jede direkte Arbeit mit Menschen (etwa im kaufmännischen oder im Dienstleistungsbereich). BRU wird so zum Ort der Praxis und des Einübens wertschätzender Kommunikation.

c) BRU ist ein offener Raum des wertschätzenden Umgangs mit anderen Religionen und Kulturen.

Im Zusammenhang mit dieser dritten These wird die Gesellschaftsorientierung des BRU berührt. Interreligiöses und interkulturelles Lernen können wesentliche Bausteine der Integration von Menschen anderer Herkunft in unsere Gesellschaft darstellen.[4] Neben politischen Maßnahmen sind Anstrengungen im Bildungssektor entscheidende Faktoren, um mit kulturellen und religiösen Differenzen umzugehen zu lernen. Religionsunterricht kann dabei zum Katalysator und Promoter von Bildungsprozessen werden, die auf ein respektvolles und wertschätzendes Verhältnis der Kulturen und Religionen zielen.

In der katholischen Kirche und Theologie war die entscheidende Wende bekanntlich mit der bahnbrechenden Erklärung des Zweiten Vatikanischen Konzils zum Verhältnis der Kirche zu den anderen Religionen gesetzt (Text in: Hünermann & Hilberath, 2004–2006, Bd.1, S. 355–362; Kommentar und Literatur: Siebenrock, 2006). Mit ihr hat die Kirche ein neues Kapitel in ihrer „Haltung" („*habitudo*": Nostra Aetate 1) zu den Weltreligionen aufgeschlagen. Der Kern der Erklärung, der der Kirche eine neue Wertschätzung der jüdischen Wurzeln, der jüdischen Herkunft des christlichen Glaubens sowie des gegenwärtigen Judentums aufgibt, weitete sich im Konzilsgeschehen zu einer neuen Wertschätzung aller Weltreligionen aus. Die in Artikel 1 entfaltete Hermeneutik der Gemeinschaft und Gemeinsamkeit, die freilich immer eine Hermeneutik der Differenz einschließt, stellt die Menschen aller Religionen in eine gemeinsame existentielle Bewegung der Suche nach dem Sinn des Daseins, nach Antworten angesichts von Leid und Tod sowie nach Halt in der Bindung an Transzendenz, und sie führt die Erklärung zu einer, wie ich es nennen möchte, „Theologie der Wertschätzung", die als epochaler Wandel gewertet werden darf: Die Haltung der Christen gegenüber Andersgläubigen wird nach Jahrhunderten der Devaluation gewandelt in eine Haltung der Wertschätzung, die in

---

3   Dies ist indes nur eine der vielen Möglichkeiten der Berufsorientierung des BRU. Darüber hinaus gibt es zahlreiche weitere Anknüpfungspunkte an das berufliche Handlungsfeld, etwa in der Lernfeldorientierung sowie in Fragen der Berufs- und Wirtschaftsethik.

4   Siehe den Beitrag von Friedrich Schweitzer in diesem Band.

dem Satz gipfelt: „Die katholische Kirche lehnt nichts von alledem ab, was in diesen Religionen wahr und heilig ist" (Nostra Aetate 2). Zahlreiche protestantische
Kirchen haben in den vergangenen Jahrzehnten ähnliche Erklärungen promulgiert,
weshalb die Religionspädagogik aller Konfessionen interreligiöses und interkulturelles Lernen als Zentralthema etabliert hat. Die in den Standardwerken (Engebretson, De Souza, Durka & Gearon, 2010; Leimgruber, 2007; Schreiner, Elsenbast & Sieg, 2005) entwickelten Kompetenzlisten für interreligiöses Lernen wurden u.a. von Josef Jakobi für den BRU durchbuchstabiert (Jakobi, 2010): Neben
den oben erwähnten Fähigkeiten zum Perspektivenwechsel, zur Selbstdistanzierung
und zur Ambiguitätstoleranz geht es im Religionsunterricht des beruflichen Schul-
wesens v. a. um die Kompetenz, die religiöse und soziale Situation der Schülerinnen und Schüler wahrnehmen zu können, religiöse und kulturelle Gemeinsamkeiten entdecken und Differenzen benennen, religiöse Konfliktpotentiale erkennen und
bearbeiten, sowie eine religiöse Sprachfähigkeit im Austausch mit anderen Religionen entwickeln zu können. Diese interreligiöse Kommunikationsfähigkeit kann
in erster Linie durch Begegnung erworben werden, etwa bei Erkundungsgängen,
aber auch innerhalb des Klassenzimmers durch Austausch und gegenseitiges aufeinander Hören. Dies setzt Wertschätzung voraus, entwickelt aber auch gleichzeitig
Wertschätzung des Anderen und des Fremden. Dass dies nicht reine Theorie, sondern in der Praxis durchaus möglich ist, wurde in der kurzen Beschäftigung mit
dem empirischen Material sichtbar.

Zum Schluss noch ein Hinweis: Das Konzept der „Wertschätzung" ist kein Har-
moniemodell nach dem Motto 'Wir liegen uns alle in den Armen, haben uns lieb
und wertschätzen uns, dann wird die Welt besser'. „Wertschätzung" ist die negativ gespiegelte Utopie der Devaluation, und darum eine positive Utopie, aber sie
entspringt in unseren Überlegungen dem Defekten, dem Nicht-Harmonischen, dem
Konfliktbeladenen. Beim Konzept des BRU geht es nicht um harmonisierende, idealisierende Pädagogik, nicht um Konfliktvermeidung oder naive Konfliktlösung.
Nicht Konflikte zu verdrängen oder zu vermeiden ist die Alternative, sondern die
Fragen: „Wie gehen wir mit Konflikten um?", „Wie können wir konstruktiv mit
Differenzen, unterschiedlichen Meinungen und Interessen umgehen?". Dabei kann
ein BRU, der sich als Raum der Wertschätzung versteht, eine Signalwirkung erzie-
len: für die Persönlichkeit, den Beruf und die Gesellschaft.

So gesehen hätte das Thema „Devaluation" vielleicht doch etwas mit „Evaluation" zu tun, denn „Wertschätzung" könnte zu einem wesentlichen Qualitätsmerk-
mal für BRU werden. Der BRU kann nur evaluiert werden im Blick auf die Bezie-
hungsqualität, die in ihm zum Ausdruck kommt, die Beziehung der Schülerinnen
und Schüler zu sich selbst, die Beziehung der Lehrenden und Lernenden untereinander – und dies alles eingebettet in den Kontext einer befreienden und lebendigen
Beziehung zu Gott.

Literatur

Allport, G. W. (1958). *The nature of prejudice*. Garden City, N.Y.: Doubleday.

Bauman, Z. (2003). *Flüchtige Moderne*. Frankfurt a. M.: Suhrkamp.

Biesinger, A., Jakobi, J., Kießling, K. & Schmidt, J. (Hrsg.) (2005). *Lernfelddidaktik als Herausforderung*. Norderstedt: Books on Demand GmbH.

Biesinger, A., Jakobi, J., Kießling, K. & Schmidt, J. (Hrsg.) (2008). *Warum berufliche Bildung Religion braucht*. Norderstedt: Books on Demand GmbH.

Biesinger, A., Kießling, K., Jakobi, J. & Schmidt, J. (Hrsg.) (2011). *Interreligiöse Kompetenz in der beruflichen Bildung. Pilotstudie zur Unterrichtsforschung*. Münster: LIT.

Biesinger, A., Münch, J. & Schweitzer, F. (2008). *Glaubwürdig unterrichten. Biographie – Glaube – Unterricht*. Freiburg, Basel, Wien: Herder.

Boschki, R. (2003). *Beziehung als Leitbegriff der Religionspädagogik. Grundlegung einer dialogisch-kreativen Religionsdidaktik*. Ostfildern: Schwabenverlag.

BRU-Handbuch (2006). *Neues Handbuch Religionsunterricht an berufsbildenden Schulen* (hrsg. von der Gesellschaft für Religionspädagogik und dem Deutschen Katechetenverein, 2. Aufl.). Neukirchen: Neukirchener Verlag.

Engebretson, K., De Souza, M., Durka, G. & Gearon, L. (Hrsg.) (2010). *International Handbook of Inter-religious Education*. Dordrecht, New York: Springer.

Feige, A. & Gennerich, C. (2008). *Lebensorientierungen Jugendlicher. Alltagsethik, Moral und Religion in der Wahrnehmung von Berufsschülerinnen und -schülern in Deutschland*. Münster: Waxmann.

Grümme, B. (2012). *Menschen bilden? Eine religionspädagogische Anthropologie*. Freiburg, Basel, Wien: Herder.

Heitmeyer, W. (Hrsg.) (2002–2012). *Deutsche Zustände. Folge 1–10*. Frankfurt a. M.: Suhrkamp.

Honneth, A. (1994). *Kampf um Anerkennung. Zur moralischen Grammatik sozialer Konflikte*. Frankfurt a. M.: Suhrkamp.

Honneth, A. (2003). *Unsichtbarkeit. Stationen einer Theorie der Intersubjektivität*. Frankfurt a. M.: Suhrkamp.

Hünermann, P. & Hilberath, B. J. (Hrsg.) (2004–2006). *Herders Theologischer Kommentar zum Zweiten Vatikanischen Konzil* (5 Bde.). Freiburg, Basel, Wien: Herder.

Jakobi, J. (2010). Interreligiöse Bildung. Kompetenzprofil für Unterrichtende. In *rabs. Religionsunterricht an berufsbildenden Schulen*, 3, 28–30.

Jakobi, J. (2011). Pespektiven interreligiöser Kompetenzentwicklung in der Berufsbildung. In A. Biesinger, K. Kießling, J. Jakobi & J. Schmidt (Hrsg.), *Interreligiöse Kompetenz in der beruflichen Bildung. Pilotstudie zur Unterrichtsforschung* (S. 71–117). Münster: Lit.

Keupp, H. (2008). *Identität*skonstruktionen. *Das Patchwork der Identitäten in der Spätmoderne* (4. Aufl.). Reinbek: Rowohlt-Taschenbuch-Verlag.

Kießling, K. (2004). *Zur eigenen Stimme finden. Religiöses Lernen an berufsbildenden Schulen*. Ostfildern: Schwabenverlag.

Kießling, K. (2010). Arbeit und Menschenwürde. In *rabs. Religionsunterricht an berufsbildenden Schulen*, 3, 4–5.

Kießling, K. (2011). Unterrichtsforschung an berufsbildenden Schulen. In A. Biesinger, K. Kießling, J. Jakobi & J. Schmidt (Hrsg.), *Interreligiöse Kompetenz in der beruflichen Bildung. Pilotstudie zur Unterrichtsforschung* (S. 11–35). Münster: LIT.

Leimgruber, S. (2007). *Interreligiöses Lernen*. München: Kösel.

Margalit, A. (1997). *Politik der Würde. Über Achtung und Verachtung* (2. Aufl.). Berlin: Alexander Fest Verlag.

Metz, J. B. (2006). *Memoria Passionis. Ein provozierendes Gedächtnis in pluralistischer Gesellschaft*. Freiburg, Basel, Wien: Herder.

Rosenberg, M. B. (2011a). *Gewaltfreie Kommunikation. Eine Sprache des Lebens.* Paderborn: Junfermann Verlag.

Rosenberg, M. B. (2011b). *Erziehung, die das Leben bereichert. Gewaltfreie Kommunikation im Schulalltag.* Paderborn: Junfermann Verlag.

Schreiner, P., Elsenbast, V. & Sieg, U. (Hrsg.) (2005). *Handbuch interreligiöses Lernen.* Gütersloh: Gütersloher Verlagshaus.

Schweitzer, F. (2006). Die allgemeinbildenden Aufgaben des BRU. In *BRU-Handbuch. Neues Handbuch Religionsunterricht an berufsbildenden Schulen* (hrsg. von der Gesellschaft für Religionspädagogik und dem Deutschen Katechetenverein, 2. Aufl., S. 132–138). Neukirchen: Neukirchener.

Siebenrock, R. A. (2006). Nostra Aetate. Theologischer Kommentar. In P. Hünermann & B.J. Hilberath (Hrsg.), *Herders Theologischer Kommentar zum Zweiten Vatikanischen Konzil* (Bd. 3, S. 591–693). Freiburg, Basel, Wien: Herder.

Stroebe, W., Jonas, K. & Hewstone, M. (Hrsg.) (2002). *Sozialpsychologie. Eine Einführung* (4. Aufl.). Berlin, Heidelberg, New York: Springer.

Tajfel, H. (1984). *Gruppenkonflikt und Vorurteil. Entstehung und Funktion sozialer Stereotypen.* Bern, Stuttgart, Wien: Huber.

Verhülsdonk, A. (2005). Aufgaben und Ziele des katholischen Religionsunterrichts im gegenwärtigen Wirtschafts- und Beschäftigungssystem. In A. Biesinger, J. Jakobi, K. Kießling & J. Schmidt (Hrsg.), *Lernfelddidaktik als Herausforderung* (S. 8–22). Norderstedt: Books on Demand GmbH.

Zick, A., Küpper, B. & Hövermann, A. (Hrsg.) (2011). *Intolerance, Prejudice and Discrimination. A European Report.* Berlin: Friedrich-Ebert-Stiftung.

Matthias Gronover

Konfessionalität in religiöser Heterogenität im Religionsunterricht an berufsbildenden Schulen

Einleitung

Konfessioneller Religionsunterricht, zumal in berufsbildenden Schulen, wird oftmals als veraltetes Modell wahrgenommen, das der pluralen Gesellschaft nicht gerecht wird und mit einer kirchlichen Bindung von Lehrkräften sowie Schülerinnen und Schülern argumentiert, die so schon lange nicht mehr gegeben ist. Diese Kritik greift, wo von Konfessionalität nur in ihrer idealen, weil kirchennahen, Form gesprochen wird und wo die kirchliche Rückbindung des Religionsunterrichts als kirchliche Bevormundung wahrgenommen wird. Beide Argumente werden aber einem konfessionellen Religionsunterricht, der sich dialogisch versteht und im Dialog Orientierung – auch kirchliche – bietet, nicht gerecht.

Im Folgenden argumentiere ich, dass Konfessionalität Bedingung für den religionsdidaktischen Umgang mit religiöser Heterogenität ist. Letztere ist eine soziale Konstruktion, die ihrerseits Konfessionalität provoziert.

Der Religionsunterricht an berufsbildenden Schulen (BRU) ist von den Kirchen verantwortet und folgt in den meisten Bundesländern dem konfessionellen Modell. Zugleich ist klar, dass die Schülerschaft bezüglich ihrer Religions- und Konfessionszugehörigkeit sehr unterschiedlich zusammengesetzt ist – sie ist religiös heterogen. Die Ursachen hierfür liegen zunächst in der Demografie. Der Beitrag von Lorenz in diesem Band zeigt dies auf. Wenn in Ballungsräumen wie Stuttgart hohe Migrantenanteile einhergehen mit hohen Geburtenraten und diese erfahrungsgemäß nicht den Weg der allgemeinbildenden, gymnasialen Ausbildung gehen, sondern in Ausbildungsberufe oder im Übergangssystem landen, stehen besonders die Berufsschulen vor der Herausforderung, mit diesen religiös heterogenen Lerngruppen umzugehen. In organisatorischer Hinsicht ist es dann beispielsweise im dualen System schlicht nicht möglich, das Konfessionalitätsprinzip in entsprechenden Lerngruppen zu realisieren.

Der folgende Beitrag geht davon aus, dass gerade durch Konfessionalität religiöse Heterogenität sichtbar wird. Gerade weil Kolleginnen und Kollegen mit Blick auf den BRU oft berichten, dass muslimische Schüler die „Klasse aufmischen", indem sie durch eine teilweise vorhandene klare religiöse Sozialisation und Positionalität die Haltung des „Jeder soll glauben, was er will" aufbrechen und in dieser Weise die Wahrheitsfrage stellen, wird Konfessionalität zum Brennpunkt religionsdidaktischer Überlegungen. Und zwar nicht im Gegensatz zu den Bemühungen im BRU seit den 1970er Jahren, der Herausforderung der religiösen Heterogenität durch eine verstärkte ökumenische Zusammenarbeit zu begegnen. Konfessionalität im Horizont religiöser Heterogenität macht im Gegenteil gerade stark, dass sie sich in der Begegnung und Zusammenarbeit der Kirchen und Religionen überhaupt erst profiliert.

So verstanden unterscheide ich im Folgenden auch zwischen der Konfessionalität der Kirchen und der Konfessionalität als Zuschreibung in der Interaktion von Schülerinnen und Schülern und Lehrkräften im BRU, die im Vergleich zur Erstgenannten partikular und eklektisch erscheinen kann, im Religionsunterricht aber dennoch normative Funktion hat. Beide Dimensionen sind aufeinander verwiesen, während der kirchlichen Dimension ein eher idealtypischer und insofern kaum erreichbarer Status zukommt.

Die Bedeutung der Positionalität als Konfessionalität erwächst aus der Begriffsbestimmung von Heterogenität als sozialer Konstruktion in Abschnitt 1. Hier wird sich zeigen, dass Heterogenität abhängig ist von ihrer Wahrnehmung in Lerngruppen und damit auch von ihrer didaktischen Inszenierung.[1] Wo sie nicht wahrgenommen wird, kommt sie nicht vor oder wird unter anderen Kategorien subsumiert: Leistungsverweigerung, Störungen, falsche Schule usw. Dieser erste Abschnitt widmet sich v.a. pädagogischen Gesichtspunkten.

Von diesem Befund aus geht es im Blick auf den Religionsunterricht darum, das Bekenntnis des Religionsunterrichts mit der Heterogenität der religiösen Lernsituation ins Gespräch zu bringen, also Konfessionalität nicht allein in der Deklaration des Unterrichts auf der Stundentafel erschöpft zu sehen, sondern als – nicht nur wünschenswertes – Merkmal der Interaktion im Religionsunterricht selbst. Sie sollte im Eigensinn der Kommunikation im Religionsunterricht erscheinen, was wiederum heißt, sich diesem Eigensinn religionsdidaktisch zu stellen. Die Kontur dieses Eigensinns ergibt sich zum einen aus dem Selbstverständnis des evangelischen und katholischen Religionsunterrichts (Abschnitt 2.1.). Andererseits aber auch dem jüdisch-christlichen Gottesbezug. Dieser wird in Abschnitt 2.2. beleuchtet. Hier zeigt sich nämlich, dass der Gott Israels sich aus der Perspektive der Heiligen Schrift als wahrer Gott gerade im gesellschaftlichen Kontext unterschiedlicher Gottesbilder erwiesen hat und dass gerade dieser Zusammenhang nicht zu einer Verflachung des Gottesbezugs geführt hat, sondern zu einer Profilierung. Diese Profilierung kam nicht zuletzt durch die Reflexion dieses Gottesbezugs in Beamten- und Schreiberschulen zum Ausdruck. Durch den Rekurs auf das sogenannte Alte Israel soll deutlich werden, dass die Wahrnehmung von religiöser Heterogenität ein Bekenntnis voraussetzt und weiter, dass dieses Bekenntnis für die Konstruktion von Konfessionalität entscheidend ist. Theologisch gesprochen: Das Bekenntnis stellt sich als Gabe heraus und entzieht sich insofern der Kontingenz eigener Wahrnehmungen. Vor diesem Hintergrund ist auch problematisch, auf eine vermeintlich allgemein gehaltene Religiosität der Schülerinnen und Schüler abzuheben, weil die Rede von „der Religion" schon kontingent ist.

---

1   Das Wortfeld des Inszenierens im Zusammenhang mit Religionsdidaktik und Didaktik benutze ich vor dem Hintergrund von Schmid (2012, S. 21–61).

Es sind die Wahrnehmungen, die aus religionsdidaktischen Überlegungen heraus erwachsen und die Inszenierung von Heterogenität im Unterricht, die bestimmen, welche Relevanz Heterogenität in Erziehungsprozessen haben kann. Gerade der Aspekt der Relevanzbildung zeigt aber, dass Konfessionalität – so sie nicht in einem Idealbild stecken bleibt – Möglichkeiten der Wahrnehmung von Heterogenität eröffnet (Abschnitt 3).

1. Heterogenität als Merkmal und soziale Konstruktion

Die Forschung zur Heterogenität widmet sich zum einen der Begrifflichkeit, zum anderen aber einzelnen Aspekten der Heterogenität, hier vor allem der Leistungsheterogenität (vgl. Trautmann & Wischer, 2011). Der Umgang mit Heterogenität im Klassenzimmer erscheint als ein Hintergrundthema zur allgemeindidaktischen Planung (vgl. Risse, 2007). Besonderes Augenmerk gilt dabei dem Lehrerhandeln. Von den Lehrkräften wird erwartet, dass sie die heterogenen Zusammensetzungen der Klassen als Chance und nicht als Hemmnis wahrnehmen (vgl. Wischer, 2007; Trautmann & Wischer, 2011, S. 105–135). Dabei kommen Aspekte der Leistungsfähigkeit in den Blick, aber auch die Geschlechterdifferenz (vgl. Popp, 2011) und Multikulturalität (vgl. Gogolin, 2011). Auch über die Grenzen der schulischen Bildung wird das Thema relevant und reflektiert: Gerade mit Blick auf die Chancengleichheit in unserer Gesellschaft stellt sich die Frage, inwiefern Heterogenität mit Bildungsgerechtigkeit einhergeht (vgl. Gansen, 2009).

Schon dieser Forschungsüberblick über die verschiedenen Facetten zeigt, dass Heterogenität aus der Perspektive von Erziehung und Bildung in der Gesellschaft auf unterschiedlichen Ebenen wahrgenommen wird: Es geht zum einen um die Organisation der Bildung in der Gesellschaft selbst. Hier wird man sagen können, dass durch die Regelschulen und freien Schulen dem Problem begegnet wird. Nimmt man die berufsbildenden Schulen mit in den Blick und deren Bildungsangebot ergänzend zu dem der allgemeinbildenden Schulen, so erhält man einen hohen Grad an Differenziertheit. Man kann sagen, dass die Heterogenität in der Gesellschaft durch die Erhöhung der Komplexität des Bildungs- und Schulsystems aufgefangen werden soll. Interessant ist allerdings, und das fokussiert das soziale Problem, dem das Schlagwort Heterogenität begegnet, dass sich diese Differenziertheit im Bildungssystem nicht in den konkreten schulischen Alltag und den Unterricht verlängern lässt.[2] Heterogenität, so zeigt sich, wird durch organisatorische Differenzierung auf der Ebene der Institutionen nicht entschärft, sondern in Schule und Unterricht eher verschärft wahrgenommen. Zwischen der Differenziertheit

---

2 Das mag der Grund sein, warum Heterogenität aktuell wieder Konjunktur hat. Vor 30 Jahren wurde die Forderung laut, die schulische Organisation der pluralen Gesellschaft anzupassen und die Bildungsgänge zu differenzieren. Schon damals wurde Heterogenität diskutiert, allerdings mit Blick auf die tendenzielle „Homogenisierung in Bildungskanälen" (streaming) (vgl. Kelly, 1981).

der Institutionen und der vermeintlichen Homogenität unterrichtlicher Interaktion besteht eine grundlegende Differenz. Die fundamentale Erkenntnis aus der derzeitigen Forschungslage ist, dass die Anforderung an den Unterricht gestellt wird, gesellschaftliche Heterogenität im Unterricht und in der Schule wieder zuzulassen, sie gewissermaßen wiedereinzuführen, zu inszenieren.

Man könnte nun mit Blick darauf sagen, dass sich die religionspädagogische Forschung generell dem Thema Heterogenität widmet, weil Unterricht in Gruppen stattfindet und es immer darum geht, die unterschiedlichen Lernvoraussetzungen der Schülerinnen und Schüler unter einen Hut zu bekommen. Der entscheidende Punkt, den ich hier weiterverfolgen möchte, ist aber, dass die bisherigen Überlegungen eher darauf abzielten, einer heterogenen Situation durch homogenisierende Planung und Durchführung von Unterricht zu begegnen. Was sich auf methodischer und evaluativer Seite bereits bis in den konkreten Unterricht hinein etabliert hat (z.B. durch das Konzept des offenen Unterrichts und leistungsindividualisierende Beobachtungsbögen zur Evaluation von Schülerleistungen), ist in der religionsdidaktischen Reflexion noch nicht bis zum Ende gedacht. Wo ein religionsdidaktisches Konzept keine Planungsschritte vorsieht, Heterogenität wahrzunehmen und in die unterrichtliche Interaktion einzubeziehen, wird sie der Pluralität der Gesellschaft nicht gerecht.

Gleichwohl möchte ich im Folgenden nicht die religionsdidaktischen Konzeptionen der Religionspädagogik durchgehen und auf das Thema hin abklopfen, sondern den Zusammenhang von Heterogenität und religiösem Bekenntnis beleuchten. Nicht nur die Rahmenbedingungen des Religionsunterrichts – an Regelschulen wie in den Integrationsklassen der berufsbildenden Schulen – setzen diesbezüglich normative Vorgaben. Auch bildungstheoretische Argumente wie das Ziel der Identitätsbildung, der Beheimatung im Glauben und der Befähigung zur Orientierung in religiösen Fragen rechtfertigen den Ansatz, das Bekenntnis im Sinne einer Positionalität in heterogenen Kontexten als Ansatzpunkt der Argumentation zu wählen.

Dass der Begriff in der Pädagogik Konjunktur hat, kann man an einschlägigen Publikationen der letzten fünf Jahre ablesen (u.a. Neuschäfer, 2004; Boller, Rosowski & Stroot, 2007; Feiner, 2008; Buschkühle, Duncker & Oswalt, 2009; Trautmann & Wischer, 2011; Faulstich, 2011). Wie wir weiter unten sehen werden, wird der Begriff keineswegs einheitlich gebraucht. Das macht sensibel und verlangt nach Klärung; es ist zu vermuten, dass zumindest *religiöse* Heterogenität eine Problemstelle kennzeichnet, die auf ein viel fundamentaleres Problem verweist, als bloß die augenfällige Bedeutung von religiöser Heterogenität als unterschiedlicher religiöser Herkunft, also der Ungleichartigkeit und Andersgeartetheit religiös gestimmter Menschen.

Ein Indiz für diese Vermutung lässt sich aus dem Gebrauch von Synonymen herleiten. Zu nennen sind: Differenz, Diversität, Exklusion, Verschiedenheit, Ungleichheit. Ziebertz (2001) schreibt in der von ihm mitherausgegebenen Religionsdidaktik von der Wertschätzung der Postmoderne gegenüber der Heterogenität und von der „Ablehnung jedes Einheitsdenkens", wobei eingestanden werden müsse, dass „das religiöse Feld, einschließlich des Christentums, selbst bereits alle Kennzeichen einer ausdifferenzierten Pluralität aufweist" (Ziebertz, S. 87). Er rekurriert auf F. Lyotards Wertschätzung gegenüber der Heterogenität (vgl. Ziebertz, S. 70). Lyotard versteht Heterogenität aber sicherlich nicht nur als Epiphänomen gesellschaftlicher Differenzierungsprozesse, sondern im Kontext seines Gerechtigkeitsbegriffes, der vom Fehlen einer universalen Diskursart ausgeht und insofern nach der normativen Kraft des Differenten fragt (vgl. Lyotard, 1987). Der Wortsinn von Heterogenität und Pluralität ist also sehr verschieden. Während Pluralität sich auf einer deskriptiven Ebene auf die Gesellschaft bezieht, meint Heterogenität nicht Verschiedenheit im Bezug auf die Gesellschaft, sondern innerhalb eines *genus*, also einer Art beziehungsweise Gattung. Schulklassen z.B. können heterogen sein, verdanken sich ihrerseits aber gesellschaftlichen Differenzierungsprozessen. Eine Schulklasse kommt nämlich nur dann zustande, wenn Menschen eines bestimmten Alters ein Platz in der Gesellschaft zugewiesen wird, was seinerseits Ressourcen verlangt, die bereitgestellt werden müssen (z.B. muss die Arbeitskraft der Schülerinnen und Schüler entbehrlich sein, die Lehrkraft sollte durch die Lehre den eigenen Unterhalt finanzieren können usw.). Das setzt voraus, dass erstens gesellschaftliche Ressourcen für Schulen da sind und zweitens ein Programm vorhanden ist, das die Zusammenführung in Klassen rechtfertigt (z.B. ein Curriculum). Beides setzt einen Konsens voraus, der die Hintergrundfolie von Heterogenität bildet. Dadurch ist Heterogenität durch die differenzierte Gesellschaftsform bedingt. Sie erstreckt sich also nicht auf alle Lebensbereiche, sondern ist bezogen auf klar abgrenzbare Teilbereiche wie Schulklassen. Heterogenität ist gewissermaßen ein Symptom gesellschaftlicher Pluralität und insofern nicht mit ihr zu verwechseln. Der Zusammenhang von Heterogenität und Pluralität, wie Ziebertz ihn herstellt, liegt einerseits also nahe, weil beide Begrifflichkeiten sich auf soziale Kontexte beziehen. Andererseits aber bezieht sich Heterogenität auf einen sozialen Teilbereich in der Gesellschaft, z.B. auf eine Schulklasse, während wir Pluralität mit gesellschaftlicher Vielfalt verbinden, also einer sozio-kulturellen Voraussetzung von Heterogenität. Ein weiterer Unterschied ist, dass „Pluralität die Situation von gesellschaftlicher, kultureller, religiöser, weltanschaulicher usw. Vielfalt in ihrer bloßen Gegebenheit bezeichnet" (Schweitzer, Englert, Schwab & Ziebertz, 2002, S. 11).

Während wir Pluralität vorwiegend mit Blick auf die Gesellschaft benutzen, spielt Heterogenität im hier behandelten Zusammenhang in einem kleineren sozialen Rahmen, etwa der Schulklasse, die man überschauen kann, eine gewichtige Rolle. Heterogenität wird hier pädagogisch behandelt und so in gewisser Weise auch erst hervorgebracht. Sie ist nicht nur bloße Gegebenheit, sondern sie bildet sich im gegenseitigen Lehr- und Lernprozess heraus – sie wird gelernt (vgl. Bäumer, 2009) und ist eine soziale Konstruktion.

Bezogen auf die soziale Dimension in Erziehungsprozessen verweist Heterogenität auf ein Dilemma. Denn insofern Erziehung mit Absichten verbunden ist und in Gruppen stattfindet, möchte sie zunächst die Verschiedenheit in der Gruppe mit Blick auf ihre Absichten homogenisieren, also vereinheitlichen (vgl. Wenning, 2007).

Wenning unterscheidet vier Aspekte des modernen Gebrauchs von Heterogenität:

1. *Heterogenität als relativer Begriff:* Heterogenität liegt bezogen auf einen Maßstab vor, ergibt sich durch einen Vergleich von verschiedenen Dingen. Das als Maßstab angelegte Kriterium ist hierbei Ungleichheit.
2. *Heterogenität und Homogenität*: Ohne Homogenität gibt es keine Heterogenität. Diese beiden Begriffe existieren zusammen, es kann folglich weder nur das eine, noch nur das andere geben.
3. *Zugeschriebene Eigenschaften*: Heterogenität liegt in Bezug auf den Beobachtenden und die von ihm angestellten Interessen vor.
4. *Zeitlich begrenzt gültig*: Heterogenität kann zeitlich begrenzt sein, da durch Veränderungen ein anderes Ergebnis entstehen kann.

Neuschäfer (2004), Feiner (2008), Buschkühle et al. (2009), Trautmann et al. (2011), Faulstich-Wieland (2011) u.a. nennen folgende Merkmale von Heterogenität in Schulklassen, deren Vielfalt schon deutlich macht, dass ihre Berücksichtigung – das bloße Nachdenken über diese Merkmale genauso wie deren religionsdidaktische Berücksichtigung im Unterricht – eine wohl überlegte Entscheidung ist: Entwicklungsstand der Personen, Leistungsstand, Lerngeschwindigkeit, Lernbereitschaft, Fertigkeiten, Fähigkeiten, Sprache, gesundheits- und körperbezogene Beobachtungen sowie das Geschlecht, Heterogenität mit Blick auf die Lebenssituation (prekäre, bürgerliche oder großbürgerliche Verhältnisse), Familienverhältnisse, regelmäßiger oder aussetzender Schulbesuch, Ausbildungsplatz, Clique, Vereinstätigkeit, kirchliches Engagement, Sport, Verdacht auf Straftaten. Diese Liste ist nahezu beliebig erweiterbar, je nach Perspektivität und Interesse. Auch die Unterscheidung zwischen sozial konstruierten und biologisch determinierten Merkmalen reduziert die Fülle der möglichen Bezüge nicht.

„Die Frage nach Heterogenität in Bildungseinrichtungen bewegt sich deshalb in einem Spannungsfeld, in dem schulpädagogisch-didaktische, schulentwicklungsbezogene sowie bildungstheoretische Überlegungen genauso greifen wie institutionell bzw. gesellschaftlich limitierte Rahmenbedingungen. Bildungseinrichtungen und die darin Handelnden sind eingebunden in ein Geflecht widersprüchlicher Anforderungen – dies gilt auch für den Umgang mit Heterogenität. Sie ist weder gut noch schlecht, weder einzig zu verdammen noch ausschließlich zu befördern – sie ist ein Dilemma für Bildungseinrichtungen, mit dem diese einen Umgang finden müssen. Die dort Tätigen wie die Verantwortlichen können Heterogenität weder einfach ignorieren noch unbegrenzt unterdrücken oder umstandslos akzeptieren; jede Reaktion auf Heterogenität stößt an Grenzen. Machen sich die Beteiligten dieses Dilemma und die Rahmenbedingungen nicht bewusst, müssen sie scheitern. Wenn wir mit Heterogenität leben müssen, bietet sich ein produktiver Umgang mit ihr an, sie wenigstens als *Herausforderung* zu nutzen, besser noch als *Chance*; oder sogar als *Mittel*, um institutionelle Ziele zu erreichen, wie Unternehmen es anstreben" (Wenning, 2007, S. 30).

Heterogenität in ihrer ganzen Breite als Normalität vorauszusetzen und didaktisch wahrzunehmen ist demnach nicht möglich (vgl. Duncker, 2009), oder nur dann, wenn die heterogene Situation als Nährboden für Entwicklungs- und Bildungsziele betrachtet wird. Solch eine Heterogenität stellt sich im BRU oft ein, weil Schülerinnen und Schüler von sich aus über „ihre" Religion sprechen. Religiöse Heterogenität in diesem Sinne ist ein Modus des Kommunizierens, der im letzten auf Gott verweist und deshalb – obwohl als Kommunikation kontingent – doch als nicht-kontingent wahrgenommen wird. Religiöse Heterogenität ist im BRU deswegen schon lange Normalität. Die Anforderung an die Lehrkraft ist nunmehr, mit Heterogenität selektiv zu planen (Kelly, 1981, S. 181–194), um in der Heterogenität religiöse Positionalität (*scil.* Konfessionalität) zu ermöglichen.

2. Positionalität als Konfessionalität

Auch religiöse Heterogenität lebt immer von sozialen Bedingungen. Das zeigt ein Blick in die Geschichte, der hier nur skizzenhaft sein kann, aber dennoch deutlich macht, dass – in dezidiert theologischer Hinsicht – religiöse Heterogenität immer das Moment der religiösen Positionalität in sich birgt, die gleichwohl nicht selbst hergestellt werden muss, sondern gegeben ist. Das geschieht auf der Ebene der Organisation von Unterricht durch die Einrichtung des konfessionellen Religionsunterrichts als *res mixta*, der von Staat und Kirchen verantwortet wird (Abschnitt 2.1). Theologisch ist dieser Unterricht eine Funktion des Zuspruchs Gottes an den Menschen, im historischen Beispiel an das Volk Israel (Abschnitt 2.2.). Für den Religionsunterricht leitet sich aus dem Gottesbezug Konfessionalität ab, in dem Sinn, dass er die Frage nach der persönlichen Beziehung zu Gott weckt und reflektiert und dadurch der Kontingenz der möglichen Kommunikation im Unterricht entgegenwirkt.

2.1 Konfessionalität im Eigensinn religiösen Unterrichtens

Entscheidend für religiöse Heterogenität in schulischen Kontexten Deutschlands ist aber zunächst, dass das unterrichtliche Setting bekenntnisgebunden ist. Darauf gehe ich zunächst ein, um zu zeigen, dass eine konfessorische Positionalität trotz der unterschiedlichen Modelle des Religionsunterrichts, wie sie in Deutschland gegeben sind, eine wichtige Bedingung für die religionsdidaktische Reflexion von Heterogenität ist.

Religionsunterricht wird in Übereinstimmung mit den Grundsätzen der Religionsgemeinschaften erteilt (Art 7, 3 GG). Damit ist der Religionsunterricht rückgebunden an das Bekenntnis des Einzelnen, wobei dieses Bekenntnis auf katholischer

Seite nicht auf der Ebene des persönlichen Fürwahrhaltens verharrt, sondern immer rückgebunden an den Glauben der Kirche ist:

> „Im Sinne der Heiligen Schrift und der Väter gehört zum Bekenntnis vielmehr ein ganzes Geflecht von Vollzugsweisen des Glaubens, das nicht einfach von ihm getrennt und abgelöst werden darf, zum Beispiel das Leben aus dem Glauben, der Gottesdienst, die Sakramente, die Katechese und die Taufe, auch bestimmte Situationen des öffentlichen Bekennens, möglicherweise sogar in der Bedrängnis der Verfolgung. Dieser konkrete ‚Sitz im Leben‘ ist für das Bekenntnis konstitutiv, und damit ist das Leben der Gemeinde und der Kirche der unerläßliche Boden, von dem das Bekenntnis eigentlich lebt. Es geht also um das konkret gelebte und gelehrte Zeugnis des Glaubens im Raum der Kirche" (Die Deutschen Bischöfe, 1996, S. 50).

Religionsunterricht, so wird im Verlauf des Textes klar, ist demnach eine Manifestation von Kirche, die aber ihrerseits im Horizont des ökumenischen Miteinanders als dialogisch verwiesen auf andere Kirchen verstanden wird. Lehrkraft, Schülerinnen und Schüler sowie Inhalte sind im katholischen Verständnis in dieser Verwiesenheit in der Kirche beheimatet – weil die Inhalte kirchlich verantwortet werden und die Beteiligten getauft sind (Trias). Dadurch gewinnt der Religionsunterricht in katholischer Verantwortung eine Positionalität, die die Differenz zwischen dem dialogisch orientierten Erlernen des eigenen Bekenntnisses und der bleibenden Verwiesenheit des Bekenntnisses auf die katholische Kirche aufrechterhält.

Im Fall der evangelischen Kirche steht das persönliche Bekenntnis im Vordergrund einer theologischen Begründung von Konfessionalität, weniger ein bestimmtes, menschliches Verständnis von Kirche. Im reformatorischen Verständnis kann „es die *eine Kirche Jesu Christi* als die eine, heilige, katholische (allumfassende), apostolische Kirche nicht als ein Erzeugnis aus Menschenhand geben; sie ist ein Gegenstand des Glaubens und von Menschen als geschichtliche Erscheinung nicht organisierbar" (EKD, 2000, S. 61). Das Bekenntnis dürfe die individuelle Freiheit des einzelnen „nicht zwanghaft beeinträchtigen" (EKD, S. 62).

Die kirchliche Rückgebundenheit des Religionsunterrichts ist also katholischerseits positiv gegeben, weil hier Religionsunterricht als Manifestation von Kirche verstanden wird; evangelischerseits insofern, als die Kirche einen Unterricht verantwortet, der den Raum eröffnet, sich im Sinne eines persönlichen Bekenntnisses zu Jesus Christus zu verhalten. In beiden Fällen ist jedoch die Positionalität klar vorgegeben, weil sie das identifikatorische Merkmal der Gottesbezug ist. Der Gottesbezug schiebt sich gewissermaßen beide Male zwischen Lehrerinnen und Lehrern sowie Schülerinnen und Schülern, so dass dieser in Form des Religionsunterrichts einen Raum eröffnet, zur Gottesbeziehung zu befähigen und sie zu reflektieren.[3] Positionalität wird hier zur Konfessionalität.

---

3   Aus alledem ergibt sich für den Religionsunterricht: – er weckt und reflektiert die Frage nach Gott, nach der Deutung der Welt, nach dem Sinn und Wert des Lebens und nach den Normen für das Handeln des Menschen und ermöglicht eine Antwort aus der Offenbarung und aus dem

In diesem Sinne sind auch die Kirchen Garant der sozialen Ordnung, die man im Religionsunterricht beobachten kann. Deswegen wird es hier möglich, religiöse Heterogenität bewusst zu evozieren; der Ort der religiösen Vielfalt wird umso sichtbarer, je mehr er sich vor dem Hintergrund der Konfessionalität des Religionsunterrichts abhebt. Heterogenität im Religionsunterricht setzt eine bestimmte Positionalität voraus, die ihrerseits aber im Dialog mit anderen religiösen Bekenntnissen zur Konfessionalität gewendet wird, derart Gabe bleibt und nicht „von Menschenhand" konstruiert wird. In diesem Sinne wird Konfessionalität auf einen nicht kontingenten Horizont verwiesen bleiben, der den Religionsunterricht in den Rahmen eines „Wechselspiel[s] von Konstruktion und Rekonstruktion" stellt, „in dem die Lernenden im Austausch mit anderen und mit der Kultur Bedeutungen entdecken und aushandeln" (Hilger & Ziebertz, 2001, S. 99).

2.2 Jüdisch-christlicher Gottesglaube und schulische Heterogenität

Religiöse Heterogenität bewusst zu inszenieren läuft nicht auf eine Verflachung des unterrichtlichen Profils und einen Relativismus hinsichtlich der Gottesbeziehung hinaus. Das kann ein skizzenhafter Blick in die Geschichte des Monotheismus zeigen, der hier vor allem deswegen angeführt wird, weil der Zusammenhang von Heterogenität als sozialer Konstruktion, die per se vom Menschen ausgeht und kontingent ist, und dem Bekenntnis zu Gott, dem in der jüdisch-christlichen Tradition das Ja Gottes vorausgeht, dem es folgt und das insofern nicht kontingent ist, klar differenziert werden kann.

Wenn Schülerinnen und Schüler, wie eingangs erwähnt, sich gerne auf „ihre" Religion berufen, dann auch aus diesem Motiv, der erfahrenen Kontingenz in der Gesellschaft einen Bezugspunkt entgegenzusetzen, der aus ihrer Perspektive nicht mehr verhandelbar sein soll.

Ein altes Motiv?

Das eine jüdisch-christliche Selbstverständnis im Gottesbezug gibt es nicht. Die Bibel Israels hat einen „doppelten Ausgang" in das Judentum und in das Christentum hinein (vgl. Groß, 2001). Kursorisch kann gesagt werden, dass das Selbstverständnis eines Glaubens an den *einen* Gott sich im Alten Israel in einer Umwelt herausbildete, die genau diesem Glauben an Gott zumindest bis zur Zeit Deuterojesajas gleichrangig neben andere Gottesbezüge stellte. Der ältere Gottesname El verdeutlicht dies durch seine doppelte Funktion als Gattungsname für Gottheiten (auch diejenigen der Umwelt Israels) und als Eigenname Gottes (vgl. Stolz, 1996,

---

Glauben der Kirche; – er macht vertraut mit der Wirklichkeit des Glaubens und der Botschaft, die ihm zugrunde liegt, und hilft, den Glauben denkend zu verantworten; – er befähigt zu persönlicher Entscheidung in Auseinandersetzung mit Konfessionen und Religionen, mit Weltanschauungen und Ideologien und fördert Verständnis und Toleranz gegenüber der Entscheidung anderer; – er motiviert zu religiösem Leben und zu verantwortlichem Handeln in Kirche und Gesellschaft" (Die Deutschen Bischöfe, 1974, S. 146–147).

S. 39–44). Das Allgemeine und das Konkrete des Göttlichen bestehen so neben-
einander und sind in ihrer Bedeutung abhängig vom sozialen Kontext. Entsprechend spielt der Gottesbezug eine inkludierende und eine exkludierende Rolle im
Selbstverständnis der Gemeinschaft, die „durch unterschiedliche Solidaritätsräume
gekennzeichnet" ist: „Familiäre Beziehungen, lokale Beziehungen, Beziehungen
innerhalb des ‚Staatswesens‘, innerhalb des ‚Berufsstandes‘ spielen eine Rolle. Die
Identifikation des einzelnen mit solchen Solidaritätsräumen erfolgt durch das religiöse Symbolsystem, u.a. also durch den Umgang mit einer Gottheit, welche in der
konkreten Situation der Verehrung alle anderen Götter in den Hintergrund treten
lassen kann" (Stolz, 1996, S. 60).

Obwohl „Schulen" im heutigen Wortsinn für die Zeit des Alten Israels nicht
bezeugt sind, erwähnt Stolz deren Bedeutung für die Ausbildung von Beamten
und Schreibern und verknüpft die Bedeutung der Schule mit der Ausbildung von
„Weisheit". So erweist sich die gesellschaftliche Relevanz im Blick auf Religion
als hoch: „Im Rahmen gesellschaftlicher Ausdifferenzierungen gewinnt die Schule
ein besonderes Gewicht. Deren Zugang zur Wirklichkeit, die ‚Weisheit‘, nimmt
die Götter aus Distanz wahr; dadurch ergibt sich eine gewisse Unbestimmtheit der
Götter bzw. des Gottes. Kult und Rituale werden nicht in Frage gestellt, aber sie
bilden nicht das Zentrum des Erkenntnisinteresses. ‚Der Gott‘ ist gewissermaßen
der hintergründige Garant für die Lebensordnung, in die man sich einfinden will"
(Stolz, S. 61). Stolz betont aber auch, dass dabei nicht entscheidend ist, welcher
Gott der polytheistisch geprägten Umwelt Israels gemeint ist (vgl. Stolz, S. 53). Es
komme in den Beamtenschulen vielmehr darauf an, Distanz zum religiösen Alltag
zu gewinnen, was als ein Kennzeichen schulischer Bildung gelten kann.

Erst mit der Ausbildung des JHWH-Glaubens in Deuterojesaja und zur Zeit der
Makkabäer wird das Bekenntnis zu diesem Gott hochrelevant (vgl. Büttner, 2012).
Seitdem ist die Frage nach dem Umgang mit religiöser Heterogenität im Hori-
zont der jüdisch-christlichen Tradition nicht vom religiösen Bekenntnis zu trennen.
Damit ist aber sowohl Heterogenität als auch Konfessionalität immer rückgebunden an gesellschaftliche Differenzierung, weil Vorstellungen von Gott immer auch
auf Bilder zurückgreifen, die gesellschaftlich imprägniert sind – das gilt für den
Bund Gottes mit seinem Volk Israel wie für das Doppelgebot der Liebe im Neuen
Testament. Verlängert man diesen Befund in unsere Zeit, dann wird religiöse Heterogenität in schulischen Kontexten immer im Horizont von religiösen Bekenntnissen relevant, weil es schon im Alten Israel aufgrund der oben beschriebenen sozialen Verankerung des Gottesglaubens galt, der nachfolgenden Generation den eigenen geglaubten Gott nahezubringen, wenn auch aus Distanz. Die Verantwortung,
dies zu tun, ergab sich zuallererst daraus, dass Gott den Bund mit dem Menschen
immer wieder suchte.

Das heißt aber auch, dass religiöse Heterogenität im christlichen Religionsunterricht nicht zuerst über den Religionsbegriff zu bestimmen ist. Die Her-
ausbildung eines Religionsverständnisses als *tertium comparationis*, wie wir es
heute kennen, setzte erst in der Neuzeit ein, insbesondere in der intellektuellen

Auseinandersetzung mit dem Islam und der aufkommenden (Staats-) Philosophie Hobbes', Humes und Voltaires (vgl. Weinrich, 1989). Erst hier gewinnt das Abstraktum Religion eine Form, die neben dem Gottesbezug die damit einhergehende, aber unabhängige Kultur des Alltags kennt und kritisch reflektiert. Würde man religiöse Heterogenität also vor allem über den Begriff der Religion bestimmen, käme es zu einer entscheidenden Verflachung: Nicht mehr das bedingungslose Ja Gottes zu den Menschen, wie es durch Jesus Christus gegeben ist, wäre der Grund unserer Hoffnung, sondern ein Religionsbegriff, der den Gottesbezug erst durch zweimaliges Hinsehen deutlich macht.

Zusammenfassung:
- Heterogenität ist im Unterschied zur Pluralität in der Gesellschaft auf gesellschaftliche Teilbereiche, zum Beispiel Schulklassen, bezogen.
- Heterogenität in schulischen Kontexten ist in ihrer didaktischen Wirksamkeit abhängig von ihrer Inszenierung, weil Merkmale, aus denen sich Heterogenität ableitet, nicht immer augenfällig sind und sich nicht aufdrängen.
- Heterogenität ist in dem Sinne sozial konstruiert, als ihre Bedeutsamkeit mit Blick auf Schulklassen zeitlich und thematisch begrenzt ist und abhängig von der Zielsetzung der Lehrkraft.
- Religiöse Heterogenität kann bis in die Anfänge des jüdisch-christlichen Gottesglaubens nachverfolgt werden. Sie ist kontingent mit Blick auf die Gottesbilder, nicht aber mit Blick auf den persönlichen Gottesbezug.
- Religiöse Heterogenität erschließt sich dialogisch im Wechselspiel verschiedener religiöser Positionalitäten beziehungsweise Konfessionalitäten; dies durchaus auch auf den verschiedenen Ebenen der Institutionen und der personalen Begegnung.

Theologisch provoziert religiöse Heterogenität Konfessionalität. Religiöse Heterogenität zu berücksichtigen ist insofern eine religionsdidaktische Aufgabe.

3. Religionsdidaktisches Interesse an Konfessionalität in der Heterogenität

Die Frage nach der Kontur von religiöser Heterogenität setzt die Bedeutungsschichten von Gottesbezug und Religion voraus. Religion ist nicht der harmlose Begriff, als der er uns heute erscheinen mag. Vor allem, weil der Religionsbegriff sich nicht allein aus dem Gottesbezug heraus erklären lässt. Wenn der Religionsunterricht in der späten Moderne nicht, ähnlich der Gottesbezeichnung El im Alten Testament, zugleich als Gattungsbezeichnung *und* persönliches Bekenntnis gelesen wird, droht seine Einebnung als ein Phänomen unter vielen. Der Geltungsanspruch der Religion ginge verloren. Es ist vor diesem Hintergrund problematisch, wenn Kolleginnen und Kollegen berichten, religiöse Heterogenität werde von ihnen bewusst im BRU in Szene gesetzt, weil dabei das gemeinsam Religiöse deutlich werde.

Im Anschluss an die Begriffsbestimmung im ersten Teil können mit Wenning sieben unterrichtliche Umgangsweisen, welche mit dem Heterogenitätsbegriff möglich sind, benannt werden: Ignorieren, reduzieren (also der Versuch, vorhandene Differenzen nicht oder wenig zu beachten), unterdrücken, abbauen (Fördermaßnahmen, die Heterogenität abzubauen versuchen), akzeptieren, reflexiver Umgang und produktive Nutzung.

Aus der Begriffsbestimmung geht aber für die Schule nicht hervor, dass die verschiedenen Dimensionen von Heterogenität einer unterschiedlichen Behandlung bedürfen. So ist mit der Begriffsbestimmung nicht geklärt, ob es bei der Heterogenitätsdiskussion um die Art und Weise der Aufteilung in Lerngruppen geht, oder ob beispielsweise auch das Geschlecht als Heterogenitätsmerkmal in Betracht gezogen werden sollte. Trautmann und Wischer fordern deshalb eine Systematisierung der Facetten von Vielfalt, eine Konkretisierung (Welche Kriterien in Hinblick auf Heterogenität sind wann wichtig?) und eine Priorisierung (Welche Kriterien haben in welchem Kontext eine hohe Bedeutung?) (vgl. Trautmann & Wischer, 2011).

Mit Blick auf den BRU stellt sich demnach die Frage nach Kriterien im Umgang mit Heterogenität. Nicht zuletzt deswegen, weil ein hoher Tradierungsabbruch des Christentums stattfand und das Christentum heute für viele Kinder und Jugendliche fremd ist, erscheint die These von der Konfessionalität als Kehrseite religiöser Heterogenität problematisch. Aber: Weil der BRU den Anschluss an gesellschaftliche Entwicklungen nicht verpassen darf, muss er sein Verhältnis zu anderen Religionen und Weltanschauungen immer wieder austarieren. Neben das Christentum stellen sich andere Religionen, die nicht nur Geltung, sondern auch Wahrheit beanspruchen. Die Positionalität des christlichen Religionsunterrichts ist in seiner dialogischen Verwiesenheit auf andere Religionen hin zu bestimmen – dieser Aspekt darf nicht verloren gehen, wie der Blick auf den Eigensinn des BRU gezeigt hat. Den Dialog aus einer Position heraus zu suchen, die auch in konfessioneller Hinsicht klar umrissen ist, würde auch dem Ruf des Religionsunterrichts, ein „weiches Fach" (vgl. Bäumer, 2009, S. 147) zu sein, entgegentreten.

Diese Positionalität tritt in den verschiedenen Religionsdidaktiken des Religionsunterrichts unterschiedlich in Erscheinung. Bäumer (2009) nennt die Symboldidaktik, den performativen Religionsunterricht, die abduktive Korrelationsdidaktik und den ökumenischen Religionsunterricht (vgl. Bäumer, S. 148). Alle haben unterschiedliche Vorstellungen davon, wie Positionalität ausgearbeitet und in Szene gesetzt werden kann. Während z.B. die Symboldidaktik den Symbolgehalt der Welt erschließen möchte und dadurch die Welt als geheiligtes Fragment erhellt, Positionalität insofern im Blick auf die Welt gewinnt, setzt der performative Religionsunterricht auf das konkrete Handeln. Im Tun erfahren die Schülerinnen und Schüler, was es bedeutet, an einen Gott zu glauben. Der Religionsunterricht ist hier eine Art Fremdenführer in einen anderen Sinnzusammenhang. Positionalität gewinnt diese Didaktik durch Performanz.

Schon diese wenigen Beispiele zeigen, dass es gilt, Heterogenität und Positionalität aufeinander bezogen zu denken. Die Tatsache, dass der Religionsunterricht in Deutschland in unterschiedlichen Modellen realisiert wird, zeigt eine heterogene Situation und spiegelt gewissermaßen den gesellschaftlichen Konsens wider, in der pluralen Gesellschaft religiöse Bildung zu ermöglichen. Dabei folgen diese Modelle Bildungszielen. Ein Bildungsziel ist dabei die Ausbildung von religiöser Identität. Vom Anliegen her geht es um die Vermittlung religiöser Kompetenz, die Verständigung und Orientierung ermöglicht. Beim konfessionellen Religionsunterricht steht dabei der katholischen Trias auf evangelischer Seite eine größere Offenheit für Organisationsmodelle entgegen, weil hier die Konfessionalität der Lehrkraft und des Inhalts allein entscheidend sind.

Nimmt man also die religiöse Heterogenität als religionsdidaktische Herausforderung an, ergibt sich die Frage nach der Konfessionalität des Religionsunterrichts und der unterrichtlich Beteiligten. Dabei ist es wichtig, nicht von einem Idealbild von Konfessionalität auszugehen, das droht, solche Bemühungen im Keim zu ersticken. Vielmehr ist hier eine Bekenntnisorientierung gemeint, die von diesem Idealbild nochmals zu unterscheiden ist. Die These von Heterogenität und Konfessionalität als zwei Seiten einer Medaille meint in diesem Sinne eine geerdete Konfessionalität, die bewusst in Szene gesetzt wird und dennoch ihren Bezug zum Bekenntnis der jeweiligen Kirche nicht verliert.

Das Projekt „konfessionelle Kooperation im Religionsunterricht" zeigte, dass Kinder und Jugendliche in der Hauptschule fast durchweg ein fehlendes konfessionelles Selbstbewusstsein haben. Konfessionalität spiele keine Rolle im eigenen Leben. Die Erklärungen der Konfessionalität verharren außerdem auch in Klassenstufe 9 auf konkret beobachtbaren Merkmalen und Verhaltensweisen, sind also wenig abstrakt. Der Bezugsrahmen zur Beschreibung und Deutung von Konfessionalität weitet sich aber nach innen, insofern die eigene Konfession etwas mit dem eigenen Menschsein zu tun hat; und nach außen, insofern als eigentlich bedeutsam der Unterschied zu anderen Religionen angeführt wird, v.a. dem Islam. In Klasse 9 werden inhaltliche Aspekte genannt, die in der Grundschule in dieser Breite noch nicht beobachtbar waren (z.B. Gottesdienst als „Verstärkung" des eigenen Glaubens, Kirche als Zwang) (vgl. Biesinger, Schweitzer, Conrad & Gronover, 2006, S. 48–55).

Die Ergebnisse der Studie für die Lehrkräfte in der Sekundarstufe I stellen heraus, dass konfessionsbezogene Themen weniger an konkreten Inhalten und mit viel Erfahrungsbezug umgesetzt wurden; Lehrkräfte finden Fragen der Konfessionalität für Schülerinnen und Schüler schlicht „uninteressant" – Aber: Zugleich reflektieren sie ihre eigene Religiosität im Horizont ihrer Konfessionalität. In diesem einen Jahr der konfessionellen Kooperation „lernten" die Lehrkräfte die Konfessionalität der Schülerinnen und Schüler: mit Blick auf ihr konfessionelles Bewusstsein, auf die Sakramente (Firmung), auf den Religionsunterricht (vgl. Biesinger et al., 2006, S. 146–151).

Der dialogisch angelegte, konfessionell-kooperative Unterricht zeigte, dass Informationen „aus erster Hand", z.B. von Migrantenkindern aus Italien, Irland, Spanien, Portugal usw. ein Schatz für konfessionell-kooperativen Unterricht sind. Abstrakte Fragen – Herrenmahl, Rechtfertigung, Sakramententheologie – sind den Schülerinnen und Schülern „egal". Sie legen Wert darauf, persönliche Bekenntnisse kennenzulernen.

Das Projekt formulierte folgende Kriterien:
1) Die Weltzugänge der Schülerinnen und Schüler sind besonders wichtig, um aus ihrer Perspektive relevante Lernwege zu initiieren und zu begleiten.
2) Dazu gehört die lebensweltliche Verankerung der Themen.
3) Aus theologischer Perspektive spielt die Zentralität der Fragestellungen eine wichtige Rolle. Nebensächlichkeiten sollten nicht behandelt werden.
4) Erfahrungs- und handlungsbezogene Lernformen erschienen als besonders geeignet, konfessionelles Selbstbewusstsein herauszubilden.
5) Dazu gehört, dass der Religionsunterricht sich selbst konsequent als dialogische Wahrheitssuche versteht (vgl. Biesinger et al., 2006, S. 100–101).

Kommt es also darauf an, dass der „konfessionelle[...] Religionsunterricht[...] aus den Besonderheiten der eigenen Konfession/Religion heraus den übergreifenden, allen anderen Konfessionen/Religionen gemeinsamen Sinn (Versprechen und Bezugnahme auf die versprechende Transzendenz) aufscheinen" (Bäumer, 2009, S. 157) lässt?

Aus theologischer Perspektive haben wir gesehen, dass der konfessionelle Religionsunterricht den Gottesbezug thematisch ausweisen muss. Ob sich aus der Perspektive der Lernenden darin auch der gemeinsame Sinn erschließt, lässt sich religionsdidaktisch nicht sicherstellen. Denn die religiöse Heterogenität, die sich im Religionsunterricht durch die Lernenden einstellt, lässt ebenso viele Perspektiven auf diesen Sinn zu. Umso wichtiger erscheint es deshalb, das konfessionelle Prinzip im Sinne eines kirchlich verankerten sowie bekenntnisgebundenen und verantworteten Hintergrunds immer wieder als Folie religionsdidaktischer Aneignungsprozesse zu benutzen, um Schülerinnen und Schülern zu ermöglichen, ihre Konfessionalität zu gewinnen (vgl. Kropač et al., 2012, 248).

Literatur

Bäumer, F.-J. (2009). Verschieden sein – verschieden werden. Aufgaben und Ziele religiösen Lehrens und Lernens in der Schule. In C. P. Buschkühle, L. Duncker & V. Oswalt (Hrsg.), *Bildung zwischen Standardisierung und Heterogenität – ein interdisziplinärer Diskurs* (S. 145–166). Wiesbaden: VS.
Biesinger, A., Schweitzer, F., Conrad, J. & Gronover, M. (2006). *Dialogischer Religionsunterricht. Analyse und Praxis konfessionell-kooperativen Religionsunterrichts im Jugendalter.* Freiburg i. Br.: Herder.

Boller, S., Rosowski, E. & Stroot, T. (Hrsg.) (2007). *Heterogenität in Schule und Unterricht. Handlungsansätze zum pädagogischen Umgang mit Vielfalt*. Weinheim, Basel: Beltz.

Büttner, G. (2012). Wie wurde in biblischer Zeit (in der Schule) gelernt? *Theologische Beiträge, 43,* 34–48.

Die Deutschen Bischöfe. (1998). „Der Religionsunterricht in der Schule". Ein Beschluß der Gemeinsamen Synode der Bistümer in der Bundesrepublik Deutschland, 1974. In Sekretariat der Deutschen Bischofskonferenz (Hrsg.), *Nachkonziliare Texte zu Katechese und Religionsunterricht* (S. 127–160). Bonn.

Duncker, L. (2009). Bildung und Heterogenität. Zerreisproben für das Bildungssystem. In C. P. Buschkühle, L. Duncker & V. Oswalt (Hrsg.), *Bildung zwischen Standardisierung und Heterogenität – ein interdisziplinärer Diskurs* (S. 215–236). Wiesbaden: VS.

Feiner, F. (2008). Heterogenität wahrnehmen – Einmaligkeit fördern. Oder: Grenzen im Kopf überwinden – inklusive Bildung. *cpb, 121,* 152–158.

Gansen, P. (2009). Chancenungleichheit von Anfang an. Heterogenität in der frühen Kindheit als bildungspolitische und pädagogische Herausforderung. In C. P. Buschkühle, L. Duncker & V. Oswalt (Hrsg.), *Bildung zwischen Standardisierung und Heterogenität – ein interdisziplinärer Diskurs* (S. 193–214). Wiesbaden: VS.

Gogolin, I. (2011). Multikulturalität als Herausforderung. In H. Faulstich-Wieland (Hrsg.), *Umgang mit Heterogenität und Differenz. Professionswissen für Lehrerinnen und Lehrer* (hrsg. von H.-U. Grunder, K. Kansteiner-Schänzlin & H. Moser, Bd. 3, S. 49–72). Baltmannsweiler: Schneider-Verlag Hohengehren.

Groß, W. (2001). Der doppelte Ausgang der Bibel Israels und die doppelte Leseweise des christlichen Alten Testaments. In ders. (Hrsg.), *Das Judentum – Eine bleibende Herausforderung christlicher Identität* (S. 9–25). Mainz: Matthias-Grünewald-Verlag.

Hilger, G. & Ziebertz, H.-G. (2001). Allgemeindidaktische Ansätze einer zeitgerechten Religionsdidaktik. In dies. & S. Leimgruber (Hrsg.), *Religionsdidaktik. Ein Leitfaden für Studium, Ausbildung und Beruf* (S. 88–104). München: Kösel.

Kelly, A. V. (1981). *Unterricht mit heterogenen Gruppen. Theorie und Praxis der Binnendifferenzierung*. Weinheim, Basel: Beltz.

Kirchenamt der EKD (Hrsg.) (2000). *Identität und Verständigung. Standort und perspektiven eines Religionsunterrichts in der Pluralität. Eine Denkschrift* (5. Aufl.). Gütersloh: Gütersloher Verlagshaus.

Kropač, U., Meier, U. & König, K. (2012). Elf Thesen zum Kongress. In dies. (Hrsg.), *Jugend, Religion, Religiosität. Resultate, Probleme und Perspektiven der aktuellen Religiositätsforschung* (S. 243–256). Regensburg: Verlag Friedrich Pustet.

Lyotard, J.-F. (1987). *Der Widerstreit*. München: Fink.

Neuschäfer, A. (2004). Heterogenität als Herausforderung. *ZPT, 1,* 29–34.

Popp, U. (2011). Bildung der Geschlechter – geschlechterdifferenzierte Bildung. In H. Faulstich-Wieland (Hrsg.), *Umgang mit Heterogenität und Differenz. Professionswissen für Lehrerinnen und Lehrer* (hrsg. von H.-U. Grunder, K. Kansteiner-Schänzlin & H. Moser, Bd. 3, S. 73–96). Baltmannsweiler: Schneider-Verlag Hohengehren.

Risse, E. (2007). Umgang mit Heterogenität – auch im Gymnasium. In S. Boller, E. Rosowski & T. Stroot (Hrsg.), *Heterogenität in Schule und Unterricht. Handlungsansätze zum pädagogischen Umgang mit Vielfalt* (S. 118–127). Weinheim, Basel: Beltz.

Schmid, H. (2012). *Die Kunst des Unterrichtens. Ein praktischer Leitfaden für den Religionsunterricht* (aktualisierte Neuausgabe). München: Kösel.

Schweitzer, F., Englert, R., Schwab, U. & Ziebertz, H.-G. (2002). *Entwurf einer pluralitätsfähigen Religionspädagogik*. Gütersloh, Freiburg i. Br.: Gütersloher Verlagshaus.

Sekretariat der Deutschen Bischofskonferenz (Hrsg.) (1996). *Die bildende Kraft des Religionsunterrichts. Zur Konfessionalität des katholischen Religionsunterrichts*. Bonn.

Stolz, F. (1996). *Einführung in den biblischen Monotheismus*. Darmstadt: WBG.

Trautmann, M. & Wischer, B. (2011). *Heterogenität in der Schule. Eine kritische Einführung*. Wiesbaden: VS.

Weinrich, M. (1989). Die Religion der Religionspädagogik. *rhs, 32,* 51–57.

Wenning, N. (2007). Heterogenität als Dilemma für Bildungseinrichtungen. In S. Boller, E. Rosowski & T. Stroot (Hrsg.), *Heterogenität in Schule und Unterricht. Handlungsansätze zum pädagogischen Umgang mit Vielfalt* (S. 21–31). Weinheim, Basel: Beltz.

Wischer, B. (2007). Heterogenität als komplexe Anforderung an das Lehrerhandeln. In S. Boller, E. Rosowski & T. Stroot (Hrsg.), *Heterogenität in Schule und Unterricht. Handlungsansätze zum pädagogischen Umgang mit Vielfalt* (S. 32–41). Weinheim, Basel: Beltz.

Ziebertz, H.-G. (2001). Gesellschaftliche Herausforderungen der Religionsdidaktik. In ders., G. Hilger & S. Leimgruber (Hrsg.), *Religionsdidaktik. Ein Leitfaden für Studium, Ausbildung und Beruf* (S. 67–87). München: Kösel.

Andreas Obermann

Religion unterrichten zwischen Kirchturm und Minarett – interreligiöser Religionsunterricht am Berufskolleg

Das hier vorgestellte Projekt wurde in verschiedenen Lerngruppen des Übergangssystems geplant und in verschiedenen Schuljahren zwischen 2003 und 2005 durchgeführt. Im Rahmen des evangelischen Religionsunterrichts sollen Wege aufgezeigt werden, wie der Religionsunterricht den Veränderungen in der bundesrepublikanischen Gesellschaft – nämlich der Entwicklung hin zu einer multireligiösen Gesellschaft – gerecht werden kann.

1. Shalom • Frieden • Salam – ein Projekt interreligiösen Lernens[1]

Interreligiöser Religionsunterricht in christlicher Perspektive

In der ersten Phase des Projekts sollten Gemeinsamkeiten der vertretenen Religionen – mehrheitlich Christentum und Islam – herausgearbeitet und so das gegenseitige Verständnis grundlegend verstärkt werden: Unter der Initiative des christlichen Lehrers wurde das Kreuz als grundlegendes christliches Symbol behandelt.

---

1   Durchgeführt wurde das Projekt, das der Verfasser mit verschiedenen Lerngruppen erprobt und anschließend didaktisch ausgearbeitet hat, am Wuppertaler Berufskolleg „Werther Brücke". Zu den folgenden Ausführungen siehe Obermann, 2006.

Animiert durch Besuche in einer Kirche und in der Ausstellung „Das Kreuz in der Kunst" wurde der Vorschlag unterbreitet, selbst ein Kreuz aus Metall zu fertigen: Nach einem Entwurf mit Hilfe eines Werkstattlehrers fertigten die Schüler ein Kreuz aus metallenen Schablonenreststücken der Zangenherstellung.

Anschließend deuteten die Schüler „ihr" Kreuz: „Bei unserem Kreuz sieht es aus, als ob jemand dran hängt. Guckt mal die Linien – der hat sogar Arme" (muslimischer Schüler, 17 J.). „Das Kreuz ist spitz. Da kann man sich wehtun. Es ist auch so anders als die Kreuze, die wir uns angeguckt haben. Es ist so rau und gar nicht so wie ein niedlicher Halsanhänger" (katholischer Schüler, 17 J.). „Mir gefällt das Kreuz. Dieses Kreuz weist hin auf die Qualen und die Folter; das, was die Römer mit Menschen und mit Jesus gemacht haben" (katholischer Schüler, 17 J.). „Unser Kreuz ist aus Zangen gemacht. Wir haben ja im Unterricht gesagt, dass man mit Zangen Gutes und Schlechtes tun kann. Die vielen Zangen am Kreuz erinnern ja vielleicht an all die vielen Menschen, die mit Zangen gefoltert wurden" (evangelischer Schüler, 19 J.).

Interreligiöser Religionsunterricht in islamischer Perspektive

In der islamischen Unterrichtsphase, verantwortet und moderiert von einer muslimischen Lehrkraft, wurde der Islam in seiner historischen Entwicklung als monotheistische Religion dargestellt. In einer Phase gemeinsamen Unterrichts (teamteaching) wurden die Gemeinsamkeiten und Unterschiede von Christentum und Islam (Koran und Bibel) benannt. Im Werkstattprojekt stellten die Schüler drei Symbole her: die Kaaba, ein Minarett und einen Halbmond. Auf einer Metallplatte wurden diese Symbole aufgeklebt, nachdem die drei unterschiedlichen Metalle zuvor durch eine spezifische Behandlung verschieden gefärbt worden waren:

Eine Exkursion nach Amsterdam sollte eine Begegnung mit dem Judentum ermöglichen (Besuch der „Portugiesischen Synagoge" und des Jüdischen Museums). Nach Wuppertal zurückgekehrt, wurde die Frage erörtert, welches jüdische Symbol im Werkstattprojekt hergestellt werden könnte. Das Ergebnis war ein Wandleuchter in der klassischen Form einer Menora.

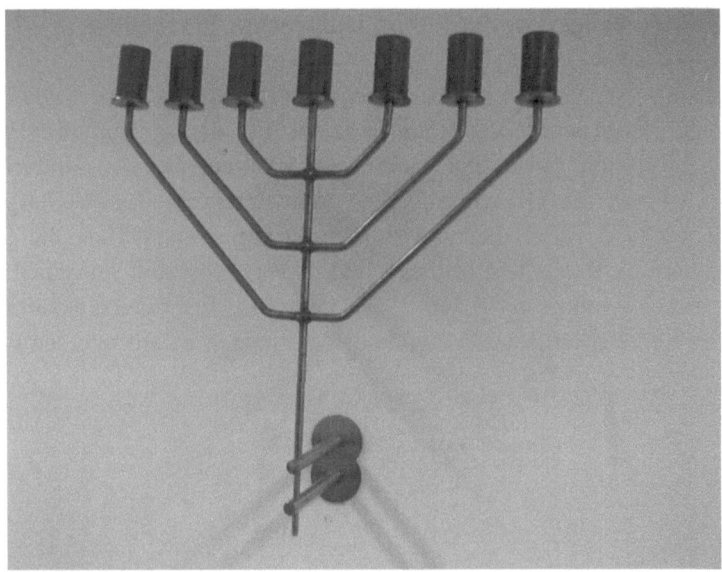

Wie wir zusammenleben wollen – verbindende Friedenshoffnungen

In einer zweiten Unterrichtsphase sollte das Friedenspotential der Religionsge-meinschaften erarbeitet werden. Anfangs vergegenwärtigten sich die Schüler durch Fotocollagen sowie Bildgeschichten ihre Friedenserfahrungen – ein meist durch Gewalterfahrungen geprägtes, negatives Friedensverständnis.

Eine Vertiefung erfolgte durch Dilemmageschichten, in denen die Schüler vor die Entscheidung einer friedlichen oder gewalttätigen Problemlösung gestellt und so stimuliert wurden, über ihre Handlungsmaximen zu reflektieren. In einer dezidiert religiös geprägten Einheit erörterten die Schüler die Bedingungen des Friedens in religionsidentischen Kleingruppen (christlicherseits diente hierzu u.a. die Geschichte vom barmherzigen Samariter in Lk 10,29–37 und islamischerseits eine Geschichte aus dem Mathnawi von Mevlana): Herausgestellt wurde die auf Nächstenliebe, Solidarität sowie Toleranz aufbauende, umfassende Gemeinschaft als wesentliche Basis des Friedens (vgl. auch Sure 49,14 sowie Röm 12,18). In islamischer Perspektive wurde als grundlegende Bedingung für ein friedliches Miteinander Friede und Barmherzigkeit als verpflichtendes Prinzip Gottes und der Menschen kommuniziert.

Im Werkstattprojekt zum Thema Frieden wurde – ausgehend von Sure 57,26 und Jes 2,4 – die ambivalente Verwendung von „Eisen" erarbeitet: Eisen als Werkzeug, nutzbar zum Frieden wie auch als Waffe zum Unfrieden.

Die Besprechung des Denkmals vor dem UN-Gebäude in New York[2], das das Prophetenwort aus Jes 2,4 künstlerisch umsetzt, leitete die eigene Werkstattarbeit ein: Die Schüler fertigten Schwerter, die sie anschließend zu einem Pflug schweißten.

Was trennt, aber nicht entzweit – die bereichernde Vielfalt der Religionen

Die dritte Phase des Projekts thematisierte die Differenzen zwischen Christentum und Islam, da das Ziel eines interreligiösen Religionsunterrichts keine synkretistische Einheitsreligion sein darf! (Nach Nipkow ist vielmehr ein „harter Pluralismus" (Nipkow, 1994, S. 204–205) gefragt.) Nach einer Wiederholung zur Bedeutung und zum Verständnis von Bibel bzw. Koran wurden die Schüler beispielsweise mit Szenen konfrontiert, in denen Menschen mit Bibel und Koran in den Kampf ziehen. Die Thematisierung des Missbrauchs von Bibel und Koran für kriegerische Zwecke in Geschichte und Gegenwart führte die Schüler über die Betonung der Friedfertigkeit im Sinne von Jes 2,4 zur Forderung einer gegenseitigen Akzeptanz. Abgeschlossen wurde das Projekt mit der Planung einer interreligiösen Stadt: In Kleingruppen aufgeteilt bekamen die Schüler die Aufgabe, auf einer großen Pappe ihre Stadt zu planen, in der nicht nur alle religiösen Gruppen eine Heimat finden sollten.

---

2   Die Statue mit Sockel ist von dem russischen Künstler E. Vuchetich geschaffen (Bildquelle: Jäger, 2002, Bild 31).

Die zwei in dem Projekt vertretenen Religionsgemeinschaften dominierten die interreligiöse Stadt: Eine Moschee mit vier gleich großen Minaretten, die einen großen Innenhof bildeten und in dieser Form an eine der großen Moscheen Istanbuls erinnerten, hatte im oberen linken Feld des Plakats Platz gefunden. Unterhalb der Moschee stand als Symbol für den heiligen Ort Mekka ein schwarzer Quader, das heißt die Kaaba. In der Mitte der unteren Bildhälfte befindet sich ein alter Mann, dessen Kleidung ihn als Derwisch erkennen lässt.

2. Die Präsentation des Projekts

Entgegen der Erfahrung, ansonsten in der Hierarchie der Anerkennung in der Schule einen unteren Rang einzunehmen, war es ein pädagogisches „Muss", die Leistung der Schüler im Religionsunterricht wie in der Werkstatt zu würdigen und zu honorieren. Die Würdigung geschah in doppelter Form: Erstens wurde eine Präsentation des Projektes vor allen Schülerinnen und Schülern sowie vor dem gesamten Kollegium organisiert. Der Schulleiter beglückwünschte die Schüler zu ihrem Projekt.

Zweitens wurde mit Hilfe der Kunstobjekte der Schüler ein Klassenraum zum Religionsraum. Dieser Religionsraum war schon lange ein gewünschtes Anliegen der Religionslehrerinnen und Religionslehrer!

3. Didaktische Aspekte interreligiösen Lernens an der Berufsschule

3.1 Ausgangspunkte sind die interkulturell und interreligiös zusammengesetzten Lerngruppen, die als Chance für den Religionsunterricht zu begreifen sind. Daraus ergibt sich die gesellschaftlich-soziologische Folgerung, diese multireligiöse und multikulturelle Zusammensetzung der Lerngruppen auch für den Religionsunterricht bestehen zu lassen.

3.2 Getragen wird der interreligiöse Religionsunterricht durch den Dialog als das den Unterricht antreibende Moment im Sinne des „dialogischen Prinzips" (Martin Buber): Durch die unterschiedlichen multireligiösen Standpunkte einzelner Schüler entstehen durch die inhaltlichen Differenzen Energien in Form von Frage und Rückfrage, Neugier und Interesse, Ablehnung und Zustimmung, Ablehnung und Identifizierung sowie die Erfahrung von Nähe und Fremdheit. Diese Energien aus der Lerngruppe heraus stellen die grundlegende Motivation der Schüler für einen interreligiösen Religionsunterricht in gemeinsamer Verantwortung der beteiligten Religionsgemeinschaften dar.

3.3 Die Vermittlung und Aneignung der Unterrichtsstoffe erfolgt als dialogische Kommunikation von Inhalten: Der Dialog und die Kommunikation der einzelnen Subjekte der religiös identischen Schülergruppen untereinander und miteinander sind an sich schon wesentlicher Inhalt (bzw. Gehalt) des Unterrichts. Der Dialog ist als Weg der Vermittlung von Inhalten und Einstellungen zugleich der Inhalt des Unterrichts und dessen Ziel.

3.4 Der multireligiös verantwortete interreligiöse Religionsunterricht schafft eine Lernatmosphäre, die eine dialogische Grundstruktur des Unterrichts auf Augenhöhe und authentische Begegnungen ermöglicht.

3.5 Durch die Anwesenheit eines muslimischen Lehrers waren muslimische Schüler dem Unterricht gegenüber überaus aufgeschlossen und motiviert. Der interreligiöse Religionsunterricht ist ein offener Unterricht, der Raum zur Begegnung eröffnet und bei dem weder die Meinungen zu Themen noch die Wahrheiten einen absoluten Anspruch entwickeln können, da der Dialogcharakter des Unterrichts im Spannungsfeld von der eigenen und der fremden Anschauung (Überzeugung) eine Verabsolutierung nicht zulässt.

3.6 Die Rolle der Lehrenden ist die von moderierenden Begleitern des Dialogs, wobei sie als jeweils bekennende Vertreter ihrer Religionsgemeinschaft auch selbst Teilnehmer am Dialog sind. Sie fördern so den konfessorischen (nicht kirchenrechtlich „konfessionellen") Charakter des interreligiösen Religionsunterrichts: In diesem Sinne ist die Konfessionalität ein didaktisches Prinzip! Schon die Anwesenheit von zwei authentisch-bekennenden Lehrkräften ist ein selbstredender Impuls, der auch inhaltliche Akzente setzt und verschiedene Organisationsformen des Unterrichtens (team-teaching; „Einzelunterricht"; Phasenunterricht; u.a.) ermöglicht.

3.7 Ausgehend von den Schülern und ihrer Rolle und Position in ihren jeweiligen Gesellschaften ist in einem offenen Diskurs mit den Heiligen Schriften, der christlichen und muslimischen Theologie, der Sozialwissenschaft, der Religionspädagogik und den angrenzenden Fachwissenschaften das Thema des Unterrichts zu eruieren. Der Ansatz geht aus von den konkreten, am jeweiligen Schülerinteresse orientierten Themen, die zugleich auf ihre epochale Schlüsselproblematik hin reflektiert werden sollen. Die Lehrenden moderieren den Themenfindungsprozess.

3.8 Grundlegende Ziele interreligiösen Lernens sind neben einer kognitiven Kompetenz (Schüler können die Grundzüge der Lehre der beteiligten Religionsgemeinschaften erkennen und im Alltag rezipieren) eine Kommunikations- und Integrationskompetenz (Einübung in den Dialog; Begegnungslernen) sowie eine Wahrnehmungs- und Deutungskompetenz.

3.9 Ein interreligiöser Religionsunterricht sollte im Sinne einer Friedenspädagogik mehrdimensional und fächerübergreifend angelegt sein: Allein in dieser Öffnung kann die Komplexität der Themen in ihren religiösen und gesellschaftlichen Dimensionen im Bezug zur Lebenswelt der Schüler im Unterricht abgebildet werden und die Schüler zu einem Lernen in der Erfahrung der Begegnung motivieren. Eine naheliegende und signifikante fächerübergreifende Kooperation in einer Berufsschule ist die Zusammenarbeit mit der Werkstatt: Hier können die Schüler religiöse Inhalte gestalterisch ausdrücken. Im Teamwork in der Werkstatt erfahren die Schüler konkret die gegenseitige Anerkennung und Toleranz als Basis einer Verständigung in Verschiedenheit bzw. eines gelingenden gemeinsamen Arbeitens.

3.10 Ein Lernfeld und einen Raum der Begegnung mit Gläubigen anderer Religionen außerhalb der Schule wurde den Schülern durch Exkursionen eröffnet. Im Blick auf die drei abrahamischen Religionen waren die Besuche vor allem an Stätten des Judentums von großer Bedeutung, da dieses im interreligiösen Religionsunterricht wegen der fehlenden Schüler jüdischen Glaubens weniger präsent war. Religionspädagogisch sollten die Exkursionen den Schülern die Möglichkeit zu Begegnungen und zu Erfahrungen des authentischen Erlebens anderer Religionsgemeinschaften eröffnen: Der konkrete Vollzug der Begegnung mit dem Fremden stellt die praktische Seite des Gehalts des interreligiösen Religionsunterrichts dar: erstens die authentische Begegnung bei gleichzeitiger Stärkung der eigenen Identität auf dem Weg zu einem offenen und toleranten

Dialog und zweitens das Zusammenleben in respektierter Verschiedenheit mit Vertretern anderer Religionsgemeinschaften.

Literatur

Jäger, U. (2002). *Friedensstrategien. Eine Bilderbox. Einblicke in die Welt ziviler Konflikt-bearbeitung*. Tübingen: Institut für Friedenspädagogik.

Nipkow, K.E. (1994). Ziele interreligiösen Lernens als mehrdimensionales Problem. In J. A. van der Ven & H. G. Ziebertz (Hrsg.), *Religiöser Pluralismus und interreligiöses Lernen* (S. 197–232). Weinheim: Deutscher Studienverlag.

Obermann, A. (2006). *Religion unterrichten zwischen Kirchturm und Minarett. Perspektiven für einen dialogisch-konfessorischen Religionsunterricht der abrahamischen Religionsgemeinschaften an berufsbildenden Schulen*. Münster: LIT.

Jörn Hauf

Projekt „Stärken stärken"
Ein Modellprojekt für den Religionsunterricht an beruflichen Schulen mit Schülerinnen und Schülern am Rand der Bildungsgesellschaft

Ein christlicher, konfessionell verantworteter Religionsunterricht an berufsbilden-den Schulen sieht sich in besonderer Weise auch gegenüber SchülerInnen in der Verantwortung, die (bildungs-)gesellschaftlich mit dem Rücken zur Wand stehen und angesichts der persönlichen Perspektivlosigkeit nicht selten die Beziehung zu sich selbst, den anderen, der Welt, der Zeit und Gott verlieren. Daher realisiert, verbreitet und begleitet das Katholische Institut für berufsorientierten Religionsun-terricht (KIBOR) in Tübingen seit 2009 gemeinsam mit der Diözese Rottenburg-Stuttgart und der Evangelischen Landeskirche Württemberg das Modellprojekt „Stärken stärken" als kompetenzorientiertes Perspektivangebot für Jugendliche im Berufsvorbereitungsjahr/Vorqualifizierungsjahr Arbeit/Beruf (vgl. KIBOR, 2011).[1] Im Folgenden wird dieses Modellprojekt in seinen konzeptionellen Grundzügen kurz dargestellt, an einem Praxisbeispiel veranschaulicht und abschließend andeu-tungsweise religionspädagogisch reflektiert.

Das Modellprojekt „Stärken stärken" verfolgt vier *Ziele*, die sich in Theorie und Praxis des Religionsunterrichts im Grundbildungsbereich an beruflichen Schu-len als elementar erwiesen haben und zugleich den privaten, gesellschaftlichen und beruflichen Lebenssituationen der Schülerinnen und Schüler, sowie berufspädago-gischen Anforderungen Rechnung tragen.

- Entwicklung der Alltagskompetenzen
- Förderung der Berufskompetenzen
- Einüben von gewaltfreien Konfliktlösungsstrategien
- Hilfen zur religiösen und kulturellen Verständigung

In dieser Perspektive wurden mit Blick auf die Besonderheiten der Lerngruppe „berufsschulpflichtige Jugendliche ohne Hauptschulabschluss" die folgenden päd-agogischen und sozial- und entwicklungspsychologischen *Leitkategorien* für das Modellprojekt identifiziert und begründet (vgl. Schmidt, 2011):

- Raum und Zeit für Beziehungen
- Klare Linie mit Herz
- Lebenssituationen gerecht werden

---

1 Vgl. auch die Homepage des Instituts: http://www.kibor-tuebingen.de/index.php?id=54 [15.03.2012].

- Emotionale Bindung
- Selbstverpflichtung und Engagement
- Selbst aktiv werden
- Wertorientierung und religiöse Überzeugung

Das innovative Profil des Modellprojekts „Stärken stärken" zeichnet sich in einer möglichst konsequenten Operationalisierung der *Ziele* und *Leitkategorien* hinsichtlich der schulorganisatorischen und inhaltlichen Planung und Gestaltung des Religionsunterrichts (RU) in der Berufsvorbereitung ab:

Die Unterrichtsorganisation des RU

Im Modellprojekt „Stärken stärken" findet der RU (überwiegend) im schulorganisatorischen Rahmen eines mehrstündigen, fächerübergreifenden Projektunterrichts im Klassenverband statt. Dafür sind verschiedene erprobte Organisationsformen denkbar, die auch von den jeweiligen Kirchenleitungen in dieser Form (ggf. auf Antrag) unterstützt werden (vgl. Bäcker & Nassal, 2011; vgl. EIBOR, o.J.). Die Projektmitarbeiter Ralf Nassal und Eckhard Bäcker begründen eine solche Unterrichtsstruktur im Blick auf die Leitkategorien wie folgt:

- „Die intendierten, nicht nur kognitiven, sondern auch emotionalen und projektorientierten Lernsituationen erfordern eine gewisse Flexibilität in der Unterrichtsgestaltung. Es entsteht die Möglichkeit, von starren 45-minütigen Unterrichtseinheiten Abstand zu nehmen und prozesshaftes Lernen zu ermöglichen. Eine solche zeitliche Flexibilität ist auch für das methodengeleitete PGC [Peer-Group-Counseling, s.u., Anm. d. V.] nötig, dessen Prozess nicht durch eine Pause unterbrochen werden sollte.
- Des Weiteren wird dem Bedarf, eine Beziehungsebene zwischen Schülern und Lehrern herzustellen Raum und Zeit gegeben.
- Findet der Projektunterricht an einem Vormittag oder Nachmittag statt, lassen sich außerunterrichtliche Übungen sowie außerschulische Unternehmungen (z.B. Besuche relevanter Institutionen vor Ort wie Sozialamt, Caritas bzw. Diakonie, Polizei, Jugendgerichtshilfe etc). leichter organisieren und durchführen.
- Die fächerübergreifende Organisation und Strukturierung der Unterrichtsinhalte wird leichter, gegenseitiges Unterstützen einfacher und realisierbarer.
- Durch den fächerverbindenden und im Lehrerteam stattfindenden Projektunterricht erleben die Schüler ein pädagogisches Konzept, das von mehreren Lehrern, ggf. in Zusammenarbeit mit der Schulsozialpädagogik getragen wird und sich somit beim Schüler verfestigen kann.
- Ein weiterer Vorteil im fächerübergreifenden Projekt besteht darin, dass für die Schüler größere und lebensweltnähere Projekte entstehen können.
- Eine Einzelstellung des Religionslehrers wird vermieden. Das pädagogische Projektteam ermöglicht breitere Akzeptanz und Unterstützungsfunktionen für das

Projekt. Außerdem sind Planung und Evaluation nicht von einem alleine zu leisten." (Bäcker & Nassal, 2011, S. 28f)

Ein methodisches Kernelement: das regelmäßige Peer-Group-Counseling

Peer-Group-Counseling ist eine strukturierte Beratungsmethode, bei der sich Jugendliche unter zurückhaltender Begleitung und Moderation eines Erwachsenen (hier: ReligionslehrerIn) regelmäßig treffen, um sich gegenseitig darin zu unterstützen, für sich selbst und die Gruppe Verantwortung zu übernehmen und einander zu beraten. Dabei werden die prosozialen Ressourcen der Peergroup aufgegriffen, um tragfähige Lösungsstrategien für Probleme und schwierige Lebenssituationen zu entwickeln und einzuüben. Eine differenzierte Darstellung dieser spezifischen Regeln und Methoden ist im Rahmen dieser Ausführungen nicht möglich (vgl. Zeller, 2011; vgl. dazu Opp, Unger, Haist & Metzen, 2006). Was zunächst assoziieren ließe, hier würde man „den Bock zum Gärtner" machen, zeigte sich bereits in der Erprobungsphase in allen beteiligten Projektschulen als Dreh- und Angelpunkt des Modellprojekts „Stärken stärken". Es ist immer wieder verblüffend zu erfahren, wie konstruktiv und kreativ eine Peergroup (hier: der Klassenverband) Problembewältigungsstrategien für konkrete Lebenssituationen bereit hält – wenn auch zuweilen jenseits der Konventionen der i.d.R. doch stark von der Schülerschaft differierenden Sozialmilieus der Lehrkräfte. Häufig verhandelte, ausschließlich von den Schülern eingebrachte Themenfelder in den zum Teil mehrstündigen Peer-Group-Counseling-Runden sind erfahrungsgemäß: Freundschaft – Liebe – Partnerschaft – Sexualität; Sozialverhalten in der Klassengemeinschaft; Schulprobleme; Auseinandersetzungen mit Eltern/Betreuern/Lehrern; Schulprobleme; Zukunftsängste, etc.

Ein umfänglicher Materialpool und Hinweise zum Qualitätsmanagement

Die Handreichung „Stärken stärken" bietet eine Vielzahl erprobter handlungsorientierter Ideen und Projektbeschreibungen für die konkrete Planung mehrstündiger, fächerverbindender Unterrichtsprojekte[2], hilfreiche Instrumente zur Dokumentation, Evaluation und Implementierung des Modellprojekts „Stärken stärken" im Schulentwicklungsprozess (vgl. Hettler, 2011a), sowie konkrete Unterstützungsangebote des Projektteams für die Umsetzung vor Ort (vgl. Hettler, 2011b, S. 78).

---

2 Materialpool für konkrete Unterrichtsbausteine zu den Themen: Gewaltprävention, Unsere Stadt/Schule soll schöner werden, Begegnung mit Menschen mit Behinderung, Übernachtungscamp, Fest der Kulturen, Sexualität/Aufklärung, Flirtkurs, Gesundheitsbewusstsein, HIV/AIDS, Sucht (Rauchen/Alkohol), Wasser, Kochen und Essen, Biographiearbeit, Berufswahl (vgl. KIBOR, 2011, S. 44–77).

„Schachfiguren für den Trinkertreff" – ein Praxisbeispiel der gewerblichen Robert Mayer Schule, Stuttgart

Das Modellprojekt „Stärken stärken" wurde 2008 erstmals an der Robert-Mayer-Schule, einer Gewerblichen Schule für Installations- und Metallbautechnik im Zentrum Stuttgarts, zunächst mit einer Klasse im Berufsvorbereitungsbereich eingerichtet und seither beständig ausgedehnt und weiterentwickelt. Die schulorganisatorischen Rahmenbedingungen sind so gestaltet, dass wöchentlich ein Vormittag sowie zwei Projektwochen (während der Berufsschulprüfungen) für das Modellprojekt „Stärken stärken" zur Verfügung stehen. Die Projektleitung und Koordination liegt bei der jeweiligen Religionslehrkraft in Zusammenarbeit mit anderen FachkollegInnen und der Schulsozialarbeit. Neben den durchgängigen Elementen Geburtstagsritual[3] und etwa monatlichem Peer-Group-Counseling haben sich an der Robert-Mayer-Schule – über das Schuljahr verteilt – die folgenden Themen für die Projektvormittage bewährt:

- Stuttgart kennen lernen durch ein Stadtspiel mit Stationen
- Kennen lernen, Gruppendynamik, Gruppenregeln, Gewaltfreie Konfliktlösung
- Meine Heimat – wer bin ich, wer bist du? Internet-Recherche über mein Heimatland (google-earth, wikipedia, Präsentation von heimattypischen Spielen)
- Wir besuchen uns Zuhause in unseren Wohnungen und Stadtvierteln
- Wir erstellen einen Lebensordner (für wichtige Dokumente)
- Religionen der Völker
- Moschee- und Kirchenbesuch
- Interkulturelles Weihnachtsfest (mit Textlesungen aus dem Koran und den Evangelien)
- Werte in meiner Heimat und in Deutschland, Leben in unterschiedlichen Religionen, Rolle von Mann und Frau
- Beziehungen, Sexualität, Körperpflege (in Zusammenarbeit mit der Beratungsstelle der Caritas)
- Sucht und Abhängigkeit (in Zusammenarbeit mit einer Drogenberatungsstelle)
- Was kostet das Leben? (Umgang mit Geld, Schuldenfallen, Lebensziele)
- Benimm-Training
- Was tun bei Notlagen? (Projektarbeit zu den Themenfeldern Verzweiflung, Suizidverdacht, Arbeitslosigkeit, Wohnungslosigkeit) Informationsmaterialien der lokalen Anlaufstellen
- Umgang mit Tod und Trauer in den Kulturen (in Zusammenarbeit mit einem Bestattungsunternehmen)

---

3 Für jeden Schüler/jede Schülerin, der/die dies nicht ablehnt: Stuhlkreis, Kerze, persönliche gute Wünsche von jedem einzelnen Mitschüler und den begleitenden LehrerInnen, Geburtstagslieder, Hochleben-lassen, kleines persönliches Geschenk.

Darüber hinaus wird in jedem Jahr ein umfangreicheres, klassenübergreifendes integrationswirksames Werkstatt-Projekt mit außerschulischen Kooperationspartnern geplant und durchgeführt. Ein anschauliches Beispiel dafür sind die „Schachfiguren für den Trinkertreff", es war das klassenübergreifende „Stärken stärken"-Projekt der Robert-Mayer-Schule im Schuljahr 2011/2012.[4]

Im Rahmen des kommunalen Projekts „Via Romana" im Stuttgarter Stadtteil Rot entwarfen und fertigten die Schülerinnen und Schüler der drei Berufsvorbereitungsklassen (BVJ) und der Klasse Vorqualifizierungsjahr Arbeit/Beruf (VAB) der gewerblichen Robert-Mayer-Schule Freiluft-Schachfiguren für den Trinkertreff an der „Via Romana": Mit dem sogenannten Projekt „Via Romana" soll der Rotweg als zentraler Abschnitt einer wichtigen Ost-West-Straßenverbindung im Stuttgarter Norden aufgewertet werden. Dort, wo der Rotweg von einem alten Römerweg, der „Via Romana", gekreuzt wird, treffen sich im Freien regelmäßig Anwohner, hauptsächlich Männer, aus einem benachbarten Wohnheim und den umgebenden Sozialwohnungen mit ihrem Bier und schauen den vorbeifahrenden Autos nach. Eine trostlose Szene mit vergeudetem Potential und ein Anstoß in den Augen der Bürger. Deshalb haben sich die Bewohner des Stadtteils aufgemacht, dies zu verändern, gemeinsam mit Vertretern der Stadtverwaltung und Wohnbaugesellschaften, sozialen Einrichtungen sowie Lehrern und Schülern der benachbarten Schule für Sehbehinderte. Für die Männer aus dem Wohnheim wurde ein gepflasterter Platz mit Sitzgelegenheiten und einer kleinen Überdachung geschaffen. Verschiedene Gestaltungselemente wie Keramikfliesen und Porträtbüsten wurden von den Männern im Vorfeld selbst kreiert. Zusätzlich wurde ein Betreuungskonzept für diesen Bereich entwickelt. Ziel ist ein Treff, an dem die verschiedensten Menschen sich mit Respekt begegnen. Das Projekt, an dem alle Beteiligten mit eigenen Händen mitarbeiten, soll die kulturelle Vielfalt des Stadtteils zum Ausdruck bringen, den öffentlichen Raum aufwerten und zu einer engen Identifikation der Bewohner mit ihrem Stadtteil führen. Mit dem Projekt „Via Romana" möchte die Stadt Stuttgart die große Vielfalt an Interessen, die in Rot aufeinandertreffen, in Einklang bringen.[5]

Die Robert-Mayer Schule war hier bereits im Schuljahr 2010/2011 mit einem Werkstatt-Projekt der zweijährigen Berufsfachschule „Metallbau" engagiert.

Die vier beteiligten Klassen der Berufsvorbereitung setzen sich überwiegend aus Schülerinnen und Schülern mit Migrationshintergrund zusammen, etwa die Hälfte sind junge Asylbewerber aus Afghanistan, Iran, Irak und nordafrikanischen Mittelmeerländern ohne ausreichende Deutschkenntnisse. Die Religionszugehörigkeiten

---

4   Klassenübergreifende „Stärken-stärken"-Projekte der vergangen Jahre: Planung, Fertigung und Übergabe von Freiluft-, Holz- und Metallspielzeug für die soziale Schülerbetreuung im „Haus 49" der Gesellschaft für Soziale Jugendarbeit S-Nord, Internationales Stadtteilzentrum der Caritas. Theaterprojekt Impuls in Zusammenarbeit mit dem Staatstheater Stuttgart: Musik und Tanzprojekt mit Bau von Cajons, vgl. dazu einen entsprechenden Artikel auf der Staatstheater-Homepage. http://www.schauspiel-stuttgart.de/jung/impuls-musik-theater-tanz/nachtblind/ [11.07.2012].

5   Vgl. auch eine Projektskizze der „Via Romana" von Wolfgang Zaumseil, Architekt für kooperative Kunst. http://www.wolfgang-zaumseil.com/viaromana.html [11.07.2012].

der Schüler und dreier Schülerinnen spiegeln die kulturelle und religiöse Heterogenität der Lerngruppen: neun Sunniten, fünf Katholiken, jeweils vier Evangelische und Jeziden, drei Schiiten, jeweils zwei Sikhs, Hindus und Aleviten sowie ein
Zeuge Jehovas, ein russisch-orthodoxer Christ und ein Schüler ohne Bekenntnis.

Ziele des Projekts waren (u.a.):
• Entwurf, (termingerechte) Fertigung und Übergabe von Freiluft-Schachfiguren
  an den Trinkertreff an der „Via Romana".
• Die Förderung von Toleranz und Empathie durch vielfältige Begegnungsformen
  unterschiedlicher Personengruppen: SchülerInnen ohne Hauptschulabschluss
  (und ohne Perspektive?), angehende Handwerksmeister (= zukünftige Ausbilder!), Bewohner des Immanuel-Grözinger-Wohnheims, (Religions-)LehrerInnen
  an der Werkbank, etc.
• Die Erschließung eines Erfahrungsraums von Selbstwirksamkeit und Handlungskompetenz bildungsferner/-benachteiligter SchülerInnen im Rahmen eines
  gemeinwesenorientierten Praxisprojekts.

Die Projektphasen: (November 2011 bis März 2012):
• Einführung durch den Stuttgarter Architekten und Künstler Wolfgang Zaumseil
• Ortsbegehung in Stuttgart Rot und Kontaktaufnahme mit den Anwohnern des
  benachbarten Männerwohnheims
• Das Schachspiel (Geschichte, Verbreitung, Regeln, Schach am PC)
• Schülerentwürfe (Zeichnungen) für die Schachfiguren im Fach Berufsfachliche
  Kompetenz mit Auswahl der Entwürfe für die Fertigung (Kriterien: Gestaltung,
  Materialwahl, Handwerkstechniken, Kosten)
• Fächerübergreifender Unterricht zu den Themenfeldern: Armut in Deutschland,
  Alkoholmissbrauch, Auf der Suche nach Glück und Sinn (Lebensentwürfe),
  Menschenwürde, Sport und Spiel als Wege gewaltfreier Konfliktlösung
• Fertigung der Schachfiguren unter Anleitung von angehenden Metallbaumeistern
  der Meisterschulen an der Robert-Mayer-Schule.[6]
• Gemeinsamer Besuch einer Verzinkerei
• Offizielle Übergabe der Figuren mit Schachturnier (Schüler der Robert-Mayer-
  Schule Stuttgart vs. Bewohner des Immanuel-Grözinger-Hauses)

Religionspädagogische Reflexionen

Mit seinem personellen und konzeptionellen Beitrag zum Modellprojekt „Stärken
stärken" betritt der Religionsunterricht an beruflichen Schulen in vielerlei Hinsicht religionspädagogisches Neuland, welches es zunächst in der Praxis zu erkun-
den und zu bestellen gilt, um darauf angemessen theoretisch (hier: theologisch)

---

6   Eine anschauliche Präsentation der Fertigungsphase findet sich auf der Homepage der Schule.
    http://www.rms.s.bw.schule.de/html/schachprojekt.html [11.07.2012].

reflektieren zu können. In diesem Sinne schöpfen die folgenden Überlegungen unmittelbar aus den bisherigen praktischen Erfahrungen in den Pilotgruppen des Projekts und zeigen eher skizzenhaft und fragmentarisch die Richtung an, wohin die Reise religionspädagogischer Argumentation gehen könnte (vgl. Hauf, 2011).

Die Besonderheiten des Projekts „Stärken stärken" ergeben sich vor allem im Blick auf den Unterricht im multikulturellen, multikonfessionellen und multireligiösen Klassenverband mit bildungsschwach etikettierten Schülerinnen und Schülern, Lerngruppen also, welche den aktuellen Jugendmilieustudien zufolge nur selten Berührungspunkte mit schulischen oder gar außerschulischen, konfessionell verantworteten Lehr-/Lernprozessen (z.B. Firmung/Konfirmation, Kirchliche Jugendarbeit, religiöse Erziehung in der Familie, etc.) haben. Nicht zuletzt auch im Blick auf die *Religionsfreiheit* unserer freiheitlich-demokratischen Grundordnung verlagern sich deshalb die religionspädagogisch zu begründende inhaltliche Gestaltung der unterrichtlichen Praxis von explizit christlichen oder gar konfessionell gebundenen Aspekten hin zu allgemein lebensförderlichen Themen sowie implizit religiösen Werthaltungen und Kompetenzen im Horizont und auf der biblisch-theologischen Grundlage des *diakonischen Handelns* der christlichen Kirchen, gewissermaßen als einer konstitutiven Dimension ihres Selbstvollzuges.

Unter diesen Vorzeichen lässt sich das Modellprojekt „Stärken stärken" auf dem Hintergrund einer dialogisch-kreativen Religionsdidaktik darstellen, welche „Beziehung" als zentrale Leitkategorie religionspädagogischen Wirkens profiliert (vgl. Boschki, 2003):

Im Mittelpunkt (religiöser) Lehr-Lernvorgänge steht der Mensch als Subjekt in seinen vielfältigen Beziehungsdimensionen. Die Beziehungsdimensionen entfalten sich miteinander konvergierend **als Beziehung**
- zu sich selbst (dem eigenen Körper, den Fähigkeiten und Begabungen, …)
- zu anderen (Lernenden, Lehrenden, Fremden, Bedürftigen, …)
- zu Natur, Kultur und Geschichte (Schöpfung, Heimat, Identität, …)
- zur Zeit (Augen-Blick, Verantwortung, Endlichkeit, …)
- zu Gott (Sinnhorizont, Geborgenheit, Vertrauen, ...)

Dabei bietet der christliche Sinnhorizont in Schrift, Tradition und gelebter Alltagspraxis eine je identifizierbare Qualität sämtlicher Beziehungsdimensionen als Orientierungswissen für ein gelingendes Leben. Exemplarisch lässt sich mit unterschiedlichen Schwerpunkten sowohl an den strukturellen Elementen des Projekts „Stärken stärken" als auch an einzelnen Unterrichtsbausteinen und Projektbeschreibungen der *christliche Sinnhorizont* markieren:

Die Dimension der **Beziehung zu sich selbst**, insofern z.B. den Beteiligten im Unterrichtsgeschehen des Projekts „Stärken stärken" deutlich wird, dass jedem Menschen unabhängig von gesellschaftlichen Etikettierungen eine gleiche, Leiblichkeit und Seele umfassende, unantastbare Würde eignet, dass jeder Mensch mit Stärken (Charismen, Talenten) ausgestattet ist, die es im Lebenslauf zu entdecken und zu entfalten gilt, dass Menschen in ihrer Geschöpflichkeit als Mann und Frau gewollt und gleichberechtigt einander zugeordnet sind, etc. Ein wertschätzender Umgang (Peer-Group-Counseling; Geburtstagsritual) und die Ermöglichung von Erfahrungen der Selbstwirksamkeit können solche (Selbst-)Deutungsprozesse befördern.

Die Dimension der **Beziehung zu anderen**, insofern z.B. die Beteiligten im Unterrichtsgeschehen sozial sensibilisiert werden, den Anderen nicht als den Fremden zu meiden, oder gar als Feind zu fürchten und zu bekämpfen, sondern vielmehr als den Nächsten zu achten und die Beziehung zu ihm gegen die landläufigen Tendenzen der Gleichgültigkeit (als moderne Form der Missachtung) bewusst zu gestalten. Dies gilt analog für die Gestaltung der pädagogischen Beziehung SchülerIn – Lehrender sowie die systemischen Beziehungsräume Schule und Arbeitsstelle. Im oben genannten Praxisbeispiel fand eine solche Sensibilisierung explizit durch entsprechende unterrichtliche Thematisierung statt. Besonders nachhaltig (weil emotional verstärkt) wurde dies durch die unterschiedlichen Begegnungssituationen unterschiedlicher Personengruppen. Darüber hinaus wird eine spezifisch ethische Sensibilisierung für Beziehung durch die Beschäftigung mit konkreten Biographien und Leidenssituationen im Rahmen des Peer-Group-Counseling ermöglicht.

Die Dimension der **Beziehung zu Natur, Kultur und Geschichte,** insofern z.B. die vielfältigen Anregungen zur Begegnung und Auseinandersetzung mit kultureller und religiöser Pluralität im Projekt „Stärken stärken" unter dem besonderen Fokus aufgegriffen werden, dass die eigene Lebens- und Familiengeschichte, die kulturellen und religiösen Traditionen sowie die Weltgeschichte als Ganzes zum einen sehr wohl als identitätsstiftende Momente wahrgenommen werden, andererseits aber auch stets als heilsbedürftige Fragmente zu deuten sind, die auf Verständigung und Versöhnung angewiesen sind, um den individuellen, sozialen und globalen Herausforderungen konstruktiv zu begegnen.

Die Dimension der **Beziehung zur Zeit**, insofern z.B. die Unterrichtszeit bewusst als Beziehungszeit und somit als erfüllte Zeit gestaltet wird, die auch mit einer Unterbrechung des Üblichen und Geplanten rechnet, welche jederzeit Umkehr, Neuanfang, Versöhnung, Stärkung, Erkenntnis, Staunen und Vertrauen zulässt: „Im Augen-Blick konkretisiert und realisiert sich die Beziehung zu sich selbst, zu anderen, zur Welt, zu Gott. Den Augenblick bewusst zu leben und zu gestalten, ihn als Beziehungszeit wahrzunehmen und seiner Begrenztheit bewusst zu sein – dies alles, nicht mehr aber auch nicht weniger, umfasst das Gesamtfeld religiöser Bildung" (Boschki, 2003, S. 455).

Die Dimension der **Beziehung zu Gott**, insofern die Schülerinnen und Schüler in allen ihren menschlichen Beziehungsdimensionen aus theologischer Perspektive aufgrund des Schöpfungshandelns Gottes immer schon in einen bereits bestehenden Sinnhorizont (Gottesbeziehung) hineingenommen sind, dessen es biographisch, kulturell und religiös (Gottesvorstellungen) bewusst zu werden und den es kritisch-kreativ zu deuten gilt. Darüber hinaus wird im Projekt „Stärken stärken" im Zusammenhang interkultureller und interreligiöser Verständigung auch der explizit religiösen Frage nach der Beziehung der Schülerinnen und Schüler zu Gott Raum gegeben, indem auch die Klage, der Zweifel, Ohnmachtserfahrungen und religiöse Sprachlosigkeit ihren Ort haben.

Grundlegend lassen sich die **Merkmale eines theologisch qualifizierten Beziehungsbegriffs** in besonderer Weise für das Bildungsgeschehen hinsichtlich aller Beziehungsdimensionen und Interaktionsebenen fruchtbar machen (vgl. Boschki, 2003, S. 322f)[7]:

- Beziehungen sind in ihrer Nicht-Machbarkeit zu deuten,
- Beziehungen sind wesentlich auch durch Geheimnis und Verborgenheit des Anderen gekennzeichnet und entziehen sich der Verfügbarkeit,
- Beziehungen können nicht vermittelt werden, aber man kann für sie sensibilisieren,
- Beziehungen erschließen sich aus wechselseitigem Austausch, gegenseitigem Respekt und Achtung, Emotionalität und Kreativität,
- Beziehungen benötigen Vertrauen in die Beziehungskompetenz des (Bildungs-) Partners,
- Beziehungen sind immer auch leiblich orientiert („Ganzheitlichkeit"),
- Beziehungen sind immer wechselseitig, aber nicht notwendig symmetrisch,
- Beziehungen sind mit der Gefahr des Scheiterns behaftet.

In der Perspektive christlicher Anthropologie ist jeder Mensch allein aufgrund seiner Geschöpflichkeit in der Gottesbeziehung umfasst. Dies bedeutet konkret, dass auch unsere Schülerinnen und Schüler über eine – wenn auch meist implizite – religiöse Deutung der Welt verfügen, als (Suche nach) Orientierung und Rückbindung (Re-ligio) für ihre Lebensgestaltung. Auf dem Erfahrungshintergrund ihrer je eigenen, mitunter sperrigen und von dissozialen Einflüssen geprägten Lebenswege gestalten sie immer schon aktiv, wenn auch leider oft destruktiv, ihre Beziehungen (zu sich selbst, zu anderen, zu Natur, Kultur und Geschichte, zur Zeit und auch zu Gott) und haben darin bereits einen je individuellen „Sinnhorizont" von Alltagsplausibilitäten konstruiert. Dieser verdient in seiner Funktion als erfahrungsgeronnener Lebensbewältigungspraxis Beachtung.

Das religionspädagogische Profil des Projekts „Stärken stärken" liegt nun zunächst darin, – weniger curricular und systematisch, eher situativ, am Prozess des Bildungsgeschehens orientiert – die beziehungsrelevanten Konstruktionsprozesse aller am Lehr- und Lernprozess Beteiligten, also der SchülerInnen und der Lehrpersonen, sichtbar und bewusst zu machen und als (religiöses) Deutungsgeschehen zu identifizieren.

Darüber hinaus liegt es in der besonderen Verantwortung der Lehrkraft, leibhaftige Beziehungsräume zu erschließen, in denen es überhaupt erst sinnvoll möglich ist, einander kritisch-konstruktiv anzufragen und sich mit entscheidend

---

7 Reinhold Boschki entfaltet die Elementaria eines biblisch- und systematisch-theologischen Beziehungsverständnisses in Teil II seiner Habilitation (Boschki, 2003, S. 223-330).

unterscheidend christlichen Sinnorientierungen für die Gestaltung von Beziehungen in allen genannten Dimensionen auseinanderzusetzen.

Im Idealfall gelingt es möglicherweise hier und da, die Schüler und Schülerinnen bei der Dekonstruktion lebenshinderlicher, dissozialer oder gar (selbst-)schädigender Sinnhorizonte (und Abgründe) zu unterstützen, zur kreativen Neuschöpfung anzuregen und bei der praktischen lebensnahen Erprobung und Einübung alternativer Deutungen ihres je eigenen Beziehungsgewebes im geschützten Raum des Lehr-Lernprozesses zu begleiten: „Damit sie das Leben haben, und es in Fülle haben" (Joh 10,10).

Literatur

Bäcker, E. & Nassal, R. (2011). Stärken stärken. Voraussetzungen für die Projektorganisation in der Berufsvorbereitung. In KIBOR (Hrsg.), *Stärken stärken. Ein Modellprojekt für den Religionsunterricht in der Berufsvorbereitung* (S. 28–30). Norderstedt: Books on Demand GmbH.

Boschki, R. (2003). *„Beziehung" als Leitbegriff der Religionspädagogik.* Ostfildern: Schwabenverlag.

EIBOR (Hrsg.) (o.J.). *Neue Organisationsmodelle für den Religionsunterricht an beruflichen Schulen – Befunde aus der wissenschaftlichen Begleitung.* (Schriften aus dem EIBOR Nr. 1). Tübingen. Beziehbar über: www.eibor.de.

Hauf, J. (2011). Stärken stärken. Religionspädagogische Überlegungen. In KIBOR (Hrsg.), *Stärken stärken. Ein Modellprojekt für den Religionsunterricht in der Berufsvorbereitung* (S. 22–27): Norstedt: Books on Demand GmbH.

Hettler, J.-S. (2011a). Stärken stärken. Ein Element der Schulentwicklung. In KIBOR (Hrsg.), *Stärken stärken. Ein Modellprojekt für den Religionsunterricht in der Berufsvorbereitung* (S. 40–43). Norsted: Books on Demand GmbH.

Hettler, J.-S. (2011b). Die Unterstützungsangebote. In KIBOR (Hrsg.), *Stärken stärken. Ein Modellprojekt für den Religionsunterricht in der Berufsvorbereitung* (S. 78–80). Norderstedt: Books on Demand GmbH.

KIBOR (Hrsg.) (2011). *Stärken stärken. Ein Modellprojekt für den Religionsunterricht in der Berufsvorbereitung.* Norderstedt: Books on Demand GmbH.

Opp, G., Unger, N., Haist K. & Metzen, E. (2006). *Kinder stärken Kinder. Positive Peer Culture in der Praxis (mit DVD).* Hamburg: Edition Körber-Stiftung.

Schmidt, J. (2011). Stärken stärken. Pädagogische und (entwicklungs-)psychologische Grundlagen. In KIBOR (Hrsg.), *Stärken stärken. Ein Modellprojekt für den Religionsunterricht in der Berufsvorbereitung* (S. 10–21). Norderstedt: Books on Demand GmbH.

Zeller, G. (2011). Stärken stärken. Peer-Counseling – ein methodisches Element positiver Peerkultur. Nach Günther Opp und Nicola Unger. In KIBOR (Hrsg.), *Stärken stärken. Ein Modellprojekt für den Religionsunterricht in der Berufsvorbereitung* (S. 32–39). Norderstedt: Books on Demand GmbH.

Annette Schavan

Zur Eröffnung des Zentrums für Islamische Theologie in Tübingen[1]

Der heutige Tag ist ein guter Tag für die Eberhard-Karls-Universität und für den Forschungsstandort Deutschland. Der heutige Tag ist aber vor allen Dingen ein guter Tag für den Dialog der Religionen, für die Theologie im Haus der Wissenschaft und für den internationalen Austausch.

Der Glaube braucht das Denken, um sich treu zu bleiben. Glaube ohne Denken ist mit vielen Verirrungen im Laufe der Geschichte verbunden. Diese Erfahrungen gehören zur Geschichte aller Religionen. Religion braucht Klärung und Aufklärung und deshalb bin ich zutiefst davon überzeugt, dass es ein großer und wichtiger Schritt ist, den wir mit den Zentren für Islamische Theologie hier in Tübingen und an drei weiteren Orten in Deutschland tun – in Münster/Osnabrück, Frankfurt/Gießen und Erlangen/Nürnberg. Wir schaffen Orte des wissenschaftlichen theologischen Dialogs, Orte für Ausbildung und Forschung. Denn wir sind davon überzeugt, dass es gerade in der modernen Gesellschaft, zu der zunehmende religiöse Pluralität gehört, eine Bereicherung ist, die religiöse Vielfalt wahrzunehmen und eine Ahnung von dem zu bekommen, was den Religionen wichtig und heilig ist.

Theologie ist als Wissenschaft der Religion gleichermaßen Glaubenswissenschaft, Religionswissenschaft und Kulturwissenschaft. Ein wichtiges Anliegen war es uns deshalb, Universitäten zu gewinnen, die das ganze Spektrum der wichtigen Dialogpartner haben: die Islamwissenschaften, die Arabistik, die Philologien und auch die christlichen Theologien.

Wir schreiben heute die Tradition der europäischen Universität fort. Von Beginn an war die Universität ein Ort der Theologie. Wir leben in einer Zeit, in der die Euro-Währungsstabilität und die europäische Fiskal-Union die vorherrschenden Themen sind. Gerade jetzt sollten wir aber auch Orte des wissenschaftlichen Arbeitens und des wissenschaftlichen Dialogs schaffen, die uns erinnern und die lebendig werden lassen, was zur kulturellen Tradition des Westens und damit auch des europäischen Kontinents gehört.

Hier in Tübingen ist dazu viel gearbeitet worden. Hans Küng, einer der großen Theologen dieser Universität, hat enorm viel getan, um uns begreifen zu lassen, was der Dialog der Religionen bedeutet, wo die Gemeinsamkeiten und Unterschiede der großen Weltreligionen liegen und wie wichtig es gerade für moderne Gesellschaften ist, dieses Wissen zur Verfügung zu haben. Es darf eben nicht darum gehen, ein rein technokratisches Selbstverständnis in modernen Gesellschaften zu fördern, sondern zu wissen, dass jede moderne Gesellschaft aus ihren

---

[1] Grußwort der Autorin anlässlich der Eröffnung des Zentrums für Islamische Theologie an der Universität Tübingen am 16. Januar 2012.

kulturellen und spirituellen Quellen lebt. Deshalb bin ich zutiefst davon überzeugt, dass diese Universität, die dem Dialog der Religionen einen so markanten Platz eingeräumt hat, ein guter Ort für Islamische Theologie ist. Und Baden-Württemberg ist das richtige Land für diesen Dialog, weil wir in Heidelberg die Hochschule für Jüdische Studien haben.

Das Motto der Eberhard-Karls-Universität heißt: „Attempto!", „Wag' es!". Manche sagen, die Zentren für Islamische Theologie seien ein Wagnis. Ist es wirklich richtig, immer mehr Theologie in die Universität zu bringen? Wäre es nicht besser, alle Theologien aus der Universität herauszunehmen? Wäre das nicht moderner und angemessener für das 21. Jahrhundert? – Nein, das wäre es nicht. Ich bin zutiefst davon überzeugt, dass das eine Verarmung von Wissenschaft wäre, weil die Theologie ein wichtiger Partner im Gespräch der Wissenschaft ist, weil sie ein wichtiger Partner im Gespräch aller Fakultäten ist. Und deshalb danke ich dem Land Baden-Württemberg für die gute Kooperation, und ich danke der Universität, dass sie so zügig und so überzeugend diesen Prozess in Gang gesetzt hat.

Den Wissenschaftlerinnen und Wissenschaftlern und den Studierenden sage ich alle guten Wünsche. Sie dürfen gewiss sein: Wir bleiben auch in den nächsten Jahren verlässliche Partner. Denn dieses Projekt ist nicht zuletzt für Integration wichtig. Es ist ein Zeichen für den Respekt vor dem Islam, ein Zeichen des Respektes voreinander, ein Zeichen dafür, dass wir in dem Land, in dem wir leben, die religiöse Vielfalt nicht als Bedrohung, sondern als Bereicherung empfinden.

Vielen Dank.

Margret Ruep

Integration an beruflichen Schulen[1]

Glaubenskrise

Papst Benedikt XVI. hat anlässlich seines Deutschlandbesuchs bei der Begegnung mit der Spitze des Zentralkomitees der deutschen Katholiken (ZdK) dazu aufgerufen, neue Wege der Evangelisierung zu suchen. Viele Menschen fänden keinen Kontakt zu den etablierten Kirchen. Die eigentliche Krise der Kirche in der westlichen Welt sei eine Glaubenskrise. Mit Blick auf die Situation der katholischen Kirche in Deutschland sagte das Kirchenoberhaupt: „Ehrlicherweise müssen wir doch sagen, dass es bei uns einen Überhang an Strukturen gegenüber dem Geist gibt."[2] Hier zeigt sich, dass die Vermittlung der Grundlagen des christlichen Abendlandes eine große Aufgabe ist, der sich der Religionsunterricht insgesamt stellen muss. Denn ohne christliche Werte ist die Erfüllung des Erziehungs- und Bildungsauftrages der Schule nach § 1 Schulgesetz und Art. 11 der Landesverfassung nicht möglich. Ich werde hierauf später nochmals eingehen.

Wissenschaft und Unterricht

Ich möchte an dieser Stelle den beiden Instituten für berufsorientierte Religionspädagogik EIBOR und KIBOR an der Universität Tübingen für Ihre Arbeit danken. Beide Institute leisten einen wichtigen Beitrag zur Weiterentwicklung des Religionsunterrichts an beruflichen Schulen.

Sie unterstützen die Religionslehrer an den beruflichen Schulen und sehen ihre Hauptaufgabe in:
– empirischer Forschung für den Religionsunterricht an beruflichen Schulen,
– der Entwicklung von Modellen des RU an berufsbildenden Schulen,
– der Konzeption von Ausbildungsmodellen für Religionslehrer/innen an berufsbildenden Schulen,
– einem Transfer dieser Modelle in Praxisfelder beruflicher Bildung,
– der Sicherung der Nachhaltigkeit der Arbeit des Instituts.

---

1 Grußwort der Autorin anlässlich des Symposiums Integration-Religion-berufliche Bildung am 5. und 6. Oktober 2011, veranstaltet durch die beiden Institute für berufsorientierte Religionspädagogik in Tübingen (EIBOR und KIBOR).
2 Vgl. dazu die Homepage des ZdK. http://zkd-online.de/nachrichten/8-fachverbaende/42-wort-des-praeses-zur-ads-tagung-2012?showall=&start=1 [16.07.2012].

Stellenwert der beruflichen Schulen

Der Religionsunterricht an beruflichen Schulen erreicht bedingt durch die Vielartigkeit der beruflichen Bildungsgänge Schülerinnen und Schüler aller Kulturen und Bevölkerungsschichten.

2/3 aller Schülerinnen und Schüler im Land Baden-Württemberg durchlaufen während ihrer Bildungsbiographie eine berufliche Schule und über die Hälfte der Hochschulberechtigungen stammt heute aus dem beruflichen Bildungswesen.

Berufliche Bildung zeichnet sich dadurch aus, dass sie durch den Kontakt mit den außerschulischen Partnern der Wirtschaft immer ein Stückchen näher am Puls der Zeit ist als die allgemeine Bildung. Das ist Chance und Herausforderung zugleich und dies muss auch für die berufsorientierte Religionspädagogik gelten.

Berufliche Schulen sind Schulen des sozialen Aufstiegs, gerade auch für Schülerinnen und Schüler mit Migrationshintergrund (vgl. Expertise Maaz, Baeriswyl & Trautwein, 2010). Das duale Ausbildungssystem ist ein Erfolgsmodell und Exportschlager.

Integration bedeutet hier auch die Förderung Leistungsschwächerer auf der einen Seite und gleichzeitig die Unterstützung Leistungsstärkerer auf der anderen. Beides gelingt im Bereich der beruflichen Bildung insbesondere auch durch den Religionsunterricht in herausragender Weise.

Die hohe Leistungsfähigkeit der beruflichen Schulen in Baden-Württemberg wird unter anderem dadurch belegt, dass das berufliche Schulwesen im „Bildungsmonitor" des Instituts der deutschen Wirtschaft regelmäßig auf einem Spitzenplatz geführt wird.[3] Baden-Württemberg hat zudem die niedrigste Jugendarbeitslosigkeit aller Bundesländer.

Die Bildung dieser Schülerinnen und Schüler beschränkt sich nicht auf den Erwerb beruflicher Handlungskompetenz. Der Religionsunterricht an beruflichen Schulen ist gerade im Zeitraum des Übergangs von rein schulischer in die berufliche Bildung von großer Bedeutung. Er weckt und reflektiert die Frage nach Gott und thematisiert existenzielle Lebens- und Glaubensfragen der Schülerinnen und Schüler. Und er bietet Raum für eine ganzheitliche Persönlichkeitsbildung in der Thematisierung der Sinnhaftigkeit, des Ziels, aber auch der Grenzen menschlichen Lebens, sowie der Motive für die eigene Berufs- und Lebensgestaltung.

Die neuesten Zahlen belegen, dass die Anzahl der Schülerinnen und Schüler an beruflichen Schulen mit Migrationshintergrund steigt. Die dort unterrichtenden Lehrerinnen und Lehrer sind deshalb vor besondere Herausforderungen gestellt. Es bedarf fachkundiger Unterstützung und zahlreicher Fortbildungsveranstaltungen, um den beteiligten Lehrkräften das nötige „Handwerkszeug" für interkulturell kompetentes Handeln zu vermitteln. Das katholische wie das evangelische Institut für berufsorientierte Religionspädagogik leisten bei der Umsetzung einen wichtigen Beitrag.

---

3   Die ausführlichen Forschungsberichte sind auf der Homepage des INSM verfügbar. http://www.insm-bildungsmonitor.de/ [16.07.2012].

Integration an beruflichen Schulen

An beruflichen Schulen treffen Menschen unterschiedlicher kultureller und religiöser Herkunft aufeinander. Wenn heute vom Schlagwort „interkulturelle Kompetenz" die Rede ist, wird noch viel zu selten bedacht, dass es in Schule und Bildung auch darum gehen muss, unterschiedliche religiöse Identitäten zu würdigen.

Auf dem Weg zur Verwirklichung interkultureller und interreligiöser Kompetenz sind folgende Bausteine von zentraler Bedeutung:
– Kulturell und theologisch begründete Selbstwahrnehmung (Welche kulturellen Merkmale und welche Glaubensüberzeugungen leiten mein eigenes Handeln? Welche Maximen lege ich meinem eigenen Verhalten zugrunde?),
– Bewusstheit über kulturelle und religiöse Unterschiede (Es bedarf einer geschulten Wahrnehmung, was kulturelle und religiöse Differenz betrifft. Im Letzten meint dies eine Unterscheidungskompetenz bzgl. der Ursachen konkreten Verhaltens.),
– Interesse an anderen Kulturen und Religionen (Bin ich – statt monologisch zu denken – daran interessiert, Menschen mit anderskulturellen bzw. andersreligiösen Einflüssen aufgeschlossen zu begegnen. D.h. bin ich lernbereit, was ihre spezifischen Bedürfnisse und Erwartungen angeht?)
– Akzeptanz kultureller und religiöser Unterschiede (Ist mir bewusst, dass es gute Gründe dafür gibt, in einem Staat „einen jeden nach seiner Façon selig werden" zu lassen – wie der Alte Fritz (Friedrich der Große) einmal sagte, solange die Grundrechte aller gewahrt bleiben?).

Mögliche Ansätze im Religionsunterricht

Grundsätzlich gilt für Schule der schon erwähnte Erziehungs- und Bildungsauftrag aus § 1 des Schulgesetzes von Baden-Württemberg, Schülerinnen und Schüler „in Verantwortung vor Gott, im Geiste christlicher Nächstenliebe, zur Menschlichkeit und Friedensliebe […], zu Eigenverantwortung sowie zu sozialer Bewährung zu erziehen und in der Entfaltung ihrer eigenen Persönlichkeit und Begabung zu fördern" (Innenministerium des Landes Baden-Württemberg, 1983).

Der Religionsunterricht ist konfessionell ausgerichtet. – Das heutige Symposium wird von den jeweiligen Instituten für katholische und evangelische Religionslehre an beruflichen Schulen veranstaltet.

Der Religionsunterricht hat sich besonderen Herausforderungen zu stellen: So müssen unsere Jugendlichen zuerst die Grundlagen des eigenen Glaubensbekenntnisses begreifen, um mit Personen mit anderen Glaubensbekenntnissen darüber sprechen zu können. Denn nur jemand, der Position beziehen kann, kann sich auch mit anderen Gedankenwelten adäquat auseinandersetzen.

Aufgrund der Differenziertheit in unserer Gesellschaft muss der Blick geschult werden für die verschiedenen kulturellen und religiösen Lebenswelten, in denen

unsere Schülerinnen und Schüler ihre Freizeit verbringen: Was prägt und beeinflusst sie? Was spornt sie an?

Es muss ein Grundverständnis dafür vorhanden sein, dass Christen andere religiöse Überzeugungen vertreten als Muslime – um ein Beispiel zu nennen. Es geht
also um eine Kenntnis zumindest der Eckpunkte der großen Weltreligionen.

Es geht um eine Sensibilität für das unterschiedliche Ethos, welches das Verhalten von Menschen mit unterschiedlichen kulturellen und religiösen Wurzeln prägt:
Es muss ja darum gehen, Werte zu vermitteln, die Menschen befähigen, miteinander klarzukommen – über kulturelle und religiöse Unterschiede hinweg.

Schlussbetrachtung

Eine erfolgreiche Integration aller Gruppierungen unserer Gesellschaft kann nur
dann gelingen, wenn alle gemeinsam getragen sind von der Überzeugung, dass es
nicht ohne aktive Toleranz geht. Integration gelingt dort, wo alle dazu bereit sind,
sich eine grundsätzliche Offenheit zu erwerben für den aufmerksamen und interes-
sierten Umgang mit religiöser und kultureller Verschiedenheit.

Ich danke Ihnen sehr, dass Sie sich hier gemeinsam – Berufspädagogen und
Religionspädagogen – mit diesem wichtigen Thema wissenschaftlich auseinandersetzen, und wünsche Ihnen einen weiterhin guten Verlauf des Symposiums.

Literatur

Maaz, K., Baeriswyl, F. & Trautweil, U. (2011). *Herkunft zensiert? Leistungsdiagnostik
und soziale Ungleichheiten in der Schule* (Studie im Auftrag der Vodafone Stiftung
Deutschland). Düsseldorf: Vodafone Stiftung. http://www.vodafone-stiftung.de/publika-
tionmodul/detail/33.html [16.07.2012].

Innenministerium des Landes Baden-Württemberg (1983). *Schulgesetz für Baden-
Württemberg in der Fassung vom 1. August 1983.* (Juristisches Informationssystem für
die Bundesrepublik Deutschland). http://www.landesrecht-bw.de/jportal/portal/t/2261/
page/bsbawueprod.psml/action/portlets.jw.MainAction?p1=4&eventSubmit_doNavi
gate=searchInSubtreeTOC&showdoccase=1&doc.hl=0&doc.id=jlr-SchulGBW1983
pP1&doc.part=S&toc.poskey=#focuspoint [16.07.2012].

Klaus Lorenz

Die Integrationsfrage aus der Perspektive der Schulverwaltung[1]

Das Symposium „Integration, Religion und berufliche Bildung", das das Evangelische Institut für berufsorientierte Religionspädagogik (EIBOR) und das Katholische Institut für berufsorientierte Religionspädagogik (KIBOR) am 5. und 6. Oktober 2011 veranstaltet, bearbeitet das Thema Integration durch Religion. Aus Sicht der Schulverwaltung leistet das Schulfach Religion einen wesentlichen Beitrag zu dieser gesellschaftlichen Anforderung, allein schon deshalb, weil dieses Fach sich der gesellschaftlichen Herausforderung der Integration stellt.

Ich möchte den Aspekt des Religiösen an dieser Stelle nur streifen und mehr in die Breite der Integrationsfrage gehen, was die Überschrift „Die Integrationsfrage aus der Perspektive der Schulverwaltung" auch zeigt. Gemeint ist damit nicht nur das Thema Religionsunterricht, wobei dieses Thema im Verlauf des Beitrags zu beleuchten sein wird. Gemeint ist die Integrationsfrage, der sich die berufsbildenden Schulen stellen müssen und auch schon seit Jahren stellen.

Der Beitrag gliedert sich in drei Abschnitte, die nacheinander mit den Überschriften „Sollen" – „Wollen" – „Können" gekennzeichnet sind. Der erste Abschnitt hebt hervor, dass die Schule bei der Erfüllung ihres Bildungsauftrages gesellschaftliche Entwicklungen im Blick haben muss und, im Fall der berufsbildenden Schulen, besonders Entwicklungen in der Wirtschaft zu berücksichtigen hat. Es geht in diesem ersten Abschnitt darum, darzulegen, woraufhin die Schulen ausbilden, es geht also um eine bestimmte Prognose der Zukunft. Der zweite Abschnitt konkretisiert dieses Bild vor dem Hintergrund des politischen Willens und wie dieser in den Institutionen des Landes Baden-Württemberg, die für die Schulen Verantwortung tragen, diskutiert und formuliert wird. Der dritte Abschnitt, „Können", stellt die Frage, was vom Diskutierten in welcher Weise umsetzbar ist.

Die Gliederung in die Abschnitte „Sollen" – „Wollen" – „Können" geht also aus der Perspektive der Schulverwaltung aus folgenden Fragestellungen hervor und will begründen: Warum ist Integration notwendig? Und aus welchen inneren Gründen heraus „wollen" wir es denn? Und daraus ergibt sich dann unmittelbar die Frage nach dem „Wie" und dem besonderen Beitrag, den der Religionsunterricht an beruflichen Schulen dazu leisten kann.

---

[1] Es handelt sich um eine Abschrift eines mündlichen Vortrags im Rahmen des von EIBOR und KIBOR veranstalteten Fachgesprächs „Integration durch religiöse Bildung".

„Sollen"

Dieser Abschnitt beginnt mit einem historischen Rückblick, der zeigen soll, dass die Frage der Integration durch schulische Bildung – auch durch Religionsunterricht – gewissermaßen ein Dauerbrenner ist.

> „Die Reichsschulkonferenz wurde (...) vom 11. bis 20. Juni 1920 in Berlin einberufen, um das deutsche Schulsystem in der Weimarer Republik systematisch neu zu ordnen. (...) Eingeladen waren etwa 650 Bildungsexperten, unter ihnen die namhaften deutschen Vertreter der Reformpädagogik (...) sowie die Vertreter der Kultusministerien der deutschen Länder, der Kirchen und maßgeblichen Verbände. Fast alle späteren Reformbestrebungen und bildungspolitischen Streitpunkte bis in die Gegenwart sind auf dieser Konferenz bereits vorgetragen und diskutiert worden. Ein Hauptstreitpunkt war die Dauer der Grundschulzeit (vier oder sechs Jahre). Das Reichsgrundschulgesetz vom 28. April 1920 legte bereits vor der Konferenz die vierjährige Grundschule für alle verbindlich fest, womit die bisher üblichen privaten Vorschulen für spätere Gymnasiasten wegfielen. (...) Die Grundlage der Diskussion bildete zunächst der ,Weimarer Schulkompromiss' der Parteien, die die Verfassung von 1919 in den Artikeln 135 bis 150 geprägt hatten: Danach sollte es eine für alle gemeinsame Grundschule geben, Volksschulen konnten aber auf Antrag der Eltern konfessionell eingerichtet werden. Der Religionsunterricht blieb ein ordentliches Unterrichtsfach unter Aufsicht des Staates. Die SPD trat für die kostenlose Einheitsschule auch in höheren Klassen sowie die Koedukation und wissenschaftliche Lehrerausbildung ein, die DDP hatte Bedenken gegen die Abschaffung des Gymnasiums, das Zentrum war mit den Kirchen strikt für Konfessionsschulen. Die zahlreichen Ergebnisse der Konferenz blieben ohne direkte Umsetzung, da in der Reichstagswahl 1920 die Mehrheit der Weimarer Koalition verloren ging." (Wikipedia, 2012)

Der Blick auf diesen Text zeigt, dass bereits damals Themen diskutiert wurden, die die Bildungsdiskussion zum Teil bis heute prägen. Schon damals hatte man über die Dauer der Grundschulzeit gestritten, was heute immer noch ein Thema ist. Religionsunterricht blieb ein ordentliches Unterrichtsfach. Er war es bis dahin, und damals hat man das auch so gewollt. Die SPD plädierte für die kostenlose Einheitsschule – in die Gegenwart übertragen, bildet sich dieser Gedanke im Konzept der Gemeinschaftsschule ab.

Die Frage nach dem Stellenwert des Religionsunterrichts stellt sich in Baden-Württemberg nicht. Er hat Verfassungsrang. Das ist indes nicht in allen Bundesländern so, die sich für religionsneutrale Fächer wie Ethik entschieden haben.

Wo stehen wir heute mit dem Religionsunterricht? Und wie geht es denn damit nach dem Regierungswechsel in Baden-Württemberg weiter? Es ist bekannt, dass die Schulen in Baden-Württemberg nach § 1 Schulgesetz einen Erziehungs- und

Bildungsauftrag haben. Der Bildungsauftrag wird verwirklicht, indem die Schülerinnen und Schüler „in Verantwortung vor Gott, im Geiste christlicher Nächstenliebe, zur Menschlichkeit und Friedensliebe, [...] zur Achtung der Würde und der Überzeugung anderer [sowie] zu Leistungswillen" erzogen werden. Das steht als gesetzliche Grundlage für alle Schulen fest und ist u.a. die innere Programmierung der Lehrerausbildung. Vielleicht ist das an der einen oder anderen Stelle nicht besonders modern formuliert, aber vom Sinn her wird es nicht in Frage gestellt. Nach wie vor ist dies die Basis, auf der das Bildungssystem organisiert und weiterentwickelt wird.

Ministerpräsident Kretschmann sagte in diesem Zusammenhang beim Papstbesuch in Freiburg 2011:

> „Unsere Verfassung trennt Staat und Kirche. Aber das bedeutet nicht ein beziehungsloses Nebeneinander, sondern ermöglicht und fördert ein konstruktives Miteinander. Ein Beispiel dafür ist der Religionsunterricht: Die Bildungspläne sind Sache der Religionsgemeinschaften, aber die Organisation ist Aufgabe der Schulen und damit des Staates. Unsere Verfassung garantiert, dass jeder Religion ausüben kann, aber es nicht muss. Und dass niemand, der Religion ausübt, sich verstecken muss. Religion ist Privatsache, aber kein Geheimnis (…) Das Christentum prägt in unserem Land das Leben vieler Menschen und wirkt (…) in den Alltag unserer säkularisierten Gesellschaft hinein." (Kretschmann, 2011)

Diese Aussage stärkt den Religionsunterricht, er wird gewiss nicht in Frage gestellt. Um seine Wirkung im Kontext der beruflichen Fächer an den beruflichen Schulen zu werten, hat es Sinn, sich zunächst die quantitativen Bedingungen des Religionsunterrichts vor Augen zu führen. Die Daten beziehen sich auf die beruflichen Schulen im Schuljahr 2010/11. 372.000 Schülerinnen und Schüler in der Altersklasse 16–21 werden an den beruflichen Schulen im Land insgesamt unterrichtet. Mit Ausnahme der Schülerinnen und Schüler in der Oberstufe der allgemein bildenden Gymnasien und jenen, die aufgrund einer Behinderung einen anderen Weg gehen, sind alle hier lebenden jungen Menschen dieser Altersgruppe an beruflichen Schulen. Das zeigt, welchen Einfluss in dieser Altersklasse der Religionsunterricht haben kann. Man sollte dies unter dem speziellen Blickwinkel der Integration von Migranten, von Menschen, die neu ins Land hinzugekommen sind, auch offensiv nutzen.

Die beruflichen Schulen hatten im Schuljahr 2010/11 etwa 14.000 Klassen, wobei Abmeldungen vom Religionsunterricht an den beruflichen Schulen in der Größenordnung von 5,9 bis 6% stattfanden. Das sind in der Gesamtheit vergleichsweise geringe Prozentanteile. Die Abmeldezahlen bewegen sich an der Berufsschule in der gleichen Größenordnung wie in den vollzeitschulischen Bildungsgängen.

Der Religionsunterricht an beruflichen Schulen findet nach einem eigenen Regelwerk statt. So waren im evangelischen Religionsunterricht im Jahre 2010/11 53% evangelisch, 27% katholisch und 20% der Schülerinnen und Schüler „andere", also Nichtgetaufte oder Angehörige anderer Religionen; im katholischen Religionsunterricht finden wir in der Zusammensetzung fast das Gleiche vor. Die „Anderen" der Statistik sind eben nicht katholisch oder evangelisch, was schon ein klarer Hinweis darauf ist, dass wir einen beträchtlichen Anteil an konfessionell gemischtem Religionsunterricht an den beruflichen Schulen haben. Das ist ein gravierender Unterschied zu den allgemeinbildenden Schulen.

Unterschiedliche Gründe können für diese Entwicklung angegeben werden. Als wesentliche Ursache kann der Mangel an Religionsunterricht, also der Unterrichtsausfall, benannt werden. Die beruflichen Schulen haben zwar einen relativ hohen Ausbaustand, aber bei weitem nicht eine Vollversorgung im Fach Religion. Religion ist an beruflichen Schulen nach wie vor das Fach mit dem höchsten Unterrichtsausfall.

An den beruflichen Schulen sollten ca. 15.300 Stunden erteilt werden, 11.680 haben nach Planung in den Stundentafeln tatsächlich stattgefunden. Der Ausfall war früher viel höher als er heute ist. Vergleicht man den evangelischen und katholischen Religionsunterricht und die Gesamtsituation, liegt der Durchschnitt im Land bei 24%. Ein Viertel des Religionsunterrichts fällt aus, wobei die Zahlen für die Konfessionen sich nur um zwei Prozentpunkte unterscheiden (ev. 23%, röm.-kath. 25%). Diese Spreizung war in der Vergangenheit weitaus größer, was der gemeinsamen Arbeit der Kirchenreferenten und der Schulverwaltung zuzuschreiben ist, die sich zwei Mal im Jahr treffen, um die erforderlichen Planungen abzusprechen und Probleme miteinander ab- und auszugleichen.

Objektiv und absolut gesehen, ist es eine im Vergleich zu nahezu allen anderen Bundesländern dennoch gute Situation. Wobei die ca. 24% Ausfall sich noch einmal spreizen: Im vollzeitschulischen Bereich besteht nahezu eine Vollversorgung, während im Bereich der Berufsschule die Unterrichtsdefizite höher sind.

Im Schulsystem des Landes Baden-Württemberg gibt es das sogenannte Ersatzfach Ethik, das im allgemeinen Schulbereich angeboten werden muss. In den beruflichen Schulen ist es noch keine Pflicht, dies anzubieten. Ethik wird als Schulversuch organisiert, an dem Berufsschulen, die es anbieten wollen, teilnehmen können. Das Prozedere ist unbürokratisch: Die Berufsschulen stellen einen Antrag, der genehmigt wird, wenn eine entsprechende Lehrperson vorhanden ist. Aus der Statistik ist ersichtlich: Im Regierungspräsidium (RP) Stuttgart sind es 80, im RP Karlsruhe 58, im RP Tübingen 46, im RP Freiburg 42. Es gibt im Land Baden-Württemberg in der Gesamtheit ca. 300 Berufsschulstandorte, von denen demnach die meisten am Schulversuch teilnehmen.

Diese Zahlen zeigen, wie weit berufliche Schulen sich an der Integration durch religiöse Bildung beteiligen könnten. Der Auftrag nach § 1 des Schulgesetzes greift naturgemäß weiter aus, weil er die Qualität der schulischen Erziehung und Bildung benennt und sich nicht auf ein einzelnes Fach bezieht.

„Sollen" – „Wollen" – „Können". Dass wir die Integrationsleistung von Gesellschaft, Wirtschaft und Schule erhöhen müssen, hat in hohem Maße mit dem alltäglichen Miteinander der Menschen zu tun, und damit, dass das Schulsystem in diesem Land neben manch anderem auch die Basis für eine hohe Wertschöpfungsleistung legen muss. Das schließt die Aufgabe ein, die Menschen mit Migrationshintergrund so zu integrieren, dass sie beruflich erfolgreich sind und damit einen Beitrag dazu leisten. Wenn dies nicht gelingt, wird u.a. das Sozialsystem auf Dauer nicht zu finanzieren sein.

Diese Integrationsarbeit findet in den Kontexten der gesamten demographischen Entwicklung und der Situation am Arbeits- und Ausbildungsmarkt statt. Die Grafik zeigt die demografische Entwicklung im Lande:

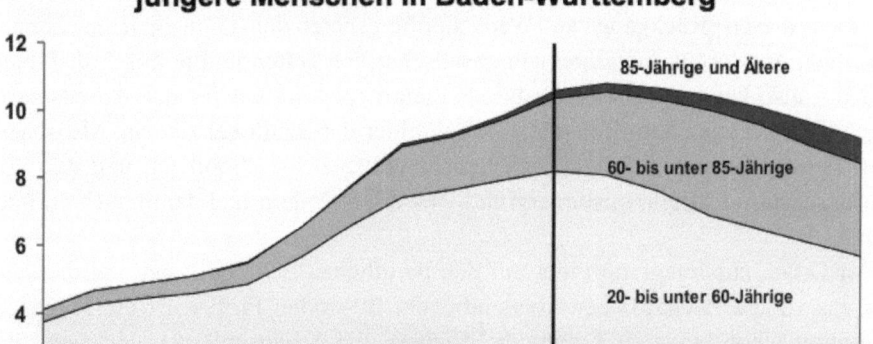

Grafik 1: (*) Bis 2008 Ist-Werte, danach Vorausrechnung auf Basis 2008, Hauptvariante: Wanderungsgewinne von jährlich 5.000 Personen bis 2011, danach von jährlich 10.000 Personen (Statistisches Landesamt Baden-Württemberg, 2006, S. 2).

Die obere Linie zeigt die demografische Entwicklung in Baden-Württemberg. Andere Bundesländer haben diese Entwicklung schon hinter sich, insbesondere die neuen Bundesländer. In Baden-Württemberg zeigen sich für die nächsten 20 Jahre rückläufige Schülerzahlen. Durchschnittlich 25% Migrantenanteil in Baden-Württemberg kompensieren dies nicht, sondern bleiben vor allem auch mit Blick auf die verschiedenen Geburtenraten eine dauernde Anpassungsaufgabe für den Bildungsbereich.

Die Prognos-AG hat für Baden-Württemberg eine Studie im Auftrag des Wirtschaftsministeriums erstellt, die zeigt, wie groß die Fachkräftelücke in Baden-Württemberg in den nächsten Jahren sein wird:

„Die Zusammenführung der Arbeitskräftenachfrage und des Arbeitskräfteangebots resultiert in einer Arbeitskräftelücke von rund 500.000
Erwerbstätigen. Dies bedeutet, dass 10% der benötigten Erwerbstätigen aller Qualifikationsstufen bis 2030 fehlen werden. Bereits 2015 fehlen 280.000 Erwerbstätige, davon 100.000 Hochschulabsolventen (2030:
210.000). Die Lücke im Bereich der beruflichen Bildungsabschlüsse
liegt mit 120.000 Personen im Jahr 2015 (2030: 230.000) noch darüber.
Es ist zudem von einer Lücke in Höhe von 70.000 Personen ohne berufliche Bildung bis 2015 (2030: 60.000) auszugehen, so dass es sich in
der Gesamtbetrachtung um einen Mangel in allen Qualifikationsstufen
und somit nicht nur um Fachkräfte- sondern um generellen Arbeitskräftemangel in Baden-Württemberg handeln wird." (Prognos, 2009, S. 4)

Wenn es so kommt, werden schon 2015 280.000 Erwerbstätige im Land Baden-
Württemberg fehlen. Der beruflichen Bildung stellt sich so unmittelbar die Frage,
wie man diesen Rückgang an Wertschöpfungspotenzial kompensieren könne?
Neben den Antworten, die allgemein gesellschaftlich gelten und politisch diskutiert
werden – also längere Lebensarbeitszeit, Zielgruppen stärker für den Arbeitsmarkt
zu gewinnen, Frauen zum Beispiel, – scheint hier der Schlüssel zu sein, Menschen,
deren Begabungspotenzial heute noch nicht völlig ausgeschöpft ist, und das sind
oft Menschen mit Migrationshintergrund, besser zu fördern und damit auch zu integrieren.

Der Druck zur Integration, der auf den beruflichen Schulen lastet, entsteht also
auch aus volkswirtschaftlicher Notwendigkeit. In großen Firmen ist die Frage der
Integration schon lange als Frage der Effizienz von Arbeitsabläufen und damit der
Wertschöpfung bekannt.

Gerade in der Wirtschaft wird es eine immer bedeutsamere strategische Zielrichtung, die Unterschiedlichkeit der Kulturen, die heute in einem großen Unternehmen vorhanden sind, nicht dadurch zu umgehen, dass möglichst wenig Schaden
im Sinne von Konflikten entsteht. Das Ziel ist vielmehr, daraus einen Nutzen zu
ziehen. Es geht im „Diversity Management" darum, unterschiedliche Erfahrungen
und Kulturen zu einem neuen Ganzen zusammenwachsen zu lassen. Das ist auch
aus der Sicht der Schulverwaltung der wichtigste Grund, an den beruflichen Schulen integrationsstark zu werden: Es sind viele Kinder und junge Menschen da, die
eine Lebenschance bekommen müssen. Aber das wird nur funktionieren, wenn die
einzelnen Begründungen, die gerade genannt wurden, tatsächlich auch eine Relevanz erhalten.

„Wollen"

Wollen wir es? Das ist immer eine Frage an die Politik, das ist eine Frage an
Institutionen und das ist eine Frage an jeden Einzelnen, der in den Institutionen
tätig ist. Die politischen Kernaussagen, die im Land Baden-Württemberg getätigt

wurden, beispielsweise die Koalitionsvereinbarung (Bündnis 90/Die Grünen und SPD, 2011, S. 3–17, 71–72), zeigen dafür klare Leitlinien auf.

Dazu gehört, dass die Modernisierung der Gesellschaft vorangebracht werden soll, unter anderem durch beste Bildungschancen für alle. Leitgedanke für die Bildungspolitik im Land ist dabei, die Qualität zu verbessern. Dies ist sicher auch als eine Überkategorie für das Thema Integration zu lesen. Individuelle Förderung, also die Frage, wie Menschen mit schwächerer oder mit unterschiedlicher Begabungslage, die oft korreliert mit einem Migrationshintergrund, optimal gefördert werden können? Die Koalitionsvereinbarung stellt eine herausragende politische Begründung für Maßnahmen zur Förderung der Integration dar.

In den letzten beiden Jahren der abgelaufenen Legislaturperiode gab es eine Enquetekommission zum Thema berufliche Bildung und Weiterbildung. Und genau in dieser Enquetekommission war eines der Themen, das ganz stark im Vordergrund stand: Stärkung der Integrationsleistung (Landtag, 2010, S. 123–124).

Unter der Überschrift „Stärkung der Integrationsleistung" ist in diesem Jahr viel Neues geschaffen worden, eine Reihe von Maßnahmen ist an den beruflichen Schulen des Landes im September 2011 angelaufen:

1. Inklusion: Gemeinsam mit nicht Behinderten werden Schülerinnen und Schüler unterrichtet, die eine Behinderung haben. Die Inklusionsthematik hat uns in dem Bereich der beruflichen Schulen und im Bereich der Berufsausbildung noch nicht wirklich breit erreicht. Weil die Berufsausbildung von Menschen mit Behinderungen aus dem öffentlichen Regelschulsystem eigentlich ausgegliedert ist, tauchte die Frage der Inklusion bisher hier kaum auf. Die frühere Landesregierung hat die Regelschulen bereits dahingehend geöffnet, dass die Eltern ein höheres Mitspracherecht haben, wenn es darum geht, ihre behinderten Kinder auf weiterführende Schulen zu schicken. Die jetzige Landesregierung wird das vermutlich noch weiter öffnen. Diese Entwicklung ist unumkehrbar. Es handelt sich nicht um eine Freiwilligkeitsleistung des Landes, sondern um einen europaweiten Vertrag, den Deutschland mitträgt und damit festgelegt hat, dass Inklusion als Leitbild des Zusammenlebens mit behinderten Menschen gedacht ist. An den beruflichen Schulen wird dies einerseits eine besondere Anforderung und Herausforderung sein. Andererseits haben die beruflichen Schulen im Berufsvorbereitungsjahr heute schon einen Bildungsgang, der sehr stark inklusiv ist. Bis zu 40% der Schülerinnen und Schüler kommen aus dem Sonderschulbereich. Aber insgesamt sind auch die beruflichen Schulen hier am Beginn eines Entwicklungsweges, der sie in die Lage versetzen soll, gut mit jenen jungen Menschen umzugehen, die mit einem Handicap in das Berufs- und Arbeitsleben starten, und sie, so gut es irgend geht, zu fördern. Als einen ersten Schritt wird das Land sogenannte sonderpädagogische Dienste einrichten. An vielen Schulen werden eine Person oder mehrere Personen installiert, die sich in diesem Themenfeld auskennen und professionell mit behinderten Kindern umzugehen verstehen. An 65 Schulen sind bereits Sonderpädagogische Dienste realisiert, dazu

wurden z.B. 35 Sonderschullehrer und -lehrerinnen neu eingestellt. Die Schulverwaltung geht davon aus, dass auf diese Weise eine Kompetenz in das System einwächst, die für die künftig wachsende Zahl behinderter Schülerinnen und
Schüler die Organisation angemessener Lehr- und Lernprozesse und guter Lern-
umgebungen ermöglicht.

2. Individuelle Förderung: Im Bereich der Einzelförderung gibt es verschiedene
neue Projekte. Ein Projekt bezieht sich beispielsweise auf das Berufsvorbereitungsjahr und Berufseinstiegsjahr und damit auf den Bereich der eher Leistungs-
schwächeren. Des Weiteren gibt es ein Projekt in der Berufsschule, so dass auch
für jene Schülerinnen und Schüler, die eine Berufsausbildung absolvieren, ein
höheres Maß an individueller Förderung erreicht wird. Anders als die allgemeinbildenden Schulen erstellt das Kultusministerium kein zentrales Konzept,
das vorgegeben wird, sondern gibt den Schulen den Auftrag, ein Konzept vor-
zuschlagen. Dafür können Schulen Deputatsstunden beantragen. Und es gibt die
Möglichkeit, dass berufliche Gymnasien oder Berufskollegs Differenzierungs-
stunden zur individuellen Förderung beantragen. Damit können alle beruflichen
Schularten außerhalb der Erwachsenenbildung Förderkonzepte entwickeln. In
den kommenden Jahren werden wir aus den dabei erworbenen Erfahrungen ein
Landeskonzept ableiten.

3. Ganztagsangebote: Bei der individuellen Förderung sind es 120 Schulen, die
Projekte anbieten. Im Ganztagsschulbereich sind es schon 130 Schulen, die
damit im laufenden Jahr begonnen haben. Auch hier werden Deputatsstunden
vergeben, die die Schulen beantragen können, um Förderung in einem Zeittakt,
der dem der Arbeitswelt entspricht, zu organisieren. Eine solche Einbindung der
beruflichen Bildung in den Ganztagsbetrieb gibt es meiner Kenntnis nach in keinem anderen Bundesland.

4. Fremdsprache Englisch: Als ein Bildungsangebot, das über eine rein fachliche
Qualifikation hinausgeht, aber in einem sich öffnenden Europa eine Selbstver-
ständlichkeit sein sollte, gehört die Erteilung von Fremdsprachenunterricht in die
Berufsschule. Etwa 900 Klassen über alle Berufsfelder hinweg haben in diesem
Jahr damit begonnen.

Diese – unvollständige – Liste an Projekten, die als erste Umsetzungen der Empfehlungen der Enquetekommission zu verstehen sind, steht nur scheinbar in nur
loser Verbindung mit dem Religionsunterricht. In dieser Enquetekommission gab es
nicht nur Empfehlungen zur beruflichen Bildung in Fachaspekten, der individuellen
Förderung, der Weiterentwicklung von didaktischen Konzepten zur Forcierung der
Integrationsleistung der beruflichen Schulen. Es ging der Kommission auch dezidiert um die Frage des Religionsunterrichts (Landtagsdrucksache 14/7400, S. 123–
124, 174–176). Die Enquetekommission spricht Handlungsempfehlungen an die
Landesregierung aus. Dabei hat sie die beruflichen Schulen als Ganze im Blick.
Die Handlungsempfehlung, die im Zusammenhang mit dem Religionsunterricht
ausgesprochen wurde, ist außerordentlich interessant.

„Stärkung der Werteorientierung im beruflichen Schulbereich [Hervorhebung von K. L.] (…) Der Raum für vernünftige Auseinandersetzung mit Religion ist in den Teilzeitklassen und den Schulzentren insgesamt deshalb wichtig, weil das Wissen um Religion und die Wertschätzung von Religion den Respekt dem „Anderen" gegenüber fördert (…) Der Anspruch des Gewissens, das Wahrnehmen von Verantwortung im Betrieb, der Blick auf den verantwortlichen Umgang (…) mit der Schöpfung (auch im Sinne einer ‚nachhaltigen Entwicklung') ist insgesamt im Religionsunterricht Thema. Grundsätzlich kennzeichnet den Religionsunterricht ein Alleinstellungsmerkmal – auch gegenüber dem Ethikunterricht: Er weckt und reflektiert die Frage nach Gott und thematisiert existenzielle Lebens- und Glaubensfragen der Schülerinnen und Schüler. Und er bietet Raum für eine ganzheitliche Persönlichkeitsbildung, in der Thematisierung der Sinnhaftigkeit, des Ziels, aber auch der Grenzen menschlichen Lebens, sowie der Motive für die eigene Berufs- und Lebensgestaltung." (Landtagsdrucksache 10/7400, S. 175)

Diese Formulierung definiert den Religionsunterricht und hebt ihn aus dem Fächerkanon heraus. Die Empfehlung an die Landesregierung ist, das Unterrichtsangebot zu sichern. Aus Sicht der Schulverwaltung kommt es dabei darauf an, die Qualität zu fördern und zu entwickeln. Hierbei kann auf eine lange Tradition der wertschätzenden Kooperation und der gemeinsamen Organisation mit den Vertreterinnen und Vertretern der vier Kirchen aufgebaut werden, die durch das Katholische Institut für berufsorientierte Religionspädagogik (KIBOR) und das Evangelischen Institut für berufsorientierte Religionspädagogik (EIBOR) eine völlig einmalige und herausragende pädagogische Unterstützung und Professionalisierung erfährt. Die Enquetekommission des Landtages hat diese Struktur als tragendes Fundament des Religionsunterrichts an beruflichen Schulen klar erkannt. Sie stellt ein gutes Fundament für die weitere Arbeit dar.

„Können"

Natürlich kann Integration nicht allein durch den Religionsunterricht bewerkstelligt werden. Aber der Religionsunterricht kann, berücksichtigt man die Empfehlung der Enquetekommission, eine neue Definition beziehungsweise eine neue Positionierung im Integrationsgeschehen und im Integrationsgedanken finden. Und diese Positionierung ist eine, die man in der Vergangenheit, vor 10 oder vor 15 Jahren, vermutlich so noch nicht wahrnahm. Das ist auch eine Chance für den Religionsunterricht.

Der Religionsunterricht soll nicht nur als Zweck in sich betrachtet werden; gerade in Ausbildungszusammenhängen muss er sich auch am Grad seiner Außenwirkung messen lassen. Ein Aspekt muss also seine Funktionalität sein. Diese Funktionalität ist durch die Reflexion von Glaubensfragen und die Bildung einer eigenen Sprachfähigkeit mit Blick auf Religiosität im Kern umrissen. Diese Funktionalität kann den Religionsunterricht stärken, weil sie aus der Sicht des Ausbilders diesen in seinen Ausbildungs- und Führungsaufgaben unterstützt. Integration wird dann im Du und Du geleistet, nicht institutionell und auch nicht politisch, sondern im Verhältnis von Mensch zu Mensch. Und für dieses Verhältnis sensibilisiert der Religionsunterricht.

Kann der Religionsunterricht an beruflichen Schulen das leisten? Ist es nicht zunehmend schwieriger geworden, mit jungen Christen, die hinsichtlich ihrer eigenen Religion kaum eine Sprachfähigkeit haben, überhaupt religiöse Bildungsprozesse einzugehen? Oder ist es nicht vielmehr so, dass gerade die letzte Frage Ansporn sein muss, sie kreativ anzugehen? Die Idee ist also, dass das Bewusstsein und die Sprachfähigkeit hinsichtlich der eigenen Religion wieder stärker an Bedeutung gewinnen sollten, wenn Integration auch dadurch funktioniert, dass man sich über Religionsfragen austauscht. Ich glaube, dass die Religion gerade im Islam kulturdominant ist, viel mehr als es im christlichen Lebensalltag der Fall ist. In jedem Fall ist die eigene religiöse Kompetenz der Kern, aus der eine interreligiöse Kompetenz entstehen kann, die dann zu einem Verständnis von Kulturen oder unterschiedlichen kulturellen Repräsentationen führen kann. Das ist eigentlich das, was gelingen muss. Integration heißt ja nicht: „Wir wohnen hier, alle anderen haben sich da anzupassen." Wir werden gerade auch auf Grund der Quantitäten, wie sie dargestellt wurden, in diesem Land eine neue Kultur heraus entwickeln müssen, die diese verschiedenen Kulturen und Religionen verknüpft, um etwas gemeinsames Neues zu gestalten. Eine gemeinsame Argumentationsbasis herauszuarbeiten ist m.E. zentrale Aufgabe des Religionsunterrichts.

Welche Bedingungen müssen denn geschaffen werden, damit solch eine kulturelle gemeinsame Weiterentwicklung und damit auch eine gelingende Integration auf Dauer stattfinden kann?

Einige Thesen zum Schluss:
• Berufliche Bildung fördert Integration in besonderem Maße.
• Berufsorientierte Religionslehre an beruflichen Schulen hat dabei einen großen, derzeit unterbewerteten Anteil.
• Religionslehre ist ein wichtiger Ort der Wertebildung, Sinnfindung und der Dialogfähigkeit junger Menschen.
• Der berufsorientierte Religionsunterricht besitzt eine hohe Wertschätzung durch Schülerinnen und Schüler und Ausbildungsbetriebe.
• Die Schulleitungen setzen die entscheidenden Signale für Integration an ihrer Schule.

Berufliche Bildung fördert Integration in besonderem Maße. Berufsorientierte Religionslehre an beruflichen Schulen kann einen großen Anteil dabei wahrnehmen, und dieser Anteil ist – von innen heraus wie auch von außen her betrachtet – heute noch nicht so bewertet, wie er eigentlich tatsächlich wirken kann: Religionslehre als wichtiger Ort der Wertebildung, Sinnfindung und Dialogfähigkeit. Die Schülerinnen und Schüler haben eine hohe Wertschätzung für den berufsorientierten Religionsunterricht. Die Lehrerpersönlichkeit ist für kein Fach von solch essentieller Bedeutung wie für den RU. Und die Schulleitungen sind es, die den organisatorischen und planerischen Rahmen für seine künftige Entwicklung vor Ort in Händen halten. Im gemeinsamen Zusammenwirken mit der Schulverwaltung, in Kooperation mit den Kirchen, mit quantitativen Fundamentierungen, theoretischen Modellbildungen und vielen dynamischen Impulsen von KIBOR und EIBOR wird es gelingen, die neuen Herausforderungen zu bewältigen.

Literatur

Bündnis 90/Die Grünen Baden-Württemberg und SPD Baden-Württemberg (2011). *Der Wechsel beginnt. Koalitionsvertrag zwischen Bündnis 90/Die Grünen und der SPD Baden-Württemberg.* Stuttgart. unter http://www.baden-wuerttemberg.de/fm7/1899/Koalitionsvertrag.pdf [05.03.2012].

Innenministerium des Landes Baden-Württemberg (Hrsg.) (1983). *Schulgesetz für Baden-Württemberg in der Fassung vom 1. August 1983* (Juristisches Informationssystem für die Bundesrepublik Deutschland). http://www.landesrecht-bw.de/jportal/portal/t/obp/page/bsbawueprod.psml/action/portlets.jw.MainAction?p1=4&eventSubmit_doNavigate=searchInSubtreeTOC&showdoccase=1&doc.hl=0&doc.id=jlr-SchulGBW1983pP1&doc.part=S&toc.poskey=#focuspoint [02.07.2012].

Kretschmann, W. (2011, 25. September). „Die Kostendebatte ist unangemessen." Ministerpräsident Kretschmann freut sich auf den Besuch Benedikts XVI. *Konradsblatt, Wochenzeitung für das Erzbistum Freiburg,* S. 39.

Landtag von Baden-Württemberg (2010). *Bericht und Empfehlungen der Enquetekommission „Fit fürs Leben in der Wissensgesellschaft – berufliche Schulen, Aus- und Weiterbildung"* (Drucksache 14. Wahlperiode, 14/7400). Stuttgart. http://www9.landtag-bw.de/WP14/Drucksachen/7000/14_7400_d.pdf [22.06.2012].

Prognos AG (2009). *Qualifizierungsbedarf 2015 und 2030 in Baden-Württemberg. Studie im Auftrag des Wirtschaftsministeriums Baden-Württemberg.* Basel: Prognos AG. http://www.statistik.baden-wuerttemberg.de/FFBetr/Infomaterial/Datenbank/20090728.1.pdf [21.06.2012].

Statistisches Landesamt Baden-Württemberg (Hrsg.) (2009). *Bevölkerungsvorausrechnung für Baden-Württemberg bis zum Jahr 2060/Heiraten 2008* (Presseheft, November 2009). Stuttgart. http://statistik-bw.de/Pressemitt/Pressehefte/Bevoelkerungsvorausrechnung.pdf#search=demographische [02.07.2012].

Wikipedia. (2012). *Reichsschulkonferenz 1920.* http://de.wikipedia.org/wiki/Reichsschulkonferenz [05.03.2012].

Niloufar Hoevels (Islamkonferenz)

Wenn religiöse Pflichten und Arbeitspflichten aufeinander treffen[1]

1. Was sagt das Recht?

In den Medien wurde im Jahr 2011 von einem spektakulären arbeitsrechtlichen Fall berichtet, in dem ein muslimischer Arbeitnehmer unter Verweis auf seine religiösen Pflichten den Umgang mit Alkohol ablehnte. In der Regel sind Konflikte zwischen religiösen Pflichten und Arbeitspflicht auch für praktizierende Muslime selten. Auch sind nicht alle gläubigen Muslime in gleichem Maße praktizierend. Im Folgenden werden einige religiöse Pflichten dargestellt, die das Arbeitsverhältnis tangieren könnten.

Wie lassen sich religiöse Pflichten und Arbeitsalltag am besten miteinander verbinden?
Am besten lassen sich Arbeitspflicht und religiöse Pflichten verbinden, indem man die Anforderungen der modernen Arbeitswelt berücksichtigt und falls erforderlich das Gespräch mit dem Arbeitgeber/den Kollegen sucht.

Das tägliche Gebet

Das tägliche Gebet ist eine der fünf Säulen des Islams. Ihm wird eine besondere Bedeutung beigemessen (vgl. Hoevels, 2003, S. 123ff.). Es ist fünf Mal am Tag zu vorgegebenen Zeiten zu verrichten. Mittags- und Nachmittagsgebet können unter Umständen in die Arbeitszeit fallen. Bei Schichtarbeit kann dies auch beim Morgen- und Abendgebet der Fall sein. Wichtige Voraussetzung für das Gebet ist die davor stattfindende rituelle Waschung sowie die Reinheit des Gebetsplatzes. Die Reinheit des Gebetsplatzes ist allerdings leicht durch eine entsprechende Unterlage wie z.B. einen Teppich oder eine Matte herzustellen. Für die rituelle Reinigung genügen die am Arbeitsplatz vorhandenen sanitären Einrichtungen. Das Gebet kann an einem beliebigen Ort stattfinden, das Einrichten eines Gebetsraumes ist nicht nötig. Oft ist es unproblematisch, dass dem Arbeitnehmer eine Pause zum

---

1 Der hier abgedruckte Text stammt aus der Broschüre „Bessere Integration von Musliminnen und Muslimen in den Arbeitsmarkt", hrsg. von der Deutschen Islam Konferenz (April 2012, S. 20–36). Abgedruckt mit freundlicher Genehmigung der Deutschen Islam Konferenz. http://www.deutsche-islam-konferenz.de/cln_236/SharedDocs/Anlagen/DE/DIK/Downloads/DokumentePlenum/dik-broschuere-pg-a-download,templateId=raw,property=publicationFile.pdf/dik-broschuere-pg-a-download.pdf [17.07.2012].

Verrichten des Gebets zugesprochen wird und er die Arbeitszeit nachholt oder aber die gesetzlich vorgeschriebenen Pausen hierfür nutzt. Dies ist nicht möglich, wenn durch die Pause der betriebliche Ablauf erheblich gestört wird, z.B. im öffentlichen Personennahverkehr oder bei der Arbeit am Fließband (vgl. Rohe, 2001, S. 106). Hier gibt es aber meistens eine Mittagspause, in der das Gebet verrichtet werden kann, zumal es nach einigen theologischen Auslegungen Muslimen erlaubt ist, Mittags- und Nachmittagsgebet zusammenzulegen (vgl. Balić, 1984, S. 70), und ihnen eine Zeitspanne zur Verfügung steht, in der sie ihr Gebet verrichten oder später nachholen können (vgl. Heine, 1997, S. 16).

Das Freitagsgebet

Das Freitagsgebet, das in der Regel in der Moschee stattfindet, ist nur für Männer verpflichtend (vgl. Heine, 1997, S. 19). Der Zeitaufwand hierfür ist ein wenig größer als bei den täglichen Gebeten. Die Verrichtung des Freitagsgebets kann 15–60 Minuten in Anspruch nehmen. Da es allerdings mittags stattfindet, fällt es in den meisten Fällen in die Mittagspause der Arbeitnehmer. Viele Arbeitgeber ermöglichen gegebenenfalls eine zusätzliche Pause. Die Arbeit wird anschließend nachgeholt (vgl. Rohe, 2001, S. 106f.). Wenn Arbeitgeber ihren Arbeitnehmern die wöchentliche Teilnahme am Freitagsgebet nicht ermöglichen können, so wird häufig die monatliche Teilnahme erlaubt.

Das Fasten

Das Fasten im Monat Ramadan ist eine weitere Säule des Islams. Während des Fastens dürfen Muslime von der Morgendämmerung bis zum Sonnenuntergang weder essen noch trinken (vgl. Balić, 1984, S. 65f.). Die Interessen des Arbeitgebers könnten während des Fastens des Arbeitnehmers dann betroffen sein, wenn die Arbeitsfähigkeit durch das Fasten beeinträchtigt wird. In solchen Fällen ist das Fasten zu diesem Zeitpunkt für Muslime nicht verpflichtend und muss jedoch bei Gelegenheit nachgeholt werden. Muslime, die fasten, verschieben ihre Mittagspausen oft nach hinten, um sie zum Fastenbrechen bei Sonnenuntergang zu nutzen. Am Fastenbrechen während der Arbeitszeit sind oft auch nicht fastende muslimische und nicht muslimische Kollegen beteiligt, wodurch die persönlichen Kontakte gefördert werden.

Verarbeitung und Verkauf von „unreinen" Lebensmitteln

Generell ist es Muslimen nicht erlaubt Alkohol und Schweinefleisch zu verzehren. Neben Muslimen, die sich an diese Essensvorschriften halten, gibt es Muslime, die aus religiösen Gründen nicht mit von ihnen als „unrein" angesehenen Lebensmitteln wie Schweinefleisch oder Alkohol in Berührung kommen möchten. Diese suchen sich in den meisten Fällen keine Tätigkeiten, bei denen dies regelmäßig der Fall ist, z.B. in einem Supermarkt oder in der Gastronomie. Daneben gibt es Muslime, für die der Umgang mit „unreinen" Nahrungsmitteln kein Problem darstellt und solche, die den Umgang mit diesen Produkten am Arbeitsplatz tolerieren.

Islamische Bekleidung

In Bezug auf die islamische Bekleidung ist es vor allem das Kopftuch bei Frauen, das in Deutschland immer wieder kontrovers diskutiert wird. In Deutschland tragen 28% der Musliminnen ein Kopftuch. Es handelt sich hierbei um eine individuelle Ausformung des Religionsbekenntnisses. Das Tragen eines Kopftuches ist in Deutschland durch das Grundrecht auf Glaubensfreiheit, auch während der Arbeit, geschützt. Ausnahmen hiervon gibt es z.B. im Bereich von Institutionen mit religiösen Trägern sowie an staatlichen Schulen einiger Bundesländer.[2]

Die Pilgerfahrt nach Mekka

Die Pilgerfahrt nach Mekka einmal im Leben ist eine Pflicht für jeden volljährigen Muslim, der dazu gesundheitlich und finanziell in der Lage ist (vgl. Hoevels, 2003, S. 126). Die Pilgerfahrt hat in den ersten zwei Wochen des zwölften Monats des islamischen Kalenders (Mondkalender) stattzufinden. Im Gegensatz zum heute weit verbreiteten gregorianischen Kalender verschieben sich die Monate des Mondkalenders durch das ganze Jahr, so auch die Zeit der Pilgerfahrt. Muslime können die Pilgerfahrt im Rahmen ihres Jahresurlaubs antreten.

Islamische Feiertage

Die religiösen Feiertage im Islam sind im Wesentlichen das Fest des Fastenbrechens und das Opferfest. Diese werden mit einem Gottesdienst eingeleitet. Traditionell begehen Muslime diese Feiertage im Familienkreis. Auch hierfür kann Urlaub oder aber eine Freistellung für den Moscheebesuch beantragt werden, sofern der betriebliche Ablauf es zulässt. Für den Fall, dass der Arbeitnehmer keinen Anspruch (mehr) auf Urlaub haben sollte, kann eine unbezahlte Freistellung von der Arbeit in Betracht kommen.

In der Praxis des Arbeitsalltags lassen sich religiöse Pflichten meist problemlos mit den Pflichten aus dem Arbeitsverhältnis vereinbaren. Arbeitnehmer können sicherstellen, dass Konflikte vermieden werden, indem sie sich vorab über die Betriebspraxis des von ihnen in den Blick genommenen Unternehmens informieren. In der Praxis gibt es nur sehr wenige Fälle, in denen es arbeitsrechtliche Probleme beim Aufeinandertreffen von religiösen und Arbeitspflichten gegeben hat. In der Regel wird eine einvernehmliche Regelung vereinbart.

Hinweis der Antidiskriminierungsstelle des Bundes
Seit 2006 ist das Allgemeine Gleichbehandlungsgesetz (AGG) in Kraft. Ziel des AGGs ist es, Benachteiligungen wegen des Geschlechts, der Religion oder Weltanschauung, einer Behinderung, des Alters oder der sexuellen Identität zu verhindern oder zu beseitigen. Arbeitgeber müssen das Benachteiligungsverbot bei Stellenausschreibungen, in Bewerbungsverfahren sowie bei der Beendigung des Arbeitsverhältnisses beachten. Auch bei bestehenden Arbeitsverhältnissen genießen Beschäftigte Schutz vor Diskriminierung, z.B. bei Beförderung, Entlohnung

---

2   Siehe www.deutsche-islam-konferenz.de

und Fortbildung. Herabwürdigende Bemerkungen und Handlungen in Bezug auf Religion oder andere Schutzmerkmale sind nach dem AGG als Diskriminierung in Form einer Belästigung verboten.

Weitere Informationen finden Sie unter: www.antidiskriminierungsstelle.de/agg

In der Veröffentlichung folgen unter 2. Stellungnahmen von Vertreterinnen und Vertretern muslimischer Verbände. In der Kürze der Zeit konnten Abdruckgenehmigungen leider nicht beigebracht werden.

Literatur

Balić, S. (1984). *Ruf vom Minarett: Weltislam heute – Renaissance oder Rückfall? Eine Selbstdarstellung.* Hamburg: E.B. Verlag Rissen.

Heine, P. (1997). *Halbmond über Deutschen Dächern.* München: List.

Hoevels, N. (2003). *Islam und Arbeitsrecht. Erlanger Juristische Abhandlung.* Köln: Heymanns.

Rohe, M. (2001). *Der Islam – Alltagskonflikte und Lösungen. Rechtliche Perspektiven.* Freiburg i. Br.: Herder.

Empfehlungen zur Weiterentwicklung von Theologien und religionsbezogenen Wissenschaften an deutschen Hochschulen[1]

Zu Islamwissenschaft und islamischen Studien

Der Wissenschaftsrat gibt an dieser Stelle keine umfassenden Empfehlungen zur weiteren Entwicklung der islamwissenschaftlichen Fächer insgesamt in Deutschland ab, sondern beschränkt sich auf Empfehlungen zu den religionsbezogenen Anteilen der Islamwissenschaft und zur Frage einer Islamischen Theologie. Gleichwohl bildet die spezifische Situation der islamwissenschaftlichen Fächer den Hintergrund für die Empfehlungen des Wissenschaftsrats, so dass auf ihre Analyse nicht gänzlich verzichtet werden kann. Daher werden im Folgenden einige wenige analysierende und empfehlende Hinweise zur gegenwärtigen Situation des Fächerensembles gegeben, um anschließend detaillierte Empfehlungen zur Frage der Etablierung von Islamischen Studien im Sinne einer Islamischen Theologie zu entwickeln.

1. Zur Neuorientierung der islamwissenschaftlichen Fächer

Die Islamwissenschaft hat in den vergangenen 20 Jahren die typischen universitätspolitischen Herausforderungen eines Kleinen Faches durchlebt und sich dabei neu orientiert. Diese Neuorientierung des Faches ist nicht allein eine Antwort auf die innerwissenschaftlichen Herausforderungen im Zuge des *cultural turn*, sondern auch eine Reaktion auf den steigenden Beratungsbedarf von Politik und Gesellschaft.

Solange islamwissenschaftliche Erkenntnisse Ergebnis historisch-philologischer Forschung waren, blieb der Gegenstands- und Aufgabenbereich relativ überschaubar. Die allmähliche Neuausrichtung der Islamwissenschaft als problembezogenes Geflecht historischer und systematischer wissenschaftlicher Ansätze sowie die in den letzten Jahren wichtig gewordene Definition der Islamwissenschaft als *area studies* bedingten hingegen eine erhebliche Erweiterung des Aufgabenfeldes, das bei oftmals geringer Personalausstattung die Struktur des Faches überforderte.

---

1   Der hier abgedruckte Text stammt aus einer Veröffentlichung des Wissenschaftsrates aus dem Jahr 2010 (Titel: Wissenschaftsrat (Hg.): Empfehlungen zur Weiterentwicklung von Theologien und religionsbezogenen Wissenschaften an deutschen Hochschulen. Köln 2010, S. 74–87). Abgedruckt mit freundlicher Genehmigung des Wissenschaftsrats. http://www.wissenschaftsrat.de/download/archiv/9678-10.pdf [17.07.2012].

Als Folge der Erweiterung der Aufgabenstellung hat die Islamwissenschaft den Konnex zu jenen Wissenschaften wie Arabistik, Altorientalistik, Semitistik, Judaistik und Wissenschaft vom Christlichen Orient gelockert, mit denen sie bis dahin ihre historisch-philologische Arbeitsweise teilte. Im Gegenzug integrierten die islamwissenschaftlichen Fächer Fragestellungen, die bislang vielfach den turkologischen und iranistischen Philologien überlassen waren. Da sich aber auch diese Disziplinen an einigen Standorten in Deutschland von ihrem philologischen Kern lösten und zu kleinen länderbezogenen Regionalwissenschaften wurden, gerieten die islamwissenschaftlichen Fächer in ein strukturelles Spannungsgefüge. An wenigen Universitäten wurde versucht, dieser Tatsache durch eine Differenzierung der Aufgaben- und Forschungsbereiche in Regionalstudien (*Middle East Studies*) und Islamwissenschaft (*Islamic Studies*) entgegen zu wirken. Andere Standorte bevorzugten die Zusammenführung dieser Forschungen unter der einheitlichen Bezeichnung *Middle East Studies*. Da die Islamwissenschaft aber zunehmend auch Forschungsaufgaben in Bezug auf muslimische Minderheiten in Europa übernimmt, wird der Sinn der Bezeichnung *Middle East Studies* für islamwissenschaftliche Forschung wieder in Frage gestellt.

Hinzu kommt, dass seit dem 11. September 2001 Probleme in überwiegend islamischen Regionen oder der Migranten und Migrantinnen aus überwiegend islamischen Ländern in der öffentlichen Debatte in Deutschland in wachsendem Maße allein oder hauptsächlich als religiöses Phänomen im Islam behandelt werden. Komplexe Sachverhalte in Gesellschaft und Kultur werden unter den Begriff des Islam als Religion subsumiert und dadurch entsäkularisiert.

In diesem, in den vorangegangenen Abschnitten beschriebenen vielschichtigen Wandlungsprozess ist es wünschenswert, wenn die Islamwissenschaft ihre Bezüge zu anderen Wissenschaften wie der Religionswissenschaft, Literaturwissenschaft, Philosophie, Geschichte sowie den Politik- und Sozialwissenschaften deutlicher profiliert und ihre traditionellen Verbindungen zu Fächern wie Arabistik, Altorientalistik, Judaistik etc. wieder stärkt. Hierdurch könnten einerseits Phänomene in der islamischen Welt angemessener auch in ihrer nichtreligiösen Dimension untersucht werden, andererseits können die islamwissenschaftlichen Erkenntnisse zur religiösen Spezifik des Islams besser in die allgemeine Forschung zur Religion integriert werden. Soziologische und religionswissenschaftliche Theoriebildung könnten deutlicher auf einer Empirie begründet werden, die die Islamwissenschaft erarbeitet (hat).

2. Zum Aufbau von Islamischen Studien in Deutschland

Islamische Studien haben sich derzeit an deutschen Hochschulen noch nicht disziplinär etabliert. An unterschiedlichen Standorten wurden islamisch-religionspädagogische Angebote geschaffen, da die Ausbildung von Lehrkräften für den islamischen Religionsunterricht für die Länder politisch an Bedeutung gewonnen hat.

Die neu eingerichteten Professuren für Islamische Religionslehre, Islamische Religion oder Islamische Religionspädagogik bilden nicht allein das Lehrpersonal aus, sondern begleiten vielfach auch die Modellversuche zur Einrichtung eines bekenntnisgebundenen islamischen Religionsunterrichts. Dabei ist verfassungsrechtlich die Beteiligung der Muslime an der Berufung des jeweiligen Professors oder der Professorin geboten.[2] Weiter erstreckt sich die Beteiligung auf die Gestaltung der Lehrinhalte. Bislang wird diese Beteiligung in der Regel vor dem Hintergrund einer gewachsenen Beziehung zu den muslimischen Vertretungen vor Ort pragmatisch gelöst, so zum Beispiel durch die Einrichtung eines Runden Tisches.[3]

In der Deutschen Islam Konferenz besteht Übereinstimmung, dass islamischer Religionsunterricht grundsätzlich als ordentliches Unterrichtsfach in deutscher Sprache an staatlichen Schulen eingeführt werden sollte.[4] Mittel- bis langfristig ist daher mit einer flächendeckenden Einführung des islamischen Religionsunterrichts zu rechnen. Dafür bedarf es des entsprechenden Lehrpersonals. Der Wissenschaftsrat erkennt die Notwendigkeit eines weiteren Ausbaus islamischer Religionspädagogik an, betrachtet es aber als dringlich, dass dieser Ausbau von der Etablierung theologisch orientierter Islamischer Studien in Deutschland begleitet wird. Die disziplinäre Entwicklung Islamischer Studien in diesem theologischen Sinne bildet die Voraussetzung dafür, dass der religionspädagogischen Ausbildung künftiger islamischer Religionslehrer und -lehrerinnen eine methodisch fundierte Reflexion religiöser Schriften, Deutungs- und Normativitätsansprüchen sowie Praktiken zugrunde liegt, die wissenschaftlichen Ansprüchen genügt. Zugleich wird in dieser Weise die Ausbildung des wissenschaftlichen Nachwuchses für die Selbstrekrutierung der islamischen Religionspädagogik und der Islamischen Studien ermöglicht.

---

2   Die Mitwirkungsrechte der Religionsgemeinschaften sind aus Art. 140 i. V. m. Art. 137 Abs. 3 WRV (vgl. Fußnote 8) abgeleitet: „Diese Mitwirkungsrechte verwirklichen sich insbesondere in einer Einflussnahme der Religionsgemeinschaften auf die personelle Zusammensetzung der Fakultäten" (BVerfG 1 BvR 462/06 vom 28. Oktober 2008, 63, http://www.bverfg.de).

3   Niedersachsen hat 2002 auf Initiative der Landesregierung zu einem Runden Tisch eingeladen, an dem Dachverbände der Muslime wie die DITIB, die Schura Niedersachsen als Landesverband der als Vereine organisierten Orts- und Moscheegemeinden (hervorgegangen aus dem niedersächsischen „Arbeitskreis Islamischer Religionsunterricht") sowie einzelne Moscheegemeinden aus dem Raum Hannover als möglicher Wirkungsbereich für den geplanten Schulversuch teilnahmen. Bei der Einrichtung der Professur für Islamische Religionspädagogik an der Universität Osnabrück konnte auf den Runden Tisch zurückgegriffen werden. Die Festlegung der Lehrinhalte für das Studium erfolgt durch die Universität, die diese an einem „Runden Tisch Islamische Religionspädagogik" unter Leitung des Kultusministeriums mit Verbandsvertretern erörtert. So können Voten der muslimischen Vertreter eingeholt werden und gegebenenfalls in die Curricula einfließen. Nach Aussagen der Universität unterliegt die Forschung keinerlei Beschränkungen. Wegen zu großer Differenzen in religiösen Belangen haben die Aleviten im August 2003 den Runden Tisch verlassen (vgl. Universität Osnabrück: Pressemitteilung 68/2007, http://www2.uni-osnabrueck.de/pressestelle/mitteilungen/Detail.cfm?schluessel_nummer=068&schluessel_jahr=2007&RequestTimeout=50v. 19.03.2007).

4   Dies gilt nicht für die Länder, die unter die Bremer Klausel fallen (Berlin/Bremen). Laut Auskunft der Deutschen Islam Konferenz liegt dazu bereits ein Beschluss des Bundeskanzlers mit den Regierungschefs der Länder vom 20.12.2001 vor.

Akademisch fundierte Islamische Studien bilden nicht allein die Voraussetzung für eine qualifizierte Religionspädagogik, sondern sie eröffnen auch die Möglichkeit einer wissenschaftlich fundierten Ausbildung von Religionsgelehrten in den wissenschaftsgeprägten Gesellschaften Europas. Eine solche Fundierung kann dazu beitragen, islamische Normen und Wertvorstellungen – parallel zu den Positionen und Perspektiven anderer Religionen – in angemessener Weise in die akademischen, aber auch in die öffentlichen Debatten einzubringen. Aus diesen Gründen sieht der Wissenschaftsrat es als ein vordringliches Ziel an, die Entwicklung Islamischer Studien in Deutschland rasch und konsequent voranzutreiben. Mittelfristig sollten sich zwei bis drei Standorte für theologisch orientierte Islamische Studien mit unterschiedlichen Profilen entwickeln, um auch die institutionellen Voraussetzungen dafür zu schaffen, dass die Pluralität islamischen Glaubens in der Bundesrepublik Deutschland adäquat berücksichtigt werden kann.

Der Aufbau Islamischer Studien an Hochschulen stellt ein Novum für Deutschland dar, er nimmt jedoch gleichartige Tendenzen und Bemühungen auf, die in Nachbarländern wie den Niederlanden und Belgien zu beobachten sind. Es lassen sich zwar Standorte Islamischer Studien in Europa benennen, die wie beispielsweise die Fakultät für Islamische Studien in Sarajewo auf eine längere Tradition zurückblicken können. Jedoch verlangt die deutsche religionsverfassungsrechtliche Sondersituation nach eigenen, auf die Bundesrepublik zugeschnittenen Lösungen.

In Deutschland lassen sich bereits Initiativen beobachten, eigene private Ausbildungsstätten für die Imamausbildung zu etablieren. Grundsätzlich ist die Errichtung einer privaten Hochschule in der Trägerschaft einer muslimischen Gemeinschaft verfassungsrechtlich möglich und auch realisierbar, wie die Gründung der Hochschule für Jüdische Studien Heidelberg oder auch verschiedene christlich-freikirchliche Fachhochschulen zeigen.

Die Entwicklung von Islamischen Studien an privaten Hochschulen kann gelingen, wobei eine staatliche Anerkennung der betreffenden Hochschule die institutionelle Akkreditierung voraussetzt. Aus wissenschaftlicher Perspektive ist ein solches Vorgehen für eine Disziplin in ihrer Anfangsphase mit Nachteilen verbunden. Zum einen fehlt die Einbindung in die universitäre Zusammenarbeit mit den Nachbardisziplinen, auf die gerade ein im Aufbau befindliches Fach angewiesen ist. Zum anderen kann eine neue Disziplin in der Anfangsphase nicht auf ihren eigenen wissenschaftlichen Nachwuchs zurückgreifen. Um ihn auszubilden, müsste eine solche Hochschule zunächst mit einer Universität kooperieren, um Promotionen vergeben zu können. Denn die Verleihung des Promotionsrechts an eine nichtstaatliche Hochschule ist an bestimmte strukturelle Voraussetzungen und Leistungskriterien geknüpft.[5] Diese sind in der Regel in der Anfangsphase noch nicht zu erfüllen, so dass die Gründung einer privaten Hochschule von der Einrichtung

---

5 Vgl. hierzu: Wissenschaftsrat: Empfehlungen zur Vergabe des Promotionsrechts an nichtstaatliche Hochschulen (Ders. 9279-09), Berlin Juli 2009. Darin spricht sich der Wissenschaftsrat dafür aus, in Zukunft das Promotionsrecht an nichtstaatliche Hochschulen erst nach Akkreditierung durch den Wissenschaftsrat und befristet zu vergeben.

Islamischer Studien an einer staatlichen Universität begleitet werden müsste, um die Ausbildung des wissenschaftlichen Nachwuchses sicherstellen zu können. Eine solche Doppelung erscheint wenig praktikabel.

Der Wissenschaftsrat empfiehlt deshalb, die Entwicklung der Islamischen Studien vorrangig im staatlichen Hochschulsystem voranzutreiben. Zum einen plädiert er aus grundsätzlichen Überlegungen für eine Verankerung der theologisch orientierten Islamischen Studien im staatlichen Hochschulsystem. Zum anderen hält der Wissenschaftsrat es für erforderlich, dass die Islamischen Studien als ein sich in Deutschland neu entwickelndes Fach intensiv mit den anderen Theologien, den islamwissenschaftlichen Fächern sowie den Geistes-, Kultur- und Sozialwissenschaften an den Universitäten kooperieren. Allein diese Kooperationen können gewährleisten, dass die an deutschen Universitäten herrschenden wissenschaftlichen Standards von Anfang an in den neu entstehenden deutschsprachigen Islamischen Studien berücksichtigt werden. Die Universitäten übernehmen die Aufgabe der Qualitätssicherung für die Studiengänge und -abschlüsse.

Der Wissenschaftsrat ist sich bewusst, dass es einer großen Anstrengung aller Seiten – der Länder, der Muslime, der Universitäten wie auch der Gelehrten selbst – bedarf, um Islamische Studien in Deutschland zu entwickeln und sie im staatlichen Hochschulsystem zu institutionalisieren. Dazu stehen verschiedene organisatorische Möglichkeiten zur Verfügung. Diese reichen von der Etablierung eigener islamisch-theologischer Fakultäten an staatlichen Universitäten bis zur Einrichtung einzelner Professuren für Islamische Religionslehre an Fachhochschulen.

Akademische Organisationseinheiten für Islamische Studien müssen institutionell über die Möglichkeit verfügen, (a) Promotionen und Habilitationen durchzuführen, (b) eine geregelte Beziehung zu den muslimischen Gemeinschaften aufzubauen sowie (c) Verantwortung für das Berufungsverfahren zu erhalten und (d) auf Universitätsebene Entscheidungen mitzugestalten. Diesen Kriterien kann in unterschiedlicher Form Rechnung getragen werden. Jeder Standort sollte eine ihm angemessene, mit den Ländergesetzen kompatible Institutionalisierungsform finden.

In der gegenwärtigen Situation empfiehlt der Wissenschaftsrat eine Institutionalisierung in Form eines Instituts an einer Philosophischen oder Kulturwissenschaftlichen Fakultät als zurzeit angemessene Lösung. Diese Organisationsform gibt es vielfach auch im Bereich der christlichen Theologien. Dort übernehmen diese Institute wesentliche Ausbildungsfunktionen, insbesondere für das Lehramt. Sie verfügen jedoch nicht über alle der oben genannten strukturellen Voraussetzungen, insbesondere fehlt ihnen das Recht, einen bekenntnisgebundenen Doktorgrad, den Dr. theol., zu verleihen. Sie sind dazu entweder auf Kooperationen mit theologischen Fakultäten angewiesen, oder sie vergeben den Doktorgrad der jeweiligen Fakultät, der sie angehören (i. d. R. den Dr. phil.). Darüber hinaus existieren aber im Bereich der christlichen Theologien auch Organisationsformen, die als Teil einer philosophischen Fakultät das Recht haben, einen Dr. theol. zu verleihen. Für die Einrichtung Islamischer Studien ist entscheidend, dass der akademische Diskurs der Islamischen Studien autonom geführt werden kann. Diese Autonomie sollte

sich auch institutionell z.B. in der Verleihung entsprechender Doktorgrade niederschlagen. Der Wissenschaftsrat hält es in der Gründungsphase für erforderlich, dass
die Islamischen Studien in einer Organisationseinheit eingebettet sind, die sie in
der Einhaltung wissenschaftlicher Qualitätsstandards unterstützt.

Der Wissenschaftsrat ermutigt die Länder und Universitäten vor diesem Hintergrund, eine für den Standort und eine disziplinäre Etablierung Islamischer Studien angemessene Institutionalisierungsform zu entwickeln. Er empfiehlt, an zwei,
mittelfristig auch an drei Standorten im beschriebenen Sinne institutionell starke
Islamische Studien zu errichten. Nach einer fünf- bis siebenjährigen Aufbau- und
Erprobungsphase, d.h. nach den ersten zwei oder drei Abschlussjahrgängen, sollten diese Standorte der Islamischen Studien evaluiert und auch im Hinblick auf die
Form ihrer institutionellen Verankerung bewertet werden.

3. Zur Mitwirkung der Muslime: Beiräte für Islamische Studien

Der bekenntnisneutrale Staat kann nicht die alleinige Verantwortung für die Inhalte
des Theologiestudiums oder der Religionslehrerausbildung übernehmen. Dazu
bedarf es der Kooperation mit der jeweiligen Religionsgemeinschaft. In den historisch gewachsenen staatskirchenrechtlichen Verhältnissen erfolgt die Mitwirkung
der christlichen Kirchen durch ihre jeweiligen Vertreter, in der Regel den Orts-
bzw. Landesbischof. Dies ist aufgrund der Organisation der christlichen Kirchen
und der in ihr zugleich repräsentierten theologischen Kompetenz möglich. Im Fall
des Islam mit seinen zahlreichen Strömungen auch unterhalb der Trennung von
Sunnismus und Schiismus ist ein solcher Rückgriff auf eine Institution nicht realisierbar. Eine kirchenförmige Struktur entspricht nicht dem Selbstverständnis des
Islam.

In einigen Bundesländern sind bereits Professuren für Islamische Religionslehre unter Beteiligung von Muslimen eingerichtet und Grundsätze für die inhaltliche Ausgestaltung des islamischen Religionsunterrichts erarbeitet worden. Die
Erfahrungen sind unterschiedlich. So ist eine pragmatische, auf einer gewachsenen
Zusammenarbeit beruhende Mitwirkung in Einzelfällen, wie zum Beispiel bei der
Einberufung des so genannten Runden Tischs in Niedersachsen für die Erprobung
des islamischen Religionsunterrichts, gelungen. In anderen Fällen konnten Kon-
fliktfälle nicht angemessen bewältigt werden.

Um solche Schwierigkeiten zu vermeiden und die Zusammenarbeit zwischen
staatlichen Hochschulen und muslimischen Glaubensgemeinschaften auf eine verlässliche Grundlage zu stellen, schlägt der Wissenschaftsrat vor, theologisch kom-
petente Beiräte für Islamische Studien an denjenigen Universitäten einzurichten,
die ein Institut für Islamische Studien[6] gründen wollen. Ziel der Einrichtung solcher Beiräte für Islamische Studien ist es, die verfassungsrechtlich erforderliche

---

6 Wenn im Folgenden die Rede von „Institut" ist, sind damit die strukturell starken Institutionali-
   sierungsformen im oben beschriebenen Sinne gemeint.

Mitwirkung der islamischen Gemeinschaften an der Ausgestaltung der Islamischen Studien zu realisieren.

a) Zu den Aufgaben der Beiräte

Die Mitwirkungsrechte der Beiräte ergeben sich aus dem Verfassungsrecht. Dies bedeutet, dass es um die Beteiligung bei Einrichtung, Änderung und Aufhebung von theologischen Studiengängen sowie bei der Einstellung des wissenschaftlichen Personals geht.

Eine erste Aufgabe der Beiräte für Islamische Studien sieht der Wissenschaftsrat darin, an der von einer staatlichen Universität initiierten Gründung eines Instituts für Islamische Studien mitzuwirken, indem sie der Einrichtung eines oder mehrerer islamisch-theologischer Studiengänge zustimmen. Darüber hinaus sollten sie an der Ausarbeitung von Studiengängen der Islamischen Studien in ihrer unterschiedlichen Ausprägung (Lehramt, Imamausbildung etc.) mitwirken. Gleiches gilt für die Änderung und die Aufhebung dieser Studiengänge.

Die Beteiligung bei der Berufung von Professoren und Professorinnen für Islamische Studien wird eine zentrale Aufgabe der Beiräte darstellen.[7] Dabei geht es nicht um eine Beurteilung der wissenschaftlichen Qualität des Bewerbers bzw. der Bewerberin. Die Auswahl des Kandidaten bzw. der Kandidatin ist alleinige Aufgabe der Universität und kann nicht Gegenstand der Beratungen ihres Beirates für Islamische Studien sein. Dieser soll vielmehr anschließend in einem transparenten Verfahren entscheiden, ob gegen den Bewerber bzw. die Bewerberin aus *religiösen* Gründen Einwände bestehen. Dadurch soll sichergestellt werden, dass die an den Hochschulen gelehrten Islamischen Studien auch von den Studierenden, den Eltern bzw. den muslimischen Gemeinschaften insgesamt akzeptiert werden können.

b) Zu Organisation und Verfahren der Beiräte

Aus Gründen des Selbstbestimmungsrechts der Religionsgemeinschaften ist entscheidend, dass die Beiräte inhaltlich frei und unabhängig agieren können. Dies schließt es aber nicht aus, sie rechtlich-organisatorisch einer Universität oder einer anderen staatlichen Institution anzugliedern.[8]

Die Zusammensetzung des jeweiligen Beirats für Islamische Studien sollte dem Selbstverständnis der Muslime, der Vielfalt ihrer Organisationsformen in Deutschland sowie den Anforderungen an theologische Kompetenz Rechnung tragen. Auch wenn die bestehenden mitgliedschaftlichen Organisationen, in denen sich Muslime in Deutschland zusammengeschlossen haben, sich derzeit eher an der staatlichen

---

7 Solange diese Beiräte für Islamische Studien nicht institutionalisiert sind, ist es wegen der verfassungsrechtlich gebotenen Bekenntnisneutralität des Staates angezeigt, die Beteiligung der muslimischen Glaubensgemeinschaften bei der Berufung von Professorinnen und Professoren für Islamische Studien bzw. islamische Religionspädagogik auf andere Art sicherzustellen. Es bietet sich an, geeignete Ansprechpartner, z.B. den Koordinationsrat der Muslime, in die Verfahren mit einzubeziehen.

8 Die Frage des konkreten rechtlichen Status eines solchen Beirats (durch Satzung geschaffenes Organ der Universität oder auf vertraglicher Vereinbarung beruhend) ist dann nachrangig, wenn die inhaltliche Unabhängigkeit des jeweiligen Beirats sichergestellt ist.

Herkunft, Ethnie oder politischen Ausrichtung orientieren, sollten diese Verbände durch Vertreter und Vertreterinnen in den Beiräten repräsentiert sein. Dies lässt sich am besten über eine Mitwirkung des Koordinationsrats der Muslime (KRM) sicherstellen. Sofern die Aleviten sich selbst zur muslimischen Religion zugehörig betrachten, sollten auch sie beteiligt sein. Die konkrete Ausgestaltung eines Beirates kann je nach Standort variieren. Er sollte am besten durch eine vertragliche Vereinbarung der betreffenden Universität mit den relevanten muslimischen Verbänden und Gemeinschaften errichtet werden.

Mit Blick auf eine mögliche weitere organisatorische Pluralisierung des Islam in Deutschland sollten die Beiräte außerdem grundsätzlich für neue muslimische Gemeinschaften offen sein. Neben den organisierten Muslimen sollten muslimische Religionsgelehrte in die Beiräte berufen werden, um theologischen Sachverstand in seiner vielfältigen Gestalt, der sich aus den oben genannten Gründen nicht immer in den Verbandsstrukturen widerspiegelt, in die Beratungen integrieren zu können. In der Anfangsphase kann und sollte auch auf internationale theologische Kompetenz im Bereich der Islamischen Studien zurückgegriffen werden. Hier lässt sich durchaus an Gelehrte aus führenden akademischen Einrichtungen im Ausland denken.

Darüber hinaus empfiehlt der Wissenschaftsrat, der Tatsache Rechnung zu tragen, dass es in Deutschland eine Mehrheit nichtorganisierter Muslime gibt. Diese sollten in den Beiräten für Islamische Studien ebenfalls repräsentiert sein, etwa durch muslimische Frauen und Männer als Persönlichkeiten des öffentlichen Lebens. Zudem sollten mit Blick auf die zentrale Aufgabenstellung der Beiräte auch verschiedene theologische Ausrichtungen des Islam vertreten sein.

Mitglieder der jeweiligen Universität dürfen allein mit beratender Stimme im Beirat tätig sein, um die inhaltliche Unabhängigkeit des Beirates von der Universität zu realisieren.

Die Berufung der Mitglieder der Beiräte sollte nach Möglichkeit im Einvernehmen aller Beteiligten erfolgen. Dies gilt insbesondere für die Religionsgelehrten und die unabhängigen muslimischen Persönlichkeiten des öffentlichen Lebens. Für den Fall, dass ein Einvernehmen nicht hergestellt werden kann, sollte das Gründungsdokument des jeweiligen Beirates Verfahrensregeln vorsehen, die Blockaden vermeiden.

In der Anfangsphase der Einrichtung von Islamischen Studien an staatlichen Hochschulen müssen grundlegende Richtlinien erarbeitet werden, die sicherstellen, dass sowohl den Belangen der Religionsgemeinschaft als auch den wissenschaftlichen Anforderungen in der Ausgestaltung von Studiengängen oder der Ausarbeitung einer Promotions- und Habilitationsordnung Rechnung getragen wird. Zudem sollte es zwischen den Universitäten, die Institute für Islamische Studien gründen wollen oder bereits über entsprechende Angebote verfügen, zu einer länderübergreifenden Abstimmung der jeweiligen Profilbildungen kommen. Dabei ergibt sich auch ein Sachzwang zur föderalen Kooperation.

Der Wissenschaftsrat empfiehlt, das Modell oder die je nach Standort leicht variierenden Modelle für einen Beirat für Islamische Studien für zunächst fünf Jahre zu erproben. Im Anschluss an diese Erprobungsphase sollte nach einer Evaluierung der Tätigkeit und des Zusammenwirkens der unterschiedlichen Akteure entschieden werden, ob sich dieses Modell bewährt hat und ob der Beirat an dem jeweiligen Standort in dieser oder einer modifizierten Form auf Dauer gestellt werden soll.

Wenn es gelingt, Islamische Studien im Sinne der reflexiven Vergewisserung der Glaubensinhalte der islamischen Traditionen (im Plural) zu institutionalisieren, dann liegt die Zukunft der Islamischen Studien *nicht* notwendig in einem Prozess der Konfessionalisierung nach dem Muster der christlichen Konfessionen. Islamische Studien sollten grundsätzlich alle Richtungen islamischer Glaubenstradition und Gelehrsamkeit einschließen und sich nicht exklusiv auf eine Traditionslinie beziehen. Eine Aufgabe der Institutionalisierung Islamischer Studien an deutschen Universitäten besteht genau darin, eine solche reflexive Selbstvergewisserung der pluralen islamischen Tradition im Dialog mit den anderen Universitätsdisziplinen zu fördern.

Sofern sich alevitische Gemeinden und Verbände nicht im Kontext des Islam verorten, können sie keine Akteure im Kontext der Islamischen Studien werden. Dies schließt aber keineswegs aus, dass die alevitische Glaubensrichtung in Lehre und Forschung in anderen Fächern wie z.B. in der Religionswissenschaft oder in der Turkologie wissenschaftlich begleitet werden kann.

4. Zu Ausbildungsbedarf und Ausbildungszielen der Islamischen Studien

Das Ausbildungsangebot in Islamischen Studien bzw. Islamischer Religionslehre zielt darauf, (1) zukünftige Religionspädagogen und -pädagoginnen auf den Religionsunterricht vorzubereiten, den Bedarf an (2) islamischen Religionsgelehrten[9] im Kontext der Moscheegemeinden zu decken, (3) qualifizierte Kräfte in der Sozialarbeit sowie (4) islamische Theologen und Theologinnen in der universitären Lehre und Forschung auszubilden.

Der Bedarf an Lehrkräften für den islamischen Religionsunterricht ist hoch. Derzeit werden an deutschen Schulen schätzungsweise 700.000 muslimische Schüler und Schülerinnen unterrichtet. Im Fall einer flächendeckenden Einführung des islamischen Religionsunterrichts werden rund 2000 Fachkräfte – bezogen auf alle Schulformen – benötigt. Eine solche flächendeckende Einführung ist sehr wahrscheinlich. Die Deutsche Islam Konferenz hat sich klar dafür ausgesprochen.

---

9   Die arabische Bezeichnung für Religionsgelehrte ist oft einfach „Religionsmänner" (rijal ad-din) oder „islamische Religionsgelehrte" (ʻulamaʻ ad-din al-islamí').

Für Berlin gilt in Bezug auf das Lehramt die besondere Situation, dass Religion kein ordentliches Schulfach ist und das Lehrpersonal für den christlichen Religionsunterricht sehr häufig ein Studium der Religionspädagogik an einer konfessionellen Fachhochschule absolviert hat. Hier ist für die Lehrkräfte für islamischen Religionsunterricht ein Studium der islamischen Religionspädagogik an staatlichen oder privaten Fachhochschulen denkbar. Lehrkräfte, die bereits im Schuldienst sind, können so die Qualifikation für ein drittes Fach erwerben.

Religionsgelehrte können in den Moscheen in verschiedenen Funktionen tätig werden. Die Spannbreite der Ausbildungsziele reicht vom Imam, der für das Freitagsgebet und die Predigt während des Freitagsgebetes zuständig ist, bis hin zum Koranrezitator (*Mujawwid*), der vor allem während des Ramadans tätig ist.[10] In den meisten Moscheen in Deutschland gibt es nur einen Funktionsträger, den Imam, der das gesamte Spektrum der anfallenden Aufgaben zu erfüllen hat. Bisher wird der größte Teil des Bedarfs an Imamen – in der Regel durch Vermittlung seitens der Verbände – aus dem Ausland gedeckt bzw. die Verbände haben eigene Ausbildungsprogramme entwickelt.

Die Analyse des Ausbildungsbedarfs in den christlichen Theologien hat gezeigt, dass sich das Studieninteresse – neben der Orientierung am Lehrberuf – auf solche Abschlüsse verlagert, die einen Eintritt in unterschiedliche Berufsfelder eröffnen. Von einem entsprechenden Interesse und einem entsprechenden Bedarf lässt sich auch im Bereich der Islamischen Studien ausgehen. Der Bereich der Sozialarbeit ist dabei derzeit ein naheliegender. Es lassen sich aber auch weitere gesellschaftliche Felder wie Medien, außerschulische Bildungseinrichtungen etc. ausmachen, in denen Menschen mit einer Ausbildung in Islamischen Studien tätig werden könnten. Auf die Ausbildung des akademischen Nachwuchses, Kernanliegen der Islamischen Studien, wird unten eingegangen werden.

Für die vier Berufsfelder sollten jeweils spezifische Ausbildungsangebote zur Verfügung gestellt werden, die in der folgenden Übersicht zusammengefasst sind.

---

10 Im Kontext einer Moschee ist damit der Imam/Khitab gemeint, einschließlich seiner Kompetenz als Mufti.

Übersicht 3: Übersicht über Ausbildungsziele und korrespondierende Studiengänge

Ausbildungsziel	Studiengang	Abschluss
Islamische(r) Religionslehrer(in)	Teilbereich der Islamischen Studien als „Islamische Religionslehre" (Fachstudium) verbunden mit einem pädagogischen Begleitstudium	Masterabschluss
Religionsgelehrte(r) (für Moscheen oder/und für andere Positionen in der Gesellschaft)	Islamische Studien als Monostudium	In der Regel Masterabschluss/ eventuell auch Bachelorabschluss
Sozialarbeit	Module aus den Islamischen Studien	Bachelor/Master je nach übergeordnetem Qualifikationsziel
Wissenschaftlicher Nachwuchs	Islamische Studien aufbauend auf Masterstudium Islamische Studien oder Zulassung *sur dossier*	Promotion Habilitation

Inhaltlich sollte das Grundangebot in Islamischen Studien die folgenden Gebiete umfassen:

• Exegese (inkl. Sunna)
• systematische Theologie (Fundamentaltheologie, Dogmatik, Moral/Ethik, islamische Ökumene)
• historische Theologie (inkl. Sunna, kalam, Mystik, Philosophie etc.)
• Islamisches Recht und Rechtsmethodik
• praktische „Theologie"
• Religionspädagogik.

Die genaue Ausgestaltung des Lehrangebots obliegt dem jeweiligen Institut, das die Studienpläne unter Mitwirkung des jeweiligen Beirats für Islamische Studien erarbeitet.

Das gesamte Spektrum der Lehre kann jedoch nicht allein vom Personal in Islamischen Studien bestritten werden. Eine enge Kooperation mit den islamwissenschaftlichen Fächern auch mit Blick auf den Erwerb von Sprachkompetenz, sowie mit anderen religionswissenschaftlichen und theologisch arbeitenden Fächern ist notwendig. Deren Beitrag sollte rund ein Viertel des Studienumfangs ausmachen. Hierzu zählen die islamische Religionsgeschichte, die Geschichte islamischer Kulturen, arabische Philologie und andere Philologien (so insbesondere die Migrationssprachen wie z. B. Türkisch). Die Kooperation mit den anderen Fächern sollte sich nicht auf die Lehre beschränken, sondern ist auch Voraussetzung für die Entwicklung der Islamischen Studien und ihrer Forschung.

5. Zu Forschung und Nachwuchsförderung

Für die Entwicklung der akademischen Forschung in den theologisch orientierten Islamischen Studien auf universitärem Niveau ist es erforderlich, dass dieses Fach mit der Islamwissenschaft, den anderen Theologien und weiteren Geistes- und Sozialwissenschaften kooperiert. Diese vielfältigen Kooperationen sollten sich auf historische Fragestellungen, aber auch auf systematische Fragen aus den Bereichen Dogmatik, Recht und Ethik beziehen.

Die primäre und notwendige Kooperationspartnerin für die Islamischen Studien ist eine leistungsstarke Islamwissenschaft. Darunter ist eine Islamwissenschaft zu verstehen, welche die Grundfelder Islamische Religions- und Wissensgeschichte, Geschichte, Politik, Kultur und Gesellschaft der islamisch geprägten Regionen und Milieus in hinreichender historischer und systematischer Differenziertheit in Forschung und Lehre behandelt und die entsprechenden Wissensbestände in arabischer, persischer und türkischer Sprache auch philologisch erschließen kann. Ein weiteres wichtiges Umfeld für die Entwicklung von Islamischen Studien in Deutschland sind beide christlichen Theologien und eine entwickelte Religionswissenschaft.

Um Professuren in den Islamischen Studien in der Anfangsphase besetzen zu können, wird es erforderlich sein, auf Personal auch aus dem Ausland zurückzugreifen, denn es wird mehrere Jahre dauern, bis eigener wissenschaftlicher Nachwuchs in Deutschland ausgebildet sein wird. Da die Karrierechancen der angehenden Wissenschaftler und Wissenschaftlerinnen nicht durch eine Besetzung aller Professuren auf Lebenszeit versperrt werden sollten, empfiehlt der Wissenschaftsrat, zunächst einen Teil des Lehrangebotes über Gastprofessuren abzudecken. Auch der Einsatz von „Seiteneinsteigern" sollte geprüft werden. Gleichwohl sollten Lehre und Forschung größtenteils in deutscher Sprache erfolgen. Ein akademischer Unterricht in arabischer bzw. türkischer Sprache ist angesichts der ethnischen Heterogenität der deutschen Muslime nicht zielführend und würde vielfach die Kooperation mit anderen Fächern in der Universität erschweren.

Die Nachfrage nach ausgebildeten Islamwissenschaftlern und -wissenschaftlerinnen auf dem allgemeinen Arbeitsmarkt ist aufgrund der geänderten gesellschaftspolitischen Lage bereits groß. Die Nachfrage nach Absolventen und Absolventinnen der Islamischen Studien wird dahinter nicht zurückbleiben.

Mit der Etablierung eines Instituts für Islamische Studien mit vier bis sechs Professuren kommen jährliche Kosten von rund 1 bis 1,5 Mio. Euro auf eine Universität bzw. ein Land zu.[11] Da es sich um ein Fach im Aufbau handelt, liegt auf der Ausbildung des wissenschaftlichen Nachwuchses der größte Nachdruck. Daher

---

11 Eine solche Kalkulation veranschlagt pro Jahr nicht allein die Personalkosten für eine Professur, die sich im Fall einer W3-Professur auf durchschnittlich rund 90.000 € belaufen, sondern zugleich mindestens die Kosten für einen wissenschaftlichen Mitarbeiter (E 13: rund 65.000 €) sowie für eine halbe Sekretariatsstelle (E8: 23.000 €) und möglicherweise Ausgaben für eine studentische oder wissenschaftliche Hilfskraft (rund 10.000 €). Weitere Mittel für die Erstausstattung und für die laufenden Sachmittel sind zu berücksichtigen.

sollte eine Professur für Islamische Studien in der Aufbauphase ausreichend mit Mitarbeiterstellen ausgestattet werden.

Der Wissenschaftsrat sieht an dieser Stelle eine Kooperationspflicht der Länder untereinander, da die Einrichtung von Instituten – im Unterschied zu religionspädagogischen Professuren – nicht am Bedarf des jeweiligen Landes an Islamischen Studien ausgerichtet werden darf.

Auch der Bund sollte Initiativen von Hochschulen oder auf Länderseite unterstützen und so zum Erfolg einer Etablierung Islamischer Studien im deutschen Universitätssystem beitragen. So könnte er mit einer Anschubfinanzierung für Pilotprojekte aus einem gesamtstaatlichen Interesse heraus die Umsetzung der Empfehlungen fördern.[12] Wünschenswert wäre eine Anschubfinanzierung theologischer Forschungsverbünde, in denen die Islamischen Studien integriert sind und die vor allem dem wissenschaftlichen Nachwuchs zugute kommen. Gerade im Bereich des akademischen Nachwuchses besteht ein großer Engpass, der mittels einer projektförmigen Förderung wirkungsvoll überwunden werden könnte.

---

12 Die Islam Konferenz hat in ihrer abschließenden Sitzung 2009 das gesamtstaatliche Interesse an der Institutionalisierung von Islamischer Theologie betont (vgl. http://www.deutsche-islam-konferenz.de/cln_117/SharedDocs/Anlagen/DE/DIK/Downloads/Plenum/DIK-viertes-Plenum-Zwischen-Resuemee,templateId=raw,property=publicationFile.pdf/DIK-viertes-Plenum-Zwischen-Resuemee.pdf [05.01.2010], hier S. 13).

Albert Biesinger

Perspektiven und Relevanz – Ausblicke

Der Band „Integration durch religiöse Bildung" versammelt unterschiedliche Perspektiven zur Frage der Verhältnisbestimmung von Religion und der Gestaltung unserer sozialen Mitwelt. Wenn man auf die Art und Weise schaut, wie Religion derzeit in den Medien thematisiert wird, dann liegt der Gedanke an eine positive Funktion von Religion nicht nahe. Vielmehr wird der Eindruck erweckt, Religion führe mit hoher Wahrscheinlichkeit zu Konflikten und gesellschaftlichen Spaltungen. Religion wird derzeit vermehrt als Problem der öffentlichen Sicherheit wahrgenommen, gewinnt aber angesichts der in diesem Band aufgezeigten Dimensionen ein viel größeres, positiv wertzuschätzendes Potenzial.

Manche verstehen Religion als ernstzunehmende Barriere für die Integration oder als Instanz von Unfreiheit und Anlass für Konflikte. Umso dringlicher ist aus religionspädagogischer und berufspädagogischer Perspektive hervorzuheben, dass Religion nicht nur eine positiv integrierende Kraft mit Blick auf die Gesellschaft haben kann, sondern gerade in beruflichen Bildungsprozessen hochrelevant wird, wenn es darum geht, kompetent in der pluralen Gesellschaft zu agieren — im beruflichen wie im privaten Bereich. Die in diesem Band versammelten Artikel reflektieren dementsprechend aus ganz unterschiedlichen Perspektiven die religiöse Dimension gesellschaftlicher Integration.

Diese Perspektiven sind in vier Kapitel gegliedert, wobei auffällt, dass die Frage der Integration im engeren Sinne ausschließlich von Theologen bearbeitet wurde, und zwar immer so, dass Religion von Kultur unterscheidbar bleibt. Dies scheint aus der Binnenperspektive der Religion bei der Reflexion der Integrationsfrage bedeutsam. Es ist insofern interessant, als im Kapitel Interkulturalität, in dem neben dem Präsidenten der Handwerkskammer Stuttgart vier Berufspädagogen geschrieben haben, entgegengesetzt zum theologischen Zugriff Religion in ein eng vernetztes Verhältnis zur Kultur gesetzt wird, mit der Folge, dass Religion kaum mehr von Kultur zu unterscheiden ist. Gerade in diesen Beiträgen wird sichtbar, dass die religiöse Dimension in Gesellschaft und individuellem Leben von außen gesehen kaum losgelöst von Beruf, Schule und Lebensführung gesehen wird.

Aus dieser unterschiedlichen Schwerpunktsetzung heraus stellen sich mir zwei zentrale Fragen, die ich im Folgenden nacheinander diskutieren möchte. Zunächst stellt sich die Frage, ob Religion mit Blick auf die plurale Gesellschaft integrierende Kraft hat. Und zweitens frage ich, ob wir die zentralen Begriffe, die zur wissenschaftlichen Bearbeitung dieser Frage nötig sind, schon gefunden beziehungsweise genügend geklärt haben.

Hat Religion integrierende Kraft?

Die theologischen Beiträge im Kapitel Integration bringen wichtige Kristallisationspunkte ein:

1. Religion kann eine integrierende Kraft entfalten, wenn sie in religiösen Bildungsprozessen reflexiv wird;
2. sie kann eine hohe integrierende Kraft entfalten, wenn sie die Gläubigen befähigt, sich mit den Augen der Anderen zu sehen und so zur Identitätsbildung im Dialog anleitet;
3. sie kann eine hohe integrierende Kraft entfalten, wenn sie die politische Dimension ihrer Grundoptionen – der Reich Gottes-Botschaft bzw. der Weisungen des Propheten Mohammeds – reflektiert und in gesellschaftliche, politische Debatten entsprechend einbringt;
4. sie kann eine hohe integrierende Kraft entfalten, wenn sie religiöse Heterogenität als Ferment religiöser Beheimatung und nicht als Bedrohungsszenario durchbuchstabiert.

Wie so etwas konkret gehen kann, zeigt das Praxiskapitel, das eindrücklich und praxisnah Möglichkeiten aufzeigt, wie Integration durch religiöse Bildungsprozesse funktionieren kann. Dabei spielen schul- und bildungspolitische Rahmenbedingungen eine entscheidende Rolle. Wie sich hier Integration durch religiöse Bildung darstellt und welche Relevanz demografische Entwicklungen und verbandspolitische Bezüge haben, zeigt das Kapitel Politik und Wissenschaft.

Zu 1: Für den Prozess der Integration ist interessant, dass die Transformationsprozesse unter Muslimen in deutlicher Dynamik sind und von daher gesehen eine Fixierung auf übliche Festschreibungen nicht kompetent weiterhilft. Nicht zuletzt die Transformationsprozesse im Kontext der Moscheegemeinden beinhalten tendenziell die Ablehnung dogmatischer Grundhaltungen und die Ermöglichung von Kritik. Erworbene Kompetenzen erreichen ein hohes Maß an Bedeutung, oft im Gegensatz zum Ansehen in der muslimischen Gruppe. Interreligiöse Bildung wird zu berücksichtigen haben, dass nicht das medial vermittelte Bild von Islam und muslimischen Gläubigen, sondern die konkreten Interaktionspartnerinnen und -partner die Kommunikation gestalten.

Zu 2: Die berufspädagogischen und religionspädagogischen Diskurse dieses Bandes weisen auf eine bisher kaum beachtete, langfristig folgenreiche Defizitproblematik hin. Es geht nämlich nicht nur um berufliche Qualifikationen, die sich angesichts einer globalisierten Wirtschaft für Ausbildungsberufe als berufliche Kompetenzerfordernisse abzeichnen. Im Blick auf Ausbildungsberufe, die in anderen Kulturen, religiösen Kontexten und Sinnsystemen dringend Kompetenzen brauchen, um Geschäftsabschlüsse realisieren zu können, ist dieses für viele unmittelbar einsichtig.

Über das Kennenlernen und die Einhaltung von (strikten) Regeln in fremden Kulturen hinaus geht es bildungstheoretisch aber auch um Weiterentwicklung der eigenen Identität angesichts religiöser und interreligiöser Herausforderungen und Kommunikationsperspektiven.

Zu 3: Wenn Bildung unter Ausgrenzung religiöser Denkstrukturen, Prägungen, Mentalitäten insofern defizitär ist, als für viele Menschen Religion zu ihrer Kultur gehört und ihre Kultur durch religiöse Deutungen interpretiert wird, dann hat dies bildungstheoretische Konsequenzen.

Religion ist und wird noch mehr als bisher schon zu einem Zukunftsthema in unserer multireligiösen Gesellschaft; Bildung ist nicht von solchen Entwicklungen abgekoppelt zu konturieren. So sind auch säkulare Deutekategorien dazu herausgefordert, auf religiöse Denkmuster anderer partizipativ eingehen zu können.

Der Beitrag der Religionen zur Identitätsbildung und ihre normierende sowie stabilisierende Funktion mit Blick auf gesellschaftliche Prozesse wird dabei kaum realistisch wahrgenommen. Dass es Religion um „mehr als alles" geht und insofern auch um eine Dimension, die die Utopie des friedvollen gemeinsamen Miteinanders „in Fülle" konkret anstrebt und vorlebt, bleibt viel zu oft unberücksichtigt.

Zu 4: Im Blick auf die Selbsteinschätzung der eigenen Glaubenssicherheit gibt es zwischen muslimischen und christlichen Jugendlichen gravierend wahrnehmbare Unterschiede. Religiosität wird also nicht auf Grund von Globalität versus Lokalität mehr und mehr ein Zukunftsthema, sondern auch im konkreten interreligiösen Wahrheitsdiskurs im Klassenzimmer.

Komplexe Lebenssituationen beinhalten ethische und religiöse Fragen. Menschen handeln nicht nur funktional, sondern personal auf der Basis von Überzeugungen, Vorausurteilen, Vorurteilen und bereits vorhandenen Kompetenzen.

Auch die Überwindung ethnischer Vorurteile wird zu einer zentralen Aufgabe. Die Ergebnisse der empirischen Forschung machen im Blick auf die Veränderung von abwertenden Einstellungen gegenüber Ländern mit negativen Stereotypen wenig Hoffnung auf nachhaltige positive Veränderungen. Schüler mit ethnozentrischen Einstellungen werden erst gar nicht erreicht. Und die Nachhaltigkeit kurzfristig abgebauter Vorurteile ist nicht feststellbar. Für die Unterrichtsforschung besteht hier dringender Handlungsbedarf.

Ringen wir um die richtigen Begriffe?

Zur Bearbeitung dieser Problemhorizonte ist die Klärung von Grundbegriffen wichtig. Generell sind solche Grundbegriffe zu befragen, auch dahingehend, wie sie sich derzeit im Blick auf die Integrationsdebatte gesellschaftlich abzeichnen. Sie haben bereits normierende Bedeutung, sind aber weiterzureflektieren:

„Inklusion" und „Exklusion" sind Begriffe, die immer von einem konkreten hermeneutischen Standort aus Relevanzen entwickeln. „Inklusion" oder „Exklusion" durch Religionszugehörigkeit wird sich in diesem generellen Bezugsrahmen zu einem wichtigen Thema weiterentwickeln.

Dabei geht es um die Frage, wie sich eine Gesellschaft selbst versteht und zumindest in wichtigen Gruppierungen bereit ist, vorhandene kommunikative Barrieren und Begrenzungen zu überschreiten.

Es gibt in unserer Gesellschaft Menschen, die als Juden, Christen und Muslime an Gott glauben, und Menschen, die in keinem konkreten religiösen Weg an Gott glauben. Zwischen diesen Menschen entsteht möglicherweise eine neue wechselseitige Inklusionsdynamik. Die in der Theoriebildung der konfessionellen Kooperation entwickelte didaktische Leitlinie „Gemeinsamkeiten stärken – Unterschieden gerecht werden" wird für die religiöse und interreligiöse Bildung ihre spezielle Bedeutung erhalten.

Ob und wie sich dabei der Begriff „Integration" in den nächsten Jahren im kritischen Diskurs weiterentwickeln wird, ist offen. Basisnahe Bewegungen in Berliner Bezirken mit hoher Migrantenkommunikation beispielsweise lehnen ihn ab mit der Begründung: Wer integriert wen? Heißt Integration, dass eine Gruppe sich einer „Leitkultur" anpassen muss? Der Konflikt ist etwa in der aktuellen Diskussion über die „Beschneidung" bei jüdischen und muslimischen Jungen deutlich sichtbar. Die Konfrontation zwischen dem Rechtssystem der Bundesrepublik Deutschland und der jüdischen sowie muslimischen Religionspraxis, männliche Kinder als Zeichen des Bundes Gottes und als Aufnahme in das Judentum und den Islam zu beschneiden, verlangt nach einem Lernprozess, aus dem beide Seiten verändert herausgehen.

Solche Irritationen können zu weiteren diskursiven Klärungen beitragen. Langfristig geht es möglicherweise eher um „Partizipation" statt um „Integration", also um partizipierende Kommunikation mit integrierender Wirkung.

Und es geht eben auch um einen Grundkonsens – zumindest wenn man bildungstheoretisch anspruchsvoll argumentiert. Es ist nicht beliebig, in welcher Qualität die verschiedenen Kulturen und Religionen miteinander kommunizieren und ob sie sich auf einen integrativen Grundkonsens einlassen. Dieser wird sich verändern durch Menschen, die sich quantitativ und qualitativ anspruchsvoll an einem solchen wechselseitigen Integrationsprozess beteiligen.

Bildungspolitisch ist die These „Integration durch religiöse Bildung" sowohl durch den Wissenschaftsrat, die Islamkonferenz, durch die Rede von Bundesbildungsministerin Annette Schavan und die Beiträge von Ministerialdirektorin Margret Ruep und Ministerialrat Klaus Lorenz aus dem Kultusministerium des Landes Baden-Württemberg in verschiedener Perspektive weiterkonturiert. Die Kooperation der Religionspädagogik mit der Bildungspolitik hat in den letzten Jahren zukunftsweisende Synergien und Positionierungen erbracht.

Theologisch kann es nicht im Sinne einer starrsinnigen Wettbewerbsorientierung in Schulen um Devaluation gehen. In den Fremden und Ausgegrenzten begegnet Gott – im jüdisch-christlichen Deutehorizont. Alle Menschen sind Gottes Geschöpfe.

Immerhin geht es um das hohe Gut der Gemeinsamkeiten unter dem Aspekt von Menschenwürde, Gleichberechtigung, Religionsfreiheit u.a., aber dann auch um das Recht auf kulturelle und religiöse Identität.

Und es stellt sich auch die Frage nach interreligiöser Bildung und interreligiösem Dialog in islamischer Perspektive. Es geht dabei um den Wahrheitsanspruch von Islam, Christentum und Judentum und darum, wie sich dann ein interreligiöser Bildungsprozess realisieren soll. Ist er beispielsweise vorwiegend als Dimension einer Friedenspädagogik zu verstehen oder birgt er ausdrücklich das Alleinstellungsmerkmal religiöser Identitätsbildung?

Die Deutsche Islamkonferenz hat aus verschiedensten Motivationen heraus Entscheidungen in diese Richtung präsentiert. Inzwischen kann man sehr wohl von „Integration" muslimischer Bildung auf den verschiedenen Ebenen von Universitäten, Schulen bis Kindertagesstätten sprechen. Analog zu den evangelisch-theologischen und katholisch-theologischen Fakultäten wurde das erste Zentrum für Islamische Theologie an der Universität Tübingen gegründet. Weitere Zentren sind im Aufbau.

Dass es Grenzen der „Integration" des Islams mit allen seinen Gruppierungen im Blick auf die grundgesetzlich strukturierte Gesellschaft in Deutschland gibt, zeigt sich immer wieder. Allerdings ist es kontraproduktiv, sich auf die unlösbaren Probleme zu fixieren. Will man die weitere Bearbeitung nächster Schritte nicht auf die lange Bank schieben, sind die Überlegungen dieses Bandes „Integration durch religiöse Bildung" hochrelevant.

Autorinnen und Autoren

Prof. Dr. Alfons Backes-Haase, Professor für Wirtschaftspädagogik am Institut für Wirtschaftspädagogik an der Universität Hohenheim.

Prof. Dr. Reinhold Boschki, Professor für katholische Religionspädagogik an der Universität Bonn.

Prof. Dr. Albert Biesinger, Leiter des Katholischen Instituts für berufsorientierte Religionspädagogik (KIBOR) und Professor für katholische Religionspädagogik an der Universität Tübingen.

Dipl. päd. M.A. Moussa Al-Hassan Diaw, wiss. Mitarbeiter am Fachbereich 3, Erziehungs- und Kulturwissenschaften, Intercultural Studies in Islam (ZIIS) der Universität Osnabrück.

Prof. Dr. Philipp Gonon, Professor für Berufsbildung am Institut für Erziehungswissenschaft an der Universität Zürich.

Dr. theol. Lic. theol. Matthias Gronover, OStR und stellv. Leiter des Katholischen Instituts für berufsorientierte Religionspädagogik (KIBOR) und wiss. Mitarbeiter am Lehrstuhl für katholische Religionspädagogik in Tübingen.

Dr. theol. Jörn Hauf, StR an einer gewerblichen Schule in Stuttgart und wiss. Mitarbeiter am Lehrstuhl für katholische Religionspädagogik in Tübingen.

Prof. Dr. Dieter Hermann, Professor für Kriminologie am Institut für Kriminologie an der Universität Heidelberg.

Dr. jur. Niloufar Hoevels ist Fachanwältin für Arbeitsrecht und Familienrecht in Nürnberg und Lehrbeauftragte der Georg-Simon-Ohm-Hochschule Nürnberg.

Dr. rer. pol. Martin Kenner, AOR und wiss. Mitarbeiter am Institut für Psychologie und Erziehungswissenschaft, Abteilung Berufs-, Wirtschafts- und Technikpädagogik an der Universität Stuttgart.

Klaus Lorenz, Ministerialdirigent und Leiter der Abteilung berufliche Schulen im Kultusministerium Baden-Württemberg.

Prof. Dr. Matthias Möhring-Hesse, Professor für katholische Theologische Ethik/ Sozialethik an der Universität Tübingen.

Prof. (apl.) Dr. Andreas Obermann, stellv. Direktor des Bonner evangelischen Instituts für berufsorientierte Religionspädagogik (bibor) und Lehrstuhlvertreter für Religionspädagogik an der Universität zu Köln.

Rainer Reichhold, Präsident der Handwerkskammer Region Stuttgart und geschäftsführender Gesellschafter der Firma Elektro Nürk in Nürtingen-Zizishausen.

Dr. phil. Margret Ruep, Ministerialdirektorin Ministerium für Kultus, Jugend und Sport Baden-Württemberg.

Joachim Ruopp, StR, Pfarrer und Geschäftsführer des Evangelischen Instituts für berufsorientierte Religionspädagogik (EIBOR) in Tübingen.

Prof. Dr. Annette Schavan, Bundesministerin für Bildung und Forschung, Mitglied des Deutschen Bundestages, seit 1998 ist sie stellvertretende Vorsitzende der CDU-Deutschlands und seit 2008 Honorarprofessorin für Katholische Theologie an der Freien Universität Berlin.

Prof. Dr. Friedrich Schweitzer, Leiter des Evangelischen Instituts für berufsorientierte Religionspädagogik (EIBOR) in Tübingen und Professor für evangelische Religionspädagogik an der Universität Tübingen.

Prof. Dr. Peter F. E. Sloane, Professor für Wirtschaftspädagogik an der Universität Paderborn.